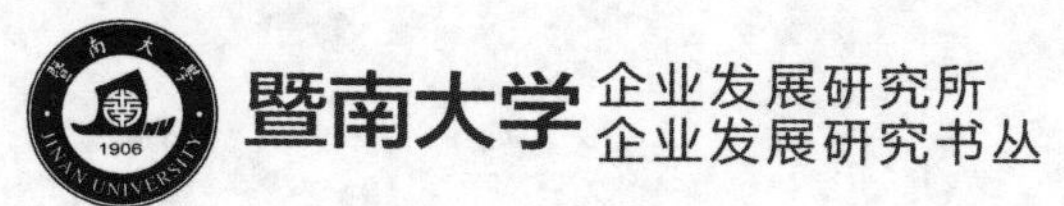

广东侨商企业投资发展与转型升级

卫海英　赵永亮　周宏　吴战篪◎著

中国经济出版社
CHINA ECONOMIC PUBLISHING HOUSE
北京

图书在版编目（CIP）数据

广东侨商企业投资发展与转型升级 / 卫海英等著.
—北京：中国经济出版社，2019.12
ISBN 978-7-5136-4809-7

Ⅰ.①广… Ⅱ.①卫… Ⅲ.①华侨投资—外资企业—企业发展—研究—广东
Ⅳ.①F279.244.3

中国版本图书馆 CIP 数据核字（2019）第 233434 号

责任编辑　姜　静　赵立颖
责任印制　马小宾
封面设计　华子图文

出版发行　中国经济出版社
印 刷 者　北京艾普海德印刷有限公司
经 销 者　各地新华书店
开　　本　710mm×1000mm　1/16
印　　张　21.25
字　　数　315 千字
版　　次　2019 年 12 月第 1 版
印　　次　2019 年 12 月第 1 次
定　　价　68.00 元
广告经营许可证　京西工商广字第 8179 号

中国经济出版社 **网址** www.economyph.com **社址** 北京市东城区安定门外大街 58 号 **邮编** 100011

本版图书如存在印装质量问题，请与本社销售中心联系调换（联系电话：010-57512564）

本书编委会

顾　　问：潘启亮
主　　编：卫海英
执　　笔：赵永亮　周　宏　吴战篪

联合研究单位：
暨南大学企业发展研究所
暨南大学“一带一路”与粤港澳大湾区研究院

序 言

侨商投资及侨商企业发展是中国改革开放四十年以来中国经济社会发展的重要组成部分。特别是在国家提出“一带一路”倡议后，对于提升侨资企业经营发展能力，增强华侨华人回国创新创业、参与“一带一路”建设等的向心力和凝聚力的需求变得更加迫切。因此，暨南大学“一带一路”与粤港澳大湾区研究院、暨南大学企业发展研究所共同发起了“广东侨商企业转型发展重大项目”，旨在分析研究侨商企业在广东地区的发展现状，探寻侨商企业转型升级的方法与路径。

暨南大学“一带一路”与粤港澳大湾区研究院成立于2019年，由国家发改委培训中心（宣传中心）与暨南大学合作共建。院长由暨南大学前校长胡军教授担任，该院致力于提升我校服务“一带一路”倡议、服务粤港澳大湾区建设的能力，推动新型智库的建设。

暨南大学企业发展研究所成立于2003年7月，为广东省首批普通高校人文社科重点研究基地。在所长卫海英教授的带领下，已形成了社会责任观下的企业价值创造、行为公司财务和管理会计、生产运营管理与决策、品牌营销与服务管理、组织行为与人力资源管理五个成熟的研究团队。2014年旗帜鲜明地确立了“企业转型发展”研究主题，先后涌现出一批具有影响力的标志性成果，2019年8月被广东省教育厅评估为“优秀文科平台”。

侨商企业作为“一带一路”建设的主要参与者，凭借自己的国际优势以及特殊的文化背景，发挥着独特的作用。多年来，广大爱国华侨华人积极回国投资兴业，在海内外形成了侨商群体，对我国经济建设做出了巨大贡献。本书主要通过对广东侨商企业投资发展现状的深入分析，对国家发展战略以及经济社会环境变化的准确解读，探寻在传统路径下和互联网时代下广东侨商企业升级转型的方法与机制，同时对广东省侨商企业的社会责任发展状况做出总体评价。

本次出版得到了中国经济出版社的大力支持，在书丛的编辑过程中，不仅注重每本书的学术水平，而且关注其使用价值。各位作者也都尽可能地将自己最新研究成果阐述得通俗易懂，以启发更多的读者。由于这些研究成果仍有待完善，理论和方法运动还有不少值得改进之处，探索企业发展的研究还有待进一步深入。

希望通过此次的出版工作，一方面可以与国内外有关专家和同行分享相关领域的研究成果；另一方面接受各位专家的批评和建议，不断提高科研工作质量和科研成果水平，为广东省乃至粤港澳大湾区的企业发展贡献绵薄之力。

本书由暨南大学社科处潘启亮处长作为总顾问，企业发展研究所所长卫海英教授为主编，赵永亮教授为本书第1、第2部分执笔人，周宏教授为第3部分执笔人，吴战篪教授为第4部分执笔人。

特此为序。

卫海英
暨南大学企业发展研究所
2019年12月

前　言

侨商企业孕育于新中国工业基础期（1949—1978 年），发展于改革开放期（1978 年至今）。改革开放 40 多年来，侨商企业始终如影随形，深耕于中华大地，从华南珠三角地区的集聚发展扩散遍布于整个内陆腹地，为实现中华民族伟大复兴的中国梦发挥了自身的价值。我国工业发展从疮痍满目到如今建立了完备的工业体系，离不开侨商企业的贡献。如今中国经济以“大国经济模式”为世界所瞩目，其优越性呈现于世人眼前。大国经济的包容性体现在所有制模式的多样性和资本来源属性的多元化。正是由于其包容性，中国经济吸纳了来自世界各地的实业资本，海外的侨商资本与中国充裕劳动和广阔市场的“薪火”相碰，激发了极大的增长动能。

广东的侨商企业扎根华南地区，业务辐射全球，企业总量达到 5.6 万家，成为“中国制造”的海外中坚力量。它们一方面以“华侨身份”产生的商业纽带拓展了中国商品在海外市场的广度，另一方面以“前瞻性”的眼光不断引进国外先进理念和技术并将其本土化，不断进行转型升级，紧跟时代的步伐。

在转型升级的进程中，侨商企业实现了从“家族关系型”网络向“市场型”网络演进，通过中西合璧的文化融合更好地发挥了管理优势。近年来，广东沿海侨商企业通过参与内地产业合作拓展了投资范围，并积极参与“一带一路”倡议的跨国项目，提升了业务空间。在“互联网+”时代，不断拓展企业投资领域，如通过互联网、云计算、大数据、物联网等手段融入传统制造业，再次焕发活力，在新材料、新技术和人工智能方面也成果丰硕。

身在广东的侨商，在企业和自身取得巨大成功的时候，并没有忘记国家政策和时代大势所带来的“鸿运”。广东侨商通过捐赠等行动促进了广东的发展，捐赠额在全国处于领先地位，捐赠范围涉及基础设施建设、文化、教育、卫生等方面，这些年来为广东的经济发展打下了稳固的基础。

赵永亮

2019 年 12 月

目　录

序　言

前　言

绪　论 …… 1

1　广东（及沿海）侨商企业投资发展的现状、历程与模式 …… 7

1.1　侨商企业对华投资现状 …… 7

1.2　侨商企业在华投资历程 …… 42

1.3　侨商企业海外投资动机与模式发展 …… 55

2　传统路径下广东侨商企业转型发展：内部治理与外部扩张 …… 74

2.1　侨商企业治理模式的现代化 …… 74

2.2　广东侨商企业深化投资——参与内地产业合作视角 …… 98

3　互联网时代广东侨商企业转型升级的概况 …… 131

3.1　互联网时代侨商企业转型升级的必要性与意义 …… 131

3.2　互联网下侨商企业转型升级的模式与特色 …… 148

3.3　互联网下侨商企业转型升级的条件分析 …… 172

3.4　互联网下侨商企业转型升级的动力机制与实施路径 …… 190

3.5 促进侨商企业转型升级的策略措施 …… 217

4 广东省侨商企业社会责任发展状况评价 …… 236

4.1 广东省侨商企业社会责任总体履行情况 …… 236

4.2 广东省侨商企业社会责任履行的典型案例 …… 261

4.3 结论与建议 …… 322

参考文献 …… 328

绪 论

党的十九大的胜利召开，预示着中国经济社会的发展和中国在全球化舞台上扮演的角色都开始进入一个崭新的历史时期。在这个新的历史时期中，来自五洲四海、不断发展壮大而又最具开拓创新传统的华人华侨和侨资企业同样迎来新的使命和契机。

（一）侨商企业发展是“中国梦海外阐释”的重要组成

侨商投资及侨商企业发展是中国改革开放40多年来中国经济社会发展的重要组成部分。目前海外华侨华人已达6000余万人，分布在全球200个以上国家和地区，国内归侨侨眷达3000余万人。多年来，广大爱国华侨华人怀着巨大的爱国热忱回国投资兴业，在海内外形成了重要的侨商群体，对我国基础设施与现代化经济体系的建设，乃至社会主义市场经济体制的完善，均作出了巨大贡献。改革开放以来，中国吸收的外国直接投资（FDI）60%以上来自广大侨商及港澳同胞。

党的十九大报告提出，中国坚持对外开放的基本国策，坚持打开国门搞建设，积极促进“一带一路”（“丝绸之路经济带”和“21世纪海上丝绸之路”简称）国际合作，努力实现政策沟通、设施联通、贸易畅通、资金融通、民心相通，打造国际合作新平台，增添共同发展新动力，而这也势必要求发挥好海外华侨华人特别是海外侨商的桥梁和纽带作用。例如，“21世纪海上丝绸之路”沿线地区的华侨华人总数达4000余万人，而东盟十国的粤籍华侨华人人数已超过2300万人，约占东盟全部华侨华人总数的60%。另外，东南亚是“21世纪海上丝绸之路”的核心区。在全球侨商企业约5万亿美元的总资产中，约有1.2万亿美元资产集中在东南亚地区，占比接近30%。世界侨商企业500强中约有1/3在东南亚国家，而侨商经济是东南亚大部分国家最重要的经济支柱，在东南亚上市企业中，侨商企业占到70%左右。

此外，报告还明确提出要“广泛团结联系海外侨胞和归侨侨眷，共同致力于中华民族的伟大复兴”。为实现这一伟大目标，有必要了解归国侨商企业发展状况，以便发现问题，解决问题，进一步服务侨商，从而对我国新时代的“现代化经济体系建设”与“中国梦海外阐释”作出来自侨务维度的新注解。

（二）侨商投资是应对经济新常态的重要抓手

我国经济“新常态”最重要的内涵可以说是市场优化升级，经济增长由粗放型转向强调质量效益的集约型，这仍然需要继续持续努力才能实现。但在“十三五”时期，受国际保守主义、贸易保护主义等影响，世界对外直接投资（FDI）总规模呈现下降态势，对我国进一步利用外资产生了外部压力。自2014年首次成为全球最大FDI接收国后，受国内外宏观经济形势、政治环境等制约，我国的FDI增长亦缺乏内源动力。2016年，我国FDI总量为1260亿美元，年度增幅远低于2015年和2014年的同期水平，其中7—11月的下滑趋势尤为明显。这是二十多年来，中国FDI数据的首次“负增长”（2015年全年为1262.7亿美元）。

此外，2014年习近平总书记指出，“一带一路”建设规划要更加发挥好相关国家和地区华侨华人及我国重要涉侨地方的作用。2015年3月国家发改委、外交部、商务部联合发布的《推动共建丝绸之路经济带和21世纪海上丝绸之路的愿景与行动》强调，要发挥海外侨胞独特优势作用，积极参与和助力“一带一路”建设。

围绕上述经济环境与政策背景，2017年1月，国务院出台《关于扩大对外开放积极利用外资若干措施的通知》（国发〔2017〕5号），做出了“进一步加强吸引外资工作”的工作指示。为贯彻落实国务院文件和中央精神，国务院侨办与商务部于2017年12月正式签署《商务部与国务院侨务办公室合作框架协议》，提出双方要通过加强政策指导沟通，建立协商协调机制，打造服务平台，帮助华侨华人及时了解和准确解读国家发展战略及相关政策，增强华侨华人回国（来华）创新创业、参与“一带一路”建设等的向心力和凝聚力，提升侨资企业经营发展能力，促进国内外侨商企业联系与合作，充分发挥华侨华人融通中外的独特优势，助力国家发展和中国企业“走出去”，推动提升我国对外经贸合作水平。

（三）侨商企业转型升级是我国产业结构调整的重要构成，可以起到示范效应

随着市场经济的深入发展，我国的经济总量早已超过日本，成为世界上第二大经济体。在市场经济初期，我国凭借低廉劳动力的优势，通过来料加工、低端装配制造，成为世界的工厂，这的确在一段时期内使我国的经济获得了飞速的发展，我国也随即变为制造大国。而且在改革开放初期，海外华侨华人企业家率先到我国的东部和南部地区投资设厂，成为外商投资企业的先行者，为我国吸引外资发挥了积极的示范作用。他们从最初的“三来一补”发展到成片开发，从小商品生产发展到参与基础设施建设，从沿海拓展到内陆。海外华侨华人在我国沿海地区设立企业的投资额占当地实际利用外资总额的60%以上，这些企业的数量占外商投资企业总数的70%以上，对当时我国和企业所在地区的经济发展起到了很大的作用。

但是，随着我国城市化的不断发展，企业生产厂房车间的土地成本不断上升，劳动力价格逐渐上升，随着劳动力红利的消失，发达国家的工厂也逐渐由中国东部沿海地区迁至印度、菲律宾等东南亚国家。我国制造业出现下滑的态势，面临着产业结构单一、生产创新能力不强的困境。面临此困境，转变经济运行方式，调整产业结构是我国新时期的重要历史使命。通过产业结构调整，降低第二产业的比重，增加第三产业的比重，将第二产业的加工制造逐渐转变为加工智造，通过创新，提高第二产业的技术含量，从而使产业结构得到优化和提升。其中，侨商企业作为推动我国深化改革开放的对外经济纽带，对落实产业结构调整，带动产业技术进步，无疑会显现出带头示范效应，尤其是对于“走出去”战略的顺利实施起到引领作用。主要体现在以下两方面。

一是在产业结构调整和改善方面，侨商企业“互联网+”转型升级可以调整企业自身的产业结构，使企业从传统的粗放式的制造业转变为新兴的第三

产业，由原先的以提供商品为主变为现在的以提供服务为主，实现企业由第二产业到第三产业的转变。通常来讲，产业之间的关联性是地区产业升级的基础，对一个地区来讲，由于产业之间存在各式各样的关联，在市场机制的作用下，一个地区的产业升级之后，就会带动相关产业之间的升级，从而实现整条产业链的升级。因此，侨商企业的互联网转型升级有利于促进我国的产业结构由第二产业转变为第三产业，由劳动密集型转变为知识密集型，进而改善并优化我国的产业结构，提升我国制造业的核心竞争力。

二是在产业素质与效率提高方面，侨商企业互联网转型升级可以通过互联网技术手段优化生产流程，改造产业链，提升企业的生产效率，并且通过互联网转型升级，企业可以与不同行业的企业进行跨界合作，实现企业之间的优势互补、资源共享，从而提升企业自主研发的能力和创新能力。通过创新能力的不断提升，组织管理方式的不断创新，侨商企业的生产素质和生产效率可以得到极大的提高。

（四）侨商企业转型升级有利于适应新时期需要，发挥经济引领作用

当前，侨商企业正处在制造业加速时期，资源能耗水平高，环境污染较为严重。侨商企业集中在传统的制造业部门，虽然近年来侨商企业产品结构有所优化，但纺织品与服装、箱包、家具、鞋类、塑料制品、玩具、食品等传统制造业中的劳动密集型产品仍占较高比重。我国侨商企业的发展仍然通过高能耗、高投入来拉动，这样做的后果就是消耗过多资源、降低产品档次、严重污染环境，这严重制约了高附加值产业及整体制造业的发展及层次的提升。随着世界能源资源的紧张，以及我国资源短缺，侨商企业继续采用粗放型的发展模式显然是行不通的。侨商企业在国内外市场上都存在激烈的竞争，与此同时，我国劳动力价格高涨，而且存在节能减排等诸多问题。因此，我国必须要发展新的工业化道路，从制造大国转向制造强国。通过互联网转型升级，有利于侨商企业依靠信息化新的发展引擎，带动企业通过发展信息技术进行结构优化和组织重组，合理配置资源，有利于企业转型升级。伴随着世界经济发展一体化，互联网转型升级有利于将侨商企业从资源密集型和劳动密集型转变为技术密集型和资本密集型，提高企业的自主创新能力，增加

产品的科技含量和附加价值，从而节约资源、保护环境，使经济与社会和谐持续发展。

随着全球区域经济一体化的深入推进，生产要素在世界范围内加快流动和重组，世界产业更新换代加速并在全球范围内重新布局。“一带一路”倡议将在新常态下引领我国新一轮的高水平对外开放，并结合“中国制造 2025”规划，全面推进国际产能合作，实现国内产业结构优化升级，将产业发展的比较优势转化为竞争优势，扩展国际产业发展新空间，为全球和我国产业发展及经济增长提供新动力。

随着“一带一路”沿线各国产业分工专业化程度的提高，商品链也将深度细分，沿线国家的产业链也将更加紧密地联系在一起，侨商企业作为“一带一路”产业链中的重要一环，凭借自己的国际优势以及特殊的文化背景，在“一带一路”建设过程中，发挥着独特的作用，是我国企业走向世界经济舞台的一个突破口。

因此，侨商企业的互联网转型升级不仅有利于提升自身的竞争力，而且有利于推动我国企业面向世界，实现“走出去”的战略方针，从而使更多的企业参与到“一带一路”建设中，扩大我国企业的海外市场，提升我国企业在国际上的竞争力和影响力。侨商企业的互联网转型升级有利于提升侨商企业自身在“一带一路”价值链中的价值，有利于实现与沿线国家的企业互利共赢、协同发展，推动“一带一路”沿线国家合理布局产业链。

（五）侨商回国兴业是对接全球最大新兴市场的伟大契机

近年来，中国市场对侨资的吸引力越来越大，侨商已成为中国外商直接投资的主导力量。国务院侨办提供的资料显示，迄今外商累计在华投资企业近 60 万家，其中华侨华人、港澳同胞投资企业约占 70%，投资额约占外商投资总额的 60%。除了在外商投资领域成为主力军，侨商在促进中国经济转型、产业结构调整方面也发挥着不可替代的作用。越来越多的侨商正从低端的劳动密集型产业向技术密集型产业、文化产业、金融业等转型。侨商的产业层级逐渐提高，正成为中国科技产业的引领者。

中国经济巨变离不开侨资的强大推力，而“中国机遇”也为侨商们实现个人梦想提供了广阔的舞台。2016 年 1 月，国务院侨办正式启动“万侨创新行动”，激发华侨华人创新创业活力。国务院侨办还通过多种方式提供培训和辅导，增进海外华侨华人对中国宏观经济形势和政策的了解，提升他们把握发展机遇、防范和化解创新创业风险的能力。

在中国经济新常态所蕴藏的巨大机遇之下，海外侨商在中国将如鱼得水，大有可为。从国内投资机遇的演进变化来看，首先，在“人民日益增长的美好生活需要”的驱动下，中国消费市场将于 2020 年增加到 6.5 万亿美元规模，侨商投资中国大陆的市场优势正逐步超越成本优势；其次，为了顺应侨商创业的新趋势、新需求，侨商投资服务的专门化、精细化管理的创业园区正在迅速发展。国侨办和各级、各地政府共同推动建设的“侨梦苑”项目正在搭建一个为高层次人才回国创业发展提供项目对接、签约落地、创业培训、政策支持、人才支援、市场开拓、融资保障等全链条服务的高端创业创新平台。

基于以上的分析，每年发布的中国侨商企业蓝皮书，将帮助各相关利益方及时了解侨资企业生存发展现状，准确解读国家发展战略以及经济社会环境变化，增强华侨华人回国（来华）创新创业、参与“一带一路”建设等的向心力和凝聚力，促进侨商企业经营发展与辐射带动作用，充分发挥华侨华人融通中外的独特优势，为党的十九大提出的“全面开放新格局”战略构想，提供源源不断的海外智力与资金支撑，为国家经济社会发展和实现“中国梦”贡献一份不可或缺的力量。

1 广东（及沿海）侨商企业投资发展的现状、历程与模式

1.1 侨商企业对华投资现状

1.1.1 侨商企业对华投资总体现状

据统计，世界侨商总资产在 2018 年规模接近 5 万亿美元，相比 2011 年的 4 万亿美元增长了 25%，与 2008 年国际金融危机时期的低点更显著地增长了近 1 倍。其中，侨港澳企业约占中国外资企业总数的 70%，投资额占中国实际利用外资总额的 60%以上。而“一带一路”沿线的国家和地区侨商资本实力雄厚，在全球侨商资本总额中占到了 2/3 以上。例如，“世界侨商 500 强”有大约 1/3 的企业分布在东盟各国，东南亚华人上市公司占到股票市场上市公司的 70%，侨商资本占到亚洲（除日本、韩国、中国大陆）10 个股票市场总值的 66%。尽管侨商企业跨国投资发展迅速，但和发达国家相比，还有很大差距和较大的发展空间。

1.1.1.1 侨商资本对华投资环境

自 21 世纪初中国加入世界贸易组织以来，国内稳定的政局和汇率，以及诸多利好政策和优惠条件吸引了大量的外资企业来华投资，在大陆占据投资份额的一席之地。2018 年 1 月至 11 月，中国吸引外资 1212.57 亿美元，同比增长 1.13%。其中，亚洲十国/地区平均对华投资新设立企业 54701 家，同比增长 77.52%，实际投入外资金额 759.32 亿美元，同比增长 20.9%，占全部流入外资资本总额的 82.80%。改革开放以来，中国的 GDP 在全世界的比重日

益增加。进入21世纪，中国的GDP从2001年的10.9万亿元增加到2010年的40万亿元，再增加到2018年的90万亿元以上，每年的增长速度均超过世界其他新兴国家和经济体。中国社会科学研究院预测，中国或将在2030年以前超过美国，成为世界第一大经济体。从中国目前的发展势头来看，稳定的政局和平稳的经济发展步伐将使中国在未来吸引更多外国投资者前来淘金。

从硬性的资源禀赋来看，作为世界上屈指可数的资源大国之一，中国幅员辽阔，地大物博，农林牧副渔等各类生态资源都很丰富，品种齐全，生产体系完备。这将使中国在吸引外资生产建厂、发展制造业以及服务业等方面更具优势。同时，近年来，在政策的引导下，社会各项基础设施建设，如交通、水电、通信等更加完善，原料、能源、零部件等生产和供应质量也日益提升，这都为招商引资和生产经营提供了便利条件。

从软环境来看，中国社会政局稳定，市场经济体制框架初步建立，相关法律法规日渐完善，为外商投资提供了良好的生产经营环境；随着教育水平和人民素质水平的提高，国内各地的语言、文化、风俗习惯差异日渐缩小，为外商投资提供了适宜的社会环境；国内丰富廉价的劳动力资源吸引了大量集中于劳动密集型产业的外商投资，而随着教育水平的提高和培训机制体系的完善，中国的劳动力技术愈加熟练，也更加能满足新时代高科技产业的外商需求。

除此之外，中国政府颁布的有利的产业政策也是吸引外商前来投资的重要因素。2018年6月，经党中央、国务院同意，国家发展改革委和商务部共同发布了《外商投资准入特别管理措施（负面清单）》，一方面鼓励《外商投资产业指导目录》继续执行，另一方面大幅缩减了外商准入的负面清单，推出一系列重大开放措施，大幅扩大服务业、制造业、农业和能源资源领域的准入。除此之外，清单还明确表示，清单规定之外的领域，按照内外资一致原则实施管理，各地区及部门不得对外商投资准入进行限制。另外，为了积极承接国际和沿海地区外资产业转移，发挥“一带一路”建设的带动作用，2017年2月，中国政府发布了《中西部地区外商投资优势产业目录》，对一些优势产业的外商投资实行优惠政策。在外贸管理方面，中国大幅降低关税，逐步取消计划、配额以及许可证管理，不断放松对外汇管理的限制。

1.1.1.2 侨商资本对华投资的特点

（1）主要对华投资者是侨商企业集团。

第一，主要对华投资者为亚太地区的侨商企业集团。成为对华投资主力的企业主要是中国香港地区、中国台湾地区以及东南亚一些比较大型的侨商企业集团。这些集团拥有雄厚的资金实力，跨国投资成为他们不可避免的发展选择。这些地区和国家的大型跨国投资企业并不多，归纳起来，主要有如下7类：

1）中国香港侨商企业集团：中国香港地区的侨商企业自1997年香港回归中国后，经济实力逐渐增强。以长江实业为例，长江实业集团是香港最大的大型联合企业，下辖100多家子公司，主要经营不动产、贸易、运输、电力通信等行业，其中不动产、基础设施建设、贸易、零售等是其主要发展行业。该集团在香港的经济领域中地位卓越，影响深远，其投资对象不仅遍布中国内地，还在东南亚地区、日本、北美洲、欧洲、中南美洲有所分布。

2）中国台湾侨商企业集团：在中国台湾地区，除了几家垄断了基础工业的公营企业之外，民间企业大部分都是侨商资本。其中具有代表性的企业主要有台湾塑胶、霖园集团、和信集团、长荣集团等。以“经营之神”王永庆于1954年设立的塑胶集团为例，该集团设立于台湾地区，是世界上数一数二的石化制造商和塑料加工厂。随着企业的规模不断扩大，其主营业务逐渐扩展到电子、纺织品、保险、建筑等行业，投资的重点也从中国台湾地区逐渐发展到大陆多个省份，以及美国、加拿大等国。

3）新加坡侨商企业集团：新加坡作为一个华人人口占总人口70%以上的国家，拥有许多具有代表性的侨商企业集团，如丰隆集团、华侨银行、大华银行等。以丰隆集团为例，该集团是亚洲最大和最成功的企业之一，在全球各地拥有大约4万名雇员，总资产超过400亿美元。其四大核心业务分别是房地产开发业、酒店业、金融服务业和贸易与工业。由于中国市场所特有的廉价劳动力的资源优势和新加坡政府对企业的政策支持，新加坡侨商企业集团对华投资总额的50%都投放于劳动密集型产业，尤其是制造业。除此之外，这些集团还在商业、房地产业以及交通运输业等行业投入了较多的资本。其中，商业和房地产业由于高额的投资回报率早已正式成为新加坡侨商企业集团追寻的投资热点；另外，这些集团还在中国大规模投资了交通运输业，并且单项平均投资规模较大，包括中新双方合资成立的广州白云机场地上服务有限公司、深圳飞机修理厂有限公司、北京航空地上服务有限公司等。近年来，随着对外开放的领域逐渐增多，华人集团在金融、服务、计算机等领域的投资程度也在逐渐增加，呈现出投资多元化的格局。

4）马来西亚侨商企业集团：虽然马来西亚一直采取着原住民优先政策原则，但侨商企业在马来西亚的地位依然很高。其中，比较具有代表性的企业有郭氏兄弟集团、云顶集团，以及马来西亚丰隆集团等。以郭氏兄弟集团为例，该集团从 20 世纪 70 年代开始进行海外投资，最初的投资目标是新加坡，其后是中国香港地区，随着集团投资规模的扩大，投资领域开始扩张到中国内地，经营领域也更加多元化，旗下的子公司已发展至 200 余家。由于马来西亚侨商企业集团在制造业方面具有优势，因此马来西亚侨商在华投资的产业主要分布在制造业（包括食品工业、饮料工业、橡胶产品加工业、棕油提炼业、化工产品业及电子电器产品业等）与房地产业（包括酒店、住宅及商业设施）等第二、第三产业，第一产业所占比重很小。从中长期来看，外商投资行业分布变化的趋势是：金融、保险、商业、信息服务、对外贸易、旅游等行业利用外资的比重将明显上升；制造业中资金、技术相对密集行业将成为外商投资相对集中的行业；第一产业吸引外资的数额和比重也有望获得一定程度的增加。

5）泰国侨商企业集团：泰国的侨商企业集团支配了泰国商业、制造业资本总额的 90%。其中比较具有代表性的企业有卜蜂集团、盘谷银行集团、泰兴钢管集团等。其中，卜蜂集团在海外投资最多，该集团通过其在中国香港地区的控股公司卜蜂国际公司管理海外事业。泰国侨商企业集团对华投资的行业一般都与该集团在泰国国内产业相关联，其中以农产品综合管理经营和银行业的投资最为突出。以正大集团为例，正大集团是泰国最著名的农商集团之一，其投资领域主要集中在饲料加工业、养殖业、林业等。自 20 世纪 80 年代以来，正大卜蜂集团已经在中国建立了 200 余家合资和独资企业，总投资额达到45亿美元，投资领域遍及中国大陆除西藏、新疆、宁夏之外的所有省份。除此之外，泰国侨商企业集团在银行方面的投资规模拓展得也十分迅速，盘谷银行在汕头、北京、上海、成都，大城银行在汕头、上海、昆明，泰华农民银行在深圳、北京、上海、昆明等地分别设立了分行。

6）菲律宾侨商企业集团：虽然菲律宾国家人口不多，华人在其中的比重也不大，但侨商企业在菲律宾却具有强大的经济力量。侨商企业有亚洲世界集团、陈永栽集团、首都银行集团等。以陈永栽集团为例，该集团是菲律宾最大的侨商企业，其经营领域最初在金融行业，随后扩展到工业、畜牧加工业、贸易等，旗下拥有菲律宾最大的卷烟厂、第二大啤酒厂。20世纪80年代以后，其海外投资规模迅速扩张，以中国香港地区为基地，拓展至中国内地和北美等地。另外，菲律宾的侨商企业集团在华投资主要以房地产和土地开发为主。如河南洛阳的中亚大饭店、厦门的中亚城、厦门海沧成立的工业园区和多功能骈体大楼等。

7）印度尼西亚侨商企业集团：印度尼西亚的侨商企业集团有300多家，大型企业集团有40余家，总资产额超过了110亿美元。其中具有代表性的大型集团有三林集团、金光集团、力宝集团等。以三林集团为例，三林集团从20世纪70年代起就开始在中国香港地区收购企业和银行，并在香港地区成立了第一太平公司，借以管辖包括贸易、通信、银行、不动产等行业在内的海外事业。印度尼西亚侨商企业集团在华的投资项目主要集中在两个行业：一个是土地成片开发，如第一太平公司投资建立的福清工业园区，力宝集团在莆田投资的度假村和工业项目等；另一个是控股投资。

第二，主要对华投资方式为东南亚侨商企业集团的转口投资。除了港澳台地区的侨商企业，自改革开放以来，进入中国大陆投资的企业还有相当大一部分来自东南亚地区。事实上，来自中国香港的资本也有相当大一部分来自东南亚地区侨商资本。原因有二：一是东南亚地区一些国家的种种限制和规定，迫使这些国家的侨商资本借道中国香港，再投入中国内地；二是东南亚的一些侨商企业家选择将其在香港企业经营所得收入再投资于中国内地。从这两点来看，中国香港在东南亚侨商投资中国内地的过程中发挥着“转口投资”的作用。

自20世纪末以来，东南亚的很多国家都选择在中国香港地区设立跨国投资点，一是为了利用中国香港的地理优势，中国香港与中国内地相邻，在当时拥有发达的金融市场和贸易业务；二是为了利用当地的产业基础设施，特别是金融服务业的基础设施，进行进出口贷款的结算、外币与人民币的兑换以及多种币种筹措架进；三是为了获得税制上的好处，通过海外投资所获得的利润可以免税，因此，中国香港就成为东南亚侨商企业集团投资中国内地的“中转站”。第一太平公司、中策、力宝、大马、嘉里、城市酒店国际年、卜蜂国际等一大批东南亚侨商企业集团都集中在中国香港设立分公司，使得中国香港成为东南亚侨商企业集团跨国投资和拓展中国内地市场的重要集中地。① 进入20世纪90年代后，一大批东南亚侨商企业集团旗下的公司纷纷在香港挂牌上市。自此，东南亚侨商企业集团主要的对华投资方式便成为以中国香港为中转站的转口投资，并借香港流入中国内地。1986年至21世纪初，中国香港在中国内地所接受的外商直接投资中占比约50%，金额约2294.97亿美元，并且其中大部分资本都来源于东南亚地区的转口投资。在21世纪初(2010年之前)，香港相对中国大陆在吸引外资和对外投资方面具有相对优势。

第三，对华投资的侨商企业集团资本规模大。据统计，目前，“国际侨商500强”的总市值比重为4763亿美元，其中38.02%在中国香港地区，40.18%在中国台湾地区，这两个地区的总市值比重为78.20%，占据国际侨商中的绝大部分。此外，还有21.4%在东南亚五国。其比重为新加坡占10.37%，居首位；马来西亚占6.27%，居第二位；泰国占2.26%，居第三位；印度尼西亚占1.26%，居第四位；菲律宾占1.24%，居第五位。这批侨商资本在2004年亚洲十国总市值中占到66%，其规模甚至占到全世界的1/331。而侨商企业分布为：中国台湾、中国香港各有223家、137家，东南

① 以1980年至1990年为例，此期间流入香港的东南亚华人总资本约为65亿美元。其中1986年至1988年投入香港的东南亚华人总资本金额达到221.4亿港元，在同期流入香港的外资总额中占比9.2%，居第一位；三年内东南亚资本增长幅度高达四倍。

亚五国中，新加坡有 63 家、马来西亚有 46 家、菲律宾有 13 家、泰国有 11 家、印度尼西亚有 7 家。这些数据都说明了侨商企业对外投资的规模巨大，覆盖范围非常广，是一股不容被忽视的投资中坚力量。

表 1-1 国际侨商 500 强前 25 名投资概况

单位：千万元

名次	公司名称	总部	主要股东	总市值
1	和记黄埔有限公司	中国香港	长江实业（集团）有限公司	29105.9
2	新鸿基地产发展有限公司	中国香港	郭炳湘兄弟	19699.7
3	长江实业（集团）有限公司	中国香港	李嘉诚	17074.6
4	国泰金融控股股份有限公司	中国台湾	蔡氏家族	14954.0
5	大华银行有限公司	新加坡	黄祖耀	12235.7
6	联华电子股份有限公司	中国台湾	交通银行、迅捷投资等	12005.9
7	鸿海精密工业股份有限公司	中国台湾	郭台铭	10254.4
8	华侨银行股份有限公司	新加坡	李成伟家族	9929.8
9	香港中华煤气有限公司	中国香港	李兆基	9297.6
10	南亚塑胶股份有限公司	中国台湾	王宗庆	9203.5
11	香港电灯集团有限公司	中国香港	长江基建集团有限公司	8838.2
12	恒基兆业地产有限公司	中国香港	李兆基	7816.7
13	友达光电股份有限公司	中国台湾	明基电通股份有限公司	7523.4
14	台湾塑胶工业股份有限公司	中国台湾	王永庆	7201.0
15	富邦金融控股股份有限公司	中国台湾	蔡明忠等	7195.6
16	台湾化学纤维股份有限公司	中国台湾	王永庆、王永在、长庚医院	7052.6
17	九龙仓集团有限公司	中国香港	会德丰有限公司	7028.7
18	中国信托金融股份有限公司	中国台湾	和信投资、启成投资等	6412.4
19	广达电脑股份有限公司	中国台湾	林百强、千宇投资	5955.7
20	长江基建集团有限公司	中国香港	和记黄埔有限公司	5433.2
21	中信泰富有限公司	中国香港	荣智健	5362.9
22	思捷环球控股有限公司	中国香港	Great View International Limited	5339.7

续表

名次	公司名称	总部	主要股东	总市值
23	奇美电子	中国台湾	奇美实业	5313.1
24	大众银行有限公司	马来西亚	郑鸿标	5262.7
25	华硕电脑股份有限公司	中国台湾	谢伟琦、施崇棠、童子贤等	5193.5

资料来源：中国侨网，http：//www.hsm.com.cn/news/2005/0922/68/746.shtml.

从表1-1可以看出，香港的和记黄埔有限公司以总市值达2910.59亿美元排名第一；排名第二的香港新鸿基地产（郭氏兄弟），总市值达1969.97亿美元；第三是李嘉诚旗下的长江实业，总市值1707.46亿美元。其余22位排名依次是：台湾的国泰金融、联华电子、鸿海精密工业、南亚塑胶、友达光电、台湾塑胶工业、富邦金融、台湾化学纤维、中国信托金融、广达电脑、奇美电子、华硕电脑，香港的中华煤气、电灯集团、恒基兆业、九龙仓、长江基建集团、中信泰富、思捷环球，新加坡的大华银行、华侨银行，马来西亚的大众银行。虽然侨商500强企业中前三名都来自中国香港地区，但从总体来看，中国香港、中国台湾、新加坡所在地的华人大企业总市值均在国际侨商投资比重中占据较大比重。

据统计，2017年，全国新设立外商投资企业35652家，同比增长27.8%；实际使用外资金额8775.6亿元人民币，同比增长7.9%（折合1310.4亿美元，同比增长4%）。华人投资占外商直接投资的一半以上。这些数据与国际侨商的总市值是相关的。特别是中国香港、中国台湾、新加坡在合同外金额、实际使用外资金额上所占比重分别为53.3%、54.27%，均占侨商投资中的一半以上。同时这些地区的投资者在中国大陆内创办的企业数目分别为178636个、60811个、12519个，其占中国外资企业数目的54.02%。总体来说，中国香港、中国台湾、新加坡不仅在国际侨商总市值的排行榜上占优势地位，而且在华投资的各个领域中也占据了主流。

（2）侨商企业集团对华投资产业分布以第二产业为主。

侨商企业集团对华投资主要集中在第二产业。在改革开放初期，侨商企业集团对华投资的规模较小，来自中国香港、中国澳门以及东南亚地区的侨商企业家数量较少，投资的行业主要分布在服装、鞋帽、塑料、电子等劳动密集型产业，以及房地产、饭店宾馆等服务业。自1984年起，投资开始向农工商业、重化工业等部门发展，但投资所占比重并不大。当时的投资者主要以中小企业为主，投资规模小、回收资金快，而农业、重工业等产业与之相反，因此形成了侨商资本当时的低层次投资结构。一直到1992年，中国开始扩大对外开放，重工业、第三产业开始扩大对外商投资的口径，于是吸引了更多外商资本的加入。例如，新加坡的黄祖耀，马来西亚的郭鹤年，泰国的陈友汉，印度尼西亚的林少良、李文正等知名华人工商企业家，纷纷开始选择在中国投资建厂。这些侨商企业集团大多拥有坚实的资本基础，能够不断扩大投资规模，扩展投资产业，其中一些侨商企业集团开始对交通、能源、自然资源开发等基础设施建设和公共事业，以及农业、金融、商贸、旅游、农场等部门进行投资；同时，侨商企业对电子通信、机电、化工、光学仪器、生物工程等技术密集型产业的投资金额也日益增加。1998年以后，由于大批的高科技产业和第三产业领域的侨商企业，尤其是台商，前往大陆投资，侨商资本的投资结构得到了进一步的优化。一些产业，如能源、电信、电子通信设备制造等技术和资本密集型产业，科研、传媒、综合技术服务等第三产业，所吸引的侨商资本迅速增长。例如，台湾的资讯产品已经有一大半在大陆生产，而石化、建材、汽车等行业也纷纷前往大陆寻找发展空间。除此之外，台商投资的一个显著特点就在于，为了协调和配套不同产业，企业往往会将整个产业的上下游企业集体向大陆转移，这种投资特点提升了投资地区的产业结构。

以往10余年，外资企业在中国投资的产业分布以第二产业为主，而华人在中国投资产业中也是第二产业的比重较大。总体来看，侨商企业集团在华投资是按照第二、第三、第一产业依次进行的。而自改革开放以来，第二产业中的制造业，第三产业中的房地产、不动产、金融等行业始终都是侨商企业集团在华投资追求的投资热点。笔者认为，今后侨商资本对华投资分布将会越来越合理。中国将会大力发展商业、服务业、科技、知识等第三产业，这些产业需要大量的侨商资本，因此中国政府也会更加积极地引进外资；同时，为了调整投资的产业机构，侨商资本必将大量地投资于这些行业。但侨商投资以劳动密集型产业为主的格局在短期难以改变，不过这些产业在未来也会逐渐向中西部转移。

（3）欧洲侨商企业来华投资较晚。

欧洲侨商企业起步晚，他们大多从事餐饮、皮革、服装、进出口贸易四大传统产业。虽然随着新移民的不断加入，产业领域扩大，但公司的综合经济实力较弱，跨国公司、上市公司和其他侨商企业总体较少，海外投资仅限于少数几家大公司。根据《世界侨商发展报告（2018）》，欧洲主要的上市公司和跨国公司大约有 32 家，如陈氏兄弟有限公司、欧华集团、凯撒国际、德国开元集团、意大利新世界集团、欧美嘉集团、三意（3E）集团、西班牙双丽集团、荷兰欧亚花卉集团、瑞士新奥尼维亚公司、北欧集团等，主要分布在法国、德国、意大利、英国和西班牙。大部分欧洲侨商企业凭借着与中国大陆的联系，从中国大陆进口中低端产品，在欧洲市场上销售，或将中国大陆工厂作为定牌生产的基地。

从欧洲主要侨商企业的海外投资经历来看，欧洲侨商企业的海外投资首先是从欧洲内部各国家开始，不断地拓宽销售网络，丰富产品类型，打造品牌效应，规模较大且范围较广，但欧洲市场类似产业（如服装、零售）市场成熟，竞争激烈，高端品牌难以形成。谈及欧洲侨商对欧洲以外的国家和地区的投资，总体来说，投资规模较小，且频率不高。但欧洲侨商在中国的投资是较为可观的，一开始主要为拓宽本地的经营业务或者转移生产基地，如表 1-2 所示，在投资中国过程中，企业的规模、地域和产业类型都在不断地扩大，从刚开始的食品加工、箱包服装、贸易和零售批发扩展投资，到房地产、医药、新能源等产业的研发投入，欧洲侨商企业在海外扩张过程中逐渐实现了多元化，且投资行业技术含量逐渐提高。

表 1-2 欧洲侨商企业的部分来华投资公司概况

企业名称	经营范围	海外投资历史
法国陈氏兄弟有限公司	贸易、零售、批发	1993 年开始投资中国，主要投资企业有：中国豪门啤酒集团（80%股权）、唐山泰博尔生物奶牛科研发工程有限公司、北京兴农生物饲料有限公司、北京左岸风影院投资管理有限公司。2006 年 8 月 28 日，由公司旗下法国陈氏传媒公司独家代理的中国电视节目长城（欧洲）平台在法国正式开播
巴黎士多有限公司	零售	在香港创办荣文贸易有限公司；在新加坡和中国投资以下生产性企业：新加坡达辉食品有限公司、汕头达辉食品有限公司、汕头欧宝兴电子机械公司和承德双通冶炼有限公司；在柬埔寨、越南、新加坡、香港等地开了酒店、工厂和贸易公司
西班牙西非娜国际集团公司	服装	2006 年投资建成湖南菲娜服装工业有限公司，并拥有多家 OEM 工厂和职业服装研发中心；2006 年进入意大利、葡萄牙、英国等国市场；而后在北京成立中国西卡（SIGCAT）进出口贸易公司、北京西菲纳服装工业有限公司和西班牙西菲纳北京采购公司等
德国飞马集团	生产贸易	1995—2004 年将多个整套设备、工厂及生产线转移到中国；2004 年投资在辽宁盘锦建立了飞马辽宁汽车零部件制造有限公司；2015 年在中国山东省烟台经济技术开发区成立烟台飞马瓦特热交换技术有限公司
华信金属股份有限公司	金属型材	2015 年在巴黎近郊开业，公司为华商在欧洲开拓的新的产业——主营金属型材、立志将中国机电产品介绍到欧洲。公司特别在中国的五金行业最大是生产、销售和出口基地的浙江宁波设立了宁波西帝克传动工程公司，除了为华信金属提供优质五金销售产品外，还会在现有的基础上开展中欧之间机电设备贸易
意大利新世界集团	服装进出口、零售、批发	在浙江投资建立多个生产基地：绍兴占地 120 亩的新世界家具城、杭州新世界医药科技发展有限公司、贝尼尼食品（杭州）有限公司、萧山海普制药有限公司

续表

企业名称	经营范围	海外投资历史
匈牙利 BOULEVARD（大路）国际贸易有限公司	服装进出口	匈牙利 BOULEVARD（大路）国际贸易有限公司成立于1994年，由海外华侨陈明洪创办，是一家以进出口纺织服装为主的跨国公司，总部设在匈牙利布达佩斯，同时在美国、波兰、乌克兰、俄罗斯等国成立了多家分公司或办事处。1996年陈明洪回中国发展，先后投资3000多万美元在湖北潜江、荆州等地建立亚利服饰、东能制衣等千人以上服装生产基地。2014年于中法武汉生态示范城投资建设欧洲华人华侨企业总部，总投资约50亿元人民币

资料来源：摘取期刊论文《贸易先导型华人跨国公司初探》及相关新闻资料整理、更新而得。

1.1.2 海外侨商在广东投资的现状

改革开放以后，很多侨商资本涌入国内，广东与福建等华侨集聚地开始大规模招商引资。据有关数据统计，侨商企业占我国外资企业总数量的70%，占我国利用外资投资总额的60%。广东是我国的华侨大省，它在近30年内引进外资的总额达2700多亿美元，其中，华侨、港澳同胞的投资大约有1700亿美元，侨商企业总量达到5.6万家。除此以外，身在广东的侨胞、港澳同胞在自己取得巨大成功的同时，并没有忘记他们的家乡。他们通过捐款等行动促进广东的发展，捐赠额在全国处于领先地位，他们的捐赠范围包括基础设施建设，文化、教育、卫生等方面，为广东这些年来的经济发展奠定了稳固的基础。

在各地，自2015年7月起，北京和上海等地陆续出台了仅供外籍华人独享的各类优惠政策，包含相对其他外籍人才更为宽松的永久居留申请，开放长期多次来华签证，方便外籍华人探亲，开展商务、科教文卫交流及办理其他私人事务等多项政策。

当前，我国面临经济发展的转型升级，侨商侨资的发展与几十年前有很大的区别。如果还是坚持以前的理念，毫无选择、毫无标准地引入侨资，很容易造成浪费。所以，在引进侨商侨资时，更重要的是引进高水平人才。

在中国国务院侨务办公室、中组部等机构的努力下，通过“千人计划”以及专项投资大会，如“华侨华人创业发展洽谈会（华创会）”“世界华侨华人工商大会”“海外高新科技暨高端人才洽谈会（海科会）”“侨商北京洽谈会（侨洽会）”“中关村华侨华人创业大会”等，成功引进一大批美国华侨华人回国创业和工作。

在广东，从国外学成归来的华人多达数万人，他们创办了3000多家企业。这些年来，广东省引进了31个创新科研团队，其中由华侨组成的团队就占了26个。这些智囊团在为广东带来人才的同时，还带来了先进的技术与管理理念，为广东的经济建设发展做出了贡献。

1.1.2.1 江门侨商

有关资料显示，江门目前有超过400万海外华人华侨，分布在世界107个国家和地区。有华人的地方就有华人华侨社团。以地缘为基础的同乡会、以姓氏血缘为基础的宗亲会、以业缘为基础的工商行业团体、以义缘为基础的帮会堂口、以善缘为基础的福利团体、以文缘为基础的文化科技团体等各类的社团组织，是华侨华人在异域他乡求生存图发展的保障之一，对海外侨胞的联系、团结、互助、互济、互卫起着不可缺少的重要作用，它们共同构成了海外江门籍华人社团的筋骨，成为海外华人社会的重要支柱之一，在海外华人的历史演变中扮演着重要角色。

海外华人华侨社团历经风雨，在历史上扮演了重要的角色，起到了联络乡谊、守望相助的作用。但是，随着“二战”以后大规模移民潮的结束，社团原有功能日益弱化，华人社会在政治、经济、文化、教育等领域遭受挫折，危机感日益强烈。在社团内部，出现人员青黄不接、后继无人的担忧。在“内忧外患”的情况下，江门华侨华人社团改革的步伐不断加快。近20年来，随着全球形势的变化和科技的迅猛发展，加之自身改革的需要，海外华人社团的活动也空前活跃，江门籍华人华侨社团呈现出若干新的特点，并引起了世人的广泛关注。

（1）传统侨团“国际化”趋势日益增强。

据不完全统计，近20年来有接近100次的世界性社团召开联谊会，聚会地点遍及亚洲、欧洲、北美洲。最近几年，越来越多的社团在侨乡举办世界性联谊会，数量也大大增加。例如，2010 年 9 月到 2011 年 11 月的一年多时间，美洲至孝笃亲总公所第三十一届恳亲大会、全美溯源堂第 26 届恳亲会、第五届世界台山宁阳会馆（同乡会）联谊大会、第十三届全美冈州会馆恳亲大会在江门市台山、新会等地举行。

我们看到，越来越多的海外江门社团抛弃门户观念，消除政治成见，相互支持，共同合作，社团组织和活动日趋国际化，海外华人的团结得到了进一步加强。共同的历史、文化与相同的背景和遭遇，是维系江门华侨华人的共同纽带。而华人社团，通过联谊活动，为世界各地的江门籍乡亲们提供了一个重温并强化这种群体意识的机会，也使世界华人圈联系更为紧密。

（2）“功能化”社团日益增多，社团目标更加明确。

江门海外华人社团的发展，还体现在一个重要的层面，就是其发展得益于中国经济的开放。有学者已经指出：随着交通与资讯的发达，资本的全球性流动，新兴的环球资本主义逐渐兴起。这一时期，中国的改革开放、海外华人经济与侨乡的密切联系，以及有利的区域政治形势成为海外华人社团发展的外部环境。

而且，我国的侨务政策旨在鼓励和加强与海外华人的社会、文化和经济联系，各级的侨乡政府也努力“抓住机遇，打好侨牌”。为了加强与海外乡亲和社团的联系，各级侨务机构积极采取“请进来”和“走出去”的方针，鼓励海外华人社团与侨乡进行各项经济交往。对于在侨乡举行的海外华人社团国际联谊活动，各级政府也采取支持的态度。

由于全球经济文化发展的大势所趋，加上各种优惠政策的支持，地缘性、宗亲性或者帮会堂口等各种类型的海外侨团在以往单纯联谊交流的基础上，求新、求变、求发展的要求也日益强烈。社团的活动领域不断扩大，除传统的活动外，还兴办中文学校、中文报刊、医院等各种慈善公益事业；开展中华传统文化宣传教育，处理商务，维护华侨经济利益；为家乡的公共福利事业、灾难救助募捐等。

成立于 2006 年 5 月的江门市侨商总会便是很好的例证。江门市侨商总会是由华侨、外籍华人、港澳同胞和归侨侨眷在江门投资设立的侨资企业单位或个人组成的非营利性社会团体，是按照海外社团模式，由华侨华人及港澳同胞投资者自主管理、自筹资金、自我发展的社团，现已发展到100多家会员单位。商会自成立之日就有明确的目标：促进侨资企业与政府部门的联系、沟通；为会员提供商机信息，组织会员参与政府举办的相关经济社会活动，努力为经济建设服务；倡导会员企业在自我发展的同时回报社会，关心和支持社会公益事业和慈善事业，推动经济建设和社会发展。

香港台山商会也是具有鲜明特征的江门籍社团组织，其以公司化经营形式在香港地区运作，管理架构明晰、体制健全，商会经营收入所得中相当一部分用于支持侨乡建设。据统计，除在香港建立公益性质的香港台山商会学校外，商会每年还拿出不少于600万港币的慈善捐助用于支持家乡医疗、卫生、教育等各项公益事业。

（3）社团本土化日益彰显，参政意识不断加强。

随着江门籍海外华侨华人移民历史的不断延续，越来越多的华人以所在国公民的身份参加社团组织，并在其社团活动中逐渐融入当地社会，服务当地社会。这些社团已成为当地文化的一部分，不仅有利于提高江门籍华人华侨和社团的声望，而且为居住国家和地区的经济发展和社会稳定做了重要贡献。

澳门江门同乡会就是这样一个扎根澳门、融入当地社会的主流社团。自2002年成立以来，澳门江门同乡会迅速成长，会员达到3.6万余人，遍布澳门社会各阶层及行业，这是同乡会实践创会宗旨，为会员提供优质服务的结果，同时，同乡会也因此掌握社会脉搏，更了解社情民意。在2009年中国澳门地区第四届立法会选举中，澳门江门同乡会副会长麦瑞权成功入选立法会，开创了澳门乡族社团参政议政的先河。

（4）海外社团新力量、新方向。

必须承认，当今海外华人社会中，很多海外新生代从小接受西方教育，相当一部分人缺乏与侨乡的文化与情感的联系，对华人社团的各项活动也远远不如其父辈有兴趣。而且，随着华人社团进一步本地化，地缘及宗亲性联系将逐渐减弱，未来的海外华人社团更应该用广阔的胸襟和眼光来看待发展。套用江门市委书记刘海先生曾经说的一句话：要“跳出江门看江门，跳出江门谋划江门”。江门籍海外社团应该跳出宗亲、血缘，谋划社团融合发展。

以世界江门青年大会为例，从最初的联谊交流发展到今天的商贸、文化、体育各项活动。从第一届单一的江门籍海外青年到第三届出现了像任向东、傅旭海这样的非江门籍青年才俊，他们不仅受过高等教育，而且活动组织能力、经济实力强，有创新精神、政治参与性和国际视野；同时也高度重视对华经贸文化交流合作，积极投入与祖国的经济文化交流活动中。他们不仅是第三届世界江门青年大会的杰出代表，荣膺世界江门青年大会“十大杰出青年”，而且其所领导的全美中华青年联合会、欧洲华人青年联合会是跨越地域、宗族的海外新生代华人社团典型代表。

勤劳勇敢的江门籍海外华人华侨经过连续几代的拼搏，历经无数磨难，才有了今天的华人天地，华人社团在其中的作用功不可没，可以说，如果没有社团的组织与支持，遍布世界各国的华人便形同一盘散沙。我们相信：进取、勤劳、开放、包容的新时代江门籍海外华人华侨社团，必将会像他们的先辈一样，浓墨重彩地登上历史的大舞台。

1.1.2.2 汕头侨商

汕头市是享誉全国的百年商城，也是历史悠久的侨乡。无数的潮汕人从这里出发，为了梦想闯荡世界。数年以后，他们带着荣耀回到家乡，帮助当地发展。华侨也因此成为汕头的一张名片。汕头经济特区在20世纪90年代成立。随着改革开放的步伐，汕头由以前的一块小市郊逐渐变成了现在2000多平方公里的一座大城。汕头以经商闻名，这里外商、侨商投资众多。改革开放40多年间，汕头秉承经济特区创新的精神，积极先行先试，以华侨作为桥梁，向大家展现了大侨乡的风采。

（1）搭建平台聚侨力。

行走在汕头市内的宽敞大路上，你很容易见到以华侨华人名字命名的学校和医院，它们都是汕头华侨华人留下的宝贵印记。在潮汕人的心中，改革开放初期汕头最漂亮的建筑就是由潮汕华人捐赠而建立的。随着时代的不断发展，汕头市政府希望完成从以前的接受华侨捐助到吸引侨商前来投资的转变，使汕头的改革开放更上一层楼。

国家对于汕头的侨乡发展也十分看重。在国家的领导下，2014 年，汕头成立了华侨经济文化合作试验区。站在如今的汕头，环视周围的高楼大厦与大企业，不禁让人赞叹改革开放的成果是多么巨大。仅在几年前，这里还只是一个荒野区。据介绍，试验区是全国唯一一个华侨与文化内涵的国家级发展平台。试验区成立的目标是为新时代的汕头华侨打造一个集聚的平台。

先前的经济特区精神在试验区身上得到了延续；如今，东海岸新城的三大片区已然连通，以新津片区为主要代表。试验区还首创了以华侨为核心的股票板块“华侨板”，并且创立了“助企贷”，很好地为企业解决了融资难的问题。截至目前，已有 518 家企业在“华侨板”上市，在这些上市企业中，合计意向融资总额达到 70 亿元，巨大的融资效应开始逐渐显现出来。

汕头还起到了牵线搭桥的作用，为从海外的华人华侨归来投资建立了一个很大的平台。陈鹏说，汕头不仅是一个承担交流联谊功能的平台，还把招商引资、科技创新和人才引进充分结合起来。这样一来，侨商不仅了解了汕头的发展，还对汕头的产业有了充分的认识。

（2）优化环境引侨资。

在过去，华侨华人回来投资创业的动力仅仅是对家乡的感情。但在如今，他们回来的动力是潮汕优良的经商环境还有广阔的发展空间。汕头建设得越好，就越能吸引高水平华侨人才的引入。

建设好自身，才能吸引更优秀的人才。近些年，潮汕在优化经商环境方面做足了功夫。2011 年底，潮汕机场的建设工程落下帷幕，汕头正式拥有了属于自己的国际机场，且距离市内仅有 45 分钟车程。机场的建成极大地增加了潮汕交通的便利程度。同时广澳深水港的建成标志着汕头拥有了十万吨级船舶靠泊作业的港口。年底，通往广州深圳的高铁建成，更是使生活的便利程度大大增加。交通的便利为吸引侨资奠定了坚实的基础。

经商环境的改善不仅体现在硬件升级上，软件的升级同样重要。汕头近年来在商事登记制度改革和电子营业执照试点工作上走在了前列，打出了

“最多跑一次”的口号，采用了一站式并联办理的模式。而且，在试验区新推行的“1工作日审批制”比起当年汕头经济特区的“24小时审批答复制度”在效率上有了很大的提升。受益于此，华润基金完成注册工作时仅用了3小时。同时，“放管服”制度的应用为侨商等群体提供了便利高效的服务。于是，潮商中心大厦仅用12天就完成了各项申报工作。

软件升级不仅仅表现在这一个方面。为了使侨资企业更好地运营，汕头专门成立了为它们服务的律师团，为它们在法律运营上提供服务。当地政府与工作人员通过走访等方式，了解到了部分侨商企业存在融资难的问题，于是开展“助企贷”服务，起到了立竿见影的作用，为十几家“华侨板”企业提供了8650万元的贷款。

高质量的服务吸引着越来越多的侨商加入。2017年底，汕头已有6066个外资直接投资项目，涉及资金总额约为218.52亿美元。汕头的经济特区越办越好。

1.1.3 侨商企业在珠三角地区投资的现状与问题分析

侨商投资在珠三角各经济区的高速发展和转型升级中发挥着十分关键的作用，通过珠三角本身对广东经济发展的带头作用吸引更多的高科技人才。虽然海外侨商对投资于珠三角有很高的热情，但珠三角在吸引侨资方面仍存在很多不足，如成本过高、软件配置跟不上、宣传力度不够，而且对待侨商的服务网络较为单一。在这种情况下，政府应该出台一些应对措施，如增强招商统筹规划、加强知识产权的保护、构建更完善的涉侨政策以及构建资源整合平台，以促进海外侨商投资的进一步发展。

1.1.3.1 侨商企业投资珠三角经济区的现状分析

(1) 海外侨商投资珠三角经济区的整体布局与区域特征。

广东在改革开放建设中冲锋在前，也是全国华侨聚集地，华侨众多是广东省的特色及优势之一。广东省的海外侨胞数量达3000多万，占全国总量的60%，分布在全球160多个国家与地区。广东是最早吸引华人华侨来投资的地区，因为在地理位置上它毗邻港澳，又是大侨乡，所以海外侨资通常会把广东当成一个理想的投资地。如果按侨资的来源地分类，海外华人企业主要来自港澳台和部分东盟国家。有关统计显示，到2006年底，广东的华侨企业占到了全省外资企业的70%，约有5.6万家；侨资累计FDI总额有1770亿美元，其中侨胞的投资额就多达1200亿美元，占了外商FDI总额的70%。截至2011年底，广东共拥有5.55万家侨资企业，是全省外资企业数量的60%，外商直接向广东投资总计2700亿美元，这其中又有70%的资金来自侨胞、港澳。总体来说，近5年来，广东海外侨胞向中国直接投资企业的数量基本保持不变，但投资总额上升趋势比较稳定。

珠三角地区由广州、深圳、珠海、佛山、惠州、肇庆、江门、中山和东莞组成，是广东的重要经济发展区域。改革开放之初，许多从海外回来的华侨在珠三角地区投资，极大地推动了当地的工业化和城镇化。在那时候流传着一句话，就是“华侨投资一个厂救活了一条村”。随着时代的发展，改革开放的步伐不断前进，各区域经济不断平衡发展，华人企业在东西部以及山区的5个城市的FDI逐渐增加，但论投资总量，还是远远比不上珠三角。2017年的数据显示（见图1-1），港澳台侨资企业投资于珠三角地区的工业、企业的数量以及投资额都大幅领先于它们投资于其他地区的数额。除此之外，政府的政策引导对侨资企业也有很大的影响，在它们的推动下，侨资企业对珠三角的投资会更多地集中于服务业、制造业、新兴产业和科技研发环节。侨资企业还着重参与广东省的一些经济技术区、高新园区、产业园区的建设，如新兴的广州南沙、珠海横琴、深圳前海等新建的经济区。这一举动是为了建立更完善的投资结构，促进珠三角地区企业由劳动密集型转为技术密集型，推动转型升级的进程。

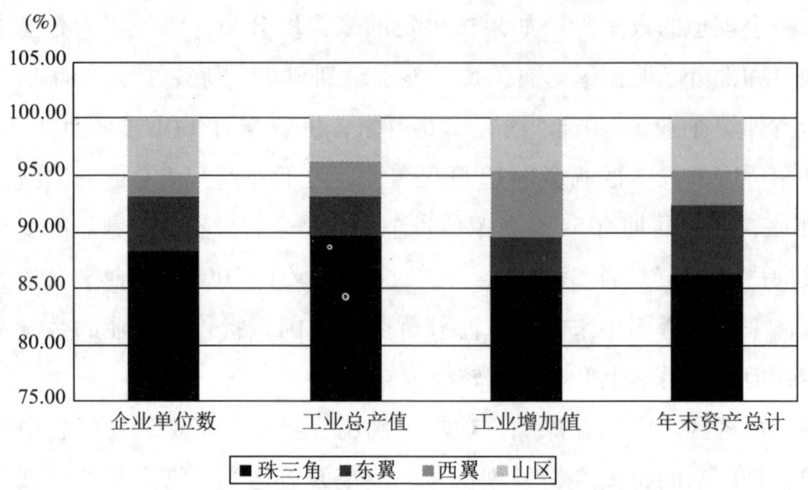

图 1-1 2017 年广东各经济区港澳台投资工业企业相关指标占广东港澳台投资企业总额比重

在对广东实际投资的侨商企业中，有大约 70%的企业来自中国香港、澳门和台湾地区，所以通过研究港澳台企业对珠三角经济区投资的情况可以进一步洞悉侨资企业对珠三角地区投资的地理位置分布与特征。从表 1-3 可看出，当前，中国香港、澳门和台湾地区的侨商对珠三角经济区的投资主要集中于广州、深圳、佛山和东莞 4 个城市。港澳台侨资企业在这 4 个城市投资的工业企业资产、相当规模的工业企业的工业总产值和工业增加值以及投资工业企业的数量在整个珠三角经济区中占到一半以上。广东侨办对侨资企业的数量进行统计以后也发现，排在珠三角经济区侨资数量前四位的城市分别是深圳、东莞、佛山、广州。所以，可以认为，海外侨资企业对珠三角经济区的投资主要还是集中于这 4 个城市。其中，佛山是港澳台投资于珠三角地区的一个主要城市，港澳台企业投资于佛山的规模以上工业企业的工业总产值和工业增加值以及工业企业数量占整个珠三角经济区的 10%以上，佛山在珠三角经济区中受侨资企业的重视程度越来越高。如表 1-3 所示，佛山市现有侨资企业的数量为 5000 多家，占佛山外资企业数量的 70%，主要的投资行业包括但不限于电子科技、有机材料、纺织业和设计行业等。

表 1-3 2016 年珠三角经济区各市港澳台投资的工业企业的相关指标

单位：家，亿元

城市	规模以上工业企业数量	内资企业数量	港澳台商投资企业数量	外商投资企业数量	工业总产值	内资工业企业总产值	港澳台商投资企业工业总产值	外商投资工业企业总产值	流动资产合计	固定资产合计
广州市	4662	3190	808	664	1.96	0.86	0.31	0.79	0.88	0.44
深圳市	6627	4180	1818	629	2.73	1.60	0.72	0.40	2.00	0.39
珠海市	1048	562	291	195	0.44	0.24	0.07	0.13	0.38	0.13
佛山市	5671	4506	735	430	2.12	1.45	0.36	0.30	0.64	0.38
江门市	1998	1296	515	187	0.43	0.22	0.16	0.05	0.18	0.09
肇庆市	1100	828	181	91	0.40	0.25	0.09	0.06	0.08	0.10
惠州市	2140	1261	650	229	0.76	0.32	0.22	0.23	0.29	0.17
东莞市	5869	2989	1889	991	1.47	0.76	0.43	0.29	0.74	0.24
中山市	3089	2131	614	344	0.66	0.32	0.14	0.21	0.28	0.09

注：规模以上工业企业数指年主营业务收入 2000 万元以上的工业法人企业个数。

（2）海外侨商投资对珠三角经济社会发展的作用与贡献。

改革开放以来，侨资企业在珠三角经济区的投资取得了丰硕的成果，大大加快了珠三角经济区甚至整个广东省的经济发展。港澳台侨资企业对珠三角经济区的各个城市投资的工业资产总额、规模以上工业企业总产值和增加值以及规模以上企业数量都在外商投资中占了很大的比重。通过如此大的投资规模也可以看出，侨商投资对于推动珠三角经济区的发展有着不可忽略的作用。

第一，改革开放之初，侨资企业的投资大大补足了珠三角经济区的资金缺口。众所周知，经济发展离不开资本投入。侨资企业的投资不仅带来了资本，还为珠三角经济区带来了发展所需的先进的技术、设备和人才。改革开放之初，国内的经济发展迟缓，生产技术水平也比较低下。想要发展，必须依靠资本的投入和先进的技术、设备、人才、理念的引进。但由于发展水平低，许多地方都过于落后，国外资本并没有很大的动力投资于中国，于是华人企业家在推动资本投入这方面的作用就举足轻重。他们很多人对于家乡的感情迫使他们毅然回国推动祖国和家乡的发展，帮助当地发展经济。据当时的数据统计，1987 年华人华侨的投资总额占据了国内外商投资总额的 70%，投资的企业数量则占了所有投资数量的八成。珠三角经济区的情况也相似。华人华侨资本的进入不但带来了资金，还带来了国外先进的技术和理念，使当地经济走向复苏。侨资的进入还推动了一些公共设施、设备的更新，推进了包括大型港口、码头、高速公路等项目在内的基础设施建设，推动了珠三角经济区和整个广东省的经济发展，增强了经济活力。

第二，侨资企业投资拉动了整个珠三角经济区的贸易发展，使广东向外向型经济发展。改革开放之初，珠三角经济区九市有着得天独厚的地理位置优势，在政策上也有一定的优势，同时也是许多华人企业家的故乡。出身于国内的华人企业家对于珠三角经济区的发展现状和习俗等较为了解，因此，珠三角经济区具备了吸引侨资企业的一切条件。在这种情况下，珠三角经济区自 20 世纪 80 年代以来吸引了大量的华侨资本，并且和港澳地区实现了资源技术的优势互补，重点建设外向型经济。截至目前，珠三角地区可以说是我国重要的进出口大区，在轻工业上也有很大的优势。有关数据显示，2011 年底，珠三角地区的进口总额和出口额分别为 3678 亿美元和 5064. 89 亿美元，都占了广东省进出口额的 95%以上。在这些进出口份额中，60%来自外资企业，其中绝大部分都是侨资企业。

第三，侨资企业的投资不仅为国内输送了大量资本，还带来了许多额外的“附赠品”。比如，他们从海外引进了高新的技术和先进的理念，增强了本土企业的学习与创新能力，由此提升了本国产品在世界上的知名度与竞争力。改革开放之初，侨资企业对珠三角经济区的投资都引入了先进的生产技术和较为优良的生产实践方式，这让珠三角地区企业的生产技术水平和管理水平大大提高。近年来，侨资企业的主要投资领域逐渐由以前的劳动力密集型产业转化为如今以“高精尖”为特点的技术密集型产业，由此带来的效应是越来越多的技术性企业出现在珠三角地区，加快推进区域内相关产业的转型升级。2011 年，广东侨资企业出口高端新型技术产品的总额占全省高端新型技术产品出口总额的 74. 6%，在进口方面，这一数字则达到了 67. 6%。很明显，外资企业（以侨资企业为主）的这种进出口方式给全省的技术创新和技术进步带来了很大的贡献，特别是对于转型升级中的珠三角经济区来说，十分关键。

第四，侨资企业在投资的同时也带来了很多就业岗位以及培训机会，提高了居民的收入水平和生活水平，同时在推动珠三角地区城镇化过程中发挥了巨大的作用。首先，侨资企业在珠三角地区进行投资，建立企业需要大量劳动力。较之农业生产更高的收入会吸引当地居民进入企业就业，这在一定程度上就推动了城镇化与工业化。改革开放以后，有一个现象能说明侨商投资对城镇化特别有促进作用，那就是在侨商加大对某些县区的投资以后，这些县区都逐渐撤县建市。其次，大部分侨资企业内部都是采用国际化的方式进行管理，他们不仅仅把员工当成普通的生产力，而是会制定完善的培养体系，充分锻炼与挖掘员工的潜力，还对他们进行思想理念的培养，使员工一步步变成真正的人才。这为珠三角地区提供了更多的人才，提高了该区域产业劳动力的非农业比例，从而推动了广东的城镇化进程。最后，随着侨资企业投资的成熟，珠三角地区的工业体系将逐步趋于完善，这对农村人口迁移到城镇产生了巨大的吸引力，进而推动了珠三角与整个广东地区的城镇化进程。

第五，海外侨商投资的成功实践发挥了先导和示范作用，带动更多海外人才和商家到珠三角经济区投资和创业。海外侨商在我国改革开放中发挥了“穿针引线”的重要作用。一方面，他们在海外居住的时间较长，具有广泛的联系网络，对于国际化的产业技术进步和经验管理模式较为了解，能够为国内企业提供有效的价值信息；另一方面，他们与中国侨务部门及相关经济部门有着天然的联系，能够及时了解和全面把握我国政治经济的动态变化，将蕴含其中的投资机会识别出来，并进行国际化传播。因此，海外侨商在珠三角经济区投资的成功与否，会在国内外产生联动效应，直接影响海外资金和人才的后续进入。随着海外侨商对珠三角经济区投资规模的不断扩大，会产生一系列积极效应，增强海外资本对珠三角经济区的投资信心。而已经成功投资的海外侨商将作为中介载体向世界各国传播中国社会经济发展的最新情况和投资机会，推动珠三角经济区的国际化、全球化，进一步吸引更多海外人才和商家了解和投资珠三角经济区。

第六，海外侨商的投资成功地发挥了“领头羊”作用，引领更多国外的华人企业家回国进行投资与创业。侨资企业在改革开放的进程中发挥了“载体”的作用。

1.1.3.2 侨资企业投资珠三角经济区的问题分析

侨资企业投资对珠三角地区的经济发展和总体推动作用毋庸置疑，但也面临着一系列的困难和问题。当外资规模达到一定阶段时，就要进入调整阶段，即外资企业需要从数量扩张变为质量效益型，而且要求外资企业开始向落后地区进驻，促进当地的经济发展和转型升级，且逐渐从低附加值产业向高附加值产业进化。

(1) 投资成本不断上升。

第一，政策的改变会提高投资成本。一直以来，侨资企业积极往内地进行投资的原因之一就是政策的支持和其所带来的优惠。改革开放以来，我国制定并颁布了《国务院关于鼓励外商投资的规定》(1986 年)、《国务院关于鼓励台湾同胞投资的规定》(1988 年) 以及《国务院关于鼓励华侨和港澳台同胞投资的规定》(1990 年) 等多项法规政策为华侨资本进入我国进行投资提供了保障。然而，由于社会在不断发展，出于国家的经济发展和产业转型升级的必要性，我国修改了一些涉侨的政策，可能会对侨商企业产生不利的影响。在 2008 年实施的新企业所得税法中，外商企业的超国民税收待遇被取消了，这将削减外商投资企业的利润，减弱它们进入国内投资的动力。第二，成本的提高还表现在生产要素价格的提高上。由于近年来国外企业对国内投资增多，对于劳动力、土地以及其他资源的需求更为旺盛，这就抬高了生产要素的价格，增加了外商投资的成本。人民币的升值则让这一情况尤为突出。第三，战略的调整也会导致投资成本增加。近年来，广东正在实施“双转移”和“腾笼换鸟”战略，这两个战略增加了粤东西北的投资吸引力，吸引力的增加会加剧竞争，从而再度提升投资成本。总体来说，这几个因素引起的投资成本上升，会减弱海外侨资进行投资的意愿。

（2）重引进、轻服务和管理，投资软环境有待进一步完善。

投资环境是指投资经营者的客观条件。包括：①政治因素，如国家和社会是否安定，投资的风险程度等；②市场因素，如市场构成及其容量，人民消费能力及消费习惯；③资源因素，如资源的蕴藏量、开发水平和利用程度等；④劳动力因素，如劳动者的数量及素质；⑤资金因素，如资金来源及途径；⑥其他因素，如管理水平、对先进技术的吸收能力等。投资环境是影响外商投资是否成功的一个决定性因素，所以投资者对投资环境的理解必须足够深刻，使资本得到有效的利用。从2005—2012年海外侨商对珠三角经济区的投资环境评价中可以了解到，海外侨商对于珠三角地区的投资环境比较认可。但是，一些地区与部门在招商引资的压力之下，仅仅把引进企业数量和投资总额这种硬性指标当作任务，而没有真正地重视引进企业的质量以及后续的服务和管理，这也在一定程度上降低了海外侨商投资的积极性。当地政府对于引进外商投资存在功利的心态，他们只看到了侨资企业捐赠所带来的好处，却没有设身处地地为侨商企业牟福利，纯粹只有一种“单赢”的意识。这种功利的行为使海外侨商在进行投资选择时望而却步，严重影响了他们对于家乡的投资热情。除此之外，有调查显示，工商登记中对华侨企业存在看错误定位与错误分类，当局对于涉侨政策的解读不充分，在国内融资困难，市场不够规范与完善等构成了侨商企业在我国进行投资所面临的重重困境。这些问题，追根溯源，仍与引进项目时的考虑欠周与引进项目后的服务管理不善有直接关系。

（3）对海外侨胞的招商宣传与引资力度不够。

看到侨商投资带来的巨大经济效益和发展空间后，珠三角地区各地以及广东省各级政府都在加大力度进行招商引资。但是，这种招商引资的活动本身存在巨大的局限性。招商引资的行动仅仅在港澳地区较为通行，其他地区极度欠缺招商引资的宣传网络，也没有专门的机构与我国的权威机构进行联络。在这种情况下，除港澳台以外的地区对于我们的招商引资反应不够迅速，招商的效率和质量也不高，就像上文所说的，港澳台地区的投资占到外商投资总额的七成左右。换个角度说，广东还可以多挖掘除了港澳台侨胞以外的其他投资。港澳台以外的海外侨胞投资仍是珠三角招商引资的短板。造成这种短板的主要原因是招商引资的当事方对海外侨商的了解不够深刻，进而减少了对除了港澳台以外的侨商的宣传，以至于将“广东是港澳台侨商的天下”这种印象刻进了其他侨商的脑子里。此外，宣传力度不够也容易使一些错误说法流传，降低侨商的投资热情。长期以来，在坊间流行着这样的一种说法，即“同胞是来投资的，侨胞是来捐赠的”。这种对投资的误解容易使海外侨商在进行投资的时候犹豫不决，从而对珠三角的招商引资造成负面影响。

（4）大多数海外侨商投资企业转型能力有限，转型任务艰巨。

当前，海外侨商投资于珠三角经济区的主要是一些技术含量不高、劳动力较为密集的产业，如轻工、日用化工、纺织服装、食品饮料、电子信息、建筑材料等，对现代服务业和高新技术产业的投资比例非常低。事实上，要海外侨商企业自身主动进入现代服务业，通过高新技术产业帮助当地优化投资结构是非常有难度的。2008 年，深圳市意图推动境内来料加工型企业转型升级，计划让这些企业在 2012 年完成转型升级的过程。为达到目标，深圳市政府出台了一系列政策来推动这些企业转变为法人企业。但事与愿违，截至 2010 年底，仅有 100 多家企业完成了转型升级，转变为法人企业，余下的 3800 多家企业仍处于转型升级的过程中。这 3800 多家企业主要分布在机电、电子、五金、塑胶、服装、鞋业等传统产业。其中的主要原因有三个：第一，许多侨商企业缺乏自主生产能力，以加工生产为主，利润率不高，没有属于自己的核心竞争力，位于国际产业分工链条的末端；部分处于高速发展阶段的企业虽想大展拳脚，但是也面临着土地资源稀缺与人才稀缺的难题。第二，对于海外侨商来说，转型升级所带来的成本收益问题也是它们重点关注的对象。从成本上来看，转型升级会在短期内迅速提升成本费用，但是转型升级能够给企业本身带来的收益和好处却无法在短期体现出来。第三，代际传承问题加剧了海外侨商投资企业转型升级的难度。据深圳市侨办课题组调查，“侨二代”普遍感觉难以融入内地生活，对管理家族在内地的企业信心不足。

（5）海外侨商网络平台在招商引资中的功能单一，缺乏整合。

华侨华人商业网络平台是一种非政治性的联系方式。华侨华人企业集团是主体，家庭、民族、地区、行业和协会是社会基础，“五缘关系”是纽带，它们以共同利益，特别是共同的经济利益为核心，经由非正式的社会和商业关系以及正式的社会组织形成非正式商业网络。目前，珠三角经济区9个城市展开海外侨商网络建设时主要依托“归国华侨联合会”（简称侨联），广东侨联统一领导各个地级市的侨联。广东侨联实行团体会员制，有21个地级以上市侨联和79个省直机关侨联、归侨校友会、联谊会为省侨联团体会员。根据工作需要，广东侨联另外设立广东省侨联青年委员会、广东省侨联法律顾问委员会、广东省侨界仁爱基金会、广东国际侨商会、广东华侨历史学会、《华夏》杂志社、广东省侨胞活动中心等直属的事业性、服务性机构。珠三角经济区9市侨联也设置了相应机构或配置相了应工作人员，配合广东侨联直属机构的各项工作。总体来说，珠三角经济区已经建立了较大规模的海外侨商网络，而且遍布整个世界，带有浓厚的民族性、显著的经济性、较为稳定的社会根基、高度的包容性与开放性，在很大程度上推动了广东发展外向型经济，提升了国际经济合作水平。

无论是对于珠三角地区、广东地区，还是对于海外的华人华侨来说，海外侨商网络的建设都具有重要的意义，并在社会经济各个领域都发挥着举足轻重的作用。但在建设海外侨商网络平台的过程中，仍然存在着不少问题。第一，海外侨商网络的建设缺乏科学的规划还有足够的统计信息。珠三角经济区并不缺少海外侨商网络平台，但对这些平台规模层次还有运行状况的统计信息较为缺乏，这会导致信息不对称，从而无法有效整合资源，也无法为珠三角经济区分类使用海外侨商资本提供有效的信息和支持。第二，只重视海外侨商网络对珠三角经济区的贡献而忽视了对海外侨商网络提供服务和支持。第三，各地海外侨商网络往往“单线作战”，缺少交流与合作，导致投资信息的流通度不够，许多海外侨商无法第一时间了解到所需要的信息，从而使珠三角经济区错失吸引海外资本的最佳机会。

1.1.4 沿海侨商投资现状——以福建与广西为例

1.1.4.1 沿海海外侨商在福建投资的现状

福建拥有大量的华侨华人，遍布全世界 176 个国家。侨商侨力资源是福建省重大的资源优势，很好地服务了福建省的现代化建设。为了进一步扩大福建侨商在建设海峡西岸建设中的巨大作用，我们就海外华人企业在福建近年投资现状作出了分析，结果如下：

（1）侨商产业的构成与特点。

第一，科技产业成为龙头产业，增长势头明显。21 世纪以来，福建的科技产业增长势头迅猛。整体来看，福建省外商投资企业由 2017 年的 28264 家增长到 2018 年的 30150 家；投资总额由 2017 年的 2607 亿美元增加到 2018 年的 2787 亿美元。由此可见，福建省引进外商投资企业处于势头强劲。

第二，轻、重工业来看。2018 年福建省港、澳、台商投资轻工业企业 2240 家，重工业企业 1087 家，其中轻工业企业资产总计 5632. 83 亿元，重工业企业资产总计 6016. 85 亿元，轻工业企业数据居多，但重工业企业资产占优。

第三，企业规模来看。2018 年港、澳、台商投资大型企业 213 家、中型企业 912 家、小型企业 2058 家和微型企业 144 家。福建省港、澳、台商投资企业以中小型企业为主。

第四，侨商大力投资于房地产行业。房地产行业是侨商在福建省所投资行业中发展得最为迅猛、规模最大的行业之一。

（2）福建侨商的区域分布特点。

福建省的侨商主要集中在厦门和漳州市等沿海地区，其余地区相对较少。数据显示，2016 年这两个城市占福建实际使用外资比例从 27. 49%、22. 42% 增至 2017 年的 28. 18%、23. 52%，分别上升了约 1 个百分点。各个区域投资发展不平衡的情况有扩大的趋势。

（3）侨商投资对福建经济增长的推动作用。

第一，侨资对于促进其他外资起到一个示范与带头的作用。改革开放刚开始的时候，由于法律政策的不完善，市场环境的恶劣，及较为落后的基建设施，外来资本对前来投资都望而却步。侨商的优势在于熟悉我国的经济与政策环境，并长期与海外资本建立有合作关系，所以他们在福建的壮大有利于吸引其他外资。

第二，侨商投资对福建的企业技术管理水平有明显的促进作用。由于与国际接轨，侨商拥有先进的企业制度与先进的企业管理手段，为孕育出新型人才作出了巨大贡献。他们的成功，大大更新了现有观念，突出强调对外开放，强调了竞争与市场的重要性，由此迅速提高了福建的企业管理水平。

第三，侨资的引入对我国的贸易和FDI有直接的促进作用。侨商分布于世界各地，是中国对外贸易的一道沟通桥梁。并且随着近年来经济发展迅猛，中国企业的FDI能力逐渐增强，侨资企业是福建对外贸易的重要中转站，对发展福建对外贸易经济起着重大的作用。

（4）福建侨商投资面临的主要问题。

第一，最近几年，福建当地对于侨资企业的优惠政策有所减少，降低了侨商投资于福建的热情。于是，福建侨资在全国所占比重不断下降。在2002年，《福建省鼓励归侨侨眷兴办企业的若干规定》被废除，取而代之的是《福建省保护华侨投资权益的若干规定》。规定中，最有意义的优惠政策修订是第七条“华侨投资享有本省鼓励外商投资的一切优惠待遇”，这基本把侨商视为外国商人，这大大降低了侨资进入的热情，因为这削弱了他们的民族认同感。江苏省、浙江省、云南省等其余省份则不约而同地发布了鼓励侨资的政策，在不同方面给出了优惠，例如税率、土地出让金等。

同时，由于政策方面的问题，福建的侨商数量比重在全国不断下滑。从2017年至2018年，福建的外商投资在全国占比从7.46%降至7.43%，2008年开始，全国外商投资在呈逐年下降趋势，由2008年的全国外商企业77847家下降到2018年的47458家。由此可见，政策对于侨商引进的影响是巨大的。

由于侨商引进政策的优惠逐步减少，泉州市内的一部分外资企业被内资企业所取代，每年大约有二三十家侨资企业退出市场，其中以第二产业的企业居多。主要原因就是所得税政策修改后，外资企业无法享受与以前等同的优惠，申请优惠要经历繁杂的审批手续，还受到《反垄断法》等法律的约束，对于内资企业来说，这种约束则不存在，他们的准入条件较低。

第二，由省外经贸厅的资料数据可知，侨商在福建投资的意愿正在逐渐降低。并且投资的比重在下降，侨商投资逐渐流向一线城市和内陆地区。省外经贸厅的数据显示，在 2018 年，福建的外商直接投资项目较 2017 年新增加了 374 项，同比增加了 19.31%。按历史可比口径，2018 年新签的合同金额为 151.76 亿美元，较 2017 年上升了 15.15%。从数据中可知，侨商对福建省的投资意愿依然在上升，与此同时，他们在国内的发展空间逐渐广阔，而家乡观念逐渐高涨。侨商进行投资的地区，取决于开放程度高低和投资创业环境的友好与否。

闽籍侨商不再选择福建省作为投资对象，而转往投资外部省份，对福建省的经济造成影响。各种优惠政策令闽籍侨商在其他地区进行投资，例如西部大开发、中部崛起战略和各省为加大招商引资力度而提出的优惠措施。在改革开放之后的 20 年，作为闽籍侨商之一的林绍良主要是在福建进行投资。2000 年后，林绍良的三林集团则在其他省份进行大量投资。2002 年，三林集团通过香港子公司在重庆投资 30 亿开发房地产。印度尼西亚李文正力宝集团对辽宁的抚顺煤矿进行投资与改造。马来西亚郭氏集团在广西投资 26 亿美元创建炼油化工企业和深水码头。2009 年，融侨集团把总部迁至北京，此前已在福建发展了 20 年。

第三，除了以上的投资问题，侨资企业还面临融资难的问题。当企业的利润下降时，其还贷能力以及信用等级也随之降低。福建大多数侨资企业均为中小型外贸企业，当金融危机来临时，国际订单数量缩减，这些企业在 2009 年的出口规模同比下降了 50 亿美元，其中包括捷联、冠捷、福耀、厦新等一批大型侨资企业。除此之外，税制改革、加工贸易和用工的政策变化，都会导致生产成本增加，大大影响了企业的资金流。

这样一来，银行对于这些企业的贷款申请持有更谨慎的态度，侨资企业面临着融资难的重大阻碍。福建省外经贸厅的数据表明，全省大约有 1/3 中小企业没有信贷支持。2008 年，企业申报可能报损案件的数量高达 155 宗，报损金额为5934万美元，同比增长了7.9倍。尽管国家已采取较宽松的金融政策，但是中小侨资企业面临的信贷门槛依然很高。2009年，出口企业的贸易信用恶化情况导致大量信用证不被受理，企业损失惨重。

第四，侨资企业人才匮乏制约发展。福建省的侨资企业主要是劳动密集型，企业的实力不足，科技含量低，缺乏竞争力强的科技创新型企业，无法吸引优秀人才。然而，侨资企业对人才的需求迫切，各类人才可以为企业带来管理及信息支持。侨资企业的发展受到了以上条件的牵制。例如安踏公司与海外企业合作时，由于没有掌握核心的技术，企业的扩大例如并购企业和开拓海外市场均受到阻碍。石狮市富贵鸟集团的作人员表示：他们的长处是研发，但是迫于人才的匮乏，他们不得不把研发中心从福州迁至东莞。海外留学回来的高学历人才一般很少愿意留在福建。厦门“火炬高技术产业开发区”是首批国家级高新技术产业开发区，但是区内的侨资企业仍然缺乏优秀的专业人才。

福建省引入人才的政策侧重于个人，这种模式不利于人才的引进。如今，社会要引进优秀海外人才，不仅要注重单个专业人才，还要重视人才团队的引进工作。因为高科技的企业以及科研机构需要研发团队和管理团队来进行研发及管理工作，个人的力量相对要薄弱很多。由此可见，福建省需要对人才引进模式进行调整，以项目团队带动人才的引进，着重提出人才团队的支持政策。

第五，缺乏突出侨乡特色的招商引资活动。福建省已努力创建招商引资平台，突出其海峡西岸的地理优势以及对台工作的“五缘”优势。省侨办也加强了侨商投资的引进和对接力度，以闽籍侨商投资贸易为品牌，举办具有侨乡风采的经贸活动，吸引海外侨商参与其中，开设侨商展厅。但是暂时还未出现具有侨乡特色并且影响力强大的品牌活动。

第六，我国为侨资企业牵线搭桥的服务水平还需提高，投资环境也有待改善。首先，“法治环境不完善”“投资导向”“地方保护主义”等问题较为突出。《归侨侨眷权益保护法》是中华人民共和国成立以来唯一针对归侨侨眷的保护法，关于侨资企业的国家性法规比较零散，而且法规在实践过程中存在许多问题。例如，侨资被个别地方政府恶意侵占，执法机关执法不公平等严重侵权案件。

其次是服务侨资企业的水平有待提高。虽然此前福建为侨资企业的服务工作中累积了一定经验，但是还有一些不足的地方会减弱闽侨进行投资的信心。例如，某些地方的政府缺乏诚信，打击闽侨投资的热情；政府重视引进而轻视引导，闽侨盲目进行投资，导致企业亏损。关于闽侨的经济纠纷逐渐增加，并且由于地方的保护意识较强，闽侨的自身利益遭到了侵害。

第七，缺少投资引导。一直以来，闽侨主要是投资制造业以及第三产业的房地产和传统商业，而对新兴的服务业则投资较少，如现代服务业。具体来说，首先，闽侨集中投资劳动密集型的产业，导致投资中的产业结构不合理。在厦门，侨资企业中，第一、第二、第三产业的比例为 1∶3∶2，其中劳动密集型产业的比例最高。其次，房地产业占重较大。在 2000 年，约 6.38 亿美元的资金通过闽侨投资到福建省的房地产业，在吸引外资的第三产业中占 68.3%。最后，实际利用外资率不高，据省商务厅统计，截止 2013 年年底，福建全省累计批准外商投资企业 46797 家，合同利用外资 1838 亿美元，而实际利用外资只有 1342.8 亿美元，其中实际外资利用率只占 7 成，是福建利用外资需要改进的地方。

1.1.4.2 广西侨资投资现状

虽然广西的侨资规模增长快速，但是仍然落后于东部的发达省份，这并不符合广西位列三大侨乡之一的地位。21 世纪以来，尽管广西的侨资总额在不断上升，但是占 FDI 的份额却在下降。侨资的主要来源是香港，流入的领域集中在工业，特别是制造业。广西需紧握机遇，借助丝绸之路建设的大好环境，主动出击，扩充其侨资规模，推动外向型经济的发展。

（1）广西侨资的现有来源。

最近几年，中国香港是广西侨资的最主要来源，接着是东盟地区的国家，例如新加坡、马来西亚、印度尼西亚和泰国。排在中国香港和东盟之后的侨资来源是英属维尔京群岛、开曼群岛和萨摩亚等自由港。比起以上地区，中国澳门和中国台湾对广西的侨资投资规模相对小很多。

广西的外资规模主要由其侨资规模决定，而侨资的规模很大程度上取决于港资规模。香港对广西的侨资投资规模只有在2007年低于维尔京群岛，其余时候都居于侨资规模的榜首。在2003年至2007年，港资规模与维尔京群岛的投资规模不相上下，差额不超过1.5亿美元，并在2007年被维尔京群岛反超。不过，2007年后，来自中国香港的侨资投资逐年上升，而其他地区的侨资投资则基本不变。因此，在2010年，港资与其他地区的投资规模差额达到4亿美元，并在2011年扩大至4.6亿美元。

中国香港之所以能一直雄踞广西侨资投资规模的榜首，是有其历史原因的。从20世纪50年代以来，香港就成了全球华人资本的聚集地。在中国大陆改革开放以后，香港成为率先投资大陆的地区。与此同时，国内的内需市场对外商直接投资的吸引力越来越大，香港作为进入中国大陆市场的跳板，其作用变得极其重要。许多东南亚和中国台湾的资本都利用中国香港作为中转和立足点，从而投资中国大陆。通过香港进入大陆的资本，大多数都是来源于东南亚的侨商成立在香港的企业，尤其是大型的东南亚华人企业集团，他们都是在香港成立其子公司，从而投资大陆。这样的做法可以避开其本国政府对企业投资的控制，以及减少当地土著对这些企业是否效忠于当地社会的质疑。自2010年中国—东盟自由贸易区成立以来，香港一直都是广西侨资的主要来源，占当地FDI总额的57%。2013年开始，香港的侨商考察广西的频率越来越高，与广西成功达成多个合作项目，开辟了广西和粤港澳密切合作的新时代。广西一共推出了123个投资合作项目给香港等地，总投资金额达6500亿美元。在桂港经贸合作项目签约仪式上，两方一共达成了24项经贸合作项目，投资金额为162.95亿美元，其中来自香港的投资金额为145.55亿美元，是广西的经贸活动签约金额最高记录。

维尔京群岛等自由港是仅次于香港的侨资来源地，其投资量也很大。前文提到，源于自由港的外资中，有80%是侨资，此比例比较可靠，因为尽管台湾的经济发达，资本充裕，它对广西的投资却极其少，其中的原因是大部分的台湾资金经由自由港等第三方投资大陆。然而，需要留意的一点是，鉴于中国政府出台了对外资的众多优惠措施，许多内资企业受利益所驱，选择去海外镀金进而投资大陆，谋取各种税收优惠，其中维尔京群岛等自由港便是这些企业的首选。因此，有关部门需要对此多加识别。

另一方面，东盟地区的国家对广西的投资规模不断上升。其中，新加坡是许多侨商选择的中转地。由于新加坡是海外华侨商人的经济都会以及金融中心，所以许多侨商选择通过新加坡进而投资广西，新加坡成为东盟侨资投资广西规模最大的国家。除此之外，尽管目前马来西亚、印度尼西亚和泰国等国家对广西的投资金额较小，但他们的资金雄厚，其投资前景也值得期待。目前，广西的侨资面临着来自欧、美、日、韩等发达国家的资本竞争。越来越多的发达国家500强企业选择来广西投资，截至2015年年底，已经有来自88个国家和地区的公司来广西投资兴业，年外贸进出口金额为512.6亿美元，有29家500强企业落户广西。

（2）广西侨资的现有规模。

投资规模不属于国家职能部门的统计范围，因此无法得到权威的统计数据。学界主流的统计方法是根据外资来源地的侨资份额来计算。侨资的组成主体分别是各个国家地区的华人资本，如中国的香港、澳门和台湾，东盟国家，英属维尔京群岛和毛里求斯等自由港。

其中，中国香港、澳门和东盟的外商直接投资中，有95%属于侨资。各个主要自由港外商直接投资中，有85%属于侨资。这是由于1997年后，中国大陆（为享受外资优惠而运作的中国大陆资本）、中国香港、中国台湾和东盟等地的华资通过自由港流入大陆地区。维尔京群岛、开曼群岛、萨摩亚等地在大陆地区的投资资金其实是来自中国台湾、东南亚和中国香港的华人资本。其余源于发达国家如欧、美、日、韩等的外商直接投资中，也存在华人资本，但是其数据很难获得，在侨资中占比较低，因此，不计入统计范畴。

在2014年，广西利用外资的规模为17.2208亿美元，同比上升了72%。中国香港依然是占比最高的外资来源地，占总外资规模的31.6%，利用外资5.4414亿美元。紧接其后的是东盟，占总额的29.01%，利用外资4.9973亿美元，其中新加坡是最主要的来源，资金高达4.4931亿美元。排名第五的自由港外资为0.832亿美元，占总额的4.83%，位于投资性公司和瑞典之后。

除此之外，源自中国澳门的实际利用外资是 385 万美元，中国台湾是 834 万美元，各占总额的 0.22%和 0.48%。

前文提到，中国香港、澳门和东盟地区的 FDI 中有 95%是侨资，自由港的 FDI 中有 80%是侨资。2014 年，广西的侨资规模大约是 10.7 亿美元，占 FDI 总额的 62%。而全国的侨资规模大约是 942 亿美元，占 FDI 总额的 78.8%，广西侨资占 FDI 总额的比例低了 16.8%。另一方面，从 2001 年到 2014 年，广西在绝大多数年份的侨资占 FDI 总额的比例都大于 70%。

2014 年，广西的侨资规模只占全国的 1.13%，远低于东部的发达省份。实际上，广西的侨胞数量大约是 700 多万人，在侨力资源上有独特优势，在马来西亚、越南、泰国、印度尼西亚、新加坡、美国、加拿大、英国、法国等 100 多个国家和地区都有广西籍的华侨华人。近几十年，广西的侨胞不仅立足于世界各地，他们在各行各业还有出色的表现，涌现出了许多拥有经济实力、科学造诣、政治地位和社会影响力的人。他们是促进广西对外发展交流的重要人才，积极参与经济、文化和科技合作交流方面的活动。尽管广西的侨胞数量众多，但是其历史和地理原因限制了广西的经济发展。多数侨胞是从事体力劳动，工商行业则以小、中企业为主，缺少大商家。此外，广西的投资环境缺乏竞争力，无法吸引侨资。因此，广西自身的地域优势、政策优惠和后发优势都没有得到充分发挥，尽管最近几年广西的侨资发展迅速，但总体来看还是有些滞后，需要继续开拓。

（3）广西侨资的发展变化。

自 21 世纪起，广西的侨资发展分为两个阶段，分别是 2007 年前后。在第一阶段，广西侨资的总金额都在 3 亿美元左右，最高是 2001 年的 3.9 亿美元，最低是 2004 年的 2.4 亿美元。而侨资占 FDI 份额呈现下降的趋势，2002 年为最大值，占 FDI 的 91%，随后份额逐渐降低到 2007 年的 54%。这是由于 2001 年中国加入世界贸易组织（WTO）之后，来自欧、美、日、韩的企业投资不断增加，导致广西侨资占 FDI 的比重下降。这个国际大环境不仅仅影响了广西，全国各个地区的侨资也受此影响。在第二阶段，即 2007 年后，侨资占 FDI 比重则先升后降。在 2008 年，广西侨资占 FDI 的份额急升至 74%，在

2009 年更是高达 85%，在 2010 年升至 87%，这是 2000 年以来的最高点。在此时期，广西侨资的总额也不断上升，摆脱了低迷的水平，在 2008 年升至 7.2 亿美元，2009 年为 8.8 亿美元，2010 年受金融危机的影响，为 7.9 亿美元，2011 年回升至 8.6 亿美元。侨资出现这种强劲的上升势头是各种因素促成的。海外的华侨企业家逐渐习惯了国内的市场环境，能更密切地和中国政府联系，紧跟国内政府经济规划及其发展方向，从而拥有了能在国内市场抢夺资源的竞争优势。在 2010 年 1 月 1 日，中国—东盟自由贸易区（CAFTA）正式成立，东盟地区的侨商对广西的投资热情大大增加。而欧、美、日、韩的企业对广西的投资热情则不断下降，这是由于他们无法很好地适应国内投资环境的变化，同时还承受了国际金融危机的冲击。不过，从 2011 年开始，侨资在广西 FDI 中占的比重大幅降低，在 2014 年下降到 62%。

1.2 侨商企业在华投资历程

1.2.1 侨商资本对华投资的早期发展

本书所论述的侨商资本主要以中国香港、中国澳门、中国台湾地区以及东南亚地区（包括印度尼西亚、新加坡、泰国、马来西亚、菲律宾五国）为研究对象。在现实中，这些国家和地区所持有的侨商资本在全球占据着极大的比重。对于这些侨商企业对华投资的动机，国内外学者持有不同的观点，很多人认为对祖国的情感因素在其中占有重要的地位。但笔者认为，除情感因素外，东南亚侨商企业对华投资的基本动机还取决于国内的市场和资源。首先，中国地域辽阔、人口众多，这意味着广袤的潜在市场和丰富的劳动力资源。其次，中国目前仍处于社会主义现代化建设的初级阶段，与世界发达国家相比，在工资水平和技术创新层面仍然具有极大的发展空间，因此在中国投资会具有劳动力成本优势和中等技术优势。再次，中国的经济发展存在明显的二元结构，部分地区具有较好的社会经济基础，兼具较高的购买力和技术水平以及较为完善的工业生产条件。最后，中国疆域辽阔、地大物博，丰富而相对廉价的原材料对于东南亚企业来说，也是极具吸引力的重要因素。

因此，以上种种原因也在东南亚侨商企业集团投资中国大陆市场这一战略决策的决定性因素中占有极大的比重。据文献记载，具有资本主义性质的华侨对内投资最早出现于 19 世纪 60 年代，秘鲁一位姓黎的华侨携资回国，于 1862 年在广州创办了万兴隆出口行，揭开了侨商投资于国内的序幕。1872 年，南洋华侨陈启沅带着数万银圆归国，在广东南海创办中国第一家机器缫丝厂；1890 年，美洲华侨黄秉常在广州投资 10 万元创办电灯公司；同年还有华侨在厦门投资 2 万元，开办茂发茶叶行经营出口商；此外，还有我们所熟知的张裕葡萄酿酒公司，也是印度尼西亚华侨张弼士于 1892 年在山东烟台投资 300 万银圆所建……

1.2.2 中华人民共和国成立前后侨商企业的对华投资

本部分将近代华侨对华投资的形成和发展过程分为 1949 年中华人民共和国成立前和中华人民共和国成立后两个大的时间阶段，其中对于中华人民共和国成立前部分，依照不同的历史发展趋势，分 5 个阶段进行说明。而中华人民共和国成立后至今部分以 1978 年改革开放为节点划分为两个阶段进行说明。

1.2.2.1 1949 年以前侨商企业对华投资概况

（1）近代侨商企业投资国内的初兴（1862—1919 年）。

从 1862 年开始，到 1895 年中日甲午战争结束这一时期，海外华人逐渐开始向国内投资。从投资数量来看，30 余年间，共计不过 400 多万元，年均仅 10 多万元，相当于整个初兴时期年均投资数额 200 多万元的 1/15；从投资的地区分布来看，这个时期的投资大多局限于广州、南海以及厦门一带，分布范围和规模都比较小，平均一家企业 3 万~5 万元；从被投资的行业结构来看，这个时期的投资对象主要是进出口行、旅栈、侨批业、轮船业等。究其原因，一般说来，这些行业都与华人华侨的生活有着直接的联系，都是华人华侨对内对外联系的服务机构，因此，华人对内投资首先出现在这些行业上是很自然的。而广州、厦门、汕头等沿海城市又是侨商出入口的港口，所以这些地方接受投资的时间都比较早。

1908年，农工商部呈奏请求对有成效的华侨实业家从优奖励。1911年，清政府设立奏奖，奖励振兴实业人员罗乃馨（曾在广东东莞设垦牧公司）等。清政府对华侨态度的转变，吸引了一部分华侨资产阶级回国投资。与此同时，中日甲午战争惊醒了中国民族资产阶级，国内开始掀起一股提倡“收回利权”“提倡国货”的热潮，虽然还是“实业救国”的思想，但仍具有发展中国资本主义来反抗帝国主义的进步意义。彼时，“收回利权”的中心问题是路矿事业，由于帝国主义对华投资的主要部分就是铁路矿山，因此在“实业救国”思想的影响下，华侨资产阶级纷纷携资回国投资路矿。1903年，印度尼西亚华侨张煜南兄弟募股300万元创办潮汕铁路有限公司；1904—1905年，旅美华侨陈宜禧更以“不招洋股”“不借洋软”“不用洋工”为号召，募集华侨资本，回国创办广东台山新会间的新宁铁路公司，共收股本365万余元（港币）；1905年，福建省的华侨们也自发集资创办漳厦铁路公司，股本达300多万元。

此后，辛亥革命的成功，结束了中国两千多年的封建专制，同时由于第一次世界大战，帝国主义列强忙于战争，缓滞了对中国的侵略，这两大因素大大促进了侨商企业对华的投资，同时进出口贸易量也急剧上升。

初兴时期，侨商主要投资国内的工业企业，其次是交通运输业和商业，三个行业共占该期投资总数的70%以上。

初兴时期，侨商企业投资工业占据首位，约占31%。这是因为当时国内生产业受到“外国资本主义的刺激和封建经济结构的某些破坏”，加之民族危机和救亡运动浪潮的影响，华人们在全国范围内展开了“设厂运动”。这次运动最初在沿海地区开展，上海地区尤为突出。据统计，在这个时期内，侨商投资工业总数为39023680元，其中上海一地为27994500元，占比约71%。

在上海的诸多侨商企业中，以南洋兄弟烟草公司最具代表性，因为这家公司的经历不仅是其自身发展历程的反映，还在一定程度上反映出这半个世纪里不同的政治经济条件下，侨商企业在国内投资的遭遇。1905年，日本华侨简照南在香港地区创立南洋兄弟烟草公司，初立资本为港币10万元。初创之际，由于缺乏经验，并受到英美烟草公司竞争者的挤压，于1908年因亏本歇业。直到 1909 年，简照南得到其祖父的资助，以 9 万港元重新开张，两年后，才开始扭亏转盈。之后，由于国内市场扩大和第一次世界大战期间帝国主义国家放松了对中国市场的竞争等原因，烟草公司营业额不断增长，分支机构逐渐在全国各大城市蔓延，1916—1919 年，公司每年盈利可达 100 万元以上。1919 年，为了和英美烟草公司竞争，公司重新改组，向社会招股，将资本扩大到 1500 万港元，之后几年，公司获得了迅猛的发展。直到 1927 年，一方面由于外国烟草公司竞争加剧，另一方面由于国民党政府投靠帝国主义，不但不保护民族资本，反而在税收政策上加大了对民族资本企业的压榨，导致南洋烟草公司在和国外公司的竞争中处于不利地位，逐步走向亏损，最终被迫停工关厂，解散工人。到 1937 年，企业奄奄一息之际，以宋子文为首的官僚资本乘虚而入，打着“合作”的旗号，控制了企业的领导权。“八一三事变”后，公司业务逐步转移至重庆、香港等地，并一直为官僚资本集团所控制，逐渐失去了民族资本的活力，投机倒把、套购外汇、囤积原料、搜刮资财，甚至与英美烟草公司分赃……直到新中国成立后，烟草公司才逐渐恢复了生命。

（2）近代侨商投资国内企业的发展（1919—1927 年）。

从侨商投资国内企业的历史来看，1919—1927 年可以算得上是侨商企业投资的发展期。据统计，这一时期的总投资金额为 167540769 元，每年平均投资额为 20942596 元，较之初兴期每年平均投资增加了 8 倍。该期的投资重点已经从初兴时期的工业转移至房地产业了，其次是金融业、工业、商业，四大行业共占该期投资总额的 88%。

在此期间，各地区投资所侧重的部门结构也有差异，上海侨商投资以工业为首，约占 45%；金融次之，约占 40%；商业最后，约占 15%。与初兴时期相比，侨商对工业和商业的投资比例显著下降，而对金融业的投资比重大幅上升。

在上海侨商投资企业中，规模最大的企业是 1921 年印度尼西亚华侨黄弈住创设的中南银行，创设资本达到 750 万元。其次是 1921 年澳大利亚华侨郭乐成立的永安纺织公司，创设资本约 600 万元；1926 年澳大利亚华侨刘扬基组织成立的新新百货公司，创设资本 352 万元。仅这三家公司就占发展期全上海侨商投资总额的 90%以上，堪称当时上海甚至全国范围内侨办工、商、金融行业数一数二的大规模企业。尤其是中南银行，于 1921 年创立，是当时国内侨办规模最大的企业。

彼时，为保证发行使用，中南银行邀请了盐业银行、金城银行、大陆银行三家，建立起“四行准备库”，联合经营发行和储蓄业务。自成立以来，中南银行在北京、天津、南京、苏州、汉口、杭州、广州、厦门以及香港等地先后设立分行，并陆续投资国内外各项事业，范围极广。其中包括上海新裕纺织公司（占股 65%）、天津北洋纺织公司（占股 50%）、天津永利化学工业公司、上海诚孚工厂、广州矿务公司等，极大地扶持了工业发展。

抗日战争爆发后，随着沿海多地的沦陷，中南银行被迫紧缩业务，撤销了汉口、广州等地的分支银行。抗战胜利后，又屡屡受到帝国主义和官僚资本的排挤和压迫以及通货膨胀的影响，无法正常发展业务。一时之间，中南银行和其所投资的附属企业经济陷入停滞，部分企业甚至负债累累，各大金融机构惶惶不安。

而在广东省，侨商投资的金额和企业数与初兴时期相比都有所发展。而投资的重点，则由交通运输业的铁路投资转移到了房地产投资，从初兴时期的占比 12.44%升至 53.63%。

广东省华侨企业的投资重心之所以从铁路投资转移至房地产，是因为 1918 年以后，广州市开始进行大规模的市政建设，于是吸引了大量的华侨组织股份公司和独资企业参与兴建工作。例如，1920 年出现的南华置业公司，资本额 30 万元，目前的新华酒家就是当时嘉南置业公司斥资 170 万元所建。

福建在发展时期投资行业的结构与广东相似，房地产业占据首位（约 48.51%）。同时由于铁路投资失败的前车之鉴，华侨大多选择投入资本低、周转速度快、获利高的企业进行投资，即商业、金融业等行业；同时还增加了对公用事业的投资。

综上所述，如下几个因素促进了发展时期侨商投资的发展：

第一，侨商企业在国外的资本获得新的发展。在第一次世界大战期间，华人资产阶级同国内民族资产阶级一样，都获得了不同程度的发展。以陈嘉庚先生为例，1914 年以前，他的资本积累年均 10 万元；1914 年以后，每年 90 万元；1920 年后，每年 270 万元。可见在此期间，侨商资本获得了充分的发展，这也为华人对国内企业的资金投入奠定了坚实的基础。

第二，第一次世界大战后，东南亚各国频频出现当地人排华的事件。例如，1921 年，菲律宾通过“西文簿记案”来歧视华人。在这种处境下，华人纷纷选择回国投资。

第三，国内受到侨商投资的企业发展迅速，从而刺激了侨商投资的增加。以上海南洋兄弟烟草公司为例，1910 年实际资本仅 9 万元，但从 1911 年开始，公司扭亏为盈，营业额逐年上升。1915 年为 32 万元，1916 年为 115 万元，直至 1919 年每年资本都增加 100 万元以上。短短七八年，公司所积累的资本达 600 余万元。

第四，国内一些侨乡加强了市政建设，刺激了侨商资本的回归。如初兴时期，广东省侨商投资各地的房地产业不过 700 余万元，但在发展期内投资额达 5797514 元，比初兴时期增加了 7 倍。

（3）近代侨商投资国内企业的高潮与萎缩（1927—1937 年）。

在这段时期，国民党反动统治逐步加深。到抗日战争前夕，中国民族危机和经济危机进一步加深。中国的民族资本主义企业，尤其是工业，在外资和官僚资本的压迫下动荡颠沛。

但这一时期，侨商投资国内企业却与中国的实际社会经济情况略有不同。

这一时期投资企业数达 12253 家，投资金额达 250655092 元。平均每年投资额为 25065509 元，相当于初兴时期年均投资额的 10 倍。和发展时期相比，每年平均投资额也有所增加，堪称近代侨商投资国内企业的高潮时期。但是，侨商投资国内企业的高潮时期，只在福建、广东两省出现。上海不但没有上升，反而下降。另外，在此期间，侨商企业投资的高潮主要集中于 1927—1931 年，此后便从高潮转向萎缩。

以福建省为例，1927—1937 年，侨商投资企业共 2272 家，投资金额共 69399850 元。在这段时间里，1927—1931 年的投资总额占到整个时期投资总额的80%，而这段时间之所以成为投资的高潮期，正是由当时国内外的政治经济因素所决定的。

1932年以后，侨商投资趋势的下降，也与世界资本主义的经济危机的爆发相关。这场经济危机影响深远，东南亚华侨经济也未能幸免。南洋华侨资本中规模占比较大的铁矿与橡胶业频频宣告破产。1931年后，南洋多地出口产品价格暴跌，华侨经济衰退，回国人数日增。据统计，仅新加坡一地就有近41万人归国。然而，尽管归国人数迅速增加，但中国大陆所接受的侨商投资金额却因经济危机的影响并未得到较大的提升。同时，经济危机在1931年以后，逐渐波及中国，之前盛极一时的房地产投资热潮，也面临着无人问津的境地。但综观整个时期，侨商投资国内企业的重心，仍然是房地产业（占全部投资额的59.58%）。

（4）近代侨商投资国内企业的低潮与破坏（1937—1945年）。

1937—1945年恰逢中国社会政治经济的大变动时期，也是侨商企业投资国内市场的大变动时期。主要表现在以下三方面：

第一，与国内民族工商企业一样，侨办企业也处于瘫痪状态。首先，从投资数额来看，前后8年的粤闽沪三省所接受的侨商投资共28211794元，如果加上西南地区所接受的侨商投资的估计数6125万元，合共89261794元，年均11157724元，仅为1919—1927年和1927—1937年的年均投资额的一半。其次，从企业所遭受的破坏来看。由于国民党消极抗日，上海、广东、福建等地的沿海地区遭到敌人封锁，广州、江门、汕头、厦门、福州、海口等地，先后于1937—1940年沦陷，遭到敌人疯狂的掠夺和破坏，给整个社会的经济（包括侨商企业）带来巨大的摧残，企业损失惨重。以潮汕铁路为例，该公司创设于1903年，1916—1937年，基本上年年盈利。然而，自1937年8月至1939年潮汕地区沦陷，铁路遭到敌机轰炸共50余次，投弹六七百颗，公司的员工宿舍、厂房、车房等建筑物都被破坏；所有桥梁、铁轨，悉遭轰炸。最后，从官僚资本的掠夺来看，国民党反动派借着抗战之名对群众大肆搜刮。四大家族官僚资本以统制经济为借口，窃取民族资本企业以及侨商投资企业。与此同时，在反动统治的胁迫之下，人民购买力日渐下降，侨办企业同民族企业一样，陷入困境。直到抗日胜利之际，多数企业已经濒临破产。

第二，侨商企业在国内的投资地区有所转移。抗日战争爆发之前，侨办企业 90%的投资都集中于上海、广州、厦门、海口等沿海城市。战争期间，这些城市先后沦陷，侨商企业投资开始向两个方面转移。其一，由东南沿海向西南地区转移；其二，由沿海城市转向国民党统治的后方，以广东为例，广州、汕头、江门等地沦陷后，投资地点便转移到曲江、肇庆、梅县一带。

第三，侨商企业在国内投资行业的重心有所转移。在过去的几个阶段里，侨商企业在国内的投资中心多位于房地产业，并且投资比重很大，其次是商业、工业等。至于农业投资，一向占比较低。但在抗战时期，农业投资比重急剧上升。

（5）近代侨商投资国内企业的回升与崩溃（1945—1949 年）。

抗日战争的胜利给国内外政治经济条件带来了变化，因而迎来了侨商投资国内企业的回升阶段。形成回升态势的国内外政治经济因素有：①抗战胜利后，华人受了反动政府的蒙骗，对其产生幻想，认为祖国会迅速富强；②8 年漫长的抗战历程，使得一些华人在海外颠沛流离，战争结束，华人们归国心切，因此也带回了大量的资本；③战后东南亚民族解放运动高涨，一些国家先后获得独立，当地的民族经济有所发展，并进而影响了当地有一定的资本储蓄的华人归国投资，对国内侨商投资企业产生了一定的影响。

然而，这段回升期十分短暂，仅维持了两年左右，便转入了投资低潮。究其原因，笔者认为，直接原因是国民党反动派统治区的恶性通货膨胀。1947 年 2 月，由于金价猛涨所引起的物价暴涨，预示着国民党统治时期经济的总崩溃。1948 年 8 月，反动政府实行金圆券，上海物价指数已经成为战前的 492 万倍。在这种经济状态下，任何投资都难免出现虚盈实亏的损失，于是华人纷纷选择将资本以美金的形式储存，因此社会中的实体经济投资萎缩下来。除此之外，美帝国主义的残酷掠夺和官僚资本的直接压迫也对这段时期的经济造成了重大的影响。

而这一时期侨商企业投资的重点主要在房地产业，其次是商业，仅这两大行业的投资就占该时期投资的 70%。这一时期房地产业的投资之所以迅速增长，是由于国内的恶性通货膨胀以及帝国主义官僚资本的夹攻使得正当的生产企业得不到发展，因此侨商企业只好选择投资不易受通货膨胀影响的房地产业。以美国华侨陈某为例，陈某于1947年以400万港币购置了在1935年由广州人寿保险公司投资兴建的广州最高的建筑物——爱群大厦，并将其对外出租，经营旅社、酒楼以收取租金。

此外，根据广州、江门、汕头等地的统计，这段时期的商业投资主要集中在进出口、棉布、百货、粮食等行业，由于战争刚刚结束，人民生活的物质需求极大，因此商业投资主要集中在善于投机和囤积的行业上，这也是这种历史条件下所不能幸免的。

总之，从抗战胜利到新中国成立前夕这段时期，在以美帝为首的外国资本主义和国民党反动政府恶性通货膨胀的双重压迫下，侨商投资企业和国内的民族资本主义企业一样，都在夹缝中艰难求生，濒临破产，能够维持到新中国成立后的，也都只是剩下了空空的外壳的破烂摊子。

1.2.2.2 1949年以后侨商企业对华投资概况

（1）改革开放前侨商投资中国大陆概况（1949—1978年）。

在这段时期的前半段，即1949—1966年，正处于计划经济体制下的中国限制了侨商企业对国内的直接投资，因此整体来看，投资总量不大；而在后半段，即1967—1978年，“文化大革命”期间，政治秩序混乱，经济濒临崩溃，侨商企业在中国大陆的投资更是被迫中断。

从投资地域来看，这一时期，侨商企业在中国大陆的投资重点主要集中于经济特区和沿海的一些侨乡。究其原因：第一，沿海城市的地理位置、日益完善的基础设施以及与市场配套的服务体系等环境因素，无疑促成了东南亚侨商企业开展跨国投资的选择。第二，大多数居于东南亚地区的华人祖籍都位于广东、福建、海南等地，因此对当地的语言、文化、习俗等情况都比较熟悉。第三，这段时间正处于计划经济时期，政府在沿海地区设立的国有大型企业较少，因此受到计划经济体制的影响较小，容易形成对外商投资企业经营有利的环境。

同时，这段时期的侨商企业在中国大陆的投资模式具有“投石问路”的性质。投资规模比较小，以第三产业为主，主要采取来料加工、来件装配、来样加工和补偿贸易的方式，并在此基础上逐步发展为中外合资企业或外商独资企业；同时，投资的主体以中小企业为主，主要从事劳动密集型产业和房地产业等“投资少、见效快、周期短”的项目。而农业、重工业等需要投资量大、周期长的项目所占的投资比重较小。

（2）改革开放后侨商投资中国大陆概况（1978 年至今）。

表 1-4 1986—2017 年中国实际使用侨商直接投资概况

单位：亿美元

年份	中国香港和澳门	中国台湾	东南亚地区	合计	全国总计	比重（%）
1986	13.29	—	0.14	13.43	22.44	59.85
1987	15.88	—	0.22	16.10	23.14	69.58
1988	20.68	—	0.28	20.96	31.94	65.62
1989	20.37	1.55	0.54	22.46	33.93	66.2
1990	18.80	2.24	0.58	21.62	34.87	62
1991	24.50	4.66	1.22	30.38	43.66	69.58
1992	77.09	10.5	2.65	90.24	110.08	81.98
1993	178.62	31.39	10.03	220.04	275.15	79.97
1994	201.74	33.91	18.7	254.35	337.67	75.33
1995	204.99	31.61	26.4	263	375.21	70.1
1996	212.83	34.75	31.79	279.37	417.26	66.95
1997	201.26	32.89	34.16	268.31	452.57	59.31
1998	189.3	29.15	41.98	261.15	454.63	57.44
1999	166.72	25.99	32.74	225.45	403.19	55.91
2000	158.47	22.96	23.76	219.8	407.15	53.98
2001	170.38	29.8	29.67	229.85	468.78	49.03
2002	183.28	39.71	31.98	254.98	527.43	48.34
2003	181.16	33.77	28.52	243.46	535.05	45.5
2004	195.44	31.18	29.08	264.69	606.3	42.17
2005	185.49	21.52	29.37	236.38	603.25	39.18
2006	208.36	21.36	30.34	260.05	658.21	39.51
2007	283.40	17.74	40.01	341.16	747.68	45.63

续表

年份	中国香港和澳门	中国台湾	东南亚地区	合计	全国总计	比重（%）
2008	416. 18	18. 99	51. 06	486. 22	923. 95	52. 62
2009	468. 90	18. 81	43. 05	530. 76	900. 33	58. 95
2010	612. 22	24. 76	59. 89	696. 87	1057. 35	65. 91
2011	660. 67	21. 83	67. 14	749. 64	1160. 11	64. 62
2012	711. 81	28. 47	68. 96	809. 24	1117. 16	72. 44
2013	738. 57	20. 88	81. 86	841. 30	1175. 86	71. 55
2014	818. 19	20. 18	62. 20	900. 57	1195. 62	75. 32
2015	822. 83	15. 37	75. 75	913. 95	1262. 67	72. 38
2016	872. 72	19. 63	64. 66	957. 00	1260. 01	75. 95
2017	951. 46	17. 72	50. 28	1019. 46	1310. 35	77. 80

注：东南亚地区为新加坡、马来西亚、泰国、菲律宾和印度尼西亚五国。

资料来源：根据《中国对外经济贸易年鉴》（1994—2005）数据整理，由于《中国对外经济贸易年鉴》只统计到 2006 年，2006 年及之后数据根据《中国贸易外经统计年鉴》和《中国统计年鉴》整理计算而得。

由表 1-4 可以看出，自 1979 年特别是 20 世纪 90 年代以来，侨商企业对中国大陆的直接投资成就显著，投资企业、受资企业和投资方的所在国在经济的互通往来中都取得了可喜的成绩。同时，对东亚、亚太地区乃至整个世界的经济状况都产生了积极、深远的影响。侨商资本一直在中国所接受的外商直接投资中占据着很大的比重。1979—1991 年，中国开始实行对外开放政策，并逐步从东南沿海地区向内陆地区推进，大陆地区实际使用的外商直接投资金额总数从初期的 26 亿美元扩大到 1991 年的 43. 66 亿美元，其中 69. 68%由侨商资本贡献。1992 年邓小平“南方谈话”后，对外开放政策得到全面的发展和落实，并开始向“全方位、多层次、宽领域”的格局推进，中国经济蓬勃发展，侨商企业对内投资各方面的环境和条件也都得到了极大的改善。1991 年，大陆使用的侨商企业资本仅 30. 38 亿美元，而 1992 年就猛增至 90. 24 亿美元（增长了约 197%），1993 年继续增长至 220. 04 亿美元（增长了约 144%）。此后几年，侨商企业资本对内投资依旧保持高态势。从 1992 年到 1997 年，外商实际使用直接投资金额总数达 1967. 94 亿美元（其中侨商投资占 69.89%，约 1375.31 亿美元）。从投资的区位选择上看，投资对象已从东南沿海地区扩展到中西部地区，遍及国内 31 个省、自治区和直辖市的主要城市，尤其是原有的产业基础雄厚，科技、教育发展水平较高，行政效率、社会信用、市场秩序等社会软硬条件相对较完善的长江流域六省，源源不断地吸收了大量的侨商企业资本。

同时，中西部地区吸引的侨商企业资本呈上升趋势，其中中部地区的上升趋势最为明显，部分地区的投资规模甚至达到数十亿美元；投资所涉及的行业不仅有轻工纺织业、电子机械业、农业、旅游业等，而且拓展到生物工程、无线电通信等“高精尖”产业以及交通运输等基础设施行业。1992 年以后，中国政府调整了投资导向和产业政策，鼓励侨商企业加大对生产型企业和基础设施建设项目的投资。随着政策的推进，包括交通、能源、港口、水电供给等基础产业以及金融、商贸、旅游业等服务业在内的多种行业获得了长足发展，房地产业、一般加工装配等劳动密集型产业也成为广大中小侨商企业投资的热点部门。此外，在这段时期，侨商企业的投资方式也更加多元化，开始采用补偿贸易、租赁、收购、投资参股、购买上市公司股票等方式进行投资。方式更加灵活多样，扩大了投资规模，提高了投资层次。这段时期，侨商企业投资的主体是一些大型的华人财团，并且多采用长线投资。有关资料显示，1992 年东南亚华侨大财团和中国大陆签署的投资协议共 19 项，其中金额超过百万美元的有 17 项，超过亿美元的有 11 项。马来西亚著名企业家郭鹤年先生投资 12 亿元在福州兴建五星级香格里拉大酒店，印度尼西亚林氏集团投资 12 亿元兴建台江元洪城，马来西亚乃迪工程有限公司与广东省合资数十亿元人民币兴建高速公路等都是这一时期较为成功的投资案例。

1979—1997 年，外商在华的直接投资为 2236.77 亿美元。其中 53.64%来自中国香港（约 1199.86 亿美元）；10.24%来自中国台湾（约 229.22 亿美元）；6.19%来自东南亚华人（约 138.57 亿美元）；其他非侨商投资的外国资本占 28.62%，约 640.07 亿美元。另外，在此期间，华人在中国大陆的投资总额约为 1596.70 亿美元，占中国大陆使用外商直接投资总额的 71.38%。

而 1997 年爆发的东南亚金融危机导致侨商企业的经营环境出现逆转，侨商财团的经济实力急剧缩减，华人聚集的地区经济严重衰退，侨商企业在中国大陆投资的扩张趋势被迫中断。1997 年，侨商企业在中国大陆的实际直接投资为 268.31 亿美元，1998 年下降为 261.15 亿美元，1999 年为 225.45 亿美元，而到了 2000 年则下降为 219.80 亿美元。相比之下，欧美企业资本在华投资比重则相对上升。这次的金融危机也使得东南亚的侨商企业主意识到，金融、房地产等周期短、投机性强的非生产领域极容易被引入经济泡沫，不适合作为海外投资的主导行业；而电脑、通信、半导体等高科技产业投资受到的冲击则相对较小，投资业务应当有所转移。例如，杨忠礼集团（Yeoh Tiong Lay Crop.）收购了两家网络公司，并斥资 3 亿林吉特成立杨忠礼 E-Solutions 有限公司，与德国西门子公司在马来西亚的子公司进行商业联盟，为集团提供电子商务方面的服务；马来西亚郭氏兄弟决定进军高科技产业，将重点业务拓展至生化和环保科技，其属下的嘉里建设公司（Kerry Properties）也开始大力发展电子商务的物流服务，建立物流和电子商务网站。

2000 年以后，随着我国改革开放步伐的加大，侨商资本涌入中国大陆的势头持续高涨，侨商资本在推进东亚和东南亚经济发展的过程中占据着非常重要的地位，因此这种势头也促使整个东亚经济的发展重新显露生机。侨商企业集团作为民间资本，一般不具有垄断性质，也不足以成为本国经济的支撑力量，但在某些行业和经济部门仍然能取得较大的市场份额并发展成为重要的市场力量；同时，随着东盟各国与中国经贸关系在 21 世纪的进一步加深，东南亚侨商企业对中国大陆的投资也迅速增加。在这种情况下，东南亚华人以及中国香港、澳门和台湾地区的侨商企业的经济实力迅速增强，并在整个亚洲经济中逐渐占据重要地位。

1.3 侨商企业海外投资动机与模式发展

1.3.1 侨商企业的投资动机分析

1.3.1.1 侨商企业的投资动机选择——集团内部化理论的视角

内部化理论是1976年由英国经济学家卡森和巴克莱在《跨国公司的未来》中提出的关于跨国公司内部化的理论。内部化理论认为，支持跨国公司生产的相关活动，如研发、人员培训、营销等，与中间产品（原材料，半成品，结合在人力资本、专利权中的各种知识）密切相关。中间产品市场尤其是知识产品市场的不完全，使企业不能有效利用外部市场来协调其经营活动，这是构成内部化的关键前提。当内部化过程超越国界时，企业的跨国投资便产生了。跨国公司直接投资是为了避免因交易不确定性而导致的高交易成本。

内部化理论的成立具备三个基本前提：①企业会尽一切努力去追求利润最大化；②中间产品市场的不完全性；③企业通过将跨国市场内部化成为跨国公司，以克服外部市场的缺陷。企业通过对以下四个内部化决定因素进行综合考虑，决定是否内部化：行业特定因素（产品性质、外部市场结构以及规模经济）、地区特定因素（地理位置、社会心理以及文化差别等形成的额外交易成本）、国别特定因素（东道国政府政治、经济、法律等方面政策对跨国公司的影响）、企业特定因素（企业管理能力、组织结构、协调功能等因素对市场交易的影响）。

早期侨商企业跨国投资——集团跨国内部化。东南亚各国早年承载着中国大陆的移民，华人华侨在东南亚落地生根，从事商业经营。东南亚侨商从小商贩、承包商等职业起步，积累资本后再逐渐投资工商业和种植园。第二次世界大战后，东南亚国家纷纷获得独立，在各国经济迅速发展的良好形势、国家工业化发展政策大力支持和导向下，侨商开始从商业领域踏入工业领域，经营纺织服装等行业，并涉足银行、房地产、酒店等行业，逐渐雄厚的资金规模使得侨商企业能够跳出国内市场的局限，探索广阔的海外市场。从20世纪70年代起，东南亚侨商开始了海外投资探索。90年代，东南亚大型华人企业集团迅速形成，并已颇具规模，开始了成规模的海外直接投资。

最早一批开展海外投资的华人集团有印度尼西亚的三林集团、金光集团、力宝集团、盐仓集团，马来西亚的郭氏兄弟集团、云顶集团、丰隆（马）集团、东方实业集团、刘蝶集团、吉隆坡甲洞集团、成功集团，菲律宾的亚洲世界集团、首都银行，新加坡的大华银行集团、华侨银行集团、华联银行、新加坡丰隆集团、远东机构、林增控股集团，泰国的盘谷银行、大城银行、卜峰集团、曼谷置地集团等。印度尼西亚最大的华人企业集团三林集团 1991 年营业额达 90 亿美元，已拥有 500 多家国内外附属企业，其中有 3 家在印度尼西亚上市，有 6 家在海外上市；马来西亚最大的华人企业集团郭氏兄弟集团 1991 年资产额达 26.8 亿林吉特（约 10 亿美元），遍及全球 15 个国家和地区的附属公司 200 余家；菲律宾亚洲世界集团当时以菲律宾和中国台湾为主要经营据点进行地产开发，在中国台湾拥有数家公司和 37 块地皮，资产额达到 94 亿美元；新加坡大华银行集团在国内外有附属公司 70 余家，分支机构 133 余家。泰国盘谷银行国内外分支机构为 291 家，1991 年资产额达 256.6 亿美元，是当时东南亚最大的商业银行。

东南亚从事金融银行业的侨商企业在市场渗透和市场开拓过程中也纷纷建立起遍布全球的业务网络，如表 1-5 所示，其中新加坡的华侨银行集团和大华银行集团的海外业务布局最为广阔。新加坡的华侨银行，目前是资产规模第二大的东南亚金融服务集团，主要市场是新加坡、马来西亚、印度尼西亚和大中华区。它在 19 个国家和地区拥有 570 多家分支机构和代表处，其中包括在华侨银行 OCBC NISP 下的 300 多家印度尼西亚分支机构和办事处，以及在华侨永亨银行的中国香港、中国内地和中国澳门的 100 多家分支机构和办事处。自 1935 年成立以来，大华银行通过自身发展和一系列的战略收购行动，不断壮大全球业务网。目前，大华银行在东南亚地区拥有领先的覆盖率，并于全球拥有超过 500 家办事处，投资范围涉及东南亚、北美、欧洲、亚洲和大洋洲。

表 1-5　东南亚大型华资银行的海外分支网络

	海外机构（家）	投资范围
华侨银行	570+	新加坡、马来西亚、印度尼西亚、中国（包含香港、澳门和台湾地区）等 19 个国家和地区
大华银行	500+	文莱、印度尼西亚、马来西亚、缅甸、菲律宾、新加坡、泰国、越南、印度、澳大利亚、中国（含香港、澳门和台湾地区）、日本、韩国、加拿大、美国、英国、法国
大众银行	137	柬埔寨、越南、中国内地、中国香港地区、斯里兰卡
丰隆银行	—	新加坡、中国香港、越南、柬埔寨和中国内地
开泰银行	9	美国、中国内地、中国香港、日本
盘古银行	32	东南亚、东亚、欧洲和北美，15 个国家和地区
大城银行	4	老挝、缅甸
首都银行	30+	美国、法国、日本、韩国、中国（不含澳门地区）等

资料来源：根据各银行官网、公司年报、百度百科资料整理得出。

马来西亚的大众银行集团在柬埔寨拥有 79 家分支机构，在老挝拥有 13 家分支机构，在斯里兰卡拥有 3 家分支机构。2018 年，大众银行集团的海外业务对本集团的整体税前利润贡献了 9.7%，主要由中国香港大众金融控股有限公司和柬埔寨大众银行贡献；20 世纪 90 年代，首都银行在中国香港地区、关岛、洛杉矶、伦敦、中国台湾地区、东京和首尔开设分公司和办事处。2001 年，首都银行首次进入中国，目前已超过 950 家国内分支机构和 30 多个国外分支机构、子公司和代表处。

从事农产品生产加工业的东南亚侨商企业也不断地在海外寻找生产资源，创建了遍布全球的生产基地。以最为善用全球资源的丰益国际为例。丰益国际是当今亚洲领先的农业综合企业集团，主要从事食用油、油籽粉碎、制糖、铣削和精炼、油脂化学品、特种脂肪、棕榈生物柴油、面粉铣削、大米铣削和消费包装油的加工和销售，在亚洲和非洲 33 个国家拥有 850 多家制造工厂，并拥有覆盖中国、印度、印度尼西亚和其他 50 多个国家的广泛分销网络，使产品能够有效地覆盖 150 多个国家的客户。2017 财年净利润达 12.2 亿美元。

零售业内建立海外分销网络做得最为成功的当属菲律宾快乐蜂食品公司，

在菲律宾国内拥有 1000 多家快餐连锁店，并在美国、越南、中国香港地区、沙特阿拉伯、卡塔尔和文莱开展了餐饮业务，积极地参与着国际市场投资。

之所以侨商企业集团存在强烈的外部扩张动机，一个鲜明的原因在于侨商企业集团在综合考虑了跨国子公司经营中的内部化成本优势，即内部化跨国上下游生产链比在国际市场中交易更具有优势，如丰益国际通过子公司的生产可以规避跨国贸易壁垒，同时可以在跨国子公司之间调拨农业中间品价格，达到少纳税的目的。

1.3.1.2 侨商企业的投资动机选择——技术创新升级和本土化的视角

（1）侨商企业投资的技术创新动机。

技术创新产业升级理论是由美国经济学者坎特维尔提出的关于发展中国家的对外直接投资规律的理论。该理论认为，发展中国家的产业结构升级需要满足两个基本前提：①技术能力的长期积累和不断提高；②技术能力的不断提高最终将影响对外直接投资的形成和发展。技术创新产业升级理论认为，在产业布局方面，发展中国家的对外直接投资首先是基于自然资源开发的纵向一体化生产活动，其次是基于进口替代和出口导向的横向一体化生产活动。从海外业务的地域扩张来看，发展中国家的跨国公司在很大程度上受到“心理距离”的影响，其对外直接投资遵循以下发展顺序：第一，利用各种民族联系投资邻国；第二，随着海外投资经验的积累，民族因素的重要性下降，对外国的投资逐渐从邻国扩展到其他发展中国家。第三，在经验积累的基础上，随着工业化水平的提高和产业结构升级，开始在高科技领域开发和投资。因此，为了获得更先进的制造技术，发达国家的投资逐渐增加。

最近东南亚华人集团的多元化发展战略显露出向高科技产业迈进之势，很多侨商企业都进行了产业技术革新，如金融业侨商企业纷纷建立先进的数字化线上平台和全球信息流网络，整合大数据，为客户提供更加精细化的服务。此外，海外的侨商企业也投资于其他高科技行业，如信息技术、专业咨询、新能源、医药等行业。其中侨商投资的一个鲜明的初衷在于通过业务流程优势和资本实力来获取海外市场的技术资源，或者利用销售网络优势汲取东道国的特定要素技术（如新能源或信息“瓶颈”技术）来武装自身的核心竞争力。

（2）侨商企业技术本土化动机。

技术本土化理论是20世纪80年代英国经济学家拉奥在研究印度企业对外直接投资行为时提出的有关发展中国家企业对外直接投资的动机理论。侨商企业从母国发展起来，再向东道国进行投资的过程中，掌握了一定的科学技术，并在其内部消化、吸收和再创新生产工艺，更适用于小规模劳动密集型企业。然后小型侨商企业在壮大发展的进程中，则不得不依赖海外市场，进而小型侨商企业在东道国面临着技术本土化，侨商企业掌握了一定的前期经营过程中总结而来的技术优势，再向其他的东道国或地区开展对外直接投资时就具有垄断优势。但是也存在水土不服的可能性。例如，前期定位欧美或其他国家市场需求的生产型侨商企业，在进入中国经营生产时，需要针对中国消费者的需求和市场进行投资。

1.3.1.3 侨商企业对外投资的其他动机

（1）国内市场趋向饱和。

当企业在国内市场发展到了一定程度，积累了雄厚的资本，便开始向国内市场多方位渗透，直至国内出现了发展界限，就不得不通过对外投资，谋求海外市场，实现新的发展境界。同时，海外投资在本国国内市场狭窄的情况下显得更加迫切。以东南亚国家为例，20世纪80年代中期以后，东南亚以及亚洲各国开始实施经济自由化政策，允许资本有一定程度的移动自由，再加上各国在改善贸易等方面的垄断情况和促进国营企业向民营化发展等的努力，使得海外侨商集团在这段时期取得了空前的发展。经营规模迅速扩大，资本积累加快，东南亚侨商企业迅速成为大型的企业财团。企业资本积累达到了一定规模后，东南亚各国狭窄的国内市场阻碍了东南亚华人企业在国内的进一步发展，为了发展，必须到海外寻找出路。同时，在一个饱和的国内市场下，行业发展到了一定的程度，国内企业间的竞争日趋激烈。侨商企业不仅要面临拥有强大资金技术实力的国营企业和外资企业的竞争，还要面临正在发展壮大的土著企业的威胁，继续待在狭窄的国内市场将会非常不利。

（2）获取东道国区位优势。

侨商企业为了获取要素资源、市场资源、劳动力资源及其他竞争优势，也要向海外扩展。例如，德国飞马集团在 1995—2004 年将多个整套设备、工厂及生产线转移到中国，2004 年投资在辽宁盘锦建立了飞马辽宁汽车零部件制造有限公司；西班牙长城龙集团于 1997 年在广东东莞投资建成箱包生产厂，2002 年，在上海等地投资了近 7 亿元的房地产项目，2007 年和上好佳联手在菲律宾开发露天矿井；等等。这些都是为了获取东道国丰富的劳动力资源、土地资源和自然要素资源，享受低廉的要素成本，获得更丰厚的利润。

不仅是欧洲、北美的侨商企业面临着国内要素成本上升的困境，东南亚国内生产成本也较 20 世纪 50 年代以前有所提高，这逐渐成为东南亚华人企业跨国投资的重要原因之一。20 世纪 90 年代初，泰国的最低劳动力工资由 2~3美元/天上调到 5~6 美元/天。为赢得国际竞争力，东南亚华人企业纷纷寻求在其他国家和地区获取低廉劳动力资源。

（3）资产规避风险需求。

第二次世界大战后，东南亚各国实现了独立，经济得到了发展，但在发展经济方面东南亚各国都还处于摸索的阶段，暂时无法完全改变殖民时期沿袭下来的畸形经济。当时，有些东南亚国家如印度尼西亚、马来西亚等实行原住民优先政策，限制和排斥华人经济的发展和华人资本的壮大。面对当时的艰难形势，东南亚华人利用已有网络将资金转移到比较安全的新加坡和中国香港地区，试图获得新的发展。

同时，由于居住国的一些特殊政治经济形势、经济周期、国际形势变化、突发事件等，仅仅将资产和事业集中于一个国家风险太大，所以必须将其拓展到多个国家以保证资产的安全。例如，在印度尼西亚，劳资纠纷、民族纠纷、排华暴动的事例时有发生。为此，印度尼西亚的华人企业集团纷纷向新加坡投资，其资产趋于向国外转移。1998 年印度尼西亚发生了暴动后，华人资本流出更加显著。近几年是中美贸易形势最为紧张的时期，很多华人资本不敢轻易加大对中国大陆的投资。

（4）学习先进技术和优秀管理经验。

在日趋激烈的竞争当中，先进技术和现代化的商业经营方法已成为企业生存和发展的关键。从 20 世纪末到 21 世纪初，华人企业通过积极地与海外企业合资合营，学习其先进的技术和优秀的管理经验，帮助企业迅速发展，或者通过跨国并购在某领域经营成功的企业，从而获得新行业的先进技术和经营经验，以促进企业的多元化。

例如，20 世纪末泰国侨商企业卜蜂集团为实现养鸡场的现代化，与美国 Arboy Acres 公司进行合资。其后，养鸡成为集团的一个产业线，使得集团事业拓展到了鸡肉出口与饲料生产；中国香港的长江实业集团为巩固香港头号财阀的地位，实现垂直一体化，进入某个新行业，于 1979 年收购了和记黄埔，1985 年收购了香港电灯、国际城市等英国企业，通过原始企业的成功经营经验为集团在各行业领域在 21 世纪的发展创造了条件。

（5）国内政策鼓励海外投资。

在本国实行外向型和开放经济的时期，华人资本也能享受更多“走出去”的优惠政策，帮助企业向外投资和扩张。自 20 世纪 60 年代以来，东南亚各国纷纷推行外向型经济政策，鼓励本国资本投入本国的出口加工工业，以扩大产品产量和出口量，实现出口导向型经济效益，华人企业也加入其中，参与了国际竞争，并在国际竞争中学习了许多先进技术和经验，成为以后华人企业成功向外投资和成功经营的关键因素。

同时，为了更好地融入世界经济，加快国内产业的优化升级，提高国家在国际市场上的经济地位，一些东南亚国家政府如新加坡、马来西亚和泰国在吸引外资的同时开始鼓励企业积极投资海外，制定了许多企业海外投资的优惠政策，也为资金外流提供了一定的便利。华人企业通过发展壮大，资本充足，正好利用良好的国内政策向外扩张，谋求自身发展。

（6）部分国家提供的发展机遇。

在经济全球化的趋势下，非洲、亚太地区各国为融入世界经济，吸引外资，进一步地开放市场，改善投资环境，增强了对华人企业海外投资的吸引力。2015—2016 年，全球 137 个经济体实施了营商环境改革，为企业的创建和运营提供了更多便利。例如，在文莱、哈萨克斯坦、白俄罗斯、肯尼亚、印度尼西亚、格鲁吉亚、塞尔维亚、巴基斯坦、巴林和阿拉伯联合酋长国，商业环境得到了很大改善。部分国家营商环境的极大改善使得华人资本有了更广阔的市场选择。随着非洲营商环境的改善和市场的开放，新加坡丰益国际近几年在非洲建造制造基地的数量明显增加，以利用非洲低廉劳动力和自然资源。

目前是中国“一带一路”倡议的发展机遇期。中国和“一带一路”沿线国家在政策沟通、设施联通、贸易畅通、资金融通和民心相通上所做的努力和实践为侨商企业提供了前所未有的便利，创造了前所未有的机会，华人企业也因此受益。同时，我国十分重视经营和利用好广泛海外侨商网络，为侨商企业穿针引线，提供交流平台，鼓励和支持我国“走出去”企业与海外侨商紧密合作，共同对外投资。

1.3.2 侨商企业的投资模式分析

海外侨商企业对外直接投资主要通过海外并购、直接投资设厂以及合资经营项目等方式，投资区位不同，投资方式也有差异。鉴于侨商企业投资处于不同阶段和不同行业特征，其表现出的经营目标存在差异性，进而侨商企业投资的理念模式也存在差异性。

1.3.2.1 侨商企业的投资进入模式选择——跨国并购重组视角

在中国香港地区以及欧美和澳大利亚等国家（地区），以并购为主；在中国大陆、中国台湾地区，以合资、合作为主。跨国并购是跨国收购和跨国兼并的总称，它指的是一个国家的企业（也被称为并购公司），为了达到某些目的，采用一些支付渠道和手段购买另一国家的企业（也被称为被并购企业）的所有资产或足以行使经营活动控制权的股份，从而实现对被收购企业的管理经营控制。跨国并购理论在一定程度上与并购理论相通。与跨国并购相关的理论有效率论、信息论、市场势力理论和市场缺陷理论等。

效率论是指企业通过并购能够获取更高的管理效率，从而引起增加管理绩效和某种形式的协同效应。信息论是指企业的内部管理层会拥有比外部人员更多的企业真实信息，形成信息不对称，而企业并购可以使得信息在企业间进行真实无误的传递。市场势力理论是指通过企业并购来增大企业规模，从而达到增大企业势力的目的。市场缺陷理论认为，市场是不完全的市场，在市场中交易会产生过高的交易费用，企业并购实际是为了节省交易费用，用企业内部交易代替市场机制，进而通过管理产生协调，提高生产率、降低成本及提高利润。

亚洲金融危机的冲击及业务重组。1997 年，亚洲金融危机在泰国和印度尼西亚首先爆发，紧接着影响到了整个亚洲地区和海外其他国家，华人资本在这场危机中无疑遭受到了沉重的打击，付出了惨重的代价。在华人资本进行多元化海外扩张的辉煌时刻，这场危机使得华人资本猝不及防，不断地规模扩张和多元化战略使得集团资金过于分散，不利于抵抗危机。在此期间，华人集团的经济实力大幅下滑，海外扩张被迫中断，其海外投资业务也受到严重影响。

根据王效平的研究，1997 年 6 月底，东南亚华人集团的股票市价总额比上年增长约 20%，1998 年有约 47.9%的减少，此后，尽管 1999 年增加了 58.2%，但到 2000 年仍未恢复到危机发生前的水平，可见受创之大。

金融危机爆发后，东南亚华人企业集团对海外业务进行了重组和调整，以便迅速应对危机。一是开展经营性重组，大幅缩小投资规模和范围，实施公司债务重组和资产重组，减少海外业务，寻求合并以应对危机；二是战略性重组，即为企业的长远发展调整企业的经营方向与结构，使其回归企业自身最具有竞争优势的核心业务或转换成长期具有竞争力的产业，以顺应经济信息化和全球化的潮流。在此期间，华人企业逐步调整了对外投资规模和海外业务网络。例如，印度尼西亚力宝集团将相继出售其房地产项目，使其属下香港企业力宝华润公司集中在金融服务业务上发力。新加坡丰隆集团自 1999 年 6 月起销售了旗下香港管理地亚洲的所有酒店业务，并打算借收购美丽年公司和科波托公司的欧洲优秀品牌效应来拓展全球酒店业务。

21 世纪以来，以金融服务业为进入行业的侨商企业大都实行本行业的海外并购扩张，通过并购东道国金融类企业或设立子公司实现产品和服务的拓展，不同的子公司承担着不同的专业化金融服务。例如，华侨银行的保险子公司大东方控股公司负责人寿保险业务。其资产管理子公司 Lion Global Investors 是东南亚最大的私人资产管理公司之一，其证券经纪业务由华侨银行证券和华侨银行 Sekuritas 子公司管理。除此之外，盐仓集团、Golden Agri-Resources Ltd. 等资源制造加工的企业，以及印多福食品有限公司、快乐蜂食品公司和泰国饮料公共有限公司等从事食品生产和销售的企业，除直接实行海外市场扩张之外，还实行整合垂直上下游产业的海外并购投资，以节约成本、提高效率。

1.3.2.2 侨商投资进入模式选择——绿地投资视角

绿地投资，又称为创建投资，是指跨国公司等投资主体依照东道国的法律在东道国境内设置部分或全部资产所有权归外国投资者所有的企业。创建投资会直接促进东道国生产能力、产出和就业增长。绿地投资有两种形式：一是建立以国外分公司、国外子公司和国外避税地公司为主要形式的国际独资企业；二是建立以股权式合资企业和契约式合资企业为形式的国际合资企业。一般来说，进行绿地投资的企业，一是具有最先进的技术和其他垄断性资源，希望通过绿地投资使得自身垄断优势在东道国市场上得以维持，巩固目标市场上的垄断地位；二是东道国经济不发达，工业化程度较低。

在某些不发达国家和地区如中亚和非洲，以绿地创建为主。20 世纪 70 年代和 80 年代，东盟华人企业集团的海外直接投资活动，主要集中在附近国家和地区，即政局较为稳定的东南亚地区，以绿地投资为主，其次是中国香港、中国台湾和欧美地区，以企业并购、合资合营为主，海外投资基地和跨境投资网络逐步建立，并积累了许多外国直接投资经验。而北美的高科技企业主要以购买足够股份的方式取得对子公司的控制权。欧洲侨商企业海外投资起步最晚，最初的投资区位集中于中国大陆，以投资设厂等绿地创建方式为主。

同时，侨商企业如果采用延伸型海外投资，即将已在国内形成、发展起来的有基础的产业延伸投资到海外市场，一般会趋向采用绿地创建的方式，而企业如果采用跨国跨行业型海外投资，则由于不熟悉当地环境和缺乏产业运营经验，会选择海外并购的方式，以更快、更好地进入一个新的行业。侨商企业若采用绿地投资，可以自由选择在中国或海外东道国的生产规模和发展方向，使其符合企业的全球性战略目标，因此侨商跨国公司可以最大限度地把握风险，在东道国创造新的企业可以增加当地就业和税收，且不容易被所在国的政策和法律限制。然而，绿地投资往往需要在前期做大量的准备工作。因此，建设周期长、速度慢，而且缺乏灵活性，要求跨国企业拥有强大的商业经验和资金实力，这不利于跨国企业的快速发展。

大集团侨商企业具备绿地投资的条件和动机。在港侨商企业中，规模和影响力较大的有第一太平集团、嘉里集团、香港卜峰国际公司、国浩集团等。在20世纪70年代末80年代初，印度尼西亚三林集团在中国香港地区成立了以第一太平集团为核心的跨国企业集团。它将海外业务总部设在香港地区，直接投资贸易和房地产业务、银行和电信业务，并将业务扩展到泰国菲律宾、中国香港和中国内地市场。目前，三林集团已通过第一太平集团投资于全球50多个国家，涉及12个不同领域，员工人数达53万人。同样，自20世纪70年代以来，马来西亚郭氏兄弟集团将其业务基地迁至中国香港地区并创建了香港嘉里集团，其旗下有嘉里建设、香格里拉（亚洲）和《南华早报》等在中国香港上市的企业，通过香港嘉里集团向全球10多个国家和地区部署了经营网络。截至2018年，嘉里集团旗下的嘉里建设有限公司已在北京、成都、杭州等中国内地18个城市布局物业网络，并在中国澳门地区和海外拥有9个房地产项目。香港卜蜂国际公司是泰国卜蜂集团的海外总部和海外投资基地。其业务主要是农牧产品加工，经过产业规模和海外投资的不断扩大，直接投资涉及农畜产品加工、种子和农药产品、水产养殖、饲料生产和销售、投资控股、国际贸易、医药和通信业等。截至2019年4月26日，卜峰国际的总市值达158.9亿港币。此类大型侨商集团投资形式灵活，尤其善于通过绿地投资来实现其风险最低和业务扩大的目标。

1.3.2.3 侨商企业的投资进入模式选择——东南亚侨商企业多元化投资视角

在2016年《亚洲周刊》侨商企业1000强名单上，东南亚侨商经营行业主要涉及传统行业，包括金融、零售、种植、房地产、制造等，其中，金融行业最突出。正如东南亚华人集团在其本国广泛投资一样，他们在对外投资过程中，也向多方面发展，一方面在企业自身有较多经验的行业垂直或水平延伸，另一方面根据被投资国的具体经济情况和行业前景积极拓展其他领域。

（1）跨区域的投资多元化战略。

东南亚的大型华人集团在本国市场具有丰厚的市场份额，同时抓住全球化机遇，纷纷向外进行多元化发展，或挖掘需求旺盛的全球市场，或建立遍布全球的海外生产业务网络，或进入新的产业领域；最初从周边东南亚国家开始，逐渐延伸到亚太、北美和西欧地区，最终面向全球扩散。东南亚侨商企业的多元化投资相当丰富，单是跨行业投资的侨商集团就有卜峰集团、金光集团、杨忠礼集团、IOI 集团、云顶集团等，他们大都通过海外投资涉猎房地产、金融、零售、旅游、食品、种植、电力通信等行业。总体而言，采用多元化战略的华人企业集团往往具有更广泛的海外投资网络，一是多元化集团往往自身资本雄厚，二是其具有多产业的海外扩张经验且投资多样化，使其总能寻找到适合进入的市场。例如，金光集团在全球拥有 400 多家法人公司，其六大核心领域为制浆造纸业、金融业、农业及食品加工业、房地产业、煤矿和移动通信业，投资范围涉及亚洲、北美、欧洲、大洋洲等地，年营收 400 多亿美元，资产总额 300 多亿美元。力宝集团业务涉及金融、证券、地产和保险领域，为世界 500 强企业之一，目前集团总资产已超过 200 亿美元，旗下上市企业 20 多家，投资区域遍布美国、澳大利亚、马来西亚、印度尼西亚、新加坡、菲律宾、英国、韩国和中国等 10 多个国家。

（2）跨行业的多元化投资战略。

实行无相关性跨行业发展的集团除上述我们提及的金光集团和力宝集团外，云顶集团也是一家多元化经营的企业。自度假村开发业务走上正轨后，云顶集团已开始探索其他海外业务，如房地产、纸张、包装、发电机、石油和天然气，甚至与其他公司合作信息咨询业务。云顶集团近年来一直在开发拉斯维加斯云顶世界项目，并收购了一家棕榈油炼油厂 85% 的股份、印度尼西亚西爪哇万丹一期 1×660 兆瓦超临界燃煤电厂和位于中国福建的湄洲湾二期 2×1000 兆瓦超临界燃煤电厂。熊德龙的熊氏集团（印度尼西亚）名下拥有不同产业类型的企业，如美国《国际日报》、好莱坞大都会酒店、美国大兴银行、新加坡国际金叶烟草有限公司、印度尼西亚《国际日报》、中国香港皇玺洋行等几十家著名企业，投资也遍布了全球十多个国家和地区。

海外侨商企业经营到了一定时期，产生了多元化发展的需求，以谋得更大利益。不仅是20世纪70年代通过贸易事业成长起来的企业集团，50—60年代就已存在的企业集团也积极地向其他行业扩展业务，谋求多样化。例如HapSeng Consolidated Berhad是一家拥有六大核心业务且信誉卓越的集团，其多元化与相互辅助的业务所涉及的领域有种植、产业投资与发展、信贷融资、汽车、化肥贸易及建材；卜蜂集团从农业综合企业起家，业务从种子、农畜产业、水产业、农用化学产业等，扩大到了服务业、商业、摩托车生产、石化、不动产、通信产业；印度尼西亚的三林集团的业务范围包括面粉、食品、服装、不动产、水泥、钢铁、汽车、保险金融等产业。这是在本国多元化扩张的同时，通过在海外收购子公司和公司合营来完成的。当企业产生多元化经营的需求时，除了在本国扩张，在海外投资上也会尝试进入不同的行业，有些企业甚至将海外收购某领域经营成功的企业作为进入某行业的切入点，从而实现多元化经营格局。例如，印度尼西亚的印多福食品有限公司，2008年通过收购Drayton Pte正式经营乳制品业务；2013年，通过与朝日集团控股东南亚私人有限公司的合资企业正式进入饮料行业，成为百事可乐产品的独家装瓶商，推出包装业务。

进入21世纪，东南亚侨商企业的经济实力再一次得到显著增强，虽然期间经历了2008年的金融危机，但东南亚华人集团凭借着在亚洲金融危机中积累下来的公司治理与应对风险的经验，使其规模发展与海外事业未受到太大的影响。近十几年来，东南亚华人集团海外投资活动更加活跃，投资规模迅速扩大，投资范围全球化，投资行业多元化，达到了前所未有的高度。

根据《亚洲周刊》2016年全球侨商1000强排行榜，除中国（含香港、澳门和台湾地区）以外，入榜侨商仅有53家，其中东南亚侨商有52家，分别集中在印度尼西亚、新加坡、马来西亚、菲律宾和泰国，企业平均市值达81.8亿美元，平均资产达269.7亿美元，如表1-6所示。其中，印度尼西亚上榜企业有7家，主要经营农业种植业和食品加工业；泰国9家，主要经营零售、食品和金融业；新加坡12家，主要经营银行业和房地产业；马来西亚15家，主要经营金融服务、房地产、食品加工业和工业制造业；菲律宾9家，主要经营实业投资、房地产和零售业。而且，从事金融业的侨商企业市值最高，平均为8404.3万美元①。

表1-6 2016年全球侨商1000强排行榜中的东南亚侨商企业名单

总部所在地	公司名称	主营业务	市值（百万美元）
印度尼西亚	Bank Central Asia	银行金融服务	27620.1
	盐仓集团	卷烟	9316.6
	Indofood CBP Sukses Makmur	速食食品	8746.4
	印多福食品有限公司	食品	5231.9
	Charoen Pokphand Indonesia	农业制造业、食品	4598.8
	Sinar Mas Multiartha	金融服务	3878.1
	Golden Agri-Resources Ltd.	棕榈油生产加工	3398.2
泰国	Thai Beverage Public Company Ltd.	酒类、饮料、食品	18371
	CP All Public Company Limited	零售批发	16147.8
	开泰银行	银行金融服务	13649.1
	盘谷银行有限公司	银行金融服务	9343
	大城银行大众有限公司	银行金融服务	8177.8
	CentralPattana Public Company Ltd.	零售	7808.3
	True Corporation Public Co. Ltd.	电信	7804.9
	卜峰食品企业大众有限公司	食品	7266.7
	泰达电子大众股份有限公司	电子制造	2665.5
新加坡	华侨银行有限公司	银行金融服务	26488.3
	大华银行有限公司	银行金融服务	21447.4
	丰益国际	农产品生产加工、食品	14501.8
	大东方控股	金融服务	7134.6
	云顶新加坡	房地产	6504.6
	城市发展有限公司	房地产	5676.5
	新加坡报业控股有限公司	报纸等出版印刷业	4437.1

① 此处将表1-5中以银行金融服务、金融服务、地产融资为主营业务的企业市值进行平均，得出平均市值8404.3万美元。

续表

总部所在地	公司名称	主营业务	市值（百万美元）
新加坡	中银航空租赁有限公司	航空租赁	3585.7
	华业集团有限公司	房地产	3292.7
	Frasers Centrepoint Limited	房地产	3219.9
	新达城房地产投资信托基金	地产融资	3210.1
	联合工业有限公司	房地产	2838.2
马来西亚	大众银行有限公司	银行金融服务	18878.4
	云顶有限公司	房地产	7171.7
	IOI 集团	棕榈油、房地产	6862.7
	丰隆银行	银行金融服务	6606
	云顶马来西亚	房地产	6202.5
	吉隆坡甲洞有限公司	资源制造	6200.5
	HapSeng Consolidated Berhad	种植、金融、汽车等	4754.4
	PPB 集团有限公司	地产融资	4706.9
	丰隆金融	金融服务	4540.3
	杨忠礼机构有限公司	房地产、建材	4335.9
	怡保工程有限公司	房地产	3049.6
	金务大公司	房地产	2914.7
	杨忠礼电力公司	电力、污水处理	2839.9
	IOI 地产集团	房地产	2744.8
	实达集团	房地产	2368.1
菲律宾	鞋庄控股	房地产	18550.6
	SM Investments Crop.	投资控股	17626.8
	巅峰控股（约格森米）	投资控股	12022.8
	环球罗宾娜公司	食品	8869.8
	菲律宾长途电话公司	电信	8489.7
	首都银行	银行金融服务	5714.3
	快乐蜂食品公司（巧利比）	零售（连锁快餐店）	5668.1
	Metro Pacific Investments Co.	投资控股	4691.3
	美佳世界公司	房地产	3267.7

资料来源：根据《2018 年世界侨商发展报告》及各公司官网信息整理而得。

考察东南亚侨商企业的经济实力和发展前景，如图 1-2 所示，除新加坡外，东南亚各国侨商企业的平均资产和平均市值都较中国①侨商企业低，经济实力不及我国大型跨国公司，但也不容小觑，四国上榜企业总资产为 7217.41 亿美元，其中马来西亚 2896.72 亿美元，泰国 2490.96 亿美元，菲律宾 1043.17 亿美元，印度尼西亚 786.56 亿美元，企业平均资产达 174.54 亿美元。新加坡上榜企业平均资产为 567.27 亿美元，远高于其他东南亚国家和中国企业，12 家企业资产总额达 6807.19 亿美元，蕴含东南亚最充裕的华人资本。总体而言，一般来说，新加坡的侨商企业规模最大，泰国和马来西亚次之；在市值方面，除马来西亚的市值 56.12 亿美元较低外，东南亚其他四国上榜企业都高于中国企业的 84.55 亿美元，在一定程度上反映出东南亚的大型华人集团吸纳资金的能力较强，企业的发展前景良好。同时，该 52 家侨商企业中有 30 家企业的纯利润实现增长，占比 57.7%，盈利水平较为可观，其中纯利润增长率达 10%以上的企业有 22 家。东南亚华人集团的实力在全球侨商中极为突出，通常是大型跨国集团，在世界各地设有子公司和分支机构，业务呈现多元化。

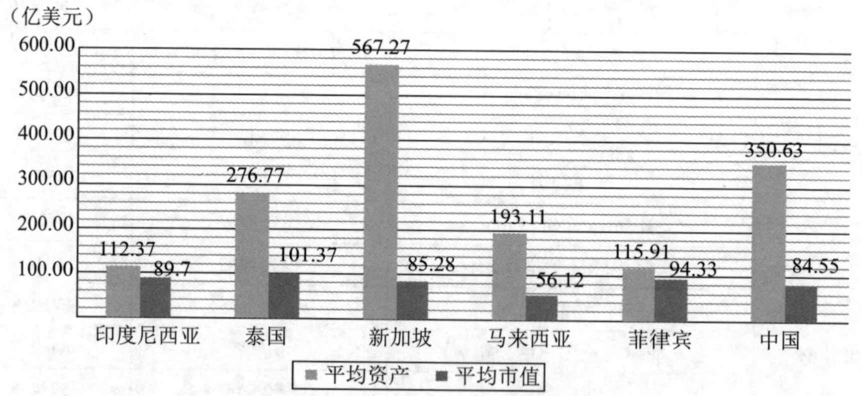

图 1-2 上榜 1000 强不同地区侨商企业的平均市值和平均资产比较

资料来源：笔者依据《2018 年世界侨商发展报告》中相关数值制作。

① 本书的中国包括中国大陆以及中国香港、中国澳门和中国台湾，下同。

1.3.2.4 侨商企业对外投资的新时代趋势

近年来，随着全球经济的创新发展，侨商企业海外投资谋求转型，转变传统的海外投资方式，开发新型海外投资方式。侨商企业的具体做法可总结如下。

（1）企业自身进行技术革新，融入“互联网+大数据”时代。

目前新一轮的科技革命正在孕育，海外侨商企业也感觉到大数据和“互联网+”的时代正在到来，加快利用新技术创新来升级自身的产业，改善公司运营，使其跟上世界经济发展的潮流。IOI 集团提升其在印度尼西亚的磨坊工厂的生产技术，从 60 吨/小时的生产能力提高到 90 吨/小时的生产能力，以满足随着更多的幼树达到成熟期而预期的 FFB 产量的增加。新加坡华侨银行 2017 财年科技投资总额达到 11.3%。它利用行业领先的数字服务渠道、技术平台和众多市场开创的数字银行服务解决方案，通过数字化转型提升企业服务价值，利用大数据技术、预测分析、人工智能和机器学习等技术创造了新的机会，改善了客户体验，提高了效率，并加强了风险管理和网络安全基础设施。华侨银行积极参与科技社群，并通过设立的金融科技与创新单位（The Open Vault at OCBC）与外部的金融科技公司保持紧密合作，建立创新实验室，为内部员工提供构思的机会。印度尼西亚亚细亚银行（BCA）也在其产品和服务中不断地融入数字技术，如实现 BCA 手机端与 Sakuku 电子钱包 QR 码点对点传输、基于服务器的电子钱包、银行虚拟客服等创新。

（2）积极向高科技产业进军。

许多侨商企业认识到，只有紧跟时代的脉搏，进入未来具有竞争优势的产业，才能实现企业竞争力长久不衰。金融危机中，半导体、计算机和通信等高科技产业的投资所受到的冲击相对较小。为提升集团的产业结构和企业的国际竞争力，许多东南亚华人企业集团已开始积极进入电信和互联网等高科技产业。基于这种考虑，许多海外华人公司进行了产业技术创新。例如，金融业侨商企业纷纷建立先进的数字在线平台和全球信息流网络，并整合大数据，为客户提供更加精细的服务。再如，侨商企业对其他高科技行业进行了投资，如云顶有限公司率先对生命科学领域进行了投资，参与新加坡 TauRx

Pharmaceuticals Ltd.、苏格兰 Genting TauRx Diagnostic Centre Sdn Bhd 和 Cortechs Labs, Inc. 的一些技术研究和开发。金光集团也进入电信和环保再生能源等新技术领域，于 2011 年控股 Smartfren Telecom 公司。信和科技公司是香港信和集团（APP，新加坡远东机构的附属公司）下属的互联网公司，该公司在 2000 年还与新加坡科技局签订意向书，旨在设立总额为 5000 万美元的在新加坡、亚洲及美国从事高科技投资的新加坡高科技培养基金。新加坡丰隆集团所属的香港城市酒店国际公司为转型成为互联网投资控股公司，将旗下拥有的亚洲区酒店资产和业务全部出售给在英国上市的 Millenium & Copthorne Ho tels Plc 公司。印度尼西亚金光集团下属的香港中策集团近期也有向物流中心和电子商务业务发展的趋势，并收购了部分美国上市的太平洋商业网络公司股份，截至目前，金光集团已拥有 40%的高科技项目资产。郭氏兄弟集团属下的香港嘉里建设公司也在建立电子商务网站。

（3）谋求产业绿色可持续发展。

在低碳经济和倡导绿色发展观念的背景下，侨商企业在海外投资的过程中已经开始意识到一些环保和能源再生问题，未来将会有越来越多的企业为产业的绿色可持续发展下更多的工夫。例如，金光集团进入了电信和环保再生能源等新技术领域。2011 年，金光集团的电信公司 Smart 和 Mobile-8 合并，合并后的公司更名为 Smartfren Telecom，由金光集团控股。在环保再生能源方面，金光集团旗下的纸浆企业依靠技术创新，促进废水、污水的处理和回收。例如，利用碱回收锅炉将制浆过程中排出的黑液浓缩后燃烧，产生的蒸汽用于发电，不但有效处理了黑液，还产生了电能，通过系统内部的小循环，使原来大量排放的废弃物变成了再生资源。此外，金光集团因应“森林保护政策”需要，为降低印度尼西亚温室气体排放量，投入数百万美元与 Deltares 研究中心合作，使用创新 LiDAR 科技在占地面积达 450 万公顷的苏南湿地进行 3D 地形扫描，不仅协助解决森林砍伐和温室气体排放，更协助当地小区发展。IOI 集团将在马来西亚半岛和沙巴建造另外三个发电厂的沼气厂，以减少该集团 CPO 工厂的温室气体排放并产生可再生能源。马来西亚郭氏兄弟集团最近公开宣布将生化和环境技术作为其未来的投资重点。

海外企业积极履行东道国社会责任。随着全球商业的发展，在企业实现利润最大化的同时，也要求企业履行一定的社会责任。在这样一个时代，所有海外华人企业都必须遵循“善”的企业文化，将社会效益和环境影响纳入其使命，积极履行社会责任，增加投资国家的社会效益。例如，IOI 于 1994 年成立了以其创始人谭斯利大图李新成的名字命名的基金会，其宗旨是为国家的教育、福利和进步做出贡献。Yayasan Tan SRi Lee Shin Cheng（“Yayasan TSLSC”）自成立以来，以极大的热情帮助和救助需要经济和医疗援助的人，影响了无数人的生活。此外，Yayasan TSLSC 还开展社区外联方案，重点是教育、人力资本开发和企业慈善活动。到目前为止，Yayasan TSLSC 大约向各学校、医院、福利院和慈善机构发放了 4400 万兰特，并向 2500 多名学生发放了奖学金、助学金和奖金。侨商魏家祥博士为贫困儿童提供服务平等接受良好基础教育为平台，走向更美好的未来。被收养的学生将得到亚山技术学院的资助和书包，直到完成小学和中学教育为止。自成立以来，SAP 已使马来西亚半岛和沙巴 200 多所学校的 1000 多名学生受益。迄今为止，其以赞助形式提供的资金超过 410 万林姆。

用好新时期海外侨商网络，谋求共同发展。目前正值我国“一带一路”倡议和企业“走出去”战略的发展机遇期，侨商企业遍布全球的海外业务布局和广泛侨商网络联系将会对我国企业“走出去”和侨商企业海外投资发挥更加重大的作用。自 21 世纪初以来，中国对外投资规模迅速增加，投资领域不断扩大，投资领域逐步丰富，投资主体日益多样化。据统计，亚洲成立了近 21 万家中国海外企业，占海外企业总数的 55.8%，主要分布在中国香港地区、日本、越南、新加坡、韩国、老挝、印度尼西亚、阿拉伯联合酋长国、柬埔寨、泰国等，其中，近 12 万家在中国香港地区，约占 30%，是承接我国境外企业数量最多、金额最大的区域。在欧洲，境外企业主要分布在德国、俄罗斯、英国、法国、荷兰、意大利等国。美国和加拿大则是中国在北美洲的境外企业集中地。海外侨商网络与新时期我国企业的国际网络充分融合，互相合作，抓住国家发展机遇期。未来侨商企业应积极与我国“走出去”的企业合作，共同参与我国“一带一路”建设，乘坐中国经济发展快车，这也是侨商企业自身的发展需要。

2 传统路径下广东侨商企业转型发展：内部治理与外部扩张

2.1 侨商企业治理模式的现代化

2.1.1 侨商企业管理模式的特征

企业管理模式隐藏着深刻的社会文化和制度意义。深入研究侨商和海外各国企业的管理模式，不仅能扩大不同文化和制度下企业管理模式的比较范围，而且有助于从更深的层次来理解中国国内企业尤其是民营家族企业制度的形成及政府的相关制度选择。

本部分将探讨海外华人企业管理模式的结构特征及其演化机制。分析中贯穿两条基本原则：一是制度选择的环境适应原则；二是制度选择的预期成本与预期收益的权衡原则。基于上述原则，下面将从制度和文化的角度，对侨商管理模式的若干结构特征及其形成和演化机制进行分析和解释。

2.1.1.1 家族式的组织结构和控制模式

侨商企业和集团虽然多数已具备了现代公司的组织形式和治理结构，但本质上仍基本保持着家族式的经营控制模式。而且，许多侨商还有意识地通过各种制度安排来保持或加强家族控制。随着侨商企业经营规模、范围和地域的扩大，家族式组织结构和控制模式也存在诸多问题。引人思考的是，既然家庭组织和控制模型中存在很多缺陷，为何侨商企业仍长期保留这种模式呢？新制度经济理论中提到，组织形态的演变总是遵从三个规则：①组织形态以较低成本存在的总是趋向于替代高成本的组织；②高成本组织若长期存在而不加改变，可能存在某些隐蔽的利益；③若无隐蔽利益存在，则可从政治约束中寻找根源。按照这三个原则，解释华人家族式组织结构和控制模式长期存在的三个相关问题是：①这种组织与控制模式有何成本优势？②有何隐蔽利益？③是否存在着摆脱某种基本制度约束的策略性考虑？

关于第一个问题和第二个问题，华人社会与侨商企业的制度能够有效降低其内部组织成本与外部的交易费用这一特点是不可忽视的。

第一，华人社会存在依靠长幼亲疏有序的伦理规范扩展延伸而成的人际关系网络。这种以伦理道德、血缘、人缘和地缘组织起来的人际关系网络又由于移民社会固有的结构特性和外部环境的复杂性和多变性而得到强化。这种关系网络被用于家族企业内部和外部交易中，成为节约内部组织成本和外部交易费用的重要手段。

第二，经营者往往是家庭成员或近亲家庭，形成了所有者和经营者之间的利益共同体，即家庭治理结构。由于委托人（大股东）与代理人（公司负责人和其他高级管理人员）之间的亲缘关系长期存在，可以缓解信息不对称引起的委托—代理问题，代理人减少了，降低了人工监督、信息收集和计量成本，降低了代理人道德风险和逆向选择造成的代理成本，代理人也受到客户利益的有效激励和约束，从而提高了代理效率。

第三，侨商企业的目标不单纯是企业利益，还包括家族利益，如家族和个人的社会地位、安全、声望和传承等非经济因素的最大化。家族制有助于兼顾企业利益和家族利益。另外，家族企业这种制度本身还具有培养下一代接班人的重要功能，这有助于家族及其企业的传承，符合儒家的传统价值观。因此，家族企业制度具有重要的隐蔽利益。

至于第三个问题，则与基本产权制度供给不足有关。由于海外华人企业的产权经常面临所在国政府政策和当地利益集团的削弱、限制和分割的威胁，其产权的确认、保护和实施成本远高于所在国的非华人企业。为此，需要寻找某种措施来减少这些成本或保护产权的完整性。而家族控制模式由于具有模糊法人与家族财产权利的界限和必要的时候（如实施和确认产权遇到困难时）易于转移产权的优势，因此，家族式的组织和控制模式具有应对基本产权制度不健全可能造成对私人产权损害的功能。

2.1.1.2 独特的外部交易关系网络

然而，家族式的组织与控制模式要生存和发展，还必须解决内部资金和经营管理人才不足的问题，需要进行外部股权或债务融资和聘请外部经营管理人才（尤其是中低层管理人才和非核心企业的高层管理人才）以获得业务扩展所需的外部资金和人力支持。侨商企业通常将此类外部资源收购用于个人或家庭的信用关系网络，即与“值得信赖”的人进行人员和融资（产权）交易。这种信用关系不同于正式的契约关系，是一种非正式的制度安排。这与海外华人社会关系结构和文化传统的发达非正式制度基础密切相关。

这种制度基础主要体现为一种非常重要的传统结构，即由氏族、乡亲、方言、朋友和伴侣组成的社会关系结构。它以诚实、互助、年轻和秩序为中心，体现儒家文化价值观。尽管远离家乡，维持传统的社会关系结构和文化价值观理应更加困难，但出国华侨无论在国内来源地还是国外聚居地都具有明显的地域和宗亲相关性，而且环境的复杂多变反而使得传统的社会文化结构得到更好的保存和传承，甚至社会文化结构的某些传统因素在海外被有意识地强化。正如中国传统家庭或家族所具有的重要经济功能一样，华人移民社区和社团组织不仅具有社会文化的功能，而且具有社会经济的功能。华人移民社区和社团组织经过长期的演化，文化功能与经济功能互相促进和渗透，成为侨商经营发展的一个重要的文化与制度基础，使个人或家族信用关系网络得以扩展并更加紧密和牢固，起到了降低交易成本和促进外部交易的作用。这种基于传统的社会关系结构和价值观念组织起来的信用关系网络，至少具有以下三个优势。

首先，它有助于节约外部交易成本。在华人社会中，由于许多交易是在交易双方互相了解和熟识的基础上进行的，无须或较少经过正规的寻找交易对象、搜寻交易信息、谈判、讨价还价和签约等复杂的程序，从而可以节约大量的时间和相关的费用。而且，个人守信与否对其声誉影响很大（声誉是海外华人积累其社会资本的重要形式），促使交易双方诚实守信，节约履行约定和承诺方面的时间和费用。

其次，能减少交易双方因信息不对称和不完全引起的机会主义行为，获得长期回报。纯粹正式的契约交易可能是一次性交易，但非正式的“关系”（信用）交易是一种建立在个人和家族信用基础上的交易，从短期来看（一次或少数几次的交易），其成本可能很高，而收益并不高，甚至没有什么收益，但从长期来看（建立长期稳定的互信交易关系），收益远大于成本。因为这种非正式的信用交易制度主要依靠道德因素约束，经过多次（实际上是无限次）博弈，克服信息不对称和不完全所带来的非合作均衡，形成自愿自发的合作。总之，对双方当事人来说，合作的预期收益现值总是大于不合作的现期收益。

最后，可以解决外部市场不健全带来的问题。由于某些海外国家资本市场不发达，华人企业即使有可能从正规的资本市场获得外部融资，融资成本也很高。因此，通过华人社会内部的信用关系进行资本和产权交易便成为一种普遍的现象。例如，侨商建立了以华人社会及企业集团内部分子企业为主要服务对象的众多银行金融机构，并倾向于关系型融资。至于经营管理人才，由于市场不健全和高质量的人才难求，许多华人企业的外聘经营管理人才主要通过带有学徒制形式的职业流动和升迁制度在个人关系网络中或企业内部解决。

2.1.1.3 多元化和多国性的战略选择

多元化和跨国投资发展是海外华人企业的共同战略选择。中国企业走上多元化的道路，主要是靠自己把握外部机会投资于广泛生产的能力，在技术、市场等不相关或不相关联的地区，实现经验曲线效应和范围经济的双赢。其国际化发展往往也不是由于企业实力增强的必然延伸，如许多华人中小企业也热衷于国际化经营，虽然许多大财团具有进行跨国投资和经营的实力和需要，但其国际化地域布局往往显示出过于多国性。这种业务的多元化和多国化造成许多企业集团内部单个分子企业平均规模偏小。

选择这种战略的原因：一是为了分散因环境复杂多变带来的投资经营风险；二是多元化和多国性投资发展有助于建构经营网络和信息网络，节约外部信息、交易成本，及时地抓住外部机会；三是便于通过安排经理职位这种激励方式培养亲信。企业规模的扩大虽然能够降低外部交易成本和获得规模经济好处，但企业内部组织和代理成本也会相应上升，况且家族成员经营管理大企业的能力毕竟有限，而纯粹外聘管理人才又不符合家族利益，同时也会带来委托—代理问题。因此，以集团内部设置的企业数量多、单个分子企业规模小为特征的华人企业产权和组织结构，一方面能通过提拔内部人员的方式达到激励和培养经营管理人才的目的；另一方面又能克服内部人员经营管理能力不足的局限。

从表面来看，多元化和多国性的战略选择与保持家族控制之间似乎存在某种冲突，多元化和多国性发展一般意味着家族控制权的削弱。因此，必须通过某种制度安排来确保家族控制权不至于过度削弱，保持一种适度的平衡。而以家族为核心建构起来的由里到外不断延伸的社会经济关系网络能起到这种平衡作用。由于家族及其关系网络的庞大以及通过股权和人事安排来加强处于网络关键节点的控制，使家族仍能保持对地域分布广泛、分子企业众多的整个企业集团的重大经营和投资决策的控制权。因此，家族式的组织结构、独特的外部交易网络与多元化和多国性的战略选择之间实质上是一种相互支持、相互配合的关系。

2.1.1.4 累积效应和隐性知识的传递机制

在业务发展比较深入的情况下，华侨商人仍然具有相当程度的管理活力和力量。企业家精神、管理经验、技能等隐性知识的累积效应是海外华人企业管理活力和力量不可忽视的一个因素。隐性的知识比显性的知识更不易获得，主要通过亲身经历、实践和个人传授等方式获得，并且需要具备严密的、带有相当程度自组织特性的社会关系网络编织而成的传导机制，而局外人要获得这方面的知识存在高交易成本。因此，隐性知识的形成、累积需要具备一定的传导机制，而这种机制与社会文化因素密切相关。这些因素有的是传统文化的遗产，有的则是社会和文化变异与演化的结果。

实际上，海外华人的经营管理经验、技能等隐性知识的形成和累积是人与环境之间相互作用、相互调适的进化的产物。生存、发展和适应不稳定环境的需要强化了隐性知识的形成和累积的社会文化基础。传统文化的表面结构依然如故，但其最深层的价值观念、人们的心态、反应方式因环境的变化全然不同。经济上的生存和发展深入人心，唯有开拓创新才能获得经济上的独立，进而实现个人及家族的价值、社会地位和声望。在异域社会和文化冲击以及不稳定环境的逼迫下，原来看似与企业家精神不相容的儒家思想的深层内核发生了质变，从而使组织内部和所处的社会环境具有隐性知识的学习、共享和传播机制。

海外华人主要通过下列三种制度机制的相互促进而使经营管理方面的隐性知识得以累积和传导：一是家族式的传授制度，如学徒帮带和家族传承制度；二是以家族为中心形成的信用关系网络，它使隐性知识得以更加有效地在华人社会中间传递、交流；三是已形成一种容纳、鼓励、推动开拓创新精神、勤奋向上意识、诚信互助观念的社会文化氛围，这对隐性知识转化为经济动力起到了重要作用。正如诺思所言，制度变迁存在路径依赖，过去的选择决定现在和今后的选择。总之，家族式传授制度、信用关系网络和价值观念是形成不断自我增强的隐性知识累积和传导机制的至关重要的载体。

2.1.1.5　基本制度不足引起的机会主义行为

通过社会网络和价值观念等非正式制度来替代正式的制度或契约以节约交易成本的选择，不仅与社会文化中是否具有非正式制度基础有关，更主要的是与基本制度是否健全有关。国家在基本制度建设特别是一系列关系市场有效运行和公平、公正竞争的制度、法规建设中具有不可替代的作用。如果国家不愿或无力提供这些基本的制度供给，则在基本制度不完善的环境下生存和发展的私人企业必然会想办法寻找其他途径，以非正式的制度或契约代替正式的制度或契约，从而导致企业经营投资中的机会主义行为。因为基本制度健全与否直接影响到私人企业选择正式制度或契约的预期收益与成本。

侨商，特别是侨商的大型企业集团，已与国家统治者集团及其家人及政府官员建立了政治和商业关系。中国的资本与政府资本和官僚资本形成了密切的业务和财产权利的关系；往往是战略和行为短期化、多元化、多民族和资产非特异性的机会主义行为的典型表现，因此常常容易受到质疑和批评。但这些行为实质上是以非正式的制度安排来代替正式的制度安排或契约。其原因除了华人家族企业制度本身的原因之外，更重要的原因是出于对基本制度不健全的一种反应。例如，政商关系问题与华人居住国政府对华人企业的产权保障不足、经营限制或获得经营权方面的不公平竞争有密切关系，华人企业通过政商关系可以减少私人产权实施中的排他成本、协调成本和政策服从成本，在获得国家授予的经营权利方面处于有利地位。

上述侨商企业管理制度的结构特征的形成，主要是因为非正式制度机制被用于纠正中国家族企业制度和社会文化网络的非效率问题。从组织演化和管理模式形成的外部环境来看，看似不合理的成分实质上反而是一种解决非效率问题的制度安排。

还有就是基本制度、正式制度和非正式制度之间的密切互动。在民营企业，非正式制度的选择往往是由于供应不足基本机构的正式制度安排低效期望的结果；另外，基本的系统往往有意或无意地涉及非正规和正规机构之间的民营企业。权衡起到了指导作用。因此，企业制度的转型需要在基本制度、正式制度和非正式制度之间取得平衡，从组织内部、组织所处的社会文化环境和基本制度环境之间的相互作用的关系中寻求创新的方向和重点。这些结论对于正处于管理模式和企业制度形成或转轨、变革过程中的中国国内企业和政府的相关制度选择来说，具有重要的启发意义。

2.1.2 侨商企业由“家族关系型”网络向“市场型”网络演进

上文介绍了侨商企业治理的特征，笔者注意到，随着海外侨胞在世界各地扎根，侨商群体也正在发生变化，侨商关系网络的作用也随着经济全球化和代际传承出现了新变化。新一代的侨商，不仅继承了父辈留下的强大的关系网络，而且具有更加广阔的国际视野，并且熟悉现代企业的经营管理理论，拥有更加大胆的资本运营的魄力。因此，当前侨商关系网络的治理，需要充分考虑这些外部环境的变化。笔者认为可以从以下四个方面进行。

2.1.2.1 利用关系网络完成“市场导向”的转型

现有研究常常把企业家的关系网络视为一个整体单维度的概念，使得在研究企业家关系网络与企业绩效的联系时，学者们往往得出显著相关或没有影响这种相互冲突的结论。主要原因在于关系网络的作用具有情境性，制度的健全程度起到了调节作用。而中国的“关系”网络具有独特性，它以非正式的人际关系网络为核心，具有人情、互惠、责任和义务等嵌入性特征。关系网络日益显现出局限和弊端（如认知和关系锁定、维护和使用成本），经历了向市场体制转型的制度化过程。这是因为：一方面，关系网络中，对企业而言，政府既可能是一只“帮助之手”，如突破分配体制的限制，提供金融、政策等支持，也可能是一只“掠夺之手”，如干预企业资金配置、投资决策的运营，从而增加企业成本；另一方面，如前所述，关系网络中企业与其他企业的关系存在两面性，嵌入型关系网络具有“人情”和“义务”的特征，企业为维持既有关系可能付出高额的交易成本。总之，在转型过程中，外部环境的变化会显著影响企业利用关系网络培育市场职能的动机和意愿，要将个体层面的关系转化为组织层面的核心竞争优势，则需要利用关系网络完成“关系导向”向“市场导向”的转型。这一过程中，首先需要保持开放的心态，注意把握与既有客户、供应商和政府的紧密互动，同时关注和吸收关系网络之外的信息和知识。其次要注意协调好内部投入和外部资源吸收的关系，既要防止对外部知识的排斥和忽视，又要避免对内部创新的过度依赖。

2.1.2.2 注意侨商关系网络的一体化、智慧化和责任化的发展趋势

在全球公司形成泛关系网络联盟，积极寻求有价值的客户关系合作伙伴以及通过自营投资建立资本的背景下，智能业务正在重新定义客户至上时代的整体价值链和价值网络，从采购、营销、销售到服务，都需要与客户进行协商，并与多点接触的合作伙伴进行及时和个性化的沟通，公司的竞赛单元已经从传统的供应链转变为供应链网络变化，关系网络是集成化、智能化和责任化的发展趋势。首先，传统的供应链正朝着全球整合的供应链发展，成为一个跨职能、跨区域和跨业务的合作伙伴，拥有更加整合、优化和协作的供应链网络。其次，面对不断变化的全球市场状况和客户需求，供应和使用协作网络可实现智能性能管理，以达到最佳的供应链网络同步所需的需求，利用协同网络可见性实现智能化绩效管理。最后，市场和消费者的关注已向“具有社会负责意识”转变，要求企业真正了解客户对企业社会责任的期望，并将非政府组织纳入解决方案，对与企业社会责任相关的非政府组织不应该

是敬畏和警戒，而应主动合作。总之，侨商关系网络具有整合性、创新性和责任性，具备先进、互连等特性，能更快速地响应和预测客户需求，实现业务的及时动态调整。

2.1.2.3 利用关系网络采取多样化的资源利用方式，优化企业治理结构

产业经济学认为，整个跨国产业市场是相互关联关系的企业之间的网络，产业系统是由许多从事生产、销售和服务的企业组成的。企业的经营活动是建立和发展网络关系与在国际市场的网络中调整自己的网络位置的过程。网络关系中的弱关系带来的信息更有助于商业机会识别，而网络关系中的强关系则在交互中共同创造新的专有知识，能够创造新的商业机会。传统的侨商企业大都经过了内部资源的积累，而现在越来越多的新创侨商企业采用占有一定区位优势、具备灵活的治理结构以及占有特定资源的方式实现快速国际化。它们采用松散形式的网络，关注资源的控制而不是占有，充分利用企业社会资本，运用特许、网络嵌入等竞争手段，形成“资源杠杆效应”。例如，研究表明，一旦企业发现国际机会，可以通过关系网络寻找合适的合作企业，供给其必要的资源或培训其必要的技能，一起开发国际机会，能提升国际扩张的成功率。而在治理结构方面，虽然早期的家族企业通过集中股权、在关键岗位安排家族成员和亲信、泛家族化等方式来实施控制，大大降低了交易成本并促进管理协调企业内部的合作和适应性组织的发展，然而，随着企业的发展和家族成员的增加，则需要通过对家族的治理来规范家族在企业中的角色，并通过能够快速达成共识的原则和规章，依靠制度信任，协调家族与企业的关系，保证企业的正常运作和连续性。虽然许多学者认为，控制侨商家族企业的权利逐渐从企业主及其家庭成员手中转移到非家庭中层管理者是优化运行结构的关键，但是双方之间存在巨大的矛盾，栗战书认为完全走出家族制并不是家族企业的必然选择。由于家族企业的规模差异以及外部制度中非人格和信用制度的缺失，家族企业的治理结构将呈现多样性、嵌入性等复杂的特点，其中互信共治模式将会是侨商家族企业应对市场竞争的主要方向。

2.1.2.4 优化关系网络结构，创新企业商业模式

对社会网的研究表明，处于关系网络中心的公司可以传递自己的信号并触发相关合作伙伴实施联盟合作。商业模式是一个以业务重点为中心的相互依赖的组织活动系统，包括合作伙伴、客户和供应商的边界扩展活动。可以看出，商业模式创新离不开资源的支持，特别是异构资源。同时，优化的社交网络结构可以为创新型企业提供更多关键资源和网络其他成员的信息选择。成员之间的长期稳定合作也降低了互补学习的交易成本，实现了高频率和高强度的信息流和资源共享。因此，现代企业商业模式的转变不仅需要内部调整，还需要建立一个动态的企业外部生态系统。

此外，商业模式是公司创造价值的交易活动的结合，强调模型的元素（如客户价值主张、关键资源和流程及盈利模式）的设计和相互依存的调整因素。公司需要重新思考他们在其中拥有的能力以及他们通过协作获得的能力，以便将其重新配置并最终实现更高的价值。

不过，无论是通过新的价值主张和盈利模式改变创造收入的方式，还是重新定义现有的行业，转入一个新的行业或创造一个全新的行业，企业都需要在现有关系网络中破坏性地摄取资源，推进商业模式创新。

2.1.3 侨商企业的本土适应性管理模式

上文分别介绍了侨商企业治理模式的特征和颇具特色的关系网络治理思路。笔者注意到，侨商在境外经历了中西方管理理念与文化的融合，取得了成功的经验，他们回到中国沿海侨乡投资，在移植这些管理理念与模式的同时，面对环境、制度与文化差异，再次经历了冲突与磨合的过程；在适应中国本土文化与制度的过程中，他们又对经营管理模式进行了调适与创新。

东南沿海侨乡的侨商投资，基本上都是较低端的劳动密集型企业，雇工数量多，大都是来自中西部的农民。在改革开放之初，侨乡的基础设施、劳动市场、投资环境均处于起步阶段，侨商企业如何适应这种市场环境，以什么样的管理模式来应对，并在全球化产业链中打造其核心竞争力？本部分对侨乡侨商企业的因应策略特别是员工管理模式进行系统考察，力图从文化调

适与管理适应的角度解释侨商管理的独特模式及其成因与演变趋势。

2.1.3.1 强化约束与技能培训：推进员工从农民向工人转变

侨资劳动密集型企业的员工大都来自农村。从习性散漫的农民到纪律严明的工人，从田间耕作到车间操作，这一转变是工业化的重要内容。流水线的每一个流程与环节都关系到产品的制造与质量，时间控制、程序操作都必须分毫不差。

为了适应这一进程，侨资劳动密集型企业都实行员工强化管理，如进行封闭式厂区管理、强调战斗力与凝聚力等。强化式员工管理贯穿于各生产流程。在厂房内，各种醒口的标语、警示、评比随处可见。“不准随地吐痰”“严禁携带火种入车间”“偷盗公司财物，严惩处罚，立即开除，无工资结算”，诸如此类，司空见惯。这些劳动密集型企业中的员工，开始时不习惯工厂规范与程序，有必要对他们的生活习惯加以约束和改造。

从农民向工人的转变过程，不仅伴随习惯的改变、技能的转换、身份的变化，而且从农村到城镇、从家乡到异乡，员工的生存压力与工作压力相当大。员工普遍存在不适应性，并潜藏着心理问题乃至极端的抵触现象，富士康“12 连跳”中就不乏其例。对于侨商及其企业而言，实质上在承担工业化进程中的社会职能时，是将本应该与政府及社会一起分担的风险集于一身。

除了集中强化管理之外，侨资企业还加强对农民工的技能培训。农民进厂之前通常既没有工人意识，也没有技能，必须进行岗前培训。为了提高员工的素质与潜能，企业鼓励员工加强技术学习与提升。为了吸引更高层次的技术人员与管理人才，有的公司还提供进修与培训的机会。他们或外派员工接受培训，或鼓励员工参加夜大、函大、远程教育、自学考试等，公司给予津贴，有的公司甚至设立培训学院。这些侨资企业通过岗前培训、进修乃至先期招生与教育来储备和训练产业劳动力队伍，克服了熟练工人不足的劳动市场缺陷。20 世纪 90 年代以后，中国处于工业化急剧发展的阶段，针对新兴市场的劳动力队伍特点，侨资企业采取这种策略，不仅使自身获得了雇工队伍及其后备补充，而且对中国的发展而言，侨资企业对员工的严格管理以及招生与培训，有效地促进了农民向市民和产业工人的转换，加速培育了产业工人阶级的成长。同时，企业的国际竞争力的不断提高，以及产业升级进程的不断推进本质上源自员工素质和技能的提高，来自员工的研发与创新，数以亿计的农民工获得现代技能与知识，也促进了中国人力资本的发展进程。但侨资企业在这方面的贡献，常常因熟视无睹而被忽略。

2.1.3.2 集中统一的内部化服务：市场替代

集中统一的强化约束，其管理成本相当高，因为企业还承担了农民向工人转变的社会职能。为了降低成本，企业对员工的衣食住行都进行统一安排，提供集中的内部化服务，一方面有利于推行严格管理，提高绩效；另一方面则有利于形成规模效应，从而降低单位成本。突出的表现是修建员工宿舍楼与食堂，并对员工的吃住进行纪律约束。

这与西方厂商的员工管理模式大相径庭，西方提倡员工服务社会化和市场化。例如，在员工住宿方面，西方厂商已习惯社会化思维定式，其在华企业宁愿租别墅给员工，尽管费用可能高于自己建员工宿舍。但在20世纪八九十年代的侨乡，市场化与社会化的服务业还不普遍，企业内部向员工提供各种生活服务是一种市场替代，是侨商管理的因应策略，不仅适合中国国情，而且整合了资源，提高了效率。

其一，员工在外住宿和吃饭，费用较高，低工资的员工承受不起，最终会通过提高工资而增加公司成本。特别是侨商企业所在的一些中小城镇侨乡，社会化服务程度不高，外部社会对员工的后勤服务在投资初期跟不上，侨资企业不得不通过内部化服务来弥补市场化的缺陷。同时，这些劳动密集型企业员工人数多，集中管理能够形成规模效应，降低单位成本。其二，公司建宿舍楼，本身就是一种固定资产投资；自办食堂，也是一种劳动密集型经营，亦可有盈余，何乐而不为呢？其三，便于对农民工进行有效管理，培养其纪律观念与良好的工作习惯，实现从农民到工人的转型，以提高生产效率。其四，这也反映了侨商与西方厂商不同的经营理念。侨商老板把员工视为公司这个集体中的一员，在其心目中，员工对他是一种隶属关系，而他对员工负有责任。老板力求树立仁慈的“严父”形象，当他给予别人庇护与关照时，对方就会回报以尊重与忠诚。有些企业从儒家仁义道德的角度来诠释主雇关系。这些经营理念通过道德约束来减少劳资对立，缓解中国主流意识形态中资本家剥削工人的原罪。

2.1.3.3 管理模式及其发展动向的解释

侨商企业对中方员工的管理，从生产流程到日常生活都采取了全方位渗透、灌输与强化的方式，并通过多种形式的培训提高员工素质、技能与人力资本，这与外来农民工为主的员工队伍构成及管理层水平状况相适应，技能培训与进修机会也成为企业吸引员工的亮点。虽然企业需要在员工宿舍等设施方面进行投资并分配专人和部门管理，但这些投入都成为企业的资产，实际上因此节省了企业总成本。同时，企业力求营造大家庭的良好氛围，树立团队意识，培育企业文化。值得指出的是，不少企业（如春源公司）的中方管理者有的过去是国营企业的厂长和领导，他们把国有企业的一些管理手段移植到外资公司中，与侨商老板一拍即合，相得益彰。这体现出一种跨文化的融合与互动。

侨乡侨商企业的竞争力主要建立在低成本运作的基础上，并在全球产业链中确立和强化自身的比较优势与竞争力，侨乡侨商企业大多是劳动密集型企业，低成本主要有赖于工薪低廉。

首先，通过内部化的员工服务，降低公司成本，维持低廉工薪，并弥补低薪造成的激励不足。通常内部化服务会被视为提高成本，但在外部社会化程度不高与工薪低廉的前提下，它是维持低工资从而降低成本的有效手段。企业并不担心雇用员工人数增多，在一定程度上人数越多反而越盈利。

其次，低工资留不住熟练工人与高技术人才。公司招收的员工不少来自穷乡僻壤，听话而廉价，但需要技能培训、素质培训与行为约束，因此侨商企业多实行员工集中管理与统一服务，公司在生产流程乃至日常生活上，都贯穿着强化约束与细致渗透。

最后，公司营造大家庭的氛围，通过内部化的各种服务凝聚员工，通过各种评比与奖励来激励员工，同时也能淡化意识形态的冲突。基于这些原因与效果，侨商对员工的管理都会尽可能地采取内部化服务与集中管理，在大家庭环境中强化对员工的约束与激励。

2.1.4　侨商企业中西合璧的文化融合：治理升级

2.1.4.1　侨商治理与中国式治理的相似性

侨商具有中华文化传统的价值观，尤其是受岭南和闽粤区域文化的影响。中华文化优秀传统为侨商提供了一笔丰富而宝贵的精神财富。遍布于世界各地的侨商企业家深受儒家文化的影响与熏陶，恪守儒家商业文化传统、儒家经济伦理和商业道德。只不过在跨文化背景与生存竞争中，侨商文化对传统价值观进行了扬弃，并吸收了西方现代管理方法和居留地的文化。因此，侨商管理的根是中国传统文化。通过这些纽带，侨商管理保留了中华文化传统，从而与中国式管理有着相近或相同的文化基础。因此，沿着中华传统文化对管理影响的路径，显然可以寻找到侨商管理与中国式管理所具有的诸多相似之处。具体表现有：

（1）人本管理。

儒家文化的核心是"仁"，其根本内涵就是重视人，强调人的价值，"仁者，人也"，"仁者爱人"。它强调个人对家庭、国家、民族的责任和义务，强调把个人价值置于社会价值之中。侨商管理具有显著的"以仁为本"的特征，遵循"仁、义、礼、智、信"的道德规范，把"仁"奉为自己的人生处世信条。许多知名侨商都以"仁"管理员工，如尊重员工，真正把员工作为企业的一分子，在生活的各个方面给予无微不至的关怀，并为员工提供发展机会。印度尼西亚"木材大王"黄双安就十分重视员工的生活福利。他对员工的生活非常关心，专门为他们建造了优越的宿舍，还配备了完善的配套设施。一位著名的摄影师参观后赞不绝口，说这是他所见过的设施最齐备、最完美的职工宿舍。黄双安还实行一般公司所望尘莫及的优厚退休金、良好医疗保健和适时的休假等福利制度。每逢年节，不管多忙，他都要带大批礼物去和员工一起欢度。印度尼西亚另一位著名侨商蔡云辉也为员工修建了大量住宅，还建造了医院、体育馆和游泳池等生活福利设施。盐仓集团的员工工资，一般也比其他企业高 30%～100%。像这样的事情在侨商企业中真是不胜枚举。

中国式管理也具有以人为本的特征。在国有企业和集体企业中，职工被界定为企业的主人，参与重大问题的决策。即使在国有控股的股份制企业中，职工代表大会仍然是企业治理结构的重要组成部分，对与职工利益有关的决策拥有发言权。国有企业和集体企业重视员工的需要，实行人性化的管理，以至于被理论界认为职工和企业领导是站在“同一战壕”上与所有者博弈。国有企业和集体企业员工的主人翁责任感较强，对企业忠诚度较高。在私营企业中，比较多的是家族企业。在这样的企业中，按照“信任度”划分的“自己人”范围内也普遍实施“人本管理”。特别是那些高技术企业，对人才的依赖性很大，以人为本被越来越多的企业家所接受。

（2）重视群体管理。

侨商身居异地，在上无“天时”、下无“地利”的险恶环境中，唯有尽其所能求得“人和”，重视团队精神，强调人际关系的协调、和谐，以建立和巩固自己的优势地位。印度尼西亚侨商林绍良认为：“个人的能力有限，孤掌难鸣，再大的本领也需要人的合作和支持。”侨商管理重视群体管理，表现在：一是依赖家族和泛家族的力量，重视侨商网络。侨商企业的各个部门，特别是那些重要部门的负责人，以及各分公司的经理等主要职位，大多是安排本家族的兄弟、子侄等成员，或者是与本家族沾亲带故、关系密切的亲戚、宗亲，以及老乡等来担任。侨商善于协调人际关系，利用地缘、亲缘、商缘、神缘、文缘把人际关系网络延伸到各地，形成庞大的商业网络。二是重视企业凝聚力。侨商善于通过身体力行，增强企业凝聚力，深入到员工中去了解他们的困难和疾苦，认真倾听他们的意见和呼声。印度尼西亚侨商黄双安就经常到员工中去和他们畅谈，认真听取他们的意见，了解他们的各种要求。马来西亚“种植大王”李莱生还经常光着膀子，汗流浃背地和工人一起干活，并进行倾心交谈，拉近了劳资间的距离。所以，在侨商企业里，劳资关系都比较和睦、融洽，一般不会发生工人请愿罢工的事情。黄双安的公司在1983年曾一度陷入很大的困境，只能给员工发放一半的工资。在这时候，更是需要企业的“人和”。因此，黄双安及时召开职工代表大会，要求大家体谅公司的苦衷，同心协力共渡难关。由于黄双安平时善待员工，所以，员工们都同情公司的境遇，同意只领一半工资。一直到 1986 年公司的境况好转，在这漫长的 3 年时间里，员工们都能和企业同舟共济，没有一个人因为工资锐减生活困难而离开，也没有一个人为此而请愿或闹事，真是十分难得。中国的国有或集体企业也重视群体管理，提出尚群精神、和合精神，重视人际关系、个体对群体的责任、奉献和服务，培养和激发职工的企业主人翁精神，增强其使命感和危机感，使职工与企业同生存、共忧患，为企业发展竭尽全力。中国企业重视群体管理，注意营造群体和谐，是因为中国人倾向于把自己视为某一特定组、队或单元中的一部分，而且清楚“圈内”和“圈外”的区别。和“圈外”人相比，“圈内”人的沟通会更个人化、更开诚布公。如果没有做好群体管理，就会出现集体跳槽的现象。群体管理与中国人的集体主义价值取向是一致的。因此，在企业文化中，很重视营造“家庭式的氛围”，以企为家，增强凝聚力。例如，海航集团的企业文化提出“做到四大”：“大众认同”，人人都要认同这个事业；“大众参与”，人人都要积极参与到这个事业中来；“大众成就”，大家在公司里工作都有成就感；“大众分享”，让企业员工和社会大众共同分享发展带来的效益。

（3）重视德治。

侨商管理由于受中华文化的影响，在很多方面都体现了“以德为先”的要求，“德”实际上成为侨商的立身之本，具体表现在：第一，侨商重视自身修养，自强自励，勤俭敬业，以德率才。中国传统文化提倡“修己安人”“天行健，君子以自强不息”，认为“强必富，不强必贫，强必饱，不强必饥，故不敢怠倦”，即从事经济活动必须有顽强的意志、高尚的情操、远大的目标和志向、不倦的品格和作风。马来西亚著名侨商企业家郭鹤年说：“孔子主张‘其身正，不令而行’，公司的领导要正，下面才正。”“持续实行的良好管理，需要来自高层管理人员做出榜样。”要使公司上下团结一致，心往一处想，劲往一处使，企业的领导者就必须以身作则，以自己良好的道德品质去影响别人。只有企业家自己行得端、走得正，严于律己，宽以待人，才能够获得企业员工的尊敬和信任，自己对公司员工才会有感召力和影响力，才能带领大家为公司的发展努力工作。他的一些属下对他是这样评价的：“他是一位正人君子，同时具有作为一位成功企业家的魅力。”正是依靠这种以巨大道德力量为基础的人格魅力，郭鹤年才能够把企业的众多员工凝聚起来，激励大家齐心协力，以企业为家，为企业的发展而共同努力。第二，“义利合一”。凡经营活动，最突出的莫过于一个“利”字，这是经营活动的本质特征。否定了“利”的存在，也就否定了经营本身。没有利润的经营行为，违背企业的社会责任，企业不能获利，等于在浪费宝贵的社会资源。侨商企业家对“义”的理解是，个人追逐财利的行为不能纵欲妄为，而必须受到一种人们所公认的社会行为准则的规范和制约。郭鹤年指出：“企业的谋利行为与我们华人所注重的传统仁义道德必须并列而立。”对侨商而言，人际信誉是商业信誉的基础，从而道德约束也成为法律强制之外又一重要的商业机制。在有些场合，它甚至能够取代法律的强制性作用。东南亚侨商在法律体系不健全、市场不规范的背景下，发展出了一套行之有效的风险回避手段。例如，遇到商业纠纷时“私了”，由侨领或华人社团出面斡旋解决，其依据就是信誉机制，对双方都有很强的约束力。第三，回报社会。侨商普遍认为，企业的“利”要善于回报社会。泰国著名侨商企业家、当地的大慈善家谢惠如说：“一人得利不如社会大众蒙惠。”他认为，任何一个人都不能仅仅依靠自己的能力来成就事业，只有依靠国家和社会的帮助，个人才能求得其利，所以，一个人财富越多，说明他所接受的国家和社会的帮助也越多，因此，积极参加社会非营利事业、多多兴办慈善事业实际上就是对自己所接受的这些帮助的报答，唯有如此，方能达到利用财富真正价值的目的。东南亚侨商企业家无一不积极捐助当地的公营事业、热心兴办各种社会慈善机构，一些著名的侨商企业家，同时也是当地知名的慈善家。谢惠如将个人财产视为“身外之物”，在成为富翁之后仍然过着简朴的生活，可是为了泰国的社会公益事业，他却愿意慷慨解囊，一掷千金。他说从14岁到泰国定居，“在皇恩广被仁泽荫庇之下，安居乐业至今”，深感必须知恩图报。“以德为先”也是中国式管理的一个显著特点。海航集团董事长陈峰说：“中国文化的内涵就一个‘德’字。‘德’是做人应有的规矩、做人最基本的属性，丢掉了这个根本，人在处理事情，处理人与社会、与自然的关系的时候，无论做官、经商，还是做学问，就会出现大麻烦。以‘德’为根本，每个人都会严格要求自己。”海航的管理干部都要学习《精进人生》这本小册子，并接受“三为一德”的培训。第一条就是要做到“为人之君”，要有君子般的风度、君子般的责任；第二是“为人之师”，要求别人做到的自己先做到，为人师表；第三条是“为人之亲”，要求要像对待亲人那样对待周围的人。这三句话构成了一个“德”字。“海航‘以德治企’，是把做人的规则作为第一条防线。我们不是不要制度，而是要以制度为最后一道防线。”民营企业通化振国药业集团把“以人为本，德爱治企，创新进取”作为企业文化的灵魂。董事长王振国认为，做人要有德行，德行，即“在心为德，施之为行”。振国集团制定了六个方面的职业道德和商业道德规范：爱岗敬业、忠于职守；勤奋学习、研究业务；关心下层、员工至上；勇于创新、追求卓越；遵纪守法、诚实守信；公平竞争、互利互惠。其中，把自勤、自律、诚信作为立业之本。“作为中国企业家，最佳境界应该是‘德商’，是‘新儒商’。”

（4）多谋善断。

儒家认为，君子应具备“五德”，即“仁、义、礼、智、信”。所谓“智”，指的是智谋、预见、灵活善变。“智者，先见而不惑，能谋虑，通权变也”。因此，重计谋策略是中国人和侨商企业管理的一个特色。如果“在良好的规划和适当环境下，可以出奇制胜，但用之不当，则会流于投机取巧”。对侨商来说，要在激烈的市场竞争中，谋生存，求发展，就必须善于预测市场发展趋势，并把握最好时机，及时采取正确的经营战略和策略，多谋善断，以智取胜，化险为夷。因此，侨商对中国传统文化中的谋略思想加以传承和发扬光大，并运用于商战，如《孙子兵法》的谋略思想，古代“苟日新，日日新，又日新”，“与时迁移，应物变化”，等等。台湾企业家陈茂榜就将《孙子兵法》的“五事”概括为商业经营的五大原则，其中“道”是指经营目标，“天”是指机会，“地”指市场，“将”指人才，“法”指组织和编制，“五事”并重，成了他“生意兴隆通四海”的“经营经”。包玉刚先生就是善于权变的侨商企业家。在20世纪40年代末50年代初，他抓住世界航运大发展时机，涉足航运界，很快成为世界级“船王”。在70年代末，他预见到世界航运业会走向萧条，及时地卖掉了相当一部分船只，这使得他顺利地逃过了航运业大萧条的灭顶之灾，并积累了相当的力量，向陆地上的不动产市场进军，“弃船上岸”。在与英资财团九龙仓展开收购与反收购的商战中，包玉刚充分显示出他过人的大智大勇，成为第一个非怡和洋行的华人九龙仓主席。中国企业家多数认同“商场就是战场”，兵谋即为商谋。他们十分重视商业竞争谋略，有的从《孙子兵法》中汲取谋略思想，有的从毛泽东军事思想中汲取谋略思想。例如，把《孙子兵法》的思想精髓概括为“深谋远虑、雄才大略、随机应变、速战速决”。“修道而保法”“能择人而任势”“知彼知己”“未战而妙算”“先为不可胜”“兵之情主速”“避实击虚”“出奇制胜”等常常挂在一些企业家的嘴上。

2.1.4.2 侨商治理与中国式治理的差异性

侨商治理与中国式治理的差距主要表现在以下五个方面。

(1) 基础管理的差距。

侨商企业国际化的时间比较长，通过学习发达国家经验，经历了市场竞争的洗礼，基础管理普遍比较扎实。但是，在中国企业，基础管理薄弱已经成为制约发展的重要瓶颈。许多企业没有科学的管理体系与管理工具，不善于运用量化手段，不善于对行动进行规划与计划，不善于对信息进行收集、处理与运用，不善于处理理性与经验的关系。企业基础架构管理的一个重要方面是标准化管理。如果没有标准化的管理方法，则无法正确实施业务管理策略。在奖惩制度方面，由于不是从全球视角检查企业各部门的绩效，因此对企业绩效进行评估，总体上缺乏评价标准和计量工具。在许多中国企业中，这些问题都很常见。如果中国企业像侨商企业那样，从最基本的工作开始，一点一滴，不断完善基础管理，就会有质的飞跃。

(2) 企业文化的差距。

人没有了灵魂，等于行尸走肉。一家企业用来凝聚人心的东西主要有三个：价值理念、远景和战略。价值理念是企业文化的重要组成部分，只有建立核心价值理念，企业文化建设才有主心骨。企业没有了核心价值，等于没有航标的游船。著名的侨商企业都有自己的核心价值理念，而且长期不变。

与先进的侨商企业相比，中国企业缺乏长期稳定的、一致的企业价值理念，企业经营理念随着企业经营者的变更而不断改变，员工在这样的企业工作，根本不知道自己企业的发展方向是什么。在相当多的中国企业，核心价值观只是一种手段。一些“狐狸型”企业家经常坚持“以人为本”和“消费者就是上帝”一旦利益是最新的，所有正义道德都依赖于一方。所谓的愿景是公司所有成员的共同目标。许多中国公司的前景往往是企业家的伟大，而伟大的愿景只不过是企业家个人抱负的附属品。企业渴望快速成长，但他们很少考虑做大做强的事情；他们渴望实现规模扩张，但很少去想背后的扩展支持能力。战略决定了企业长期发展方向和步骤，没有长远的战略规划对企业来说是很危险的。中国多数企业目光比较短浅，可以说是许多“短命的企业家”的通病。像吉卜赛人一样，打一枪换一个地方，满足于眼前的点滴成功，而缺乏长远的规划，发展目标游离不定，这种缺乏战略眼光的做法，是很难形成长期的竞争优势的。

（3）成本管理的差距。

中国企业成本管理仍处于原有的传统管理阶段，与侨商企业现代成本管理的方法和模式存在较大差距。中国企业的成本管理理论最初是从苏联引入的，然后是对西方先进成本管理理论和方法的研究与实践。简言之，它可以分为三代，即计划经济时代的成本管理阶段、市场经济时代的成本核算管理阶段，以及现代成本管理的萌芽阶段。管理的前两个阶段是成本核算，侧重于事后控制。在现代成本管理的萌芽阶段，各种先进的管理思想和成本管理方法涌入，与企业管理现状发生巨大冲突，表现为变革的融合趋势。但是，由于中国大陆经济发展极不平衡，只有少数公司采用了一些新的成本管理方法，如标准成本法、目标成本法、ABC 活动成本法、BSC 平衡计分卡和 SCM 战略成本管理。大多数企业，特别是私营企业，在成本核算管理方面并不完善。更多小企业的成本管理和控制仍然是一团糟，它们还没有建立自己的操作系统。在成本管理思想方面，中国企业与侨商企业之间也存在差距。成本管理是企业的一项持续活动，但中国的许多公司只考虑如何降低成本，忽视降低成本的维护，以及成本管理工作。造成这种现象的原因不仅与中国特色的体制管理思想有关，而且与企业的素质有关。从工业学大庆到学邯钢经验，中国企业不断加强企业成本管理意识，但是成本控制并不意味着缩减一切开支。成本管理的实质就是高效率地对资源的合理利用和组合。要想真正做到成本领先，就必须从战略的高度来实施成本控制，实施现代成本管理方法。

(4) 绩效管理的差距。

绩效管理可归纳为两句话：如何利用员工实现企业目标；如何评估员工对公司的贡献，以及如何回馈员工。这是矛盾和统一的两个方面。中国企业管理员工，先进的侨商公司管理员工的未来。侨商先进的企业以员工为导向，在长周期内统一公司的发展和员工的发展。他们明白公司的持续发展最终取决于员工能力的延续，因此他们特别强调所谓的预期管理，即通过投资于员工的未来，使公司拥有自己的未来。中国许多公司面临的问题是，只关注短期效应，关注人们的短期业绩，而不是关注能力发展。经理与员工之间的关系大多是“以绩效为导向”，就是“你给我赚更多的钱，我就给你发更多的钱”，“你不给我赚钱，就可以走人了”。在这方面，从如何对待员工培训就可以看出中国企业和侨商企业的差距。侨商企业普遍重视员工的培训，提升员工的职业能力。相反，中国多数企业不重视员工的培训，认为这是在花“冤枉钱”。

(5) 营销系统的差距。

由于侨商企业扎根于海外，目标市场的消费群体天然具有一定的排外性，因此侨商企业想要在海外生存与扩张，就需要对目标市场的消费者进行全面而深入的了解。我们可以看到，大多数中国公司都致力于与消费者共同成长，甚至帮助消费者更加理性和成熟。成熟且充分竞争的市场是优秀公司的卓越源泉。因此，许多中国企业的卓越表现是价值链中精耕细作的结果。目前，仍有一些中国企业存有短视营销理念，追求短期效应，并注重规划和轰动效应。中国企业也必须从源头入手，提高其营销水平。虽然营销计划和执行很重要，但制造阶段的“规划”甚至执行都无法实现卓越的营销。

2.1.4.3 侨商治理模式的现代化：中西融合

随着世界经济一体化和区域经济集团化的不断深入，侨商企业的治理模式也暴露出了一些弊端。为了应对由此带来的机遇与挑战，其现代化、国际化进程也在日益加快，这就对侨商管理的现代化改造提出了更高的要求。侨商管理的现代化，指的是侨商企业的管理模式随着时代的变迁和经营环境的转变，在继续保持传统管理模式优点的同时，成功汲取西方制度的精华并加以改造，从而摆脱传统华人企业的制约，使之走向现代化、国际化。

（1）侨商企业与西方的治理模式进一步融合。

经济全球化是中国企业的管理与西方管理一体化的前提和基础。作为一个学科建设，管理科学是人类知识的宝库的重要组成部分。经济全球化必然会带来各民族管理理念的冲突、交流和融合。作为东方管理学和西方的管理的一个重要组成部分，中国企业管理是全球化的产物。对于东西方管理文化融合发展的必然趋势，管理学者们已经达成了共识。他们普遍认为：首先，东西方管理文化的“一体化发展”是不可避免的。特别是当经济全球化的趋势开始影响到地球的每一个角落时，文明的冲突、交流与合作成为全球化进程中永恒的主题和旋律。不同价值取向的文化之间的交流、对话与和谐发展已成为必然趋势。其次，不同的文化应该相互补充，并为各自的管理文化树立合理的核心。西方管理科学需要吸收东方管理思想，而东方管理学则应学习西方管理理论，使东方管理学更加科学、客观。最后，未来管理科学发展的主要方向应以东方管理文化为基础，吸收西方管理文化的科学成果，丰富管理科学的理论宝库，促进东西方管理文化的融合。

（2）在融合中发扬侨商管理模式的优秀文化。

重视员工的业务培训再教育、勤于学习、反应快速灵活、形成团队精神是侨商管理文化的精华所在。随着新经济时代的到来，许多国内外著名企业已经逐步在失败的教训和成功的经验中意识到，核心竞争力的培养将是未来企业赖以立足和发展的基石。在构成核心竞争力的诸要素中，知识的地位越来越重要，企业的知识资源已经上升为企业生存与发展的决定性资源。知识的联合将取代资本联合和劳动联合，成为经济发展的关键。因而企业管理的重心不能只围绕着资金和物质资源，还必须重视企业的知识资源，加强对企业知识资源的有效开发和充分利用，使其作为第一生产力真正发挥应有的作用。新的形势下，侨商企业要注重企业的可持续发展，必须建立起具备市场拓展功能的产品及其技术梯队，建立起能够充分开发和有效利用企业知识资源的员工梯队，建立起能够科学有效地把握和运作企业内部资源的领导梯队，建立起能够不断地激励和调动企业员工积极性和创造性的企业文化模式。

华人企业集团通过家族、方言、地缘、商业信用、联营等社会文化关系和商业伙伴关系建立了跨越国界、联系紧密、区域广泛、层次多样重叠的华人社会、文化、商业网络。信息革命在推动经济全球一体化的同时，大大促进了侨商网络在全球性的扩张。海外华人形成的侨商网络不能不说受到了现代信息革命如电话、传真、电脑、互联网络的极大推动。全球侨商通过侨商网络配置各种经济资源，灵活地应对国际市场上的竞争，并利用网络准确占领目标市场。侨商经贸网络的发展，将以各自所在国家为基础，逐步扩大，通过多边的重合和关联，从企业内部资源的结合到企业之间资源的结合，进而超越国界，在世界市场内将经营资源优化组合，形成一种不拒绝其他合作伙伴（包括各国民族资本和西方资本）参加的开放的“蜘蛛网”状的“有容乃大”的国际经贸网络。这种网络把国与国之间、区域乃至世界的经济合作具体化、实际化，这自然不仅对华人经济发展，而且对各国经济发展乃至区域和世界的经济增长都起巨大的推动作用。现在有人预言，在不久的将来，可能出现“雅加达—新加坡—曼谷—中国香港、中国澳门、珠江三角洲—中国台湾—厦门”这么一条长长的轴心线。再拉长一点，还可以经过上海，通往首尔，及于东京；而从雅加达往南延伸，可以联系澳大利亚、新西兰，满足它们加入“亚洲俱乐部”的要求。这便是所谓“西太平洋成长子午线”。

诚信被儒家视为“进德修业之本”“位人之道”“位业之本”。侨商的商德讲“以诚相待，少以信为上”，这就是笔者今天所强调的信用经济。“诚”是儒家最基本的道德规范。秉承中国优良传统的侨商，把“诚”奉为人生处世的信条，以诚待人，以诚处事。“诚”与“信”相伴而生，正因为侨商以诚为先，所以才有了信誉在后，有了“人信”。“信”也是儒家基本的道德规范。一个人要在社会上立得住脚，并有所作为，就必须为人诚实，讲究信誉，树立“人信”。企业家深明信用之道，非常重视自己的信用，珍惜自己的信誉。他们信奉“人无信不立，政无信不威，商无信不富”的至理箴言，诚善于心，行信于人，不做亏心买卖，即使不订立书面契约，语既出就诚守诺言。施行的结果，一方面是信任他人；另一方面是被人信任，从而资金得以周转，经营得以通畅，企业得以扩展。侨商众多的东南亚各地，法律体系尚不健全，市场规范尚未完善，而侨商却能够在这种环境中有序地工作与生活，靠的就是“人信”，即信用经营。他们在资金运用、风险回避等方面创建了一套行之有效的方法，就是遵奉“人德”文化，强调人性，注重情感。在这里，诚信守诺的经营风范实际上成为一种资产、一种保障，道德约束成为法律强制之外的又一重要的商业机制，人际信誉已成为侨商信誉的重要基础和依据。

（3）在融合中进一步发展侨商管理文化。

侨商管理文化的“和为贵”思想中应注入更多的竞争意识，为现代管理提供内在的激活机制。以儒家为起源的中国企业管理文化强调“修身养性”，主要体现在自我正当性的提高、权利意识的淡化、个人责任和义务的突出和责任相对应。重点是进一步强化了群体原则，消除了个性，表达了“和谐昂贵”的理念。这种思维很容易限制人格的独立性。如果我们说与集团一致的心态倾向于较少关注个人的原创性，那么当个人的权利意识被履行集团义务所涵盖时，竞争机制就失去了额外存在的基础。西方管理思想的突出特点是突出个性原则，强调个人创造力是其基本要求。与个人创造力相关的是竞争意识。竞争的集体目标是功利性的，但它也激励个人最大化他们的创造力。正是这种竞争意识构成了现代社会的内在激活机制。因此，根据现代管理理论，倡导个体创造力，树立自信心，拒绝对传统的依赖，培养勇于发展和创新的独立人格，是建构现代企业家精神的重要精神资源。竞争是市场经济发展的内在激活机制。

侨商管理文化“仁为本”的员工管理中应更加注重义利的统一，为现代管理提供有效的约束激励机制。以儒家思想为主旨的侨商管理文化，强调以仁义立身，以仁义为重。儒家所认为的“仁”，就是要求人们以善良、宽厚和慈善之心待人，关心、爱护和帮助别人。把这种仁爱之心应用到企业管理中，就是在企业中善待员工，从工作和生活的细微之处入手，时时处处关心员工，爱护员工，并且想方设法地为他们解决一些实际的困难和问题。这体现在员工管理方面就是：不少企业主既严格要求部下，又十分照顾体贴部下；对于上司的庇护和关怀，部属也以努力工作来报答，相互间产生一种神圣的家族式道德责任。在华人企业家看来，正是自己创业成功荫护属下的结果；在员工看来，虽然自己付出了劳动，但正是企业主为自己提供了一个工作的场所，因此心存感激。这原本对于侨商企业的发展是很有利的，但这种传统的伦理文化正受到经济利益的强烈冲击，在一定程度上可能满足不了员工对经济利益的追求，压抑了员工的积极性。

相比之下，西方企业的基本推动力就是获取利润。它象征着资本家个人自我价值的实现和成功。在利益分配上，西方企业严格遵循原订的合约和规定。工资代表一种纯粹的经济关系，它是人们劳动的成果和报偿，无疑能够提供给员工一个合理的报酬预期和经济刺激。“道不同，不相与谋”“士为知己者死”等充分说明了内在的精神激励对企业员工长期业绩的影响，但从短期来看，合理的报酬是满足员工需求的基本手段，差异化的工资策略是保证员工积极性的重要措施。因而，在侨商企业的管理中不仅要给予员工伦理上的人性关怀，还要重视薪酬的激励作用，建立有效的奖励体系，做到义利统一。

2.2 广东侨商企业深化投资——参与内地产业合作视角

2.2.1 内地与沿海的阶梯形发展——广东侨商企业的机遇点

2.2.1.1 侨商企业的发展

改革开放后，侨商企业在华投资可以分为三大阶段：第一阶段为1979年到1991年，是华侨华人在中国境内进行投资的萌芽时期。第二阶段为1992年到1997年，是华侨华人在中国境内进行投资的高速发展时期。第三阶段为1998年至今，是华侨华人在中国境内进行投资发展较为成熟的时期。

第一阶段，1978年召开的中共十一届三中全会标志着中国主动打开了对外开放的大门。然而，之前实行约30年的计划经济致使市场经济缺失，国内缺少投资必备的环境条件，西方跨国企业对向中国投资持谨慎态度。但是，海外侨商一直义无反顾地对中国进行投资。中国改革开放起始阶段，也正是中国香港地区、新加坡等国家或地区成为新兴工业化经济体的时期，马来西亚、印度尼西亚、泰国、菲律宾等“东南亚四小虎”工业化方兴未艾之际，这些国家或地区的侨商开始进行国际化经营，国际产业再度开始进行梯形转移，中国成为其投资目的地。他们努力克服中国境内较差的投资环境和较高的投资风险，义无反顾地回到故乡，争先恐后地在这块“处女地”市场进行开拓。例如，泰国谢国民及其正大集团获得广东深圳、汕头等地外资流入的0001号批文；东南亚首富林绍良也于1981年通过与我国香港和福建地方政府的合作在故乡福清投资创办了清华糖厂。当时，国内正在依赖特殊的方式恢复和重建与外部世界的联系，其中“侨”与“港”发挥了关键性作用。侨乡以“侨”的内涵制定适当的地方性策略，避开意识形态隔阂，撬开市场门槛，弥补投资环境不成熟的缺陷，并借助故乡情感纽带吸引侨商进行投资。因此，可以称之为侨缘禀赋或者策略禀赋。20世纪80年代，侨商在华投资最主要的地区是广东、福建等侨乡地区，为获取劳动力优势，侨商企业以“三来一补”的形式向珠三角地区进行投资，作为改革前沿阵地的广东，其侨商企业数约占全国总数的60%；福建省的港资、侨商企业在20世纪80年代末也超过了长三角和环渤海等地。伴随着对外开放范围的不断扩大，国内经济体制改革也取得一定成效，福建和环渤海地区的侨商企业的投资趋于稳定，长三角区域侨商企业投资则稳步攀升，然而，广东则呈现出波动下降的趋势。从产业结构上看，这时期的港资、侨商企业，以加工出口型为主企业；从投资来源地来看，港资、侨商在中国香港地区和东南亚的投资比重大，在北美也有零星分布。在这一时期，港资、侨商企业规模不大，生产和经营方式主要是“三来一补”，即来料加工、来件装配、来样加工和补偿贸易，主要涉及轻工业领域，大多数是棉纺织、服装、鞋业、塑胶和玩具等劳动力指向型加工出口业。这些港资、侨商企业不仅创造了大量就业机会，还解决了改革开放起始阶段沿海地区经济发展面临的资金不充足、先进机械设备缺乏及管理经验缺乏等困难，极大地促进了沿海地区经济的发展。

第二阶段，侨缘禀赋与国内生产要素禀赋不断融合，一方面，广东侨商企业可以利用国内廉价的劳动力、土地、厂房等要素，另一方面，广东侨商企业面临的环境保护方面的约束较松。这样，通过双重作用来降低企业运营的经济成本和社会成本，侨商企业发展具备了得天独厚的条件。这一时期，侨商企业在地域上从广东、福建等沿海侨乡逐渐北上辐射至全国不同地区。从新增侨商企业数目分布在全国的比重来看，长三角区域、环渤海地区在1992年后迅速超过福建，长三角与广东的差距也不断缩小。这一时期，侨商企业来源地不断扩大，除中国香港地区和与中国紧密相连的东南亚之外，西方发达国家的侨商也开始增加在华投资；其中，来自美国、加拿大、澳大利亚的侨商企业数目在全国总数中所占比重，从1991年的约5%一举攀升到1992年的约8%，同时期，来自欧洲、拉丁美洲及非洲的侨商企业数在全国所占比重，从2%攀升到3%，并且此后一直稳定攀升。此时，侨商投资规模迅速扩大，投资方式趋于多样化，不仅有合资、合作，还有独资；不仅对原有企业进行改造，还有新办企业；不仅在集中区域开设工厂，还单独在某一地区开设工厂；不仅有关联产业开发投资，还有针对单独产业的投资；不仅有联合经营，还有租借、参股等。不同于外商投资，海外华侨华人与侨乡有着特殊的血缘和情缘关系，他们对国内的营商环境有一定的人文底蕴，对操作程序和投资策略有一定的了解，因此，侨商企业能更好、更快地适应他们面临的侨乡投资环境。海外华侨华人往往以自己的企业和经营活动为依托，对家乡进行投资，与其他投资者发生这样或那样的联系，这样就创造了“以侨引外”“以侨引侨”“以侨引台”“侨港台外联合投资”等一系列可行的投资方式，并出现了开发地区集聚的趋势。这一时期，侨商企业不断扩大其生产经营范围，涉足的领域更加多样化，从一般传统产业扩大到能源、服务、金融等产业以及电子、通信、生物等高新技术产业。

第三阶段，1998年至今，侨商企业进入了转型升级发展阶段。这一时期，中国市场经济飞速发展，中国加入WTO五年过渡期后，特别是2008年金融危机后，在中国经济转型与内需市场迅速扩大的过程中，侨商企业发生深刻变革，为全面融入中国经济发展的脉络之中，侨商企业本土市场化的趋势日益明显。随着中国境内经济不断攀升，制度和相关法律法规的逐步健全及人民生活水平的提高使得中国在要素禀赋方面的比较优势逐步减弱。2008 年新劳动保护法、环境保护法颁布后，侨商企业用于生产的生产要素成本和环境成本不断攀升。同一时期，内外资企业所得税税率统一调整为 25%，对外资的税收优惠策略与政策扶持力度减弱，侨商企业和外资企业在中国境内的待遇趋于国民化。劳动力指向型企业优势不再，但是这却推动国内融资成本不断下降，对侨商企业对于传统产业的资本形成与技术升级形成一种倒逼机制，资本指向型和技术指向型企业获得较大发展空间。侨商企业的平均市场范围扩大，优质侨商企业竞争力不断增强，大量侨商企业开始发挥其品牌效应，侨商研发产业与战略性新兴产业方兴未艾，侨商企业优胜劣汰日趋激烈，既呈现出新的竞争格局，也提升自身的国际竞争力。

一直以来，东亚、东南亚国家及中国港澳台地区是国内沿海地区侨商企业进行投资的主要来源地。受到东南亚经济危机的影响，外商对中国境内的投资不断减少，直到 2000 年后外商对中国境内的投资才逐步回暖。然而，传统的及外向型生产发展的侨商企业已受到重创。此外，"十五"以来，中国加快转变经济增长方式，大力调整和优化产业结构，促进了产业转型升级。随着国内生产要素如土地、劳动力和资本价格的攀升，企业生产面临成本增加的压力，投资效应呈下降趋势。由于面临的国内外不确定因素的增多，海外华侨华人在中国境内的投资模式与投资规模开始发生转变，侨商企业分布格局进一步更新，侨商企业谋求转型发展的需求更加强烈（陈嘉，2014；张秀明和密素敏，2014；张焕萍和李斌斌，2017；张焕萍，2018）。

2.2.1.2 侨商企业发展的机遇

改革开放 40 多年来，侨商企业一直是中国整体经济的重要组成部分和推动经济不断增长的主要力量，其发展步调与中国宏观经济的发展趋势趋于一致。近几年，随着中国经济发展的不断转型升级，侨商企业在中国境内的生存发展路径也发生了深刻的变革，为全方位融入中国经济的脉络之中，侨商企业日益加深其本土化的发展趋势。

企业外部环境是促使侨商企业不断发展的一个重要因素。在当今的政治经济形势下，侨商企业生存发展面临的内外部环境日益复杂多变，侨商企业要生存发展，仅搞好企业自身的生产经营是远远不够的，必须依据外部环境的变化及时进行相应的调整，不然侨商企业不但有可能在发展上遇到重重难关，甚至关系到其生存问题。企业必须及时调整自己的生存发展目标和策略，将自身的经营管理方式与外部环境相结合，才能保持自己的竞争力。侨商企业所面临的外部环境主要包括企业的创办统计标准、市场准入规则、融资方式等多方面所组成的法律法规环境及政府提供的一系列禁止、限制、保护和扶持策略。

国际环境方面，2008 年全球金融危机后，全球经济正在缓慢复苏，但是整体经济仍比较脆弱。具体而言，尽管美国金融经济复苏势头良好，但欧洲和日本仍受制于高负债率、高失业率和低储蓄率的约束，其经济走势并不乐观。同时，人口老龄化也将成为中国及西方发达国家面临的困境，人口老龄化对投资率和储蓄率都会造成一系列不利的影响。此外，美国国家情报委员会认为，到 2020 年之前，全球经济的增长率不太可能恢复到 2008 年金融危机之前的水平。全球金融危机之后，尽管亚洲新兴经济体的经济增速已普遍放缓，但相较于西方发达国家，仍然是一枝独秀。虽然新兴经济体的崛起已不可逆转，但不少新兴经济体也面临产能过剩、资本外流、债务危机、“中等收入陷阱”等多重困境，其中俄罗斯和巴西等国受油价下跌影响或将面临经济危机问题。为加快完善基础设施建设、促进制造业发展，新兴经济体对中国跨国企业、技术资本“走进去”的需求将不断增大。尤其是中国已成为世界第二经济体，第一贸易国，对外国际投资日益增长，人民币的国际化进程明显提升，中国经济在全球范围内将发挥举足轻重的作用，此时，侨商企业将迎来扩大对外经济合作、发展外向型经济的新的历史机遇。

国内环境方面，随着近年来国内经济的高速发展，开放区域也逐渐开始由沿海向内地延伸，辐射全国。“十三五”规划提出的“东西双向开放的全面开放新格局”政策内涵是在多领域互利共赢的务实合作的基础上，进一步扩大对外开放的范围。经过多年对外开放的实践，不断总结经验和完善策略，我国的对外开放由南到北、由东到西层层推进，基本上形成了“经济特区—

沿海开放城市—沿海经济开放区—沿江和内陆开放城市—沿边开放城市”这样一个宽领域、多层次、有重点、点线面结合的全方面对外开放新格局。迄今为止，我国的对外开放城市已呈现出遍地开花的趋势，我国进入了改革开放的新阶段。随着内陆与沿海的梯级发展，侨商企业进入内陆面临的外部环境日益良好，这就有利于发挥市场配置资源的作用，促进良性竞争，推动广东侨商企业参与内陆产业合作（欧志雄，2005）。

侨商企业在我国的发展形成了侨商企业从“沿海经验”到“内陆实战”的阶梯转移，进而形成了广东侨商企业竞相参与内陆产业合作的新趋势，侨商企业的投资通过参与内陆产业合作由沿海地区向内陆转移，这种现象可以用区位投资理论、梯度转移理论等相关投资理论进行解释。

2.2.1.3　侨商企业投资的相关理论

20 世纪 90 年代以后，随着经济全球化的发展，国际投资迅速发展，大规模资本流动遍布全球，相关投资理论也得到了丰富和发展。许多学者从多个角度探讨了投资区位的选择，投资区位选择理论得到了进一步的拓展和创新。

（1）国际直接投资理论。

1）垄断优势理论。

为了证明企业对外直接投资市场的根本原因是不完全竞争，海默于 1960 年开创性地提出了垄断优势理论。垄断优势理论认为，由于竞争不完善，跨国公司具有先进的生产技术、先进的管理经验、强大的资金实力和国际声誉、规模经济和范围经济等主要垄断优势。海默的垄断优势论准确地论述了跨国企业选择自己具有垄断优势的那些地区进行投资的主要原因，这一研究为跨国公司对外直接投资指明了新方向，随后西方学者也对其理论进行了一定的补充，如卡夫斯（Caves）就解释了产品差异化特性对跨国公司所产生的技术垄断优势的作用，该理论对后来的对外投资研究产生了较大的影响，也为其他相关理论的建立奠定了基础。约翰逊则发现，企业会从具有丰富知识资本的地区向缺乏知识资本的地方进行逐渐的转移流动，在此基础上，他建立了 FDI 与出口的比较模型。

2）产品周期理论。

Vernon（1966）指出要建立一套动态的理论模型来广泛地解释跨国公司如何从国内生产走向出口，最后走向对外投资的一个过程。他将影响美国制造业进行生产的区位因素引入产品生命周期论中，从进行国际贸易产品出口的视角，分析不同的产品阶段及其生产在不同类型国家之间的转移情况，发现其生产的区位存在由发源地到发达地区再到发展中国家或地区的变革。在产品生产的初期，由于受到产品技术水平不够成熟、需求较小、成本高等因素影响，制造业厂商往往会选择在本地进行生产。在产品生产技术较为成熟时期，因为产品技术的提高，企业规模逐渐标准化，企业生产成本逐渐下滑，西方发达国家市场需求不断增长，导致市场临近度、运输成本、劳动力等因素变得尤为重要，为寻求市场临近度、运输成本、劳动力等因素优势，企业会选择在具有这些优势条件的海外开设工厂。最后，随着产品、技术、规模的日益标准化，以价格为主的竞争占据了主导地位，把劳动密集型产品转移至拥有廉价劳动力的地区进行生产变得更有利可图。产品生命周期论实际上是在企业区位选择理论基础上的进一步完善。当然，该理论也存在一定的局限性，如该理论只是根据美国的情况作出的判断，无法解释发展中国家对发达国家的直接投资，即反向投资情况（耿琼，2015）。

3）比较优势理论。

Kojima（1978）指出，若要实现贸易双方利益，就需要按照“边际产业”顺序进行对外直接投资，这样既能够实现投资的增长，也能够实现贸易的增长，投资与贸易之间实则是一种互补关系，而不是相互替代的关系。他认为外商直接投资可分为贸易互补型（日本型）和贸易替代型（美国型）。贸易互补型的外商直接投资源于在投资母国已经成为比较劣势的夕阳产业，在东道国依然处于比较优势的阶段。贸易互补型的外商直接投资可以促进投资双方产业结构的强化升级，同时两个国家之间的贸易额也增加了。而贸易替代型的外商直接投资源于投资国本身依然具有比较优势的产业，因此，该类外商直接投资会将在东道国进行生产的产品运回投资母国国内进行销售，导致双方实际的贸易减少并使市场产生分化。

边际产业扩张理论从微观视角出发，研究分析跨国公司的内部化的生产决策行为，并试图说明企业的哪些行为在特定的一些国家最有可能发生。不同于古典贸易理论将外商直接投资看作国际贸易的替代的观点，将外商直接投资看作国际贸易的扩充是该理论的主要特点之一（衣长军和许小树，2013）。

（2）区位选择理论。

1）古典区位理论。

早期进行区位选择理论研究的主要有区位论的开山之人杜能、韦伯，古典区位理论产生的标志是1826年杜能《孤立国》一书的发表。杜能提出的农业区位论是通过抽象的孤立法对人类经济活动进行分析，不仅创新了区位理论的传统研究方法，还为城市的土地规划提供了一定的参考，对农业地理学的发展也产生了重要的影响。区位外部经济与产业集聚的理论基础是由马歇尔（1890）提出的工业区概念与工业区集聚理论奠定的，他通过对外部经济效应和规模经济效应的研究，分析了工业集聚的原因。马歇尔指出，由于外部经济产生的技术、劳动力、生产资料的溢出效应使得企业集聚在一起产生了更多的对生产发展良好的效应。但是该理论的不足之处是理论产生的假设条件之一是完全竞争市场假说，这个假设显然有悖于现实，因此这一理论缺乏一定的说服力。工业区位理论是由德国经济学家韦伯（1909）首先提出的，他解释了人口进行跨区域流动以及城市人口增长和产业化集聚的原因。韦伯分析运输成本、劳动力成本和集聚对工业区位选择的影响时运用的是生产成本最小化理论，并使用抽象和归纳相结合的方法，对工业区位选择理论进行了详细的剖析，表明市场进行集聚的原因是工业集聚需要市场发挥其资源配置的作用，为工业集聚提供必备生产要素和产品需求，所以说市场集聚后可能就是工业集聚。如此翔实的研究，已经成为市场集聚理论的基础。

虽然古典区位理论对企业的生产经营活动产生了一定的影响，但是由于其假设条件相对苛刻，在很大程度上对区位研究的发展起到了限制作用；再者，由于其研究对象是单一的个体，在研究企业区位选择时并没有考虑其他企业对该企业的影响。因此，古典区位理论存在的缺陷也是很明显的。

2）近代区位理论与集聚。

城市区位论是由德国地理学家克里斯塔勒提出的，他系统研究了交通、商业和服务业等产业集聚对城市数量、城市规模和企业分布的影响，并把城市及企业中心地划分为不同的级别，研究其所存在的空间关系。克里斯塔勒指出，每一个生产者都具有能获得净收益的产品供给地，在复杂的市场结构中占有一席之地，且其市场区一般比较固定，服务范围比较具有合理性。克里斯塔勒提出的以市场为导向的动态服务业和加工业区位论，是他从空间角度对市场进行综合研究的结果，为解决城市空间规划和区域平衡问题提供了一定的理论参考。

为克服古典区位理论研究对象单一的问题，俄林区位理论将区位研究与贸易和国际分工相结合，指出贸易理论是比区位理论更高层次的理论。艾萨德以一般市场均衡为基础研究区位理论，他通过整合之前的区位理论，开创了综合研究区位理论的方法。佩鲁的增长极观点是在 20 世纪 60 年代提出来的，他指出，一些产业可以通过自身的发展来促进其他关联产业的发展，将这个理论应用到区域集聚发展的过程中，可以解释产业及其关联产业集聚现象的产生和发展，使得增长极理论可以运用到产业区域集聚领域的研究中。

现代区位理论的提出会促进企业的知识、技术交流活动的开展，加速产业园区的形成和发展，从而间接地促进创新活动的开展。目前从世界经济发展的历程来看，创新成为企业进行区位选择的最主要的原因。现代区位理论提出通过集聚会形成知识和技术的交流及产业社区，促进了创新的产生和企业的内生发展。但区域生产综合体理论则理想化地认为，全球经济是由参与国际贸易的专业产业化区域组成的，以新产业园区为中心，提出了竞争合作、信息网络是影响企业区位选择的关键因素，但此观点缺乏对创新因素的详细论述。

3）当代区位理论。

1991 年，克鲁格曼和藤田通过产业集群模型完成了对产业集群模型在空间维度上的解释，表明该地区工业生产活动的类似空间格局最终将演变为集聚效应，为此奠定了经济地理学研究的理论基础。战略管理学派的代表是波特，他指出，一个国家的企业只能在自己独特的行业中获得国家竞争优势，这与国内环境是密不可分的。波特强调了地理集聚在技术创新和升级中的重要作用，为企业集团的研究和应用做出了巨大贡献。

基于创新和竞争因素，现代区位理论从更全面的角度研究区位影响因素，已成为当前和未来区位理论研究的热门话题。2007 年，中国区域经济学家郝守义出版了新书《区域经济学原理》，该书以元素分配为核心，通过集聚经济、经济功能区和经济区的全新分析路径，阐述了区位选择，并给出了新的内涵，指出关键是要突破以往位置研究的局限性，只注意位置外的因素而忽略位置本身是不可行的。

高金田提出从经济功能区的角度研究“非均匀空间”条件下经济功能区的创建和区域经济发展。位置不仅是一个地理概念，而且可以看作与土地不同的新因素，或者资源包含在地理位置影响因素中。在他 2007 年出版的《地点经济分析》一书中，他将位置要素直接引入企业的生产函数中。同时，他指出，由于规模收益和外部性的强烈增加，生产函数将对资本和劳动力等生产要素产生不同的影响，由地理位置差异和空间异质性带来的高度集中的经济活动将对经济功能区的形成产生重大影响。

近年来，为了弥补传统外商直接投资理论的不足之处，学者们提出了投资诱导因素组合理论，包括影响直接投资的各种直接因素（如资本、劳动力、科技、管理等）和间接因素（如文化、机构等）。无论是在投资国还是东道国，这些因素都成为影响跨国公司外国直接投资选址的主要因素，从而产生了作为资本寻求型和技术寻求型的选址动机（李轩，2015）。

2.2.2　侨商企业深化（转移）投资的理论模型

2.2.2.1　自由资本模型及拓展

（1）两国 FC 模型。

两国 FC 模型的基本假设包括：世界上只有两个国家（国家 1、国家 2），其多样性偏好、技能水平、要素授予和贸易开放都是对称的（称为对称 FC 模型），有两个生产部门、农业部门 A 和制造部门 M。产品的生产需要两个生产要素：劳动力 L 和资本 K；农业部门只使用一个生产要素 L，这个生产要素在规模和竞争中是不变的；在 Walras 的条件下生产的产品通常是均匀的，并且交易成本为零；单位产品的产出需要 α_A 单位劳动，A 部门的劳动工资是 ω_L；制造业是 D-S 垄断竞争和规模收益增加的部门，使用两个生产要素 L 和 M 进行差异化生产，产品流转存在"冰山交易成本"；制造业的工人流转不能越过边界；他们拥有所有资本，所有海外资本都必须归还给国家。世界上全部劳动和资本分别用 K^{ω} 和 L^{ω} 表示，国家 1 拥有的资本所占比重用 $S_k^1 = K^1/K^{\omega}$ 表示，国家 1 使用的资本所占比重用 $S_n^1 = \frac{n^1}{(n^1 + n^2)}$ 表示，n^1 和 n^2 分别用来表示国家 1 和国家 2 的企业数量，即表示产品种类数，国家 1 的变量表达式同样适用于国家 2。

消费者行为：假设条件是各个国家的消费者具有的消费偏好相同且都具有双重效应。第一重效应是 Cobb-Douglas 效用函数，μ 和 $1-\mu$ 分别表示消费者对制造品和农产品的支出份额。第二重效应是 CES 效用函数，决定了消费者对差异化产品的不同偏好。

$$U = C,\ C = C_M^{\mu} C_A^{1-\mu},\ C_M = \left(\int_{i=0}^{n^1+n^2} c_i^{\rho}\, d_i\right)^{\frac{1}{\rho}} = \left(\int_{i=0}^{n^1+n^2} c_i^{(\sigma-1)/\sigma}\, d_i\right)^{\frac{\sigma}{(\sigma-1)}} \tag{2-1}$$

其中，$\rho = \frac{\sigma}{(\sigma-1)}$，$0 < \mu < 1$，$0 < \rho < 1$，$C_A$ 是对相同农产品 A 的消费，C_M 是对不同工业品的消费，ρ 是消费者对不同工业品的差异性偏好，σ 是产品的不变化的替代弹性（$\sigma > 1$）。

假设消费者的收入用 E 表示，P_A 表示农产品的价格，P_i 表示第 i 种制造业产品的价格，根据消费者效用最大化标准，可以求得一国具有代表性的消费者对农产品和第 i 种制造业产品的需求数量：

$$P_M = \left(\int_{i=0}^{n^1+n^2} P_i^{(\sigma-1)}\, d_i\right)^{\sigma/(\sigma-1)} \tag{2-2}$$

其中，P_M 是一个国家的制造业产品价格。

生产者行为：农业部门处于完全竞争的状态，区域内交易不存在成本，因此在区域内任何农产品价格都是一样的，也就是说，国家 1 和国家 2 的农产品价格都相等。

$$P_A^1 = \alpha_A \omega_L^1 = P_A^2 = \alpha_A \omega_L^2 \tag{2-3}$$

制造业部门的产品成本函数是非等价的，因为其可变成本和固定成本两种成本的构成比例是不同的。假设制造业产品的固定成本需要 x，可变成本需要 z，则 厂商的成本函数为：

$$C_M(x) = \pi + \omega_L \alpha_M x \tag{2-4}$$

其中，π 和 ω_L 为资本和劳动所得，α_A 和 α_M 为单位可变的投入，x 是厂商的产出。由垄断竞争厂商净收益最大化的价格条件可以得到国家 1 的代表性厂商分别在本土市场以及海外市场实现净收益最大化的均衡价格为：

$$P = \frac{\omega_L \alpha_M}{1 - 1/\sigma},\ P^* = \tau P = \frac{\tau \omega_L \alpha_M}{1 - 1/\sigma},\ \sigma > 1 \tag{2-5}$$

短期均衡：在 D-S 垄断竞争的模型下，企业所获得的净收益能够与企业的固定成本相抵销。因此，由厂商的销售收入减去销售成本等于零可以得到：

$$\pi = px/\sigma \tag{2-6}$$

由此可得到国家 1 和国家 2 的净收益均衡表达式：

$$\pi_1 = b B_1 \frac{E^\omega}{K^\omega},\ \pi_2 = b B_2 \frac{E^\omega}{K^\omega} \tag{2-7}$$

其中，$b = \frac{\mu}{\sigma}$，$B_1 = \frac{S_E^1}{\Delta_1} + \text{Ø}\frac{S_E^2}{\Delta_2}$，$B_2 = \text{Ø}\frac{S_E^1}{\Delta_1} + \frac{S_E^2}{\Delta_2}$，$\text{Ø} = \tau^{1-\sigma}$，表示贸易自由化水平。$\pi_1$ 和 π_2 的均衡表达式表明产业的空间分布 S_n 和支出的空间分布 S_E 涵盖资本收益的大小，资本收益会在长期作用下达到区域均衡。

长期均衡：在长期中，资本是完全自由流动的，根据资本的流动方程 $S_n = (\pi_1 - \pi_2)(1 - S_n) S_n$，可能产生两种长期的均衡。厂商停止转移的区位化条件为：$S_n = 0$ 或 $S_n = 1$；或者 $\pi_1 = \pi_2$，$0 < S_n < 1$。此处应该考虑，在空间非对称情况下，一国资源禀赋程度是怎样作用于资本流向的。

$$T = \frac{S_n - t}{S_k - t} = \frac{\mu}{\sigma}\left(\frac{2}{1 - \sigma} - 1\right) \tag{2-8}$$

其中，t 为常数。T 表示资本所有者的空间分布与生产的区位分布之间的差别，即一国生产的工业份额 S_n 和本国所拥有的工业份额 S_k 之间的比重。差异化水平主要受一国贸易自由度（$\varnothing$）、工业品支出份额（μ）以及消费者不同消费偏好（σ）的影响。

（2）扩展的多国 FC 模型。

研究华侨企业的投资转移效应，有必要对至少三个国家的企业资本和产业分布进行分析，即将两国的 FC 模型扩展为多国 FC 模型。两种模型的基本假设几乎相同，只是修改后的假设将其调整为 R 国家，其他假设（如生产技术、多样性偏好、要素享受和贸易开放度）相同。

第 j 个国家的各个变量表达式都用上标 j 表示，$j=1,\ 2,\ \cdots,\ R$。S_n^j 和 S_E^j 分别用来表示国家 j 占世界全部产业和消费总量的比重。首先应该确定的因素就是各国的资本收益，主要是因为资本收益受国际资本具体流向的影响，因此研究产业在各个国家间的区位分布情况，运用相关的推导方法，可以计算出国家 j 短期均衡的相关资本收益：

$$\pi^j = \left(\frac{S_E^j}{\Delta^j} + \varnothing \sum_{i \neq j} \frac{S_E^i}{\Delta^i}\right) b\,\frac{K^\omega}{E^\omega},\ \ \Delta^j = S_n^j + (1 - S_n^j)\varnothing \tag{2-9}$$

资本流动导致资本均衡回报相等，每单位资本的平均资本收益为 b，在多国条件下，产业区位均衡条件为 $\pi^j = \pi^i = b\ (i \neq j)$，解此区位条件方程，可以得出：

$$S_n^j - \frac{1}{R} = (1 + \frac{\varnothing R}{1 - \varnothing})(S_E^j - \frac{1}{R}) \tag{2-10}$$

不同于以往的研究，这里我们主要考虑每个国家（地区）要素禀赋非对称条件下侨商企业进行投资的情况，等式变形可得：

$$T = \frac{S_n^j - t}{S_n^i - t} = \frac{\mu}{\sigma}(1 + \frac{\varnothing R}{1 - \varnothing}) \tag{2-11}$$

其中，t 为常数。假设初始的 $S_K^j = S_n^j$，那么当 σ 变小、μ 变大、$\varnothing$ 变大以及 R 变大时，T 值也会随着变大，即一国（地区）进行生产的工业占比 S_n 比该国（地区）所拥有的工业占比 S_k 大，一国（地区）净资本流入就较大。在多国（地区）的 FC 模型中，我们可以得出一国（地区）的产品替代弹性降低、工业品支出份额增加或者贸易自由度变大将导致该国（地区）净资本流入，即侨商企业会增加对该国（地区）的投资（黄幼茹，2015）。

2.2.2.2　侨商深化（转移）投资理论分析——新经济地理学视角

新的经济地理学从动态和内生的角度解释了国际投资转移，它认为，在地方市场效应和价格指数效应等非均衡力的作用下，地区之间的周期性累积因果关系恰恰是投资区位选择和生产布局变化的主要原因。鉴于此，笔者从贸易自由度变化、市场规模变化引起规模变化的角度，借鉴新经济地理中多国自由资本模型的微观机制，研究侨商企业投资的转移。

投资转移在传统理论中的作用表现在两个方面：一方面，重新调整一个地区的投资布局将使该地区更具吸引力。另一方面，流向该地区以外的其他国家（地区）的资金流将流向该地区，即该地区会产生外向地区的投资转移效应。在自由资本模型中，工业企业区位分布等同于资本区位分布，区域内的生产流动效应也是投资流动效应，这种效应是市场拥堵的结果。前者使得资本欠缺地区更具有诱惑力，因为那里的公司基本没有竞争力。后者将使资本富裕的地区更具诱惑力，因为它代表了更多的利润收入和更大的市场份额。假设单个厂商只使用一个单位资本作为固定资本而进行生产，则一国（地区）的产业份额 S_n^j 就代表该国（地区）资本需求占世界总资本的份额，即该国（地区）的资本需求水平。这样，$\Delta FDI_j = S_n^j - S_K^j$ 代表一国（地区）的净资本流动量。这个等式可以理解为一个国家（地区）的净资本变化取决于国家（地区）的资本需求与国家（地区）资本禀赋之间的差异。若 $\Delta FDI_j > 0$，表示该国（地区）为净资本流入，反之，则为净资本流出。

以上公式解释了资本在区际内国家之间的流转，由于资本流动受到系数 $\frac{\mu}{\sigma}(1+\frac{\emptyset R}{1-\emptyset})$ 的影响，S_n^j 有可能小于 S_K^j。如果该系数大于1，则 $S_n^j > S_K^j$，资本将从贫困地区转移至富裕地区，反之则反。

因此，改革开放战略将重新分配中国不同地区的投资分配。每个地区的资本净流量取决于农产品和工业产品的经济支出和贸易自由的分布，以及任何两种工业产品之间的替代弹性。也就是说，它将以牺牲另一个地区的投资为代价，导致该地区的投资增加，从而导致本地区的投资流转效应。投资流转效应（工业区位优势）的大小取决于贸易开放程度、工业产品的份额以及消费者不同的消费偏好。鉴于此，当 $\frac{\mu}{\sigma}(1+\frac{ØR}{1-Ø})<1$ 时，资本由富裕地区流向贫困地区，此模型可解释侨商企业在华投资由沿海地区向内地延伸的阶梯形转移现象。

2.2.2.3 侨商企业深化（转移）投资——由“沿海”到“内地”

以上模型虽然可以解释侨商企业在华投资由沿海地区向内陆延伸的阶梯形转移现象，但是没有考虑技术水平和产业分工问题，若将技术水平 A 和不同产业类型的侨商企业 R_i（$i=1, 2, 3, \cdots$）加入，则新的均衡为：

$$T=\frac{S_n^j-t}{S_n^i-t}=A\frac{\mu}{\sigma}(1+\frac{ØR_i}{1-Ø}) \quad (2\text{-}12)$$

其中，系数函数变成 $A\frac{\mu}{\sigma}(1+\frac{ØR_i}{1-Ø})$，侨商企业在华投资水平及区位选择由该系数决定。

这与改革开放后的侨商企业在华投资的三个阶段相吻合，也可以总结为侨商企业在华投资由“沿海”到“内地”的延伸。第一阶段为 1979 年到 1991 年，是侨商企业在中国大陆投资的初步发展时期，受策略限制，主要投资于沿海开放地区。第二阶段为 1992 年到 1997 年，是侨商企业对中国大陆投资的飞速发展时期，侨商企业的投资开始由东部沿海地区向中部地区扩张。第三阶段为 1998 年至今，是侨商企业在中国投资成熟发展时期，这一时期侨商企业对华投资资本更加多样化，投资策略则变为由“沿海经验”向“内地实践”延伸，呈现出“阶梯型”扩张状态。华侨企业的投资趋势与中国省市的分布趋势基本一致，与改革开放和利用外资的策略密切相关。1979 年至 1991 年是中国使用外资的萌芽时期，在此期间，政府出台了一系列策略和法规，并在沿海地区建立了开放的特区和开放城市。它通过“超国民待遇”吸引外资，海外华人企业在此阶段的投资主要集中在东部沿海地区，而中西部地区和东北地区吸收的外资较少。从 1992 年到 1997 年，中西部地区华侨商人的投资比例开始攀升，但总体形势仍以东部沿海为主。自 1998 年以来，由于中国加入世界贸易组织初期（2002 年）外商投资战略和法规的调整，2002—2003 年我国吸收海外华人企业的外商投资呈增长趋势。自 2003 年以来，中西部地区华侨商人投资比例大幅上升，海外华人企业的投资增速放缓，沿海华侨企业资金运用情况已开始趋于稳定。“西进北上”的战略取得了显著成效，华侨企业的投资逐渐向北移动。

基于以上分析，中国华侨企业投资转移的特征可以概括为从“沿海经验”到“内陆实践”的梯形延伸。除了这一过程中的生产要素流动外，它还经常导致技术的传播和知识的转移，这在空间上表现为区域间的相互作用。从海外华人企业的投资转移方式来看，不仅有以外资企业为主体的直接投资方式，还有以股票和融资租赁为主体的间接投资方式。海外华人企业的投资转移包括国家之间的直接投资（即传统意义上的外国直接投资），还包括一国内地区之间的投资。本书对侨商企业投资转移的研究总体上处于深入和升华阶段，主要是对中国内部地区间投资的研究。不仅重视对投资转移的动因解释，还解释了投资转移的约束成分。宏观层面，侧重从整体上去阐述并着重从理论上的逻辑性去推理；微观层面，主要进行企业的调查数据的取证（黄幼茹，2015）。

2.2.3 侨商企业投资“由东向西”深化（转移）投资的现实证据

侨商企业集团在中国大陆投资的另一个显著特点就是对华投资呈现自东向西发展的地域分布。在改革开放初期，来自港澳地区的投资在侨商资本投资总额中占比很大。究其原因，第一，当时香港正处于产业结构的升级换代过程中，由于内地地区的资源优势，香港地区的侨商企业将大量劳动密集型产业迁移到内地，并在当地投资建厂；第二，香港与大陆相邻，在语言、文化中有诸多共通性，因此容易建立贸易关系；此外，由于内地市场刚刚开始开放，巨大的投资潜力吸引着诸多港澳侨商。同时，由于东南亚地区各国（除新加坡）经济发展也刚刚起步，不能大规模对外投入资金；而台湾人由于当地政府的限制，进入大陆市场的时间也比较晚。而自改革开放以来，侨商投资一直集中于华南地区和沿海地区，由于改革开放最先在东部沿海地区试行，所以侨商资本也最先集中于上海、山东、江苏、广东、福建等地。其中，广东和江苏两省就占据了外商投资总额的 38.33%。这主要是因为沿海开放港口城市和经济开放区也大多遍布在这些省市，这些省市有较好的政策环境、经济基础和交通运输条件等，这些都为良好投资环境的建立奠定了坚实的基础；另一个原因是语言、文化和血缘上的相通。如新加坡、马来西亚以及菲律宾等国的华人祖籍大多在江苏省，因此这些国家的华人对大陆投资主要集中于江苏省，类似地，泰国华人的投资主要集中于广东省。基于以上原因，华南地区和沿海地区一直是侨商投资的集中地。

表 2-1　2010—2018 年中国东部沿海代表地区获得外商投资情况

（单位：亿美元）

地区	2012 年	2013 年	2014 年	2015 年	2016 年	2017 年	2018 年
广东	4786	5126	5621	6443	7816	17622	19235
福建	1457	1565	1732	1967	2263	2607	2787
江苏	6250	6664	7181	7822	8799	9658	10560
上海	4138	4579	5305	6613	7342	7982	8849
浙江	2178	2404	2629	2918	3199	3734	4458
山东	1581	1765	1992	2193	2519	3042	3452
辽宁	1856	1832	1986	2066	2133	3159	3775
全国	32610	35176	37977	45390	51240	68992	77738

资料来源：各年《中国统计年鉴》。

2012 年至 2018 年 7 年间，包括侨商企业在内的外商企业对中国大陆东、中、西部地区直接投资额在实际使用累计总额所占的比重分别为：东部沿海代表 7 省市占 68.07%，其中广东、江苏、上海 3 省占 33.26%。2012 年以后，包括侨商资本的外商资本“北上西进”的趋势加剧，投资分布于全国各地。尤其是在国家提出继续发展上海浦东的决策之后，由于良好的政策环境和经济基础，长江三角洲地区逐渐成为包括侨商企业在内的外商企业投资追逐的热门区域。与此同时，广东、福建等地的投资集中程度相对减弱，虽然两地利用外商资本的比重有所下降，但数额依然保持增长状态。侨商资本方面，山东、辽宁等地对侨商资本的利用也有较大的发展；2015 年以后，随着“西部大开发”战略和建设上海成为国际金融中心的计划的实施，外商资本特别是侨商资本“北上西进”趋势明显增强，长江地区和环渤海湾地区由于同时具备自然、社会、科技、人才等多方面的优势，吸引了诸多侨商企业前往投资。随着沿海地区物价上涨所带来的经营成本的上升以及西部大开发步伐的加快，包括侨商企业在内的外商企业投资逐渐向内地发展。此外，由于西部一些地区资源丰富，吸引了大量来自香港和东南亚的侨商资本，特别是云南、四川、重庆等地，侨商企业已经占到了当地三资企业的66%~70%。然而和东部沿海地区相比，西部地区所吸引的外资总量金额仍然微小。其中 2017 年，我国各行业实际使用外资达 131035 亿美元，同比增长 2%，东、中、西部地区累计实际使用外资金额所占比重分别为 86.25%、9.16%、4.59%。东部地区拥有优越的区位优势、较好的基础设施和政策环境，而西部地区拥有大量廉价的劳动力、丰富的自然资源以及“西部大开发”战略所带来的发展机遇。总体来说，经过了 40 多年的发展，可以发现，目前包括侨商资本在内的外商资本在大陆投资的地域分布仍然很不平衡。西部地区由于有着数量巨大的廉价劳动力人口，必须重视劳动密集型产业的发展，将东部地区的劳动密集型行业向西部转移，这是目前西部地区的发展需要，也是东部地区产业结构调整过程中的必然趋势。随着东西部投资环境的改善，包括侨商企业在内的外商企业对大陆的投资分布格局必然将有所转变，然而这仍然需要一段漫长的时间（见表 2-1）。

2.2.4 广东侨商企业深化（转移）投资的案例分析——以正大集团为例

通过以上理论分析不难发现，侨商企业在华投资正处在成熟发展时期，这一时期侨商企业对华投资资本更加多样化，投资策略则变为由“沿海经验”向“内陆实践”延伸，呈现出“阶梯型”扩张状态。侨商企业投资转移是指侨商企业在面临技术经济条件变革下，以成本收益为准则、以直接投资为主要形式、以策略为依托的企业区位空间调整的结果。为研究侨商资本在华的区位选择，笔者引入正大集团转移投资的案例进行具体分析。

2.2.4.1 正大集团的整体概况及研究意义

为研究广东侨商企业参与内地产业合作的基本情况，本课题小组专门对相关广东侨商企业进行调研或者收集广东侨商企业参与内地产业合作的相关资料，并以正大集团为例进行具体的案例分析。

（1）正大集团的整体概况。

正大集团起步于农业，由泰籍华人谢易初、谢少飞兄弟于 1921 年在泰国创办，并在中国改革开放初期开始步入中国投资。初期销售农作物种子，并将业务扩展到饲料业、养鸡业、养猪业、养虾业、蔬菜等。到 1953 年才正式注册了集团公司，取名为“Charoen Pokphand Group”，在中国大陆地区则使用“正大集团”这个名字。在此之后，正大集团开始进入食品加工行业，并成为当时世界自动化程度最高的企业。随后，正大集团将万客隆引入泰国，正式进入零售业；接着又进入便利店及超市行业，并将超市命名为“莲花”，也就是为大家所熟知的“卜蜂莲花”。正大集团乘胜追击，将自身转变为一个全产业链的全球化食品公司，真正做到了垂直发展，将上下游产业完美地整合到一起。之后，正大集团进一步向多元化方向发展，开始涉足电信产业，并在泰国电信产业占据一席之位。

正大集团是改革开放后在华进行投资的第一家外商企业，积极投身中国的改革开放事业，在华投资规模不断扩大。截至目前，正大集团在中国设立的工厂达 400 多家，从区域上看，几乎遍布中国所有的省份（西藏除外），总投资额超过 1200 亿元人民币。正大集团拥有正大饲料、正大食品、正大制药、《正大综艺》等多个具有广泛知名度的品牌，并逐渐成为在华投资较大规模的企业之一。

正大集团的企业遍布中国（除西藏和青海外的各个省、直辖市和自治区，包括香港地区），共有 121 家企业。江苏省企业分布最多，共有 12 家（见图 2-1），主要经营饲料以及制药业务。其他企业主要分布地区为北京、四川，广东、湖北，企业数分别为 11 家、9 家、9 家、9 家。

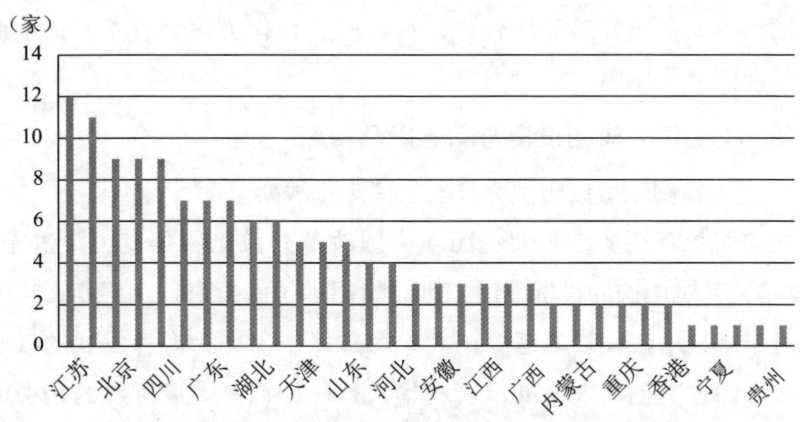

图 2-1　正大集团在中国内地及香港地区企业数量分布

（2）选取正大集团作为研究对象的原因。

正大集团创始人谢易初、谢少飞作为泰籍华人，有着浓浓的中国情结，对正大集团之后的经营决策有着深刻影响。正大集团于 1979 年正式进入中国市场进行投资活动，直至 1996 年，17 年间，其在中国累计投资超过 70 亿美元，已经超过该集团在泰国本土的投资金额。1996 年正大集团总营业额中，60%~70%属于海外营业额，其中，中国营业额是海外营业额的主要来源。正大集团以中国为核心积极开展海外业务，其旗下企业及业务广泛根植于中国各个地区。

正大集团不仅在中国改革开放的事业中大放异彩，还积极响应国家的战略，投身于“一带一路”建设。中国侨商投资企业协会会长、正大集团资深董事长谢国民曾在“一带一路”国际高峰论坛指出，“一带一路”倡议是祖国的“大开放”“大创新”和“大智慧”。创新、改革，是中国的希望。谢国民董事长作为华商企业代表人，表示正大集团愿意深入“一带一路”在泰国的推行，积极为“一带一路”倡议在泰国地区的实施增砖添瓦，并将这一想法付诸行动。

总体来说，正大集团在改革开放初期积极参与中国投资，推动中国经济发展。在习近平总书记提出“一带一路”倡议后，也踊跃参与进来，为“一带一路”倡议在沿线国家的发展打下基础。正大集团在中国扎根后，再返回泰国，推动两国企业开展经济合作，其在产业合作方面具有丰富的经验，具有不可忽视的带头作用。

2.2.4.2 正大集团投资方向选择及特点

(1) 正大集团采取以中国为核心的国际化战略。

正如前面所介绍的，正大集团在中国改革开放第二年就大举进军中国，到1996年，其对中国的投资额已超过对泰国本土的投资额。同年，正大集团营业额过半来自中国大陆地区。正大集团选择中国作为海外发展的核心地区原因很多，除去其创始人及继承者是华人这一原因外，更重要的是中国与泰国都是传统的农业大国，这一点对起步于农业的正大集团来说是非常有利的，有助于正大集团在中国扎根发芽。同时，中国改革开放初期对国外投资企业的相关政策非常宽松，且投资收益率高于其他国家，从企业利润的角度来看，也激励了正大集团来华投资。

(2) 正大集团采用了多元化的跨国经营战略。

对于大多数跨国企业来说，国外投资业务一般是对国内已有业务的复制，也就是说，一般不会在国外地区开辟新业务，如可口可乐、保洁等国际化企业。正大集团在中国的大部分业务也是如此，但其也采用了多元化的战略，如1985年，正大集团在上海成立易初摩托车公司，1992年，正大集团与中国兵器装备集团合资创立洛阳北方易初摩托车有限公司，生产我们所熟知的"大阳摩托"，这一业务此前在泰国是没有的。正大集团结合当时中国的具体情况，认定摩托车行业具有非常大的潜力，加上雄厚的资金支持，在中国开创了这一全新的业务。

(3) 正大集团采用了由沿海到内陆的梯级转移战略。

正大集团作为第一批进入中国投资的企业之一，在1978年即取得了深圳市（001号）中外合资企业营业执照，随后在珠海、汕头也相继取得（001号）外商营业执照。正大集团一路走来都非常顺利，享受了中国给予的最大优惠待遇，如土地优惠、信贷优惠和税收优惠。并且在沿海地区投资的同时，正大集团不忘将其投资向内陆地区进行延伸，逐步参与内地产业合作。谢国民先生曾表示："一切都很顺利，因为只有我们一家，政府全力配合，希望我们非成功不可。”

在“一带一路”倡议下，正大集团也积极投身于“一带一路”建设。

谢国民先生表示，“未来是共商、共建、共享的时代，大家把力量聚在一起，取长补短。所以我就找有前途、有能力的公司，跟他配套，他大股东、我小股东都可以”。也就是说，正大集团与中国企业达成合作关系，积极落实“一带一路”倡议在泰国及中国的推行。既能给中国企业与正大集团带来经济效益，也能促进两国关系，为“一带一路”在沿线地区发展打下基础，起到示范作用。

正大集团在“一带一路”建设中具体做法如下：

第一，利用集团本身在东南亚地区的影响力为“一带一路”倡议做宣传。正大集团董事长谢国民认为“一带一路”倡议不仅对中国，而且对世界都是有好处的，各国应思考如何将这些好处变为现实。正是秉持这一想法，正大集团积极投身于“一带一路”宣传工作。正大集团总部位于泰国，处于“21世纪海上丝绸之路”的重要战略国际地位，中泰双边关系是否融洽对“一带一路”发展起着不可忽视的作用，而正大集团在泰国具有较大影响力，对中国也较熟悉，正好可以充当两国进行合作的桥梁。

第二，泰国政府提出建设从首都曼谷到罗勇府的高铁，正大集团建议实施“一揽子”计划，除建设高铁线路外，还应在沿途建设高科技工业园区，吸引各国投资和高科技人才来泰国就业，提升经济发展水平和高科技发展速度。正大集团表示将与中国企业合作，利用中国技术，共同对“一揽子”计划进行投资建设，包括高铁、飞机场、码头、工业区等，打造更加成熟的经济系统。正大集团希望能够起带头作用，利用自身的成功范本带动其他地区与企业积极投身“一带一路”建设，实现真正的双赢局面。

第三，扩大在华投资与合作。2017 年，谢国民与汕头市委书记会面时曾表示，“将进一步扩大在汕头的投资，将正大的现代农业、创投基金、食品产业等引进汕头，推助汕头打造‘一带一路’重要门户，实现合作共赢”。2018 年，正大集团、中商建开、中电九局三方就绿色农牧业和光伏发电设施建设等项目达成战略合作，采用“投资+建设+运营”的模式进行合作，总投资额约100亿元人民币。首期建设项目包括陕西省澄城县正大30万头绿色生猪养殖示范项目、千阳县5000头种奶羊核心育种项目，内蒙古和林格尔县100万头猪全产业链配套项目——屠宰加工项目，甘肃省景泰县15万头绿色生猪养殖示范项目。

综上所述，正大集团积极响应中国“一带一路”倡议，用实际行动支持“一带一路”在泰国的发展。正大集团首先用自身影响力为“一带一路”倡议在东南亚地区做推广，接下来用实际行动来证明“一带一路”的正确性，帮助中国企业走出国门并在东南亚地区立足，加强对中国大陆地区投资，这一系列操作都能实现正大集团与中国企业的双赢，能够成为“一带一路”倡议下的典型代表，激励更多国家与地区参与进来。

2.2.4.3 正大集团参与内地产业合作的优势与挑战

（1）正大集团参与内地产业合作的优势。

第一，正大集团作为世界规模最大的跨国企业之一，总投资超1200亿元，年销售额近1200亿元，拥有雄厚的财力，能够抗衡大多数危机与变数。例如，1997年亚洲金融危机爆发，而泰国正处于这场危机中心，泰铢贬值、企业破产，正大集团也难免受到牵连，但是其最终平和度过这场危机。在这场危机中，正大集团剥离一部分非核心业务，如出售莲花超市、上海摩托车产业等的部分股份用以填补泰国银行的借款，从而稳定核心产业——农业和食品产业，在这场危机中安然度过。

第二，正大集团总部位于泰国，能够熟知当地法律法规，同时具备语言优势。正大集团带领中国企业进入泰国时，该优势可以降低员工培训成本，以及规避部分风险。世界各地更加重视华文教育，据统计，目前全球有数百万学生在校接受华文教育，中国也在助力国外华文教育。华文教育不仅能帮助外国人认识汉字，更重要的是能够帮助外国人更直观地理解中文意思、理解中国风俗习惯，避免因翻译或习俗不同而出现误解。在华文教育不断加强的背景下，各国加强文化交流，正大集团也能从中进一步巩固与中国的联系。

第三，基础设施建设不仅是“一带一路”倡议的核心支撑，还是正大集团参与内地产业合作的基础。基础建设不仅是修建公路、房屋，还包括铁路、科技园区、油气管道、输电网、光缆等重要项目。根据经济合作与发展组织（OECD）报告预测，2013—2030年全球基础设施投资需求将达55万亿美元，其中港口、机场以及铁路运输设施需求量达到11万亿美元，这一巨大的需求量给正大集团带来的是不可忽视的机遇和发展空间。此外，正大集团也已投身于中国内地的基础设施建设行业，为参与内地产业的合作打下坚实基础。

（2）正大集团参与内地产业合作的劣势。

正大集团从中国沿海向内陆地区转移投资的发展过程中，可能遇到各种各样的风险，如何处理这些风险尤为重要。

第一，存在政策性风险。政治策略是否稳定、社会是否安定对一家企业的长久发展起到关键性作用。随着正大集团与中国内地产业的合作不断深化，所投资地区可能存在政府频繁干预、对外资企业严加限制等，也可能存在因政局不稳定而产生的政治风险，政治风险是指由于非市场因素导致的政策改变使东道地区的政治环境发生了不利于企业经营的变化。政治风险的存在将会增加企业的不确定性，从而影响管理者对企业的决策判断。

第二，存在经济文化差别。中国内地宗教众多、错综复杂，正大集团参与内地产业合作在不同地区的策略可能面临水土不服。再者，各地区经济状况存在差异，如人均收入较高的地区与人均收入较低的地区，人均收入差距很大。在对外进行投资活动时需展开针对性研究，将花费大量人力、物力、资金等。

第三，存在资金短缺风险。国际汇率市场时刻存在动荡，企业在国外进行投资活动时可能面临币种的汇率变化，币种的汇率变化可能导致严重亏损，因此需企业对国外汇率行情进行观察预测，从而提升企业运营成本。再者，企业在陌生地区将会因资信不足从而无法获取大额贷款，且将面对较高贷款利率，导致企业资金短缺等问题。

2.2.4.4 其他广东侨商企业参与内地产业合作的案例

现阶段，广东侨商企业参与内地产业合作正如荼如火地开展着。除正大集团外，还有其他很多企业参与其中，以下简单介绍几个案例。

(1) 澳门侨商企业投资广西旅游业。

澳门企业家施清平到北京、上海、贵州和广东各地考察，投资领域涉及酒店服务、农业种植和房地产。近年来，他决定从中国边境小镇广西防城港开始，为广东侨商企业参与内地产业合作开辟路径。因此，施清平积极与防城港沟通，改善防城港区的道路交通状况；计划为当地归侨提供服务技能培训，并利用归国华侨的语言优势培养国际服务人才。2013 年，广西正式批准设立防城港十万山海外华侨林场，在防城港区建立十万山瑶族城镇，在区域经营和经济发展方面提供更多优惠政策。施清平借此“东风”计划，利用旅游度假别墅项目推动当地瑶族文化和创意产业的发展。随着中国与东盟合作的深入，“一带一路”建设在广西防城港市具有得天独厚的地理优势，逐渐成为中外企业投资产业转移的热点。

“目前，澳门很多公司都对广西的投资环境持乐观态度，希望利用广西的优势来开拓东盟市场。”同时担任澳门国际商贸交流促进会主席的施清平有一个长期计划，他希望自己在桂的投资经验能够成为不了解广西投资策略的澳门企业家的“模范”。①

(2) 深圳市侨商企业参与江西建设。

为帮助广东侨商企业转型升级和创新，与西（中）部地区的产业梯度转移建立交流合作的平台。2018 年 12 月 16 日至 17 日，深圳市委统战部副部长、华侨联合会主席、侨务办公室主任、深圳华侨代表团团长马勇智到江西省九江市开展“海外企业西（中）部”活动，与当地重点投资项目联系，寻求投资合作机会。深圳华侨企业代表团的许多成员与当地企业或工业园区达成了合作意向。江西省外事办检查员吴建民，九江市委常委廖启智、副市长连启智会见了代表团。

“侨商企业西（中）部”活动是由侨务办公室牵头的品牌活动，旨在引导海外华人参与中西部地区的发展。近年来，深圳市华侨事务部主动积极帮助海外华人企业“请进来”“走出去”，组织海外华人企业积极参与西（中）

① 中国新闻网，http://www.chinanews.com/hr/2016/11-22/8070902.shtml。

部的建设，并取得了实际成果。深圳华侨企业代表团参观了九江市展览馆，参加了九江投资促进会，并参观了九江经济技术开发区的峨眉台、上岗集团、阳明电子、双创基地和徐阳雷迪，考察了九江云居山旅游开发项目和南昌市汉江新区共青城，了解了当地重点企业和特色工业园区。参与此项活动的深圳华侨企业涉及广泛的领域，包括仓储物流、股权投资、新能源、新材料、金融、房地产、旅游、农业、生命和健康。其中，许多海外华人企业家已经做好准备，结合自身产业发展的方向和需求，摒弃了一个又一个相关投资战略，解决合作开发的问题，引起了当地政府的关注。

深圳华侨商会副会长兼香港华生旅游投资发展有限公司总经理邱红梅拟投资开发九江瑞昌市红色旅游项目，罗文江等九江市领导立即指示有关部门跟进。听说深圳市海归协会副会长、深圳市浩达丰农业生物技术有限公司副总经理陈雄打算在当地开展健康的农产品项目，九江市商务局副局长王斌立即跟他进行详细讨论。深圳华侨联合会副主席，南瑞泰集团董事长钟国双提议进一步了解当地光伏产业的发展，九江市外事办公室立即加大了检查行程，并对当地一家光伏产业公司进行实地考察。深圳华侨企业成员取得了巨大成就。当地政府也对江西省外事办公室、华侨联合会和九江侨务部“牵金线、搭金桥”表示感谢。①

（3）深圳侨商企业帮扶侨民。

出生在外籍人士家庭的黄亚七并没有忘记海外侨民的兄弟姐妹。在成立公司十多年后，他已帮助数千名外籍人士在公司工作，并得到外籍人士兄弟姐妹的好评。在公司成立时，只有 30 多名工人，其中大多数是外籍人士。正是由于侨民兄弟姐妹的帮助，公司战胜了许多困难。公司质检部经理黄越秀也是侨民。六年前，她是三井银行股份有限公司的普通员工。三井银行公司搬走后，她去黄亚七开的工厂申请工作。听说海外侨民来到这里时，黄亚七非常高兴并毫不犹豫地同意了。因为她有六年的工作经验，所以她不久就成为质量检验部门的经理，负责产品的质量检验。

① 江西省人民政府，http：//www. jiangxi. gov. cn/art/2017/1/17/art_ 5442_ 342006. html。

“只要光明华侨中心介绍，无论是否知晓，只要是海外华侨的孩子，我都会想办法帮助他们找到工作，这比整天都在打麻将好。”黄亚七说，“来这里工作的华侨的家庭相对贫穷。特别是40岁、50岁的华侨华人在再就业方面更为困难。因为他们没有田地，大多数是低收入家庭，他们依靠租用土地种植蔬菜。在这里工作通常是一份没有裁员的工作，他们也可以自由来这里工作，我试着给他们一个轻松的工作环境。然而，随着光明新区的经济发展，侨民的生活水平逐步提高，现在工厂工作的侨民越来越多。”

黄亚七谈到了新区海外侨民工作和生活的现状，他对侨民有很深的感情。他说他几十年来一直生活在侨民中间。他们的观念相对落后，他们无法向原来的村民或外人学习，他们的自尊心很强，但自尊往往会阻碍他们的发展。“现在最大的问题是，大多数外籍人士的教育水平相对较低。即使政府帮他们找到工作，他们也会失业，因为他们很难与工作相匹配。”由于保守的思想和自尊的观念，虽然这些人都住在一个村庄，但彼此并不认识，侨民未能与原来的村民和农民工充分融合。作为全国政协委员，他将深入调查和研究海外侨民，并建议有关部门和社区开展网络活动，采取一对一的形式帮助海外华人。他坚信，在政府和各行各业的帮助下，侨民的生活将会越来越好。①

（4）长沙“麓谷”成侨商产业聚集区。

长沙高新区位于湘江西部，岳麓山下，素有“岳麓山硅谷”之美誉。这个被称为“麓谷”的地方，逐渐成为海外华商的聚集地，是海外华人的投资和创业高地。开放和崛起的湖南吸引了来自世界各地的华侨华人，海外华人商业项目涌入。目前，长沙有1000多名海外华商，在过去五年的到位资金是93亿美元，占外国投资总额的77%。积极吸引人才，聚集人才，通过国家“千人计划”，湖南“百人计划”和长沙“313计划”，湖南引进了229名海外高层次人才，其中海外华人占80%以上。经过20多年的发展和建设，长沙高新区已形成了新材料、生物医药、新能源、节能环保、现代服务和环境保护等优势产业集群。与此同时，中国的第九个“侨梦苑”落户长沙高新区，麓

① 《宝安日报》，http：//barb. sznews. com/html/2016-11/24/content_ 3670886. htm。

谷成为海外华人的“桥谷”，以实现他们的创业梦想。据悉，“侨梦苑”近300名华侨商人产值达1000亿元。“侨梦苑”拥有5000多名海外人才，其中90%以上是归国华侨和留学生。

依靠生物医药领域集群的优势，麓谷正在逐步开展海外业务。跻身全球制药领域前五名的罗氏制药的首席科学家王军于2012年退休，担任盛翔生物科技的首席技术官，并坚信湖南将在未来的全球医疗中发挥模范作用。曾在多家美国制药公司从事生物医学研究的刘晓忠于2010年来到长沙进行创业，最近，其核心科研项目“药物颗粒的微纳化与推广”已进入样品质量阶段、生产和临床准备阶段，产品利用率远超过市场上其他同类产品的30%。为海外华人企业量身定制的创业环境，提供了“全时保驾护航”和“保姆式服务”，使海外华商迅速取得丰硕成果。曾在美国从事癌症创新药研究达十余年的周文强应邀加入长沙方胜药业有限公司，他研发的新型结肠直肠癌药物将延长患者的生命。这是世界上任何抗癌专用药难以实现的。巧合的是，美籍华人蔡晓华在政府资金的支持下实现了“科技创业梦”，三诺生物传感公司终于上市，成为中国血糖仪第一股。

心怀故土、情系桑梓，越来越多的华侨回到长沙投资创业，深入利用麓谷生物医药领域的创业环境，在健康产业取得了巨大成就。①

（5）侨商企业参与连云港的建设。

根据江苏省侨务办公室消息，连云港市市长项雪龙会见了丰益国际董事会主席、益海嘉里集团董事局主席郭孔丰，并受省政府委托授予其“江苏国际”合作贡献奖。连云港市职务王家培、徐家宝，连云港市政府秘书长匡中远、连云港市外事办公室主任李亚等领导出席了会议。项雪龙强调，江苏省“两会”的重要讲话和报告反映了省委、省政府高度重视和关心连云港的建设和发展。在推进新一轮沿海开发中，连云港牢固树立了绿色发展的新理念，进一步明确了产业定位和发展方向，有效处理了经济发展与环境保护的关系，努力构建沿海最强的产业集群。在此过程中，连云港市致力于创造优越的投

① 搜狐网，http：//www. sohu. com/a/80391381_ 230347.

资环境，促进现有企业做大做强。希望双方进一步深化交流与合作，促进企业更好、更快地发展，为连云港经济建设做出更大贡献。郭孔丰说，连云港地理优势明显，前景广阔，益海嘉里集团将严格遵循环保安全标准，有效建设公司项目，进一步加强合作，积极拓展投资领域，努力创造连云港发展亮点，促进当地经济社会发展。

据悉，新加坡丰益国际集团和益海嘉里集团（连云港）是连云港外事办的侨商企业，为连云港市经济社会发展做出了积极贡献。在发展事业的同时，侨商企业始终把履行社会公民责任作为一项重要使命，在救灾、学生救助项目、康复项目、援助残疾、教育激励、慈善捐赠等方面做出了突出贡献。①

（6）以侨为“桥”推动特区再出发。

2014 年 9 月 15 日，华侨试验区获国务院批准，成为“华侨”唯一的国家级创新发展平台。近年来，华侨试验区坚持高起点规划、高标准建设、优质投资、高效服务、高端领先、创新领先、人才引领、现代化领先的发展理念，起步区的建设取得了初步成效。海外华人交流、发展和创新的格局已初具规模。截至 2018 年 6 月，华侨试验区规划面积 4108 平方千米，注册企业 480 家，总注册资金 581.14 亿元，其中大部分为高新技术企业和总部企业，成立了以海外华人为核心理念“华侨董事会”的全国首个区域股权交易市场。“广东华侨金融资产交易中心”获批经营，建立了 200 亿元华侨产业基金。截至 2018 年 7 月，共有 518 家上市公司（7 家股份制企业和 511 家有限责任公司），总融资额为 69.35 亿元。上市企业中的 2 家企业通过华侨董事会增资 4119 万元，9 家上市公司实现了股权分置改革并转入“新三板”。汕头市利用侨乡的优势，借助华侨试验区的平台，吸引海外高技能人才，培养后备力量，打造华侨华人回归中国的基地。通过“走出去，请进来”，积极推进汕头市人才吸引战略，切实为汕头市工作服务。目前，汕头市已在美国硅谷、洛杉矶、加拿大温哥华和英国伦敦设立了四个海外人才工作联络站。2017 年 11 月，中

① 连云港市人民政府，http://www.lyg.gov.cn/zglygzfmhwz/wjpzyhd/content/2028179d-7f47-4211-8d6a-3ab614f3f369.html。

国科学技术协会海智计划首次在广东（汕头）、海智基地（香港）工作站成立。①

通过对正大集团及以上 6 家广东侨商企业参与内地产业合作的案例进行简单的分析，研究发现：第一，大多数广东侨商企业具有参与内地产业合作的强烈意愿，他们擅于把握当地政府或者侨办为参与内地产业合作创造的机会。第二，内地侨商产业聚集区的建立为广东侨商企业参与内地产业合作提供了一种崭新模式，有利于发挥广东侨商企业集群的优势。第三，广东侨商企业家极具创新精神，他们具有很强的“心怀故土、情系桑梓”的情怀。第四，内地各政府鼓励广东侨商企业参与当地产业合作，并为其搭线牵桥。

综上所述，广东侨商企业参与内地产业合作是大势所趋、人心所向，这既是广东侨商企业拥有家国情怀的结果，也是其资本逐利的结果。

2.2.5 广东侨商企业参与内地产业合作新趋势及共赢选择

2.2.5.1 广东侨商企业参与内地产业合作新趋势

（1）加速广东侨商企业转型升级。

广东侨商企业在华平均投资规模已超过欧美、日本在华企业投资，作为推进中国改革开放和市场经济体制逐步完善的驱动力量之一，侨商企业能在改革开放的浪潮中得以窥管见豹。经历了亚洲金融危机和 20 世纪 90 年代确立社会主义市场经济体制的系列改革措施后，侨商企业优胜劣汰，其中一些低端产业与传统劳动力指向型产业遭到淘汰，而资本、技术指向型产业与服务业获得发展空间；同时，在金融危机的洗礼后，广东侨商企业在中国经济快车中增强了国际竞争力，整体实力得到提升。广东侨商企业规模也在不断扩大。层次低、规模小是侨商企业给人留下的社会印象。其实，这已成为一个认识误区。1992 年以前，在平均规模方面，港澳地区企业的确最小，低于欧洲、美国、日本；后来港澳地区企业投资平均规模逐渐扩大，与欧洲、日本的差距逐渐缩小。2007 年以前，各经济体投资平均规模相差并不大。但此

① 《汕头日报》，http：//strb. dahuawang. com/content/201808/14/c32260. htm。

后，新加坡对华投资平均规模便一直稳居第一位，并且扩大了与欧美、日本投资项目的差距。港澳地区平均投资规模则于2008年超过欧美和日本，差距亦呈扩大之势，仅在2013年低于日本。这主要是因为，广东侨商企业与中国经济共同发展，更适应变动不居的中国投资环境，从而不断壮大。

（2）侨商科技产业与新兴战略性产业表现突出。

在新兴战略产业规划战略的指导下，中国的内部产业结构不断调整和优化。高附加值加工制造、节能环保、信息和生物医药等新兴产业吸引了大量资金，包括海外华人。沿海华侨企业逐步退出传统的劳动力和低附加值加工产业，逐步进入研发、制造和销售同步发展，自我完善的成熟阶段。产业集聚转向资本导向型和技术型产业，并将在战略性新兴产业布局发展过程中发挥行业影响力和商业示范效应。

目前，全球电子信息产业进入“全产业链”竞争时代。海外商家电子信息的核心竞争力不再依赖于单一的优势技术或产品。产业链整合能力是决定竞争成败的关键。许多优秀的海外华人企业已经进入跨国公司的供应链，但迫切需要提高整合产业链的能力，通过整合产业链成为集成商。回国留学的华侨华人在中国开展业务，促进了中国在新经济、新技术、互联网、信息技术、通信和媒体等新领域的发展，也促进了产业创新。通过向先进国家学习科学技术，中国自身的技术创新日益活跃。海外华人企业家团队和“全球华人创新网络”已成为海外华人企业家推动海外华人企业创新发展的重要力量。在探索出路转型升级的过程中，海外华人企业已经探索了许多市场化的创新模式，并出现了许多值得借鉴的典型海外企业。

（3）广东侨商企业积极参与内地产业合作。

广东侨商企业在市场、技术、资本等各个领域均呈现出本土化倾向，与国内企业趋近乃至融合，广东侨商企业“侨商”的特色逐渐被弱化。第一，广东侨商企业从以西方发达国家市场为主转向以中国境内市场为主，目前，大多广东侨商企业主要面向本土市场，参与内地产业合作，如正大集团几乎在我国所有省区都设立了分公司。第二，广东侨商企业技术与管理人员日益内地化。最初侨商企业的高管都来自中国香港、新加坡等地，如今，国内职业经理市场为之提供了充足的人力资源。技术由国外引进走向本土研发，或在参与内地产业合作中实现创新。第三，侨商企业融资方式也逐步转向依靠国际和国内金融市场。与此同时，在中国创新和创业的侨商企业数量正在增加。但必须承认，在逐渐本土化和融入中国经济的过程中，其对中国经济的贡献并未因其特征的下降而削弱。此外，同化现象也体现在许多海外华商或华侨商人冒险离开中国以获得海外华商的地位，然后返回中国投资。例如，开曼群岛、维尔京群岛和其他离岸自由港以及中国香港等地的企业中有一些是国有企业。在国外取得国籍或永久居留权之后，也有不少新移民拥有长期的国内业务。他们被称为“假海外华人”，他们的资本被称为“假外国资本”但其与“华侨企业”的定义是一致的，这是海外华商比例扩大的原因之一。事实上，这种现象反映了资本跨国化日益突出的趋势，其中包括人力资本。国家边界的障碍往往很低，全球化的流动越来越普遍。随着中国市场化和国际化的日益广泛和深入发展，作为资本的侨商、作为人力资本的华商，其特殊性将日趋淡化，随着广东侨商企业积极参与内地产业合作，将进一步加强其与中国经济的整合（赵健，2018）。

2.2.5.2 广东侨商企业资本逐利的共赢选择

随着国内经济体制改革的深化和中国经济的飞速发展，广东侨商企业同中国经济一起转型升级，并在对中国经济增长做出贡献的同时全面融入其中，呈现新的特点。改革开放40多年来，海外华商对中国投资的贡献得到了政府和学界的高度评价。为营造良好的“共赢”局面，本书提出以下建议。

（1）鼓励广东侨商企业参与内地产业合作。

政府相关部门对广东侨商企业参与内地产业合作的问题进行定期研讨，当地政府积极实行广东侨商企业参与内地产业协调发展策略，确保政企联动，及时解决广东侨商企业参与内地产业遇到的实际困难。当地政府各职能部门积极加大“依法护侨”工作力度，制定广东侨商企业参与内地产业的相关保护法律法规，健全涉侨投诉纠纷解决机制，保障侨胞的各项权益。当地政府应该积极制定有利于广东侨商企业参与内地产业合作的政策法规，在税收减免、市场准入和信息共享等方面给予支持。不仅要做好前期宣传、引导工作，吸引广东侨商企业进入，还要做好后期筹备、安置工作，确保广东侨商企业与内地产业的无缝衔接。

（2）为侨商企业提供更多的合作发展优惠策略。

首先，政府应建立海外办事处、法院、商业、土地、税务、工商业联合管理机制，并建立海外华人企业商业联络部和华侨企业协会，以及时解决华侨企业的实际困难。其次，各职能部门积极开展“依法保护侨商”工作，制定有关侨商企业参与内地产业合作发展的相关法律法规，完善侨商投诉纠纷解决机制。最后，建立“侨商企业专线”，积极处理侨商企业的发展问题和发展意见，并做好反馈。此外，各职能部门要积极做好华侨企业的信息保护工作，为优质侨商企业颁发相关证书，帮助其修改行业战略，积极提供各种可能的优惠策略，实施支持和激励策略。

（3）建立并调整内地招商服务机制。

建立调整投资服务机制主要从以下几个方面入手：①提高政府服务能力。确保实施支持战略，建立企业信息联网机制，规范吸引商家行为，取消违法收费。同时，建立了海外华人出入境审批制度，为海外华商及其子女提供优质服务。②创新吸引投资模式，鼓励海外华人企业加大研发力度，积极建立国际合作渠道，加强广东侨商企业参与内地产业的合作。同时，建立投资产业链，促进形成企业集聚效应。③政府做好引导工作。政府应及时向海外华人企业提供最直接的发展指导，介绍相关支持项目，建立一站式服务咨询模式。④完善跟踪服务。在海外华人企业投资后，应当跟进配套服务，履行招商引资承诺，加强侨务信访工作，做好维权工作，接受来自沿海华侨企业的投诉。⑤做好人才培养，树立人才战略。制订高校人才培养计划，建立校企合作培训机制，积极吸引高端人才，全面提高技工的工作效率（齐军力，2017）。

3　互联网时代广东侨商企业转型升级的概况

3.1　互联网时代侨商企业转型升级的必要性与意义

3.1.1　广东侨商企业转型升级的时代迫切性

3.1.1.1　是适应外部动态变化因素，满足自身成长的要求

在我国近年来的发展过程中，互联网等信息技术的发展日新月异，取得了极大的成就。随着大数据、云计算、人工智能等新一代信息技术的发展以及国家层面的政策支持与鼓励，互联网加速了对传统行业的渗透和融合，推动各行各业发展进入一个新的“互联网+”时代。“互联网+”代表着一种新的经济形态，通过依托互联网信息技术实现互联网与传统产业的联合，优化生产要素、更新业务体系、重构商业模式，以完成经济转型和升级。互联网时代下，应充分发挥信息技术以及政策优势，利用互联网带来的政治、经济、社会和科技环境的变化，将互联网与传统产业深入融合，以产业升级提升经济生产力，最后实现社会财富的增加。

随着互联网时代下经济形势的不断变更，企业的生存环境也在发生着转变，维持持续发展的能力要求也在不断提升。当企业面临危机或生存威胁的时候，持续低迷的绩效、管理层的不作为、组织的冗余低效率、政策规制等因素都导致企业需要进行转型。但是转型不应该只是企业为了摆脱困境被动选择的一种策略，而是企业为了适应环境的转变，通过调整自身发展战略的方式来自动突破，甚至是革新。在环境压力下，企业有了转型的需要，根据外部经济环境和内部自身条件的转变，企业需要寻求适当的发展战略和模式。企业需要依靠原有资源优势，为实现优化流程、降低风险、追求利润最大化

的目标，重新定位战略方向，摆脱当前经营困境并获得新的增长机会。

所以企业出现转型的要求，一方面是外部环境促使的，另一方面是企业内在需求驱使的，但无论哪种情况都不是一成不变的，所以企业转型升级也应该是一个动态的、不断调整的过程，以确保企业能够适应不断改变的新环境。所以在当今的互联网时代下，对于企业来说，转型升级是满足自身成长的要求以及适应外部动态变化的必要手段。

3.1.1.2 是促进资源优化配置，提高企业经营集约化的要求

传统产业规模萎缩、客户普遍流失，面临着严重的生存困境。传统行业一直是国民经济基础，在互联网大潮的席卷下，传统行业受到了极大的冲击，许多企业面临着产能过剩、销量下滑、库存积压、利润持续降低的危机，即使是大型企业，如今在市场的狂潮中也面临着巨大的挑战，而那些经济基础薄弱的中小企业，随时都有被市场淘汰的可能。随着传统企业经营困境的凸显，“去库存”压力日益增大，企业经营效益显著下降，市场萎缩导致需求减少，企业产品库存一直上涨，库存周转率持续下降，企业去库存压力逐渐增大，经营效益普遍下滑。

而转变经济增长方式、调整经济结构、全面适应经济发展新常态是我国“十三五”发展的基本战略。宏观层面上，国家经济处于转型发展的关键时期，虽然我国经济总量已位居全球第二，但是经济发展的质量亟待提高，尤其是近年来经济环境也出现了一定的变化。我国市场总体表现已经转变为供大于求的局面，出口增速大幅下降，以房地产和汽车行业代表的住行为主的国内消费结构也进入了调整期。我国传统的粗放型经济发展过程中留下的隐患也不断显现，过去仅仅依靠供不应求的市场需求、低廉的要素成本就能实现低效率数量扩张的模式，具有高投入、高能耗、高污染的特征，也面临着迫切转型的压力。

传统的侨商企业以往依靠的是生产成本低的优势，往往在发展过程中处于价值链的下游地位。随着生产要素成本的提升，低成本优势逐渐开始丧失，因此传统产业的改革创新的发展探索势在必行。劳动力、土地、资金等生产要素成本有所提升，资源价格持续上涨，企业的成本也在不断提高，传统的

依靠低成本获取企业竞争力的发展模式已经明显不适应当今经济环境的要求。以往传统侨商企业的生产经营模式是规模化、批量化的，他们采取这种大规模批量化的生产模式就是为了降低生产成本，从而在与其他企业竞争时获得优势。但其弊端也很明显，那就是无法满足消费者的个性化需求，灵活性不高，造成大量的库存积压。并且许多传统侨商企业经营的核心是提高生产效率。传统侨企往往把生产效率视为主要指标，将规模经济作为首要考虑因素，采用大规模生产的方式，以求降低单位产品的固定成本，并以此来扩大其市场份额，尽量使用单一产品去满足广大消费者的需求，发展质量低下。而随着各种生产要素成本的提升，企业的经营成本大幅提高，竞争压力进一步增大。从成本端来看，不断增长的成本是企业不可忽视的门槛。

互联网的发展则为经济的集约化发展提供了路径。互联网已经与以贸易全球化、金融全球化、信息全球化等为标志性特征的经济全球化密切联系在一起，网络的发展使得与信息相关的生产要素的流通都变得相对简单，技术、资金、信息等生产要素的流动性得到极大的增强，获得成本因网络的存在而相应降低，且空间的约束日益放松。通过互联网的应用，在当前的经济运行与生活方式中，去除或优化价值链中冗余部分，将逐步改变信息传播、生产、交易以及管理方式。互联网经济的发展，使得全球资源全部重新配置，企业的结构也需要相应重新配置。我国的互联网发展程度仅次于美国，传统企业要将信息技术融入工业，将产品进行连接配套，进而拓宽产品渠道，提高销售水平。

“互联网+”的提出给传统侨商企业带来了一个转型的好契机。互联网时代下，通过信息技术的发展，如大数据、云计算等实现消费需求的数字化、网络化，以解决传统企业产品滞销、产能过剩的问题，从而进一步促进企业从生产、经营到管理的集约化发展。同时，企业的集约化发展也顺应了国家经济转型发展的战略要求。依托“互联网+”转变粗放式的成长战略，通过依靠技术进步、提升劳动者素质、创新管理模式来实现转型。而企业成功转型升级，也是国家实现集约化发展方式的微观基础。即“互联网+”的提出为国家整体经济以及企业微观经济的转型升级提供了坚实的基础及发展的路径。

3.1.1.3 是适应市场需求模式变化，提高企业竞争能力的需要

无论在何种市场营销模式下，消费者作为营销的终端，对整个营销体系有着决定性的影响。因为企业的最终目的是要将所生产的产品销售出去，引导消费者对自己的产品进行购买，消费者的消费决定着企业的生产，由此可以看出消费者在供需市场中的主导作用。企业生产的前提是市场需求，需求的推动是企业发展的基础。

而在互联网时代下，随着科技的进步以及经济的发展，社会财富不断增加，人们的收入和生活水平持续提高，消费需求和水平也都在不断提高，所以消费者对传统企业所提供的产品或服务的要求也会有所提高，企业通过传统生产方式提供的产品或服务无法适应社会新需求。互联网时代下，消费者的需求发生了如下一些变化。

（1）消费需求中的自主性不断增加。

在多样化的产品供应中，消费者不愿被市场束缚，往往会凭借自己的意愿对想要的商品进行自主选择。“互联网+”时代的消费者不喜欢被动接受消费品和消费服务，他们更倾向于选择流行、时尚、前卫的新鲜事物来彰显自我魅力。这种倾向性的选择缘于互联网把产品、信息、应用和服务连接起来，使消费者有庞大的信息源进行自主搜索。消费者如果想购买商品，可以方便地找到同类产品的信息，并根据其他消费者的消费心得、消费评价做出是否购买的决定。也就是说，“互联网+”的消费时代最大限度地扩大了消费增量，盘活了消费存量，强化了消费者自由选择、自主消费的系列权益，技术的进步使得消费行为更加便捷化，互联网的发展使得消费者在消费的过程中拥有更多的自主选择权。

（2）互联网的出现使得消费的需求更加多样化。

在网络飞速发展的时代，消费者群体逐渐向个性化发展。随着社会的进步与发展，人们已经不再满足于简单的基本物质生活需求，对特色化、趣味化的需求更加强烈。互联网时代下的消费者已经厌倦现实市场上单一化的产品样式，对新奇、新鲜事物有浓厚的好奇心。以互联网为载体的新兴消费正好满足了人们的需求。消费者置身于资源丰富的网络世界中时，不仅能够借

助互联网的特点进行方便快捷的消费，还可以从互联网所提供的大量产品中进行选择。他们在进行产品选购的时候，不会拘泥于某一品牌，而是利用网络产品类型多种多样的特点，对不同品牌的产品进行比较选择，从而选出样式新颖、功能齐全的产品。网络营销的发展使得消费者有多样化的选择，从而使其能得到不同的消费感受。

（3）互联网时代下的消费需求要求更多的互动性。

传统消费模式与商业模式形成的根本原因在于供给与需求在时间和信息获取上的非同一性。在传统消费模式中，供给方依照自身对于市场和消费者的理解，自行设计制造商品和服务，通过各种销售渠道到达消费者手中。在传统模式下，消费者是商品服务的被动接受者，同时因为技术、资金等各方面的限制，供给方很难满足需求者的个性化需求；商品流通的中间环节为各种类型的商业机构充当了供给方和需求方的中间枢纽。但在“互联网+”背景下的消费模式中，互联网为消费者和商家搭建了一个快捷而实用的互动平台，供给方直接与需求方打交道，中间枢纽环节被省去，供给方与需求方直接形成了消费流通环节。同时，互联网使得个性化“私人定制”成为可能，消费者通过互联网直接将自身的个性化需求提供给供给者，能够亲自参与到商品和服务的生产中；生产者则根据消费者对产品外形、性能等多方面的要求提供个性化商品。“互联网+”间接地促进了消费个性化趋势的形成，消费者成为商品和服务生产的出发点与归宿，与生产有了直接紧密的联系。这种互动性体现的不仅是一种商业模式，更代表着未来新经济和新文化的发展方向和趋势。

（4）互联网的普及与发展使得消费需求具有更多的便捷性。

在网络发展的时代，一人一台（部）电脑（手机）就可以随时随地进行产品选择，网络模式下的营销是不分昼夜，24 小时持续进行的。消费者可以利用手中现有的设备随时随地进行消费，即互联网的出现使得消费打破了时间和空间的限制。而传统消费由于时间、空间限制，在消费内容、消费时空上都受到客观条件的限制，互联网消费由于成功运用了互联网技术，使得传统消费的时空限制趋于消失，形成了一种无边际消费模式。

首先，互联网使得消费者对于商品种类的需求更加无限制化。当前各个电商在互联网上销售各种各样的商品和服务，特别是为消费者提供了大量个性突出的非标准化产品，如图书、影视、音乐和游戏等。在互联网技术的蓬勃发展背景下，互联网能够以无限的商品来满足消费者的需求。其次，互联网使得消费者对于消费空间的选择更加无限制化。随着互联网在全球普及范围的逐步扩大，消费者能在世界各地购买世界各地的商品和服务，互联网具有超越国家和地区边界的能力，使得互联网时代下的消费需求也要求更多的空间无边界化。最后，消费者需求要求更高的购买效率。网络技术的不断创新，使得包括商品搜寻、支付手段等在内的各种消费支撑技术得到了充分的发展，使得消费者进行购物时要求更加方便快捷的体验。

如上所述，互联网技术的发展通过对消费者心理以及行为习惯的改变，很大程度上改变了当前市场中的需求模式。而传统侨商企业一般处于价值链的低端，技术和管理相对落后，原先的产品性质、经营模式、组织形式，甚至是企业文化，都有可能不适应新的或提高了的社会需求，成为企业进一步扩张或持续良好发展的制约因素，使得企业在满足市场需求的过程中需要付出更多的努力，通过对产品或者服务供给方式的不断优化满足互联网时代下消费者不断变化的需求。

3.1.1.4 是把握技术革命新契机， 实现企业创新发展的历史机遇

从历史发展过程来看，技术进步是推动社会发展的动力。世界经历了以蒸汽机的发明和应用为标志的第一次技术革命，以电气化为标志的第二次技术革命，以微电子技术的发明和应用以及原子能、航天空间技术为标志的第三次技术革命，当前处于信息化的时代，互联网、云计算、大数据、物联网等网络技术引领了新一代的技术革命。在此背景下，生产技术、信息技术、管理技术的进步和创新，也成为企业成功转型的必要保障。

潜在的新需求的产生、发展和壮大是推动企业成长的基础，但是必须以技术创新作为支撑，生产技术、信息技术、管理技术的不断进步和创新，推动企业有能力去逐步满足市场需求。而传统企业的产品往往处于价值链的低附加值端，一些传统企业的产品长久得不到更新和改进。时代在不断进步，

消费者的需求在不断提高，而产品却没有跟上发展的步伐，生产与管理技术落后，满足个性化需求的能力有限。此外，产业素质不高、缺乏自主品牌、缺乏核心技术等问题，导致企业在市场之中缺乏核心竞争力，有可能随时会被市场所淘汰。社会需求的产生，促使新产品问世，而新产品的设计以及生产都取决于技术的创新和进步。技术进步逐步满足社会需求，刺激需求规模扩大，进一步创造新的需求，所以对企业成长而言，技术进步和创新是根本动力，同样也是激励传统企业转型的动力。

互联网技术为企业发展创造了平台。传统企业的生产经营管理，都是在线下完成的。而互联网经济时代，网络技术的发展和应用，使得信息更透明、更充分，人与人之间的联系更便利、更密切。体现在企业经营上，互联网平台的应用，能够使得企业更智慧地实现从生产到销售的过程。网络传播信息的低成本高效率使得企业能够更准确地把握市场需求，组织生产；电子商务的开展能够使得企业突破区域、市场等空间限制，构建在网络平台上的世界是平的，所以企业可以获得更广阔的市场以及销售机会。

互联网技术的发展促进了大数据、云计算、智能化、移动互联网的发展与应用。当前是一个数据化时代，大数据的挖掘和应用越来越受到重视。管理经营各方面都需要实现数据化管理。在企业内部，可以通过数据化手段实现更有效率的生产经营管理；企业外部数据的挖掘和分析，如上游采购、下游销售、横向竞争者等数据，可以帮助企业更好地了解合作者或对手，依此制定更有利于自身发展的决策。例如，在数据化管理的应用上，沃尔玛曾委托美国休斯公司发射通信卫星，用于数据交换和物流管理，并通过全球卫星定位系统来调控全球门店，每一家门店的进货、销售、库存等数据都可以通过卫星及时反馈给本部进行处理分析，这也是沃尔玛稳居全球500强前列并连续保持第一的科技保障。

互联网增强了技术的可实现性。导致企业提供的新产品或服务市场需求规模有限的一个重要原因，就是技术风险。按照产品生命周期理论，新兴产品是以技术进步创新为基础的，新的技术催生新的需求，带来新的产品。但是新技术的风险性较高，新兴产品能否满足需求有待市场的检验，对企业而言，技术风险也是产业转型是否能够成功的重要影响因素。所以互联网对于技术可实现性的增强也更有助于企业提供新的产品或服务，从而降低转型的风险。

“互联网+”环境下，通过信息通信技术、互联网技术能够实现对社会资源的充分整合，进而推动经济形态趋向多样化。互联网交易额和交易规模的快速增长，反映了消费者对互联网交易的追捧和依赖，加快传统企业与互联网融合，推动传统企业转型升级，是当前时代发展潮流所向，是新经济发展的主旋律。

3.1.1.5 是保持竞争优势，促进企业持续发展的需要

在市场经济中，企业竞争力最直观地表现为一家企业能够比其他企业更有效地向消费者（或者市场）提供产品或者服务，并且能够获得使自身得以发展的能力或者综合素质。

从现有竞争者的竞争能力考虑，传统侨商企业多停留在劳动力密集、土地密集等低成本生产要素竞争的生产阶段，所以势均力敌的竞争对手较多，竞争参与者范围广泛，市场趋于成熟，产品需求增长缓慢，竞争者提供几乎相同的产品或服务，市场的同质化严重，使得用户转换成本很低，现有竞争者之间的竞争激烈。而互联网的出现催生了新的商业模式，企业之间的竞争也从传统的产品、渠道和营销等单一活动过渡到品牌、系统、思维等战略化行动的竞争中，为企业在同质化的竞争中突出自身特色优势提供了条件，所以在互联网时代，传统侨商企业借助“互联网+”实现转型升级，对于脱离同质化的市场竞争，取得差异化的优势就显得至关重要。

从潜在竞争者进入的能力考虑，互联网降低了许多中小企业以及传统企业的进入门槛，意味着越来越多的潜在竞争者有能力进入市场。互联网企业所具有的开放性、协作性、高效率是多数的传统行业所不具备的，互联网具备更加开放的平台，让传统行业能在这些开放平台中完成升级，从而让双方都获取更多的利润。所以互联网的出现为潜在竞争者提供了更加便利的进入条件，而处在当前市场环境中的侨商企业也将面临更加激烈的竞争条件。但互联网的这些特性也为处于市场中的企业提供了更加包容的转型升级空间，

所以对于侨商企业来说，借助“互联网+”实现转型升级也有助于在潜在的竞争威胁中提升自身的竞争优势，以获得在市场中可持续发展的能力。

从购买者的讨价还价能力考虑，在互联网时代下，信息的传播广度及深度使得消费者有能力筛选出有价值的企业。网络媒体的便捷检索性和互动性使得消费者在互联网上查阅信息时，可以直接根据自己的需要去主动地查找信息资料。依托互联网，消费者成为信息传播的主导者，有更大的空间对企业进行筛选。这种用户皆可成为企业消费者以及企业信息传播者的现实状况，要求互联网时代的企业首先要突破传统的思维定论，即只为付钱的客户提供商品或服务。互联网时代，商业模式的基础是用户，企业以更好的体验、优惠甚至是免费的待遇、个性化的创新形式吸引用户，用户的体验评价反馈通过网络平台进行传播，具有显著的乘数效应，在消费者的信息选择能力和要求都大大提高的情况下，他们会筛选出有价值的企业。所以在互联网时代，能够创造用户价值的企业、具备互联网思维并以此改造自己商业模式的企业才能够更好地生存下去。

从替代者的替代能力考虑，互联网时代下出现了社群、平台型、免费以及O2O等多种新型互联网商业模式，其中，基于平台型商业模式发展起来的电子商务，对传统零售行业产生了强力的冲击。在传统行业一片惨淡中，电子商务反而呈现上升状态，2017年天猫“双十一”的最终交易额为1682亿元，2018年最终成交额则高达2135亿元，网络零售市场的交易规模在飞速增长，这一增长态势对传统行业造成的冲击越发巨大。许多以电子商务起家的互联网公司也开始涉足传统行业领域，并且通过新的互联网思维对传统产业进行改造。曾经仅在线上狂欢的“双十一”已经深入到线下延展至供应端，并调动着千万个品牌商、商超、百货购物中心、物流、金融企业一同联动。据网络数据统计，100个新零售商圈、20万家智慧门店、62家银泰百货、41家居然之家、近100家盒马鲜生、470余家新零售商超、100万饿了么和口碑商家为“双十一”配备了资源。所以来自互联网时代下新型商业模式的冲击正在并将持续地影响传统行业的生存与发展，传统企业必须通过不断的转型升级融入新的“互联网+”环境，才能在激烈的市场竞争中生存。

从供应商的讨价还价能力考虑，互联网的出现扩大了供应商交易的市场范围，使得供应商可以在拥有上千万用户的平台上发布自己的商品，极大地扩大了商品展示信息的覆盖范围，并且使得供应商通过网络平台为不同的消费者推送不同的商品，从而实现千人千面的精准营销。由于网络外部性，互联网会使得已经具有广大用户和卖家的平台获得更多的用户和买家数量，同时，供应商也通过买方市场的扩大提升了在市场中的议价能力。在互联网技术的推动下，大数据、云计算等技术在营销领域中的影响使得供应商可以更加精准地定位目标人群，提供差异化的产品与服务，优化产品质量，通过更强的差异化产品提供能力提高供应商的议价能力。互联网通过去中介化缩短了从供应到消费的交易链条，对供应商来说，增强了前向一体化的优势，使供应商能够更多地控制销售环节，如果供应商能够自己用原材料生产成品，自己销售，提升交易链条中的利润空间，相比供给中间商能获得更多利润，那么供应商就会拥有较强议价能力。所以在互联网时代下，面对供应商不断提高的议价能力，传统侨商企业会面临更加激烈的竞争环境，只有通过掌握“互联网+”环境下所需的相关技术，在管理机制、产品及营销等方面顺“互联网+”环境而为，不断加快企业转型升级，才能在激烈的市场竞争中获得持续发展。

通过对传统侨商企业在互联网时代下的竞争分析发现，互联网市场使企业市场自由化程度更高，但竞争形势也更加严峻，传统的侨商企业只有主动接受与拥抱互联网，通过企业自身的转型升级不断适应新的环境，才能在激烈的竞争环境中脱颖而出，保持企业自身的优势以及核心竞争力。

3.1.2 互联网时代侨商企业信息化升级的价值

3.1.2.1 有利于降低经营成本，提高企业竞争力

（1）侨商企业进行互联网转型升级可以降低企业的采购成本。

对于采购成本的控制，是企业降低产品成本的关键。侨商企业的采购如果管理不善，采购的原料价格过于昂贵或者质量低下，无论在生产过程中如何管理和控制，其产品的成本及售价都将受到直接影响。这是由于过多的人

为因素和信息闭塞造成的，侨商企业通过互联网转型升级可以减少人为因素和信息不畅通问题，最大限度地降低采购成本。互联网打破了侨商企业在采购过程中的信息不对称，侨商企业通过智能化的订购信息系统将采购信息进行整合，自动化从供应商批量订货，以求获得最大批量折扣。

此外，这种智能化的订购系统可以减少人为因素的干预，防止订购过程中的失误。同时这种互联网将生产信息、库存信息与采购系统连接在一起的模式下，可以实现实时订购，企业可以根据需要订购，最大限度地降低库存，实现“零库存”管理，这样的好处是，一方面可以减少资金占用，降低仓储成本，另一方面可以避免价格波动对产品的影响。例如，美国的 Dell 公司通过灵活的网上采购系统，将其零部件库存时间压缩到一周以内，而其他电脑公司则多达 1 个月甚至 3 个月。对价格不断下降的计算机硬件产品行业来说，积压库存意味着产品的零部件价格总是比现在价格高，这也是 Dell 公司能以比同行低 15%的价格进行优惠销售的重要原因所在。

（2）侨商企业进行互联网转型可以降低企业的经营管理成本。

首先，侨商企业实现“互联网+”转型升级可以提升管理沟通的效率。随着互联网通信和物联网技术的发展，侨商企业可以实现物与物的互联互通和人与物的互联互通，而且可以在日常的沟通管理中使用先进的互联网技术进行沟通，这样不仅提高人与人之间的沟通效率，而且提高人与物、物与物之间的沟通效率。侨商企业可以利用智能信息系统进行沟通交流，这个系统将各个部门连接起来，实现各部门之间的信息交流、信息共享，企业的管理者也可以通过这个平台发布消息，改变了传统的部门之间相互割裂的情况，缓解了部门之间的利益冲突，同时也提高了信息发布的效率。

其次，降低员工的培训费用。有关数据表明，越是优秀的企业，在员工的业务培训上投资也越大，打造学习型企业，培训是重要一环。通用电气、IBM 等著名国际企业，每年在内部员工培训方面的投入多达 10 亿美元以上。但培训费用昂贵，且培训效果难以衡量，导致无法使更多的员工享受到培训的福利。过去以制造业为主的侨商企业，由于机械设备复杂，操作困难，所以需要进行较长时间的员工培训，而且过去采用的是面对面的培训方式，企业花费投入巨大，效果却不佳。侨商企业通过互联网转型升级，采用智能化全自动化的生产设备，使得员工免去了长时间的培训，而且降低了对操作人员的依赖，节约了企业的成本。同时，网络培训的兴起降低了企业的培训成本。除了培训的直接投入大幅降低，网络培训的灵活性也减少了培训对企业正常业务的影响，培训隐性成本的降低更为可观。

（3）侨商企业进行互联网转型升级可以降低企业的营销成本。

随着我国市场经济体制的不断完善，销售对企业的重要性日益突出，因此许多企业不惜将巨额费用投入销售环节，导致企业不堪重负。与传统企业经营销售有所不同，互联网让销售渠道更广，通过网络，企业可以把产品销售到更远的地方，就是外国需求者也可以通过网络购买。此外，互联网还降低了销售成本。劳动者从搬运工转向提供顾客服务，从营销运输产品转向为顾客提供线上咨询服务，互联网降低了营销部门费用，降低了企业成本。

企业的营销成本主要包括销售人员费用、运输费用、销售管理费用、广告等促销费用等。在销售人员费用方面，侨商企业通过线上的销售渠道，降低了销售人员的成本，同时也降低了对销售人员的依赖。在线上客服方面，企业可以使用智能客服来为顾客进行 24 小时的解答，并且提升服务的响应率和响应速度，从而提高顾客的满意度。在运输费用方面，通过线上和线下销售的结合，可以使侨商企业的销售范围扩展至全国，乃至全球，而且可以实现 24 小时营业，打破了空间和时间的局限性。同时，侨商企业可以将线下的销售点当作线上店铺的仓库，当有订单时，侨商企业可以从最近的门店进行配送，提高侨商企业的配送效率，降低运输成本以及仓储成本。在销售管理费用方面，智能化的设备可以帮助企业实时监控销售的业绩走势，以及员工的表现，决策人员通过该设备的结果进行及时的决策反馈和应对措施，大大降低了决策的滞后性，从而节约企业在销售过程中的成本。在广告等促销费用方面，传统的促销往往是通过电视媒体、报纸媒体进行，侨商企业在进行互联网转型之后可以通过移动网络数字媒体进行企业促销的宣传，大大降低了侨商企业促销人员、广告制作人员、媒体投放的费用。并且多样化的网络促销方式使得侨商企业可以制作更加有趣、更加生动的广告，还有大量免费的广告方式可以选择。

（4）侨商企业“互联网+”转型升级有利于侨商企业降低物流成本。

侨商企业的物流服务的运作过程主要是由仓储、配送、运输三个环节组成的，所以侨商企业的物流成本主要是指仓储、配送、运输这三个环节所支出的人力、财力和物力的总和。互联网可以实现侨商企业内信息共享，采购部门、销售部门、物流库存部门可最大限度地使用仓库，降低库存积压，按照订货单与发送货物来制定最小的库存，从而提高仓库使用效率，降低耗费。

仓储成本是指物流企业为储存货物而产生的全部费用，包括仓储人员工资、设备的折旧费和维修保养费、仓库的水电费、货物的毁损费、保险和税收费用等。通过“互联网+”转型，侨商企业利用新技术和新设备来提高其仓储管理水平，如条形码识别技术、电子数据交换、射频识别技术、自控技术、机器人等。广泛地使用这些技术能够推动侨商企业的仓储快速化、操作规范化，从而大大提高仓储的效率和准确率，有效地提高仓储管理水平和降低侨商企业的仓储成本。

配送成本是指在一定的时间内，侨商企业提供货物的总成本，包括从事货物配送的业务人员的工资、装卸、分拣、包装、配送服务费等。配送过程是一个多环节的复杂过程，各个子过程之间是通过数据信息联系起来的，侨商企业可以利用计算机网络建立物流信息系统。侨商企业通过“互联网+”转型，建立健全物流信息系统，利用先进的计算机网络技术来处理信息源点多、分布广和信息量大的企业用户信息，通过网络与不同地点的分支机构进行信息沟通，对配送的程序和线路进行规划，有利于实现信息资源的共享和再利用，有利于消除各项浪费现象，极大地降低了配送中设备和人力的重复性投入，缩短物流周期，提高配送效率，减少侨商企业的配送成本。

运输成本是侨商企业成本构成中占比很大的一部分，它包括车辆的燃料费、维修保养费、折旧费、年检费、租赁费、从事货物运输业务的人员工资、过路过桥费以及事故损失费等，是侨商企业为完成运输业务而发生的全部费用。通过“互联网+”转型升级，侨商企业在接受用户申请后，能够根据用户地址对运输路线进行合理的规划，可以通过 GIS 线路优化辅助系统对送货路线进行优化整合，选择距离最短或时间最快的路线；也可以通过 GPS 卫星定位系统对配送车辆进行实时监控，根据实时交通状况调整运输线路，有助于保证每条运输线路的合理性和科学性，不仅提高了运输服务的质量，而且缩短了货物的运输时间，从而降低侨商企业的运输成本。同时，由于侨商企业运输模式的选择跟运输距离、运输批量和品种有很大关系，进行转型升级之后，侨商企业可以将多品种、小批量、长距离的商品运输整合起来，实施统一的调度分配。例如，在运输过程的中间环节，采用互联网技术，按货物的密度分布情况和时间要求适当安排一些货物集散地，利用先进的 GPS 全球定位技术，有利于侨商企业掌握物流企业运输车辆的行程和载货信息，进行货运的集中、分拣和组配，减少空车行驶发生的概率，最终可实现大批量、远距离运输和小批量、近距离运输相结合的联合运输模式。

3.1.2.2 有利于提高信息化管理水平，增强价值创造能力

互联网主要体现为价值经济，即创造了价值才有前景。所以，企业的要务就是提高生产效率。在侨商企业转型升级过程中，最重要的价值就是提升制造业的生产效率，通过采用先进的制造设备来产生更大的价值。“互联网+”转型使得侨商企业的生产效率从三个方面得到提高：数据收集范围、互联传输、智能处理。

（1）互联网制造扩大了生产中的数据收集范围。

侨商企业的互联网转型将采用先进的智能制造技术以及自动化的生产设备对传统的生产车间或者生产线进行改造，在每台设备上嵌入内置芯片，监测和记录生产活动，将侨商企业生产过程中的每一个环节、每一台设备变成数据终端，全方位采集底层基础数据，并进行更深层面的数据分析与挖掘，从而提高效率、优化运营。同时，“互联网+”转型打破了侨商企业对传统工业自动化的数据采集往往局限于生产质检阶段的状态。通过使用 RFID、传感器、二维码等手段随时获取产品从生产到销售再到最终用户使用各个阶段的信息数据，生成庞大的数据库，提高生产过程效率，为精益化生产奠定基础。

（2）互联网制造促进了企业之间的互联传输。

传统的物联网在工业领域的基础已经存在了几十年。例如，过程控制和自动化系统、工业化以太网连接和无线局域网（WALN）等系统已经在工厂运行多年，并接连可编程逻辑控制器（PLC）、无线传感器和射频识别技术标签（RFID）。但在传统公共自动化环境下，一切都只发生在工厂自己的系统里，从来没有与外部世界连接，侨商企业“互联网+”转型升级，使得侨商企业通过连接企业外部网络，如企业与企业之间网络互通、产业链上下游之间的网络互通，实现信息的共享，更加敏感地捕捉市场信息，提高生产效率。

（3）互联网制造采用智能处理，提升了生产效率。

智能化是集信息技术、系统控制技术、电子技术、光电子技术、通信技术、传感技术、软件技术和专家系统等为一体，以扩展或替代脑力劳动为目标的高层次的控制技术，是实现数字化工厂的重要技术基础。侨商企业进行互联网转型升级的发展必然伴随着智能化、自动化。智能装备典型代表是工业机器人，机器人在工业生产中具有很多优点，如可以24小时作业以及没有情绪和疲惫感。

互联网转型升级可以让侨商企业在生产过程中通过打造工业互联网，综合利用云计算、云存储、模糊识别、神经网络等智能计算技术，对海量数据和信息进行自动分析和处理，并结合大数据技术，深入挖掘数据价值。比如，当监测到有顾客订单后，智能生产系统可以自动化分析顾客所需产品的配件、原材料等，在系统上自动从仓库调用材料或者向采购部门发出采购需求，仓库部门或者采购部门接到请求之后自动化地完成原材料的配置或者对供应商原料下订单，智能生产系统自动安排生产线生产商品，当产品的一个部分生产好之后，生产设备中的芯片释放出生产完毕的信号，下一道生产线接到信号后自动化地接收上一道生产线的半成品，同时在芯片中得到记录。当所有的工序完成后，通过人工智能设备实现自动化的组装，将生产的产品进行自动化的检测包装，并在系统中通知物流配送部门，物流配送部门通过分析配送的目的地，安排最佳路线，最终送至消费者的手中。整个过程中几乎无须人为参与，通过此链路，侨商企业不仅可以降低企业人力成本，而且可以实现一体化、自动化的生产，减少了生产环节中的浪费以及生产人员在生产过程中由于情绪和疲惫带来的生产效率的降低。并且工业物联网的每个节点为整个系统提供自己处理获得的信息或决策数据，当某个节点失效或数据发生变化时，整个系统会自动根据逻辑关系做出相应调整，从而提高整个生产链条的生产效率。

3.1.2.3 有利于侨商企业突破增长“瓶颈”，提高企业效益

随着科技不断发展，各行各业都开始出现了不同方向、不同方式的转变，开始向智能化、数据化前进。在这样的转变下，越来越多的传统工业制造业企业所需要面对的问题逐渐凸显。随着新技术新产业的发展，传统制造业企业开始发现自己的企业升级困难，无法跟上现代产品和服务的需求，缺少技术性、专业性人才，无法帮助企业创新、升级，这造成了在新时代下企业逐渐被淘汰。而无法创新、升级的企业会发现自己与其他同类型企业，无论是产品还是服务都太过相似，这样只能通过价格战、渠道站去赚取商机，导致成本不断上升，极大地浪费了人力物力。当企业把大量的时间与精力都放在寻找商机和管理人力物力上时，整体的生产效率必然要下降，而效率的下降就会造成各类问题的恶性循环。尤其是近年来，受宏观经济和中美贸易摩擦的影响，侨商企业发展遇到瓶颈，销售收入增长放缓，利润下降。除了宏观环境之外，侨商企业大多以制造业为主，很多仍然停留在制造业初期的来料加工阶段，生产过程粗放，在最初的红利消失之后，企业效益降低。

在互联网带来了科技革命与产业变革，给传统产业带来了新的发展机遇的背景下，互联网与传统产业的融合成为经济发展的新模式。目前，我国经济正处在重要的结构转型时期，通过“互联网+”对传统产业进行改造提升是加强传统产业竞争力、提高我国高新技术产业比重的重要方式，也是缓解我国经济运行过程中诸多矛盾的必然选择。面对“互联网+”的浪潮，如何对诸多产业进行改造提升已经成为我国经济发展过程中面临的一大战略问题，解决好这个问题具有重要的现实意义。而中国的很多侨商企业当初进入中国市场的人口红利等有利的生产要素已经远不及从前，要加强传统侨商企业的产业竞争力，就必须依托现在日益发展的互联网信息技术等使企业进行转型升

级，谋求在中国市场的新出路。

通过互联网转型，侨商企业可以改善企业的产业结构，增强自主创新能力，提高企业效益，可以利用得天独厚的优势突破原有发展瓶颈，提高企业效益，还可以实现与更多企业之间的连接。互联网转型升级鼓励侨商企业跨界合作，在不同行业进行合作的过程中发现新的利润增长点，焕发企业增长活力。不仅如此，侨商企业进行“互联网+”转型升级，可以实现资源的整合，打通产业链，共享企业信息，实现企业之间的互联互通，从而实现采购生产销售过程的一体化，最终提升企业的效益。

3.1.2.4 有利于革新制造业旧思维方式，满足顾客个性化需要

2015 年，国家首次提出“互联网+”的概念，将“智能制造”作为《中国制造 2025》的主攻方向，其实质是通过互联网与工业深度融合，在新一轮产业革命中抢占未来制造业变革的先机。而“互联网+工业”将进一步引领我国制造业向“智能化”转型升级，赋予国家间产业竞争的新内涵。“互联网+工业”，也被称为“工业 4.0”，除了信息化和传播快之外，还将实现制造业上下游合作伙伴的无界限、价值链共享经济下的全民化。与旧制造业的思维模式不同，“互联网+”制造业将各种资源、信息、物品和人融合在一起，相互连接的众多信息物理系统（包括智能设备、数据存储系统和生产制造业务流程管理）组成了“4.0”，从生产原材料采购到产品出厂，整个生产制造和物流管理过程都基于信息技术实现数字化、可视化的智能制造。

侨商企业的“互联网+”转型有利于使侨商企业实现从集中式中央控制向分散式增强控制生产模式的转变，利用传感器和互联网让生产设备互联，从而形成一个可以柔性生产的、满足个性化需求的大批量生产模式。这种模式下，侨商企业基于标准模块，针对客户的个性化需求，通过动态配置的单元式生产，实现规模化，满足个性化需求。“个性化”是有针对性的、量身定制的代名词，“规模化”意味着大批量、重复生产。侨商企业的互联网制造让“个性化”和“规模化”这两个在工业生产中相矛盾的概念相互融合，通过互联网技术手段让供应链上的各个环节更加紧密联系、高效协作，使得个性化产品能够实现高效率的大规模定制化生产。这种大规模定制生产的竞争方

式，是制造企业获得成功的一种新的思维模式，有利于侨商企业以顾客愿意支付的价位获得一定的利润成本，从而高效率地进行产品定制，有利于满足顾客的个性化需要。

3.2 互联网下侨商企业转型升级的模式与特色

3.2.1 “互联网+”推动企业商业模式转变

3.2.1.1 转型升级模式与特色

企业的商业模式创新、转型升级可看作对内外部冲击的适应性调节过程，企业的资源禀赋、价值增值制约着传统企业转型升级的演化路径，使企业转型升级具有一定的规律性与路径依赖性。由于外部冲击的不确定性与不可控性，不同类型的企业资源禀赋、市场渠道、商业模式以及思维范式的差异，与国内企业或其他外资企业相比，侨商企业的转型升级模式更具多样性。

早期侨商企业的商业模式是路径依赖和经济技术发展双重作用下的产物，其典型商业模式比较简单，大多追求低成本生产。投资优势主要是技术、资金和经营人才，瞄准的是最缺这三个要素的行业，工业投资重点主要集中在机械电子、纺织、食品、服务等行业。

进入 20 世纪 90 年代后，互联网技术迅速发展，中国政府抓住了这次机遇，通过国家主干网的建设，让互联网在中国的普及率大大提升，走在了世界的前列，成为仅次于美国的互联网经济的试验区。在经济系统中引入重大的新技术，往往会带来新一波的长期经济增长，实现经济质的飞跃，不仅是个别企业量的简单增长，而且是商业模式创新的重大机遇。“互联网+”对企业转型升级的冲击也不尽相同，但绝大多数是沿着“触发—融合—改造—创新”的渐进式路径，实现传统企业的商业模式创新。

我们以广东省侨商会会员企业为抽样总体，随机抽取部分企业，以座谈和问卷的形式进行调研。问卷由省侨商会发放给企业，强调问卷由企业决策者或 CIO/IT 经理或主管 IT 业务的高级管理人员填写，由省侨商会收集问卷后集中提交给课题组。共收集有效问卷 7 份，访谈企业 24 家，实际调研企业 30

家（有一家企业同时参加访谈和问卷调查）。为了便于研究，我们根据产业划分简单将其分为制造业和服务业，其中制造业 19 家，服务业 11 家。

从企业规模来看，员工人数从 100 人以下到 1 万人以上的企业都有，差异较大，但多为中小企业；从企业年龄来看，企业年龄都超过 10 年，都经历了从传统企业到“互联网+”时代的转变；从企业治理模式来看，多为家族企业，即使是上市企业，企业创业者也基本上主导了企业的经营决策。

从调查情况来看，侨商企业大多是外向型企业，现阶段都面临不同程度的经营困难，包括招工困难、原材料等经营成本上升、市场竞争激烈、海外市场萎缩、环保法对经营手段的冲击等，都面临转型升级的压力。

“互联网+”作为一个整体概念，其深层意义是通过传统产业的互联网化完成产业转型升级。即传统企业采用移动互联网、云计算、大数据、物联网等信息通信技术，改造原有产品及生产方式，转变商务模式，进而推动传统产业转型升级。对制造企业来讲，“互联网+”主要从增长方式转变和升级两个方面促进传统产业转型升级。

“触发—融合—改造—创新”路径中，在“触发”阶段，企业面临转型压力，经营者建立初步“互联网思维”，部分业务利用互联网完成但不构成核心竞争力；在“融合”阶段，企业部分关键业务利用互联网完成，或产品中互联网元素成为竞争制胜的重要构成因素；在“改造”阶段，企业已利用互联网实现经营的功能升级，企业关键业务依赖互联网完成，或含有互联网元素的产品成为企业主力产品；在“创新”阶段，企业互联网线上收入占比超过 10%①，完成向互联网企业的转型，或企业已成为互联网商业模式的领先创造者。

在被调查企业中，所有企业都进入了“触发”阶段，少部分企业进入了更高的阶段（见图 3-1）。

① 根据中国互联网协会、工业和信息化部信息中心《中国互联网企业 100 强榜单》统计原则，互联网收入占比高于 10%的传统企业可认定为互联网企业。

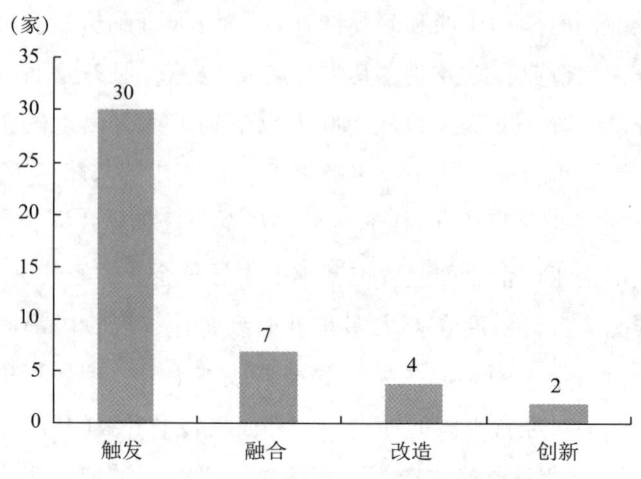

图 3-1 广东侨商企业"互联网+"转型进程

结合《国务院关于积极推进"互联网+"行动的指导意见》《中国制造2025》《广东省"互联网+"行动计划（2015—2020）》和侨商企业的实践，归纳出"互联网+"促进企业转型升级的 4 种形式，分别为流通效率促进型、新产品研发带动型、功能延伸升级型、跨行业转型升级型。

类型一：流通效率促进型。在"互联网"战略的作用机制下，传统侨商企业并没有改变原有的生产线或原材料，也没有进行产品创新，而是在企业产品的供产销组织流通领域，通过"互联网+"的信息优势与大数据预测优势，对生产工艺过程进行大幅改造，优化组合企业人力资源与技术资源，实现工艺过程升级，改变传统企业的侨商企业落后生产状态，从而提高生产效率与企业组织流通效率，最终推动企业核心竞争力的培育。

类型二：新产品研发带动型。在"互联网"战略的冲击下，互联网导致的企业产品—消费者直接互动场景，产生了消费者的个性化需求，传统侨商企业的产品属性难以满足消费者新的需求。在现有资源要素禀赋约束下，只能通过提高产品附加值来强化产品创新以适应新的需求，企业原材料及产品线可能会发生变化。当新产品导向发生变化时，通常伴随着或要求企业在新产品制造过程、营销策略、生产规划以及相关的技术和人员支持上进行大规模的改革，以适应新产品生产需求。

类型三：功能延伸升级型。在“互联网”战略了冲击下，互联网导致了企业产品—消费者的定制化、交互化与情景化需求，使侨商企业必须通过功能延伸升级提供“产品+服务”“产品+设计”等综合服务。传统商企业转型升级过程大都伴随着二代接管企业，侨二代企业家教育背景良好，都有着推动转型过程的雄心、才能和战略眼光。在小规模企业，华侨企业家可以一人独当一面，对企业转型产生直接影响；但在较大型企业，华侨企业家与高层管理者一般共同进行改革。因此，侨企经营者的更迭对侨商企业功能升级来说是必要条件。在转型升级的侨商企业中，华侨企业家一般会更主动地确定或引导外部专家的工作，但是在未完全转型的企业中，外部专家往往比华侨企业家发挥更大的作用。

类型四：跨行业转型升级型。在互联网时代，侨商企业面面临着产品—消费者直接互动场景下产生的定制化、交互化与情景化需求进一步延伸，在侨商企业的现有资源禀赋条件下，很难通过产品创新或者功能升级变革来满足市场需求，只能依赖技术要素的创新。但是，在现有企业资源要素约束条件下，企业必须有新的资本增量或借力创业投资资本，通过技术研发投入开辟新的企业领域，并形成新的商业模式，才能与动态的市场需求匹配并达到新的均衡状态。在转型升级的侨商企业案例中，侨商企业的经营者是否具有互联网技术背景、是否有效利用外部技术咨询或支持，以及对创业者自身资源贡献度对侨商企业能否顺利进行跨行业转型升级至关重要。传统企业跨行业转型升级大部分都已进入“互联网+转型”的“创新”阶段。

盛世传媒的跨行业转型对企业经营者来说，如同二次创业，是互联网已经在中国社会泛在化的情况下，企业家利用个人资源进行商业模式创新创业的典型案例。侨商企业根据自身条件，基于互联网思维不断创新商业模式来提升自身的核心竞争力，通过互联网技术的应用革新商业模式，不断探索企业的盈利模式、企业的价值创造，借此在全国众多的企业中获得生存发展的空间。

3.2.1.2　典型案例：盛世传媒——从传媒业到智能台球联盟项目的推广者

（1）公司简介。

广州盛世传媒股份有限公司（股票代码：837622）成立于2009年，经营范围包括舞台表演艺术指导服务、市场营销策划服务、室内装饰设计服务、公司礼仪服务、企业形象策划服务、商品批发贸易、策划创意服务、大型活动组织策划服务、广告业、多媒体设计服务、企业管理服务、信息网络传媒视听节目业务、电影和影视节目制作、电影和影视节目发行、电影放映、音像制品制作、文化娱乐经纪人、体育经纪人、演出经纪代理服务、影视经纪代理服务等多个领域。目前已经形成四大主营业务：广告策划、赛事运营、影视宣发、子公司的影视制作。近年来的营业收入情况如表3-1所示。

表3-1　盛世传媒2015—2018年营业收入

年份	营业总收入（万元）	营业总收入增长率（%）	净利润（万元）	净利润增长率（%）
2015	1232.23	-35.4	-91.86	-441
2016	521.74	-57.7	-612.63	-566.9
2017	843.65	61.7	93.74	115.3
2018	1054.06	1054	-609.64	-750.4

从财务数据来看，盛世传媒的主业经营状况并不理想，作为上市公司，急需找到新的利润增长点。公司主要创始人王朝晖，早年曾就职于英伦桌球俱乐部，自担任盛世传媒董事长以来，更在业务人才、业内人脉等方面积累了丰富的社会资源，这便于公司在原有的广告业务基础上，向影视和赛事运营两个方向拓展。

（2）转型之路。

2018年，广州盛世传媒股份有限公司的控股孙公司广州盛世体育产业有限公司（以下简称盛世体育）通过调研发现，台球运动是在国际上广泛流行的高雅室内运动，不仅为台球爱好者带来快乐和健康，而且因受众广泛拥有巨大的消费市场。据统计，目前中国各类台球爱好者达到7000万人，球房数量超过10万间，日均参与人数约400万人，受众人群超过1.2亿人。

面对国内台球行业的巨大市场空间和难得的发展机遇，盛世体育于2018年开展了“佰利达”全国智能台球联盟项目（以下简称“佰利达”项目）。该项目充分利用公司拥有的台球行业资源，包括台球协会、台球明星、台球教练等，结合公司研发的新型“扫码开台”智能技术，打造独具特色的“互联网+台球”商业模式。

“佰利达”全国智能台球联盟实现台球房利用智能设备联网，由总部控制球台的灯光、使用计时、收费等业务，实现无收银、无服务员、无现金的“自助球房”，节省了运营成本。消费者采取会员制度，只需缴纳少量会费，就可以在全国任何一家加盟台球房免费打台球。同时，台球联盟通过保底包干的方式吸引够资质的台球房加盟，加盟台球房每月可享受5万元的保底资助，加盟台球房正常月营业额不够5万元的，可补足到5万元。

这种会员免费打球的方式将吸引台球爱好者更多地参与到台球活动中来，没有了服务员的来回穿梭，也没有顾客大喊结账、卡钟，这样的台球房特别受现在的年轻人欢迎。无人化的管理模式更增添了消费自主性和享受乐趣：走进球房，直接来到球台面前，手机一扫二维码，球台灯就亮了，打完球，也不用跑去收银台，不用喊埋单，直接手机一键结账，球台灯就自动熄灭，全程不用和工作人员有任何交集。即使过程中需要下单喝点什么，也是手机点餐，随后有人把餐品送上。“佰利达”全国智能台球联盟还通过一些营销活动来迎合“90后”“00后”的消费喜好：二人扫码登台对战，赢家有机会获得现金奖励；不同球房远距对战……

这种类似“共享台球房”的商业策略将带来台球联盟、台球房、台球爱好者多赢的结果。由此带来的规模效应可以大大缩短球台房的空闲时间，增加台球房的营业额，因此台球联盟实际需要补助的费用也会大大减少。以一个传统的台球房为例，一个台球房至少需要请14名员工，单单是发工资就需要42000元（按每人月工资3000元计算）。采用智能化的“自助球房”后，工作人员从原来的14人减少到7人，每月工资成本可节省21000元，一年下来就是20多万元！由于工作人员主要的工作就是看护球房和销售零食，工作强度大大降低，智能台球房还可以把营业时间从16小时改成24小时全天候营业。

同时，这一商业策略的成功还将吸引更多的人参与台球运动，有助于台球运动项目在社会上的推广。可以期待，这种充满互联网元素的转型，必将为盛世传媒开辟新的、更大的发展空间。

“佰利达”项目于2018年12月与江门市体育局、江门市体育总会合作，以赞助江门市民运动大会台球赛暨“盛世体育”杯台球公开赛的形式，在江门市开展“佰利达”全国智能台球联盟试点推广，后期将以广东为起点，通过招募台球加盟店和会员店，覆盖全国主要城市。

(3) 案例小结。

近年来，随着斯诺克运动在中国广泛发展，体育运动设施不断完善，中国的斯诺克新生代力量正在成长，民间斯诺克运动也在快速发展。数据显示，有2.1亿人通过中央电视台收看了2016年斯诺克世锦赛，丁俊晖一路过关斩将杀入决赛，使收视率飙升到惊人的数字。

盛世传媒的公司创始人王朝晖早年就职于桌球俱乐部，目前也是斯诺克国际级裁判、广东省台球协会第五届副会长，对职业台球及民间台球运动都非常了解，并且在台球界拥有广泛的人脉资源。盛世传媒将互联网共享经济和台球两个当下火热的元素结合，发展一种新的商业模式，无疑是一个值得期待的尝试。

3.2.2 “物联网+”促进传统制造企业转型升级

3.2.2.1 转型升级模式与特色

近年来，随着CPS（Cyber-Physical Systems，信息物理系统）概念的提出和相关研究的进一步深入推广，工业物联网已逐渐成为物联网的重点发展方向，通过移动互联网和物联网协同交互，可以利用不同地理位置的生产制造设备，无须考虑设备所在区域，只要设备能够正常运转即可，从而构成了“全球本地化”工厂。物联网在工业领域，主要是通过FRID、仪器仪表、工业控制等技术实现对工业全流程的“泛在感知”，并以此实现提高产品质量和节能降耗的目标。新型工业化的快速发展要求工业的智能化程度越来越高，而物联网为智能制造业的发展提供了可行、便捷的服务。

很多侨商企业已经逐渐意识到，蓬勃发展的各种服务类型，不断涌现的竞争对手及其先进的业务经营方式，将会彻底改变制造企业的原有面貌。因此，大部分侨商企业纷纷思考如何利用物联网来推动企业转型，开拓新的业务领域。一些企业已经利用企业物联网从单纯的产品模式转化为“产品+服务”的混合模式，通过智能的、可联网的实物产品生成数据，并据此提供数字化服务，获取经常性收入。传统制造企业的转型中，有利用互联网提升产品竞争力，主动转型的，也有在客户的要求下、同行带动下被动转型的。

根据调查，部分侨商企业开始使用工业机器人，并产生了显著的成本效应以及管理效应。部分工厂通过嵌入式、射频识别等技术采集数据，对仓库进行智能化管理，设备运行和产品生产数据被实时记录到工厂数据中心，通过对这些数据进行分析来优化生产过程，降低工厂能耗。少数侨商企业建立了智能工厂，实现了生产设备网络化、车间物联网、生产数据可视化，可以利用大数据分析进行生产决策，实现绿色制造、生产过程透明化等。

目前，物联网在侨商企业的应用体现在几个方面：①将物联网技术融入工业生产形成生产自动化，如工业控制技术、柔性制造、数字化工艺生产线等。例如，广州华研是全球第二家有能力生产大型全智能化注胚系统的企业，Epioneer-500（144 腔）注胚系统与世界同类设备接轨，直连 Krones、Sidel、KHS。与客户达成协议后，Epioneer-500 通过互联网可将生产数据实时传输回华研，华研不仅可据此监测设备运行状态，还可向客户提供生产排程建议，从单纯的产品模式转化为“产品+服务”的混合模式。②在工业产品中采用物联网技术提高产品技术含量形成产品智能化，如智能家电、工业机器人、数控机床等。③在企业管理活动中采用物联网技术形成管理精细化，如制造执行系统 MES、产品追溯、安全生产的应用等。④工业企业和物联网技术的融合可以优化企业结构，促进企业升级，形成先进企业。

随着物联网、工业互联网以及工业 4.0 等概念的进一步拓展，制造企业正在不断向客户服务型企业转变。一些企业已经利用企业物联网从单纯的产品模式转化为“产品+服务”的混合模式，通过智能的、可联网的实物产品生成数据，并据此提供数字化服务，获取经常性收入。

3.2.2.2 典型案例：广州华研——用物联网技术升级产品，提升国际竞争力

(1) 公司简介。

广州华研精密机械股份有限公司成立于2002年，坐落在广州市增城经济技术开发区（国家级），拥有38000平方米的现代化工厂，是广东省高新技术企业、行业的龙头知名企业，产销量居行业前列。现有员工460余人。

华研公司是全球第二家、中国第一家同时拥有注胚机、机械手、针阀式热流道注胚模具，并集研发、生产、销售、工程服务于一体的企业，能为客户提供瓶样、瓶胚设计和工厂规划服务。公司所有系列产品均通过ISO质量体系及CE认证，同时荣获30多项新型专利，连续两年入选中国液态食品机械行业“十强企业”。

华研公司的战略是“创新成就梦想，品质塑造未来”，秉持专心、专注，只做好一件事的理念，不断加强研发装配精密加工、改善检测设备和提升服务质量。

华研公司制造的PET注胚系统和注胚模具被广泛应用在国内外食品、饮料、水、食用油、日化用品和医疗用品等行业，主要客户包括可口可乐、达能集团、华润集团、娃哈哈、统一企业、汇源集团、上海天喔、海天酱油、蓝月亮、纳爱斯等。广州华研还荣获迪拜DDTE饮料展主办方颁发的2014年迪拜饮料展最佳参展商奖，产品出口东南亚、中东、土耳其等地。

(2) 第一次升级转型：从配套模具制造商到注塑设备生产商。

踏入21世纪，中国PET包装市场处于高速增长状态，行业内的竞争很激烈。欧美大型的模具和设备生产商从20世纪70年代末开始进入中国，直到十年或者五年前，国内知名的PET瓶胚生产商都使用进口设备，国内的PET瓶胚注塑设备与国际先进水平还相差甚远。有数据显示，近几年HUSKY的HyPET系统在中国的销量每年超过了100套。但是，近年以来，中国瓶胚模具市场已经发生了一些明显变化，国内PET瓶胚注塑设备生产商开始出现，越来越多的国内瓶胚生产企业已经选择“MADE IN CHINA”设备了，国外企

业垄断的格局正在发生变化。

广州华研公司原来是瓶胚模具生产领先企业，为国际知名 PET 瓶胚注塑设备制造企业生产配套的瓶胚模具。华研在认真汲取国际先进技术和成功经验的同时，不断地研究和开发，敢于创新，开发出适用于各种饮料和满足不同灌装条件且具有高性价比的 PET 瓶胚注塑设备。迄今已有超过 500 台华研瓶胚注塑系统在市场上稳定运行，怡宝有八成以上、可乐冰露也有六成以上的设备采用的是华研装备，华研已确立了国内 PET 瓶胚注塑设备行业的龙头地位。据媒体报道，最近几年，在很多国内项目招标中，外资名企在与华研等国内本土优秀企业的比拼中多数会败下阵来，原因有二：一是外资品牌的技术优势已经消失殆尽，特别是在低模腔系统方面，它们在性价比上的劣势日趋明显；二是外资企业在与客户的沟通和提供服务方面先天不足，无法与更贴近国内用户的本土优秀企业分庭抗礼。

早年，国内客户注重 PET 注胚系统的“系统化”解决方案。系统化周边设备主要包括 PET 瓶胚模具、PET 原料干燥系统、模具除露机、瓶胚装箱机和输送带、模具冻水机、冷却塔和水泵。

从模具制造商到“系统化”的解决方案提供商，是华研的第一次转型，这一次转型主要是为了满足国内用户的需要。

2013 年，华研推出了第六代电动直压 Epioneer PET 瓶胚注塑系统，很快，这套系统在国内的用户数就多达上百家。

国内也有不少知名大型注塑机生产企业尝试过做 PET 瓶胚系统，但没有一家能取得成功，原因主要还是企业的发展模式与理念完全不同，“系统化”并不仅仅是把众多周边配套设备搬到一起。

华研是一家以模具为基础，走研发和制造 PET 瓶胚注塑系统之路的企业，也是目前国内唯一一家有能力研发和生产制造 144 腔 PET 针阀式热流道模具的企业。配套 PET 瓶胚模具是一个很高的门槛，同时也是 PET 瓶胚注塑系统核心技术之一。其他国内企业没有模具的制造经验，很难对系统进行专业性的整合与优化。因此，华研的 PET 瓶胚系统优势明显。

另外，华研为适应不同客户的需要，分别推出了环保型和极致成本的瓶胚生产系统。

华研推出了 4 克轻量环保瓶胚生产系统。4 克轻量环保瓶胚生产系统采用油电复合的 EcoSys228 注胚系统与自主开发的 48 腔 PET 注胚模具进行高效组合，可实现高效生产并节能，以运行稳定、快速精准的高性能表现吸引了众多行业人士和采购商。该注胚系统生产的 4 克瓶胚，主要应用于 250 毫升小瓶装水包装。设备生产周期 5.5 秒，产能 2.9 万只/小时，能耗≤0.4 千瓦时/千克。可满足小瓶装水市场的生产需求。

在第十三届中国国际酒、饮料制造技术及设备展览会（CBB 2018）上，广州华研又推出新一代智能电动 ECON 系列瓶胚注塑系统。ECON 系列瓶胚注塑系统对小批量生产瓶胚的品质、效率和成本进行了最新的诠释，无论是投资成本、瓶胚质量还是单只瓶胚的生产成本，ECON 都做到了极致，这是一款高性能与低成本完美结合的机型，能够满足用户个性化需求和中小批量的生产需要，为客户带来前所未有的价值优势。和普通机相比，ECON 每只瓶胚的生产成本可节省 0.009 元，按照全年 320 天可生产 1.43 亿只瓶胚计算，每年可为客户节省至少 128 万元以上。

（3）第二次转型：从普通 PET 瓶胚注塑系统生产商到面向全球高端客户的高速注塑系统生产商。

华研一直关注高端注塑系统市场客户的需求，从产品绿色安全保障到高速稳定生产系统，华研从未停止研发的脚步。国际高端客户对产品的安全与绿色十分关注。PET 瓶安全卫生性好，无毒、无味，可直接用于食品包装，常用于水及各种饮料等包装。但是，PET 瓶中含有少量的乙醛，乙醛简称 AA（Acetic Aldehyde），来自 PET 瓶片生产的缩聚过程，也来自制瓶的干燥和注射成型等过程。树脂受热后，其分子链会断裂，产生乙烯基（或烯烃）化合物，进而生成 AA；另外，乙醛在 21 摄氏度以上即可挥发释放，在较高的模具和瓶胚的温度前提下，有相当量的乙醛会被挥发出来。AA 对人体的健康具有一定的危害，极少量的乙醛就可以使水的口味发生变化，但饮料的口味较重，少量的乙醛含量不会影响其口味。通常行业标准是：碳酸饮料、非碳酸饮料瓶胚控制要求≤ 25PPM、水胚最大值≤ 12PPM，平均值≤ 8PPM。

华研通过严把原材料选购关和工艺流程改造，确保 PET 瓶满足客户的安全与绿色要求。华研从源头开始，着手控制 AA 残留量，如提高 PET 树脂质量。对瓶胚注塑而言，最大的影响还在于干燥时间、停留时间、熔体温度、螺杆及流道的设计等方面的因素。华研通过对大量的 PET 瓶胚生产过程的跟踪测试，收集了丰富的工艺控制知识，同时将新技术运用到华研的 PET 瓶胚注塑系统，从而有效保障了华研的系统生产的瓶胚 AA 值处于安全范围内。

华研现有系列机型非常全面，已经完成了高、中、低全系列机型的研发与定型，可满足国内不同客户需求目标。但是，华研瞄准的目标是全球市场的高端客户。近年来，7.2 万瓶每小时的灌装线的需求逐渐成为国际市场的主流。华研通过将物联网技术融入工业生产形成生产自动化，通过互联网帮助客户对生产过程进行远程监控，开始了新一轮革命性的转型升级，引领华研成为国际主流 PET 瓶胚注塑系统供应商。

从 PET 瓶胚注塑系统的发展来看，系列化 PET 瓶胚注塑系统的机型主要结构已经定型，未来几年内的主要提升空间将会从机型结构研发过渡到细节完善优化方面，包括生产质量管理和生产效率管理的进一步提升，目的是通过细化管理进一步降低系统的生产运营成本，并完成系统高度集成整合，包括将周边的配套设备纳入主机管理系统，实现各单元系统一体式完美组合。这是华研对“系统化”的深刻理解，将每一个单元都视为系统不可分割的一部分，通过数据测试验证确保最优配置。

物联网的应用使华研的高速注塑系统可通过互联网远程实时监控生产状况。华研在“侨梦苑”的帮助下，与归国华侨、国家“千人计划”专家何卫东博士创立的加拿大 DAS 公司进行技术合作，联合研制成功中国首台直压式全闭环 PET 注胚系统，以及国内首条 144 腔、7.2 万瓶每小时的灌装线。

其实，早在 2016 年，华研为适应“今麦郎”客户在生产工艺流程上达到更高的成本效益和可持续性更强、配套德国 Krones AG 和法国 Sidel 的 7.2 万瓶每小时的灌装线需要，就推出了一款高速节能型的第五代 EcoSys-400 系列 128 腔的机型解决方案，注胚后将通过洁净的输送链把瓶胚经冷却后直接连线到吹瓶机上，实现注胚、吹瓶、灌装、旋盖、后包等工艺集成为一整条生产线，无缝对接。全过程实现了智能化、环保、洁净的高效生产模式。连线生产既可节约生产场地和空间，又可以减少人员配置，帮助客户在行业内保持竞争优势。

2018 年 8 月，广州华研推出自己的 144 腔产品——Epioneer-500/140E 注胚系统，并顺利通过广东省经济和信息化委员会首台套认定，荣获 2018 年“中国制造 2025”产业发展资金中的国家级［首台（套）］装备推广奖励。华研 Epioneer-500（144 腔）注胚系统全面对标欧洲灌装线连线生产，直连 Krones、Sidel、KHS。

Epioneer-500 高性能 144 腔注胚系统是华研历经多年的研发成果，是中国唯一一款电动直压式注胚系统。该注胚系统拥有自主知识产权，是业界领先的注塑系统之一。注塑系统应用先进的中心直压式锁模机构、全电伺服熔胶系统、双电机驱动四工位机械手、独立瓶胚取移风冷站等设备配置，可最大限度地提高注塑产量及降低能耗成本。全智能化的人机操作界面及控制系统，极大地增强了制程管控功能，对注塑工艺进行了全面综合的优化。生产周期缩短到 7.5 秒，并配置有更全面的警报信息，可通过互联网进行远程监控。无论是生产周期、能效、可靠性、重复性还是瓶坯质量都达到国际最先进水平，已经应用到今麦郎集团和润田实业的生产中。

Epioneer-500 配备了大量的传感器和 PLC（可编程逻辑控制器）。通过内置的互联网模块，可以对关模、开模、油阀状态、注塑压缩等生产指令、数据进行远程操控，实现无人工厂。经过用户许可，企业可对设备进行远程监控和维护，帮助客户实现转型升级。

重大技术装备是国之重器，事关综合国力和国家安全，所谓首台（套），是“首台（套）重大技术装备”的简称，特指经过创新，其品种、规格或技术参数等有重大突破，具有知识产权但尚未取得市场业绩的首台（套）或首批次的装备、系统和核心部件，必须拥有自主知识产权和自主品牌，产品的技术指标达到国内领先或国际先进水平，产品质量可靠，通过省级及以上质量技术监督部门资质认定的实验室和检验机构的检测。首台（套）装备符合《工业和信息化部关于印发〈首台（套）重大技术装备推广应用指导目录

(2016年版)〉的通告》或《广东省首台(套)重大技术装备推广应用指导目录(2017年版)》规定的发展方向，且实现销售和量产。

在控制系统方面，广州华研与德国西门子合作。广州华研的软件工程师都非常熟悉西门子的开发平台，广州华研整机系统中许多部件，如接触器、伺服电机、交流器、真空泵等都采用了西门子的产品，因此采用西门子的控制系统能更好地与整机配合。例如，广州华研的HY-D系列采用了西门子S7-300系列的高端319 CPU，可灵活编辑；反应更快、注射周期更短，同时可实现远程实时监测机器状态与故障诊断。

(4) 案例小结。

华研公司本着“创新成就梦想，品质塑造未来”，专心、专注，只做好一件事的理念，不断加强研发，追求企业的转型升级，从国内PET注胚系统的主流供应商发展为国际主流供应商。华研与代表世界物联网最先进技术的西门子合作，推出的Epioneer-500(144腔)注胚系统全面对标欧洲灌装线连线生产，是国家级首台(套)重点装备技术产品。Epioneer-500(144腔)注胚系统所取得的市场业绩，不仅印证了华研作为国内注胚系统生产领先者的实力，更展示了国产的注胚系统已经达到世界先进水平，可与欧美设备媲美，能够为用户创造更大的效益。

3.2.3 物流全球化带动跨境电商蓬勃发展

3.2.3.1 转型升级模式与特色

电子商务的蓬勃发展，促进了国际贸易、跨国生产、全球采购等活动规模的不断扩大。为了以最低的费用和最小的风险，保质、保量、适时地将货物从一国的供方运到他国的需方，现代物流需要往全球化的方向发展，将商品的采购、运输、仓储、加工、整理、配送、销售和信息等方面有机结合起来，选择最佳的方式与路径，为消费者提供多功能、一体化的综合性服务。如今，物流全球化的程度不断加深，一方面，得益于仓储物流网络实现全球覆盖，直邮模式、集货直邮模式、保税模式等跨境物流解决方案应运而生。另一方面，物流与大数据、人工智能、云技术、物联网等新兴技术的结合，也促进了物流全球化的发展。例如，人工智能可以在客服、路径规划等方面发力，物联网技术可以应用在车辆调度、货物追溯、全程冷链、安全驾驶、供应链协同等物流场景。

基于顺畅的国际物流，我国跨境电商迎来了发展契机。在跨境电商 1.0 时代，即个人代购时代，消费者主要通过海外买手、职业代购购买进口产品，再通过直邮模式获得商品。这一消费模式周期长、价格高，而且产品的真伪难以分辨，质量也难以保障。在跨境电商 2.0 时代，即海淘时代，形成了常规的买方市场和卖方市场，跨境电商平台开始成立，消费群体不断扩大。消费者的消费渠道逐渐从海淘代购转向跨境电商平台。2013 年，随着国家跨境电商政策的出台，我国跨境电商的发展已迈入跨境电商 3.0 时代。随着消费者跨境网购的需求越发旺盛，以及物流全球化的程度不断加深，跨境电商的发展呈现出平台模式多样化、跨境网购常态化的特点。此时，跨境物流解决方案以集货直邮模式、保税模式为主，有效地降低了物流成本，提高了物流效率。iMedia Research 的调查数据显示，近年中国进出口跨境电商（含零售及 B2B）整体交易规模增速处于一个较高的水平，2016 年交易规模达 6.3 万亿元，增速高达 23.5%，预测 2018 年交易规模将达到 8.8 万亿元。

依托互联网和现代物流的发展，跨境电商能有效消除国际贸易壁垒，显示出高效、快速、去渠道化的特征，将是未来全球商品交易的主要撮合方式。与传统贸易方式相比，跨境电商虽然本质上仍然是将商品以一般贸易的方式“送出去”或者“运进来”，但是整个过程是以海外仓或保税仓为依托，以品类管理为基础，利用互联网技术进行运营和流通。在传统贸易中，商品从某国的供方运到另一国的需方，需要经过生产商、出口商、进口商、批发商、零售商等多个环节并进行层层加价。跨境电商的出现，极大地精简了交易所涉的主体，有效地减少了流通环节，提升了运营效率。跨境电商的蓬勃发展，给我国企业转型升级带来了机遇。

一是跨境电商促进消费全球化。跨境电商对于消费全球化的推动，主要体现在四个方面：第一，随着物流成本不断下降、物流效率不断提升，“全球买、全球卖”成为现实。通过跨境电商平台，企业能连接全球消费者，洞悉其需求，实现直接的买卖交易。同时，企业能通过社交平台等工具与各国家和地区的消费者互动，打造跨境的消费者社区，实现无国界的消费者互动。第二，依托碎片化的交易和小批量的、灵活的物流与交付，企业能以低成本满足不同国家和地区的消费者的个性化需求，实现无国界的产品与服务定制化。第三，基于每年在跨境电商平台上产生的海量跨境交易数据，企业可以深入了解消费者的特征与需求，紧抓全球发展机遇。第四，跨境电商平台的出现，缩短了进出口贸易的链条，有效减少了流通环节，企业能以更低的交易成本将产品推向全球。

二是跨境电商实现企业运营全球化。在传统国际贸易中，贸易流程复杂，外贸交易门槛高，中小企业难以参与到国际贸易中来。如今，跨境电商蓬勃发展，带来了产品、市场结构的变化，使得国际贸易出现了新机遇。原本在国际贸易中作为弱势群体的中小企业，如今可以在跨境电商平台上和大企业一样参与国际贸易，获得优质的资源和服务，更顺利地“走出去”，扩大外贸规模，实现企业运营全球化。

三是跨境电商推动全球价值链升级。第一，跨境电商的发展有助于全球价值链体系的升级，使下游市场信息能够更快地传递到上游市场。中小企业更容易获得市场信息，并针对市场变化及时做出相应的调整，更好地把握发展机遇。第二，跨境电商平台的出现，使外贸交易门槛降低。中小企业能借助跨境电商平台参与国际贸易，直接与客户实现交易，从全球价值链中低端向中高端攀升，最终实现全球网络化布局。此外，企业能借助平台，构建自己的全球价值链，实现由“中国制造”向“中国创造”和“中国服务”转型升级，打造品牌，扩大国际影响。第三，企业借助跨境电商平台，可以优化供应链、省去中间商，降低成本，提高利润空间。

3.2.3.2 典型案例：创美金谷——打造成美妆时尚产业的全产业链的创新服务平台

（1）公司简介。

广州科玛生物股份有限公司是研发、生产、营销、服务一体化的综合型化妆品企业，主营业务是为客户提供专业的化妆品代工生产服务，目前的代工方式以 OEM 和 ODM 模式为主。科玛公司具有丰富的配方储备库、数十项技术专利、雄厚的研发实力，以及成熟的代工运作经验、品牌策划定制能力，这些构成了公司的核心竞争力。科玛通过在竞争中实现产品和服务差异化的发展战略，服务于国内外的化妆品品牌公司、百货零售企业、化妆品代理商、连锁企业、电子商务零售平台等各类型的众多客户。

化妆品行业是一个充分竞争的行业，品牌及代工企业数目众多，市场较为分散，行业不断细分，目前国内获得化妆品生产许可证的企业有接近 4000 家，国产化妆品种类接近 50 万种。另外，化妆品生产企业数量众多，竞争激烈，行业集中度低，护肤品市场份额最大的品牌市场份额仅为 5%，国内化妆品市场，尤其是中高端市场主要被外资企业所占据。随着中国化妆品行业表现出无尽的发展潜力，许多国际化妆品巨头正通过收购本土品牌等方式力求在中国市场上建立垄断地位，国内化妆品企业面临严峻挑战。从国家监控力度看，我国政府对化妆品行业的监管力度随着行业的发展不断加，逐步强走向规范化，本土品牌既面临国际大品牌的竞争压力，本土品牌之间尤其是新兴品牌间也形成了激烈的竞争态势。

化妆品行业的竞争加剧可能导致科玛公司的产品售价降低或销量减少，从而影响公司的经营业绩以及未来的发展规划。虽然科玛公司在三板市场挂牌上市，但科玛公司是以提供产品代工生产和品牌定制策划服务，赚取加工服务费为主营业务收入，面临着盈利模式过于单一、市场议价能力和主动定价权较弱等挑战，再加上中国经济结构转型新趋势的出现，公司转型升级、突破发展的天花板成为迫切需要解决的问题。

（2）转型升级。

事实上，早在 2012 年，科玛就开始布局企业转型升级的发展战略，开发建设美妆时尚全产业链创新产业园区——创美金谷。

创美金谷位于广州市花都区花东镇，地处广州白云机场空港经济区核心区域，区位条件优越，交通优势明显，距离广州白云国际机场 10 千米，距离广州中心城区 30 千米，距离花都城区 15 千米，邻近机场高速、大广高速、京珠高速，1 分钟车程即进入机场高速，通过大广高速的金谷出入口连接高速公路网。创美金谷总占地面积2.6万平方米，建筑占地面积2万平方米，建筑面积5.7万平方米，建设有6栋大楼，地下室面积1.6万平方米（停车位约300个）。创美金谷于2015年12月开始动工建设，业态和配套设施包括研发检测中心、策划设计集群、会展博览中心、各类型多功能会议厅、网络直播平台、主题酒店、餐饮休闲、商务服务等，具备完善的基础设施、智能化应用、商务配套以及物业管理服务，将于2019年8月正式运营。

科玛公司通过将创美金谷产业园区打造成一个美妆产业平台以及跨境交流平台对传统的OEM/ODM模式进行转型升级，实现了互联网助推企业转型升级。创美金谷互联网商业模式的转变主要体现在以下两个方面。

一是从生产型美妆企业转变为美妆产业平台。通过商业和产业相结合的商业模式，打造全产业链的产业生态系统。创美金谷作为美妆时尚产业的全产业链的创新服务平台，将汇聚美妆时尚产业链顶级品牌与机构，集美妆时尚产品的原材料包材、策划设计、研发检测、品牌营销和新零售于一体，线上线下互联，对接引进全球产业资源，为美妆产业创新发展提供大数据支持、智能化应用和一站式服务；将引进和培育美妆时尚产业创新创业和新商业品牌团队，通过建立创业孵化基金、金融创投、供应链升级、协同研究院支持等，推动成长型创新型企业的成长，以赋能美妆时尚行业产业升级，实现美妆产业发展的新突破。

二是将跨境电商体验与美妆时尚相结合，实现跨界企业转型。创美金谷打造了进口商品跨境电商体验中心，借势花都旅游发展带动跨境线上平台实体化及帮助境外小众品牌进入中国市场。创美金谷连接了进口贸易后续的落实，进口物流通关仓储以及零售商销售环节，并且与各国特色优质产品厂商合作。同时，为护航进口农产品，创美金谷将会与跨境电商平台，新零售团队，进口产品代理商，各行业进口产品商协会，跨境保税物流仓储公司以及网红、设计、电商培训学院进行深度的战略合作。

创美金谷的发展实际上是科玛公司的创始人从传统制造业经营者向跨境电商经营者转型的过程。如果说盛世传媒是企业创始人带领企业实现跨行业转型，从科玛股份到创美金谷则是华侨企业创始者个人的互联网蜕变，更加依赖企业家的互联网思维。

（3）案例小结。

创美金谷的发展过程是文化创意与建筑及国际商贸融合发展的过程，通过文化创意的引领，将文化、展贸、休闲、体验、供应链跨界融合，打造一个国际性的商品跨境电商产业园，并利用其区位优势，打造国际文化交流中心，建造集会展博览中心、各类型多功能会议厅、网红直播平台、主题酒店、餐饮休闲、商务服务等于一体的文化经贸产业园区。科玛公司通过打造创美金谷，实现了从生产型美妆企业到美妆产业平台，再到跨境电商产业园的产业转型，是充分发挥互联网优势，实现企业跨界、跨境融合发展的大胆尝试。

3.2.4 人工智能等新技术助力侨商企业转型升级

3.2.4.1 转型升级模式与特色

在数字经济时代，随着“中国制造 2025”的不断深入，商业人工智能已经成为企业经营中的生存必备和制胜关键，中国的电子、能源、汽车、工业产品制造以及相关服务产业正处于变革与转型的十字路口。借助最新科技技术创新成为侨商企业转型的核心驱动，侨商企业正在不断将创新技术与创新思维融合，利用人工智能、区块链、物联网等创新技术驱动行业变革，推动企业进行产业升级。一部分侨资科技企业参与人工智能技术开发，更多的侨资制造企业利用人工智能技术，提升企业的竞争力。

（1）制造业领域。

在制造业领域，机器人在质量检查、生产等环节正发挥越来越大的作用，机器人的迅速发展使得传统制造业不再需要大量工人，把工人们从繁重、重复的体力劳动中解脱出来。基于人工智能技术的智能流水线，能智能调节厂房内的各项指标，分配资源，从而实现无人厂房，降低人工成本，提高生产效率。

（2）商业领域。

在商业运营中，需求难以量化、运营效率不高、服务体验满意度不高等问题一直困扰着众多零售商和服务提供商。而人工智能可以通过生产端的技术创新，帮助这些企业实现改造落后产能、优化资源配置、提升用户体验等多重效果。例如，作为北京老字号的庆丰，借助百度零售大数据智能平台，成功实现了转型升级。通过百度零售大数据智能平台的人工智能、大数据的精确测量，庆丰可以了解顾客群体的需求分布，并设计方案弥补需求上的缺失，有效提升了企业发展过程中运营方案与现实需求匹配的融合度。

（3）金融领域。

伴随着基于大数据的机器学习算法的发展以及语音识别、人脸识别、自然语言处理技术的日趋成熟，人工智能技术已经应用在贷款服务、投资、保险、征信、风险控制、客户服务等多个领域。例如，作为中国金融信息服务业第一家上市公司的同花顺，从2009年开始布局人工智能投资领域，以云计算、金融大数据为支撑，采用语义分析、自然语言理解、语音识别等技术，着力开发人工智能产品，改善人际交互的模式，帮助投资者进行投资决策。人工智能未来将重构金融服务的生态，驱动金融的个性化、场景化服务的发展。

（4）医疗领域。

人工智能技术的成熟和普及，使医疗行业步入技术驱动的轨道。人工智能在医疗健康领域的应用，主要是通过大数据分析，将经验医学、循证医学升级为基于大数据以及人工智能的个性化诊疗。一方面，个性化诊疗能极大提高治疗方案的准确性和针对性。另一方面，智能机器医生的到来，能根本性地解决医生资源短缺的问题。

（5）物流领域。

人工智能在物流领域的应用，主要是利用大数据分析计算，智能地管理仓储与物流，从而节省仓储物流成本。例如，传化智联借助人工智能技术，由过去的公路港模式实现转型升级。传化智联以智能物流系统、云仓系统、支付系统为核心，依托已有的全国布局的公路港城市物流中心的优势，加快发展和融合互联网物流业务与金融业务，打通供应链各环节，提供供应链平台服务。此外，传化智联以“系统+支付”的模式，切入物流行业代收货款、运费支付等核心支付场景，为物流企业提供高效的综合支付解决方案。

3.2.4.2 典型案例：雅图仕——从信息化到“互联网+”，助力转型升级

（1）公司简介。

鹤山雅图仕印刷有限公司创办于 1991 年，是中国香港利奥集团属下独资经营的大型现代化印刷企业，也是利奥集团的主力企业，已发展成为亚洲最大的印刷企业之一。

近年来，我国印刷业得到了较快的发展，行业竞争力不断提高，投资规模迅速扩张，设备更新步伐加快，服务功能逐步强化，产业概念及大流通的市场格局基本形成。但同时，印刷市场秩序还较为混乱，低水平印刷能力相对过剩，高水平印刷能力相对不足；大型骨干印刷企业数量少，小型印刷企业数量多。印刷产业结构转型势在必行。

作为传统印刷行业的龙头，雅图仕深刻感受到了自主创新的重要性。雅图仕在自主设计研发方面积极引进国际先进的技术和设备，逐步完善科研开发管理机制，不断提升研发队伍素质。技术中心成功开发自主创新技术 80 多项，其中 70%已应用到实际生产中。雅图仕有技术人员 1135 人，其中研发人员有 890 人，占比为 79%；专业技术人员 245 人，占比为 21%。

多年来，雅图仕不断通过技术创新促进企业转型升级。一方面，雅图仕积极主导印刷行业发展，积极参与国家印刷行业标准制定，成为国家印刷标准化委员会战略合作伙伴，全国包装印刷标准化及技术推广基地。另一方面，雅图仕积极发掘物联网发展商机，助推传统制造业转型升级，成功从传统制造行业跨越成为技术创新行业，为企业创造了一个又一个辉煌。

（2）第一次转型升级——RFID 技术的普及应用。

1）RFID：从应用先行者到推广者。

2006 年底，雅图仕第一个 RFID 应用项目在成品处理环节试点成功。为使 RFID 技术得到有条不紊的开发应用，雅图仕采取由点到线、由线到面的方式，运用“PDCA”的改善方法，令 RFID 技术在企业中的应用臻善臻美。2008 年底，已陆续在生产、品检、仓存、走货及发票等运作环节成功应用 RFID 技术。

RFID 项目成效显著。雅图仕印刷生产线在从原材料到生产成品交运的整个流程实施 RFID 生产制造及物流供应链全过程管理，项目实施的具体成效如下：2008 年营业额比 2007 年增长 24%；2008 年客户投诉涉及金额比 2007 年下降 4. 1%；2008 年关键次品出现次数比 2007 年下降 24. 4%；2008 年全厂人均产值比 2007 年提升 15. 3%。节省劳动力，已实施 RFID 技术的部分使参与生产员工总数由 2007 年的 2. 6 万名减少至 2008 年的 2 万名。减少了 5%的出错损失，提高生产效率。生产、仓储及装卸产能保持稳定增长；平均成品处理效率与上年同期相比提高 50%以上。

采用了 RFID 技术之后，雅图仕大大提升了管理、物流等诸多环节的效率。一是提高了正品率，保证了 99%以上的入柜正确率；二是物流效率提升了 60%以上，而物流成本占雅图仕整个生产成本的 10%以上，仅物流环节效率的大幅提升，就为企业节省了很大一笔资金。另外，通过 RFID 技术的应用，雅图仕还大大降低了对劳动力的依赖。现在雅图仕的一线工人不到 1. 8 万人，如果没有采用现代化信息手段，2 万人都不够。过去几年来，人民币不断升值，原材料和劳动力成本也在不断上涨，欧美经济也陷入困境之中，这使得以海外客户为主的外向型印刷企业都遭遇到巨大的困难。整个印刷行业的平均利润率只有个位数，很多企业因为亏本而转行甚至破产，但雅图仕却因为效率的提升大幅压缩了成本，冲抵了其他成本的上升和欧美货币的贬值所带来的汇兑损失，这几年营收和利润每年都保持了两位数的增长。

RFID 技术在雅图仕的成功应用，让其母公司——利奥纸品集团的管理层意识到可以将这一应用成果向外推广。2012 年 3 月，利奥成立江门利奥信领科技有限公司，利用雅图仕在 RFID 领域积累的经验，并通过收购一家清华 RFID 研究院孵化的企业，推出多款具有自主知识产权的 RFID 产品（包括读写器、电子标签、天线等）和解决方案。目前，RFID 技术应用已经发展为利奥集团的第二核心产业，业务范围已经覆盖教育物联网、城市一卡通、制造业 RFID 系统、产品防伪等领域。RFID 技术在雅图仕的应用也推动了其母公司利奥纸品集团从传统行业向高新企业转型，从制造业向服务业转型。

2）建立基于 RFID 的生产管理中心。

过去雅图仕的生产管理需要人工填写报表、追踪掌握现场生产进度、整理相关数据，需要较长时间才能掌握生产情况。不仅耗费大量人手与时间，也无法确定所得数据的准确性，影响公司决策效率。这样的困境推动雅图仕主动进行数字化改革。

2010 年，雅图仕建立绿色数据中心，搭建目视化集中显示、数字化管理、自动化运行的平台。平台落成后，通过应用传感器、条形码、RFID 等技术，公司可以实时采集现场数据，通过控制中心进行集中管理及实时决策。由于互联网等信息技术应用，雅图仕的反应能力快速提升，推动了企业的发展步伐。2016 年 3 月，雅图仕正式启动两化融合管理体系贯标工作，对生产、物流、软件均进行了数字系统的铺设。

3）RFID：实时能耗监察。

雅图仕是广东省江门市的用电大户，也是江门市重点能耗监管单位。随着产业转型，在工业企业节能降耗的大环境下，雅图仕通过实行实时数字化能耗管理进行改革，一步步向“零废料工厂”的目标前进。雅图仕数字化能耗管理系统可以采集实时数据，将生产排产、能源消耗、维修以及产品质量等数据进行有效串联，在生产过程中，实时把控设备的能源消耗、环境的温湿度以及质量的异常数据，调配各种资源。2008 年至今，雅图仕累计节能量超过 6000 吨标准煤，约 4882 万千瓦时。同时，公司也认识到，节能减排是雅图仕的长期任务。一旦市场上有成熟的节能技术推出，公司就会积极研究、探讨推广应用。目前雅图仕在数字技术推进能源管理精细化的过程中，投入 2000 多万元，连获香港工商业环保大奖、恒生环保大奖，连续 3 年被评为广东省清洁生产企业。

（3）第二次转型升级——发展工业 4.0 和智能工厂。

在信息化深度发展过程中，雅图仕收集了海量生产相关数据，如现场设备的生产进度、生产速度、维修保养状况、成品走货等。过去，这些数据大都沉睡在那里，很少发挥其应有的价值，甚至成为负担。雅图仕注意到，虽然公司正处在挖掘数据价值、提升企业业务经营管理能力的阶段，但却没有一个有效的信息应用机制将系统中的大数据转化为准确、有价值的信息，以支持雅图仕改善运营和做出决策。

踏入2019年，雅图仕与Infor公司合作，开启了向工业4.0和智能工厂的转型。

作为印刷领域的龙头企业之一，雅图仕通过母公司——利奥纸品集团与云软件领先供应商Infor签约，部署一系列Infor解决方案，深化数字化转型。利奥纸品集团在全球有5个加工厂，而雅图仕是所有加工厂中规模最大、生产能力最强的。利奥纸品集团在雅图仕先行部署和实施Infor的解决方案，最大限度地发挥Infor解决方案带来的好处，起到示范带头作用。

雅图仕部署了Infor解决方案中的Infor Cloud Suite Industrial（CSI）——将业务流程与人工智能相结合、Infor OS云平台、Infor Configure Price Quote（CPQ）——改进销售目标，以及可快速进行网络应用程序开发和部署的Infor Mongoose，全面取代已无法满足其全球业务需求的原有系统。

通过实施Infor的软件系统，雅图仕能够实时地获取业务数据，并且提高对数据的可见度。“信息是金矿”，雅图仕借助Infor强大的人工智能和商业智能，充分挖掘信息的价值。

Infor的供应链软件系统可以密切利奥纸品集团与其客户和供应商之间的联系，不断优化运营，将原有的传统工厂打造成真正智能化的工厂。

Infor解决方案在雅图仕上线后，利奥纸品集团位于英国和美国的其他工厂也将相继进行部署。

Infor CSI是一个支持云部署的端到端行业制造解决方案，可通过预测性分析、协作、人工智能以及其他软件工具为利奥纸品集团制定路线图，从而简化其运营流程，提高生产效率。项目部署完成后，可以支持利奥纸品集团全球约1200名并发用户的工作。

利奥纸品集团通过Infor的部署，进一步提升集团内部的运营效率，打通供应链的上下游，把供应商与客户连接起来，实现整个供应链中数据的透明化、实时性和智能化。

(4) 案例小结。

在传统纸媒陷入困境、印刷业急需转型升级的当下，实现印刷产业由传统业态向新兴业态转型是必然趋势。在拥抱“互联网+”，实施绿色化、数字化、智能化转型发展的大背景下，印刷企业应加快推进传统技术与数字技术的融合发展，实现市场多元化、产品多元化、服务多元化。数字化转型是一场没有终点的旅程，从 RFID 应用到 Infor 解决方案，利奥纸品集团成为一家敏捷、高产能和高效率、更智能化的全球性印刷和包装企业，实现工业 4.0 和智能工厂的转型。通过 Infor CSI 提供的运营洞察，利奥能够做出正确决策并快速响应市场，通过 Infor CPQ，利奥能够更有效地将物料清单程序标准化，改进销售流程。这为同行企业起到了表率作用，必将推动我国印刷业整体升级转型的步伐。

3.3 互联网下侨商企业转型升级的条件分析

3.3.1 机遇与条件

3.3.1.1 互联网促进资源优化配置，推动经营管理的进步

当前许多侨商产业或行业结构不尽合理，真正能影响产业升级、产品换代的企业数量偏少，对国内产业带动、结构调整的推动作用还不明显。而“互联网+”的出现，通过将有限的资源合理分配到社会的各个领域中去，以实现资源的最佳利用，即用最少的资源耗费生产出最适用的商品和劳务，获取最佳的效益，资源配置合理与否，对总体经济发展的成败有着极其重要的影响。

一方面，“互联网+”通过促进资源的合理分配推动科学技术和经营管理的进步，促进劳动效率提高。通过“互联网+”的发展，将公共服务辐射到更多有需求的群体中去，提供跨区域的创新服务，如互联网教育打破了国内地域限制，并连接了全球的优质教育资源，为三四线城市及偏远农村的学生提供了新的选择。另一方面，引导企业按照市场需要优化生产要素组合，实现产需衔接。对于侨商企业来说，“互联网+”的提出有利于实现面向市场的生

产经营，企业作为市场调节信号的接收者，依托于互联网信息的公开化、透明化更能了解市场供求状况，并据此安排和调整生产经营方向、品种、数量和规模，进行生产要素的组合。

3.3.1.2 互联网技术重塑传统产业，实现跨界融合发展

根据2018年最新侨商企业数据收集，截至2017年末，我国侨商企业多分布于传统行业，如传统制造业、传统零售批发业、商务服务业等领域。“互联网+”的提出通过对整体环境的影响作用到具体的产业当中，以产业的整体发展推动个体侨商企业的变革。

互联网在为产业促进资源配置的过程中也正在重塑传统产业，推动互联网技术与传统产业的全面融合。在广度上，“互联网+”正在以信息通信业为基点全面应用到第三产业，形成了如互联网金融、互联网养老、互联网医疗等新业态，并正在向第一和第二产业渗透，如工业互联网正在从消费品工业向装备制造和能源、新材料等工业领域渗透，将全面推动传统工业生产方式的转变；农业互联网也在从电子商务等网络销售环节向生产领域渗透，将给农业带来新的机遇，提供广阔的发展空间。在深度上，“互联网+”正在从信息传输逐渐渗透到销售、运营和制造等多个产业链环节，并将互联网进一步延伸，通过物联网把传感器、控制器、机器和人连接在一起，形成人与物、物与物的全面连接，促进产业链的开放融合，将工业时代的规模生产转向满足个性化长尾需求的新型生产模式。对于处在各个行业的侨商企业来说，互联网技术与传统产业的全面融合更有助于其实现跨界多维的发展。

3.3.1.3 依托新兴技术优势，侨商投资结构呈现新趋势

随着新一代华人华侨的成长以及留学归国人员的不断增加，侨商的投资结构出现了从以往的劳动力密集型向能源、IT等技术密集型转化的趋势。许多华侨华人的领军人才在创新创业过程中多是倚靠自身取得的专利和技术含量较高的项目，或者是将从国外带回来的专利或技术优势应用到在本土的创新创业中。除了技术之外，许多华侨华人还可以借助在海外生活、工作的经历引进海外的高素质、创新性人才，从而为国民经济各部门提供各种先进的

劳动手段和各种新型材料等，将更加先进的管理、生产经验应用于企业在本土的发展中。

通过华侨华人对技术和人才的引入，为侨商企业在本土“互联网+”环境下的转型升级指明方向。许多华人华侨从国外回来，发挥侨界优势，将新技术以及高素质的人才引入国内，将技术以及人才优势转化为实体的成品乃至将这种优势产业化，从而促进传统侨商企业从劳动力密集型的低附加值产业向技术密集型的高附加价值产业方向发展。

来自海外的技术、人才优势有利于侨商企业在“互联网+”环境下降低转型升级的成本。在互联网时代，价格策略仍然是企业在市场竞争中非常重要的策略，互联网使得商品的价格变得更加透明，并且打破了时间和空间的限制，传统的价格歧视在互联网环境中很难实施，消费者能够轻易地比较价格，进行转换行为，在这样的情形下，企业必须通过成本控制，将成本维持在行业的平均水平，才能在市场上不被淘汰。成本是价格的重要组成部分，互联网时代的核心是降低成本。企业互联网颠覆了过去的沟通、生产、营销的方式，侨商企业主要可以通过先进的技术降低企业三个方面的成本：信息沟通成本、生产制造成本、营销成本。

而依托先进的技术以及管理经验，企业可以在智能信息系统管理平台、物联网、自动化技术等方面通过技术的创新加以改进，从而降低企业在这三个方面的成本。

先进技术、人才的引入有助于侨商企业在转型升级过程中，通过产品的转型促进产业价值链的深度拓展和跃迁升级，并进一步提升产业竞争力。伴随“互联网+”时代下信息技术的兴起，信息技术已经成为当前最具活性和创新性的生产力。利用信息化的扩散、渗透、融合及创新，实现传统产业的产品升级换代，已成为推动产业结构转型升级的必然选择。而华人华侨凭借在海外的生活、工作背景，通过引进创新的海外技术或专利可以为传统产业的产品在升级换代的过程中提供更多信息技术的支持，从而实现侨商企业在转型升级过程不断更新迭代的产品创新，进而提高企业的市场应变能力，有效地降低资本占用，增强企业的竞争力。

3.3.1.4　侨商企业对海外市场熟悉，拥有良好的市场资源优势

随着全球化浪潮的进一步深入，我国的侨商企业也越来越多地参与到国际分工当中，侨商企业作为一个特殊的企业群体，在国际分工中扮演着越来越重要的角色，侨商企业可以凭借自身对居住国的了解以及现有的营销网络优势，帮助企业实现“互联网+”转型升级。

在新一轮产业全球化的过程中，我国东部地区的许多加工型、出口型企业都面临“走出去”的难题。我国企业在“走出去”时常常面临的困境是：审批程序较烦琐；外汇出境限制较多；境外并购贷款安排困难；对外投资的法律障碍；语言不通；风俗习惯差异；消费者行为的不确定性等。特别是在与本土市场差异较大的市场中，当地的法律法规以及工会制度与国内有着较大的差异，不少企业由于不熟悉当地的市场需求以及法律政策导致在海外市场的开拓面临困境，许多企业正在新一轮大潮中苦苦寻找出路。

而华商因为他们熟悉居住国的历史、民俗、语言、文化、社会、市场需求、市场环境、法律政策，拥有丰富的海外市场经验以及对所居住国有深厚的了解，因此在企业“走出去”的过程中具有得天独厚的优势，具有优越的“走出去”的先决条件。这种优越的先决条件，使得侨商企业在“走出去”的过程中能够较快地了解当地的市场需求、风土人情、宗教信仰，能够在“走出去”的战略过程中把握主动性，并且能够更加容易地被当地的消费者所认可所接受。同时“走出去”是一种重要的开拓市场的方式，可以使企业参与到国际的市场竞争中，侨商企业能够更好地“走出去”即意味着其有更好的市场优势，因此侨商企业也可以利用这一优势更好地实现“互联网+”转型升级，提高生产率，并且通过海外市场消耗过剩的产能。

在营销网络资源方面，侨商企业往往具有巨大的人才、资金优势以及具有雄厚的经济科技实力、成熟的生产营销网络、广泛的政界商界人脉以及沟通中外的独特优势，借助海外侨商的政商网络资源和营销网络，侨商企业可以获得当地政府的政策支持，拓展业务资源，创造企业新的利润增长点，并且通过现有的营销网络，利用既有的市场，采用不同的营销手段，扩大营销覆盖人群，扩大渠道通路，将商品高效安全地运送至消费者手中，降低企业

的营销成本，更有利于侨商企业“走出去”，更便利地将产品销往国外。通过现有的资源优势，侨商企业可以搭建平台，搜集当地市场的消费者信息，这些都为侨商企业的转型升级打下了坚实的基础，能够促进侨商企业的转型升级。

因此，侨商可以利用既有的市场优势，助推“互联网+”转型升级的实现。

3.3.1.5 侨商企业对中外文化有较深的理解，具有跨文化的经营优势

任何经济活动都是以一定的文化形式进行的，是建立在一定的文化基础之上的，直接或间接地蕴含着各种文化因素。同时，文化又表现为一种动力和资源，起到推进和润滑剂的作用。

华侨华人在国外生活或工作的时间较长，对国外的文化有更深刻的理解，通过不同文化之间的交融可以促进企业在不同文化环境中管理能力的提升。文化差异往往使人能从不同的角度和切入点看待问题，而融合不同文化理念的侨资企业在生产经营的过程中可以借助对不同文化的理解提出更多的观点，从而促进企业在多个层次、多个方面对经营过程中产生的文化或者管理模式进行更加深刻、更加细致、更加全面的分析。这往往是在单一文化环境中的传统企业所不具备的优势。

侨资企业在管理过程中，基于对不同文化背景了解的优势，有利于融合差异化的理念。利用不同的文化背景可以使侨资企业在日常的运营管理过程中利用多元文化、合作文化和共享文化的理念，突破有限的市场空间和社会结构，从不同文化环境中找出可利用的信息资源，实现资源的优势互补，以便最大限度地增加企业的生产经济利润。

创新意识来源于不同思想之间的交流和碰撞，单一文化环境中的企业在创新中往往趋于保守固定，而侨商企业则可以依托文化多样性的优势，在创新活动中有更加活跃积极的表现。随着创新意识的提升可以改进侨商企业中的人才结构，改善人才素质，激发组织成员的主观能动性，最大限度地发挥他们的创造性，从而提升企业的创新绩效。在企业发展的过程中，能更加灵

活、变通地利用多元文化视角解决问题，即侨商企业可以利用对多元文化背景的优势，在生产与管理中运用更广阔的视野、更创新的视角解决企业发展过程中遇到的问题。

不同文化背景下的差异使得华侨华人在经营过程中可以利用多元文化相互渗透交流，提升企业的学习能力。组织成员能够对不同的文化进行接纳和认可，理解来自不同文化背景的管理者的观念和行为方式，在这个过程中既能看到自身文化的特点和缺陷，也能看到来自不同背景的其他文化的长处与不足，形成相互学习、取长补短的局面，从而提升侨资企业的学习能力。

基于对不同文化的理解，侨资企业在开拓国际市场、提升企业的国际竞争力方面更具优势。多元文化背景有利于企业成员理解和掌握不同的信仰和价值观，面对全球化多变的市场、客户以及竞争对手，激发企业的技术以及管理创新，提高侨资企业在面临多种需求和环境变化时的灵活应变能力。

3.3.1.6 侨商企业长期扮演国内外经济连接的角色，具有更强的资源整合能力

在我国经济发展的过程中，广大侨商发挥“引进来、走出去”的双重作用，既到中国内地投资兴业，也与中国企业合作在居住国投资，成为“一带一路”建设的加油站、中转站和助推器，发挥着桥梁作用，具体表现为作为资源纽带和作为信息共享的纽带。

在作为资源纽带方面，侨商企业可以促进海内外的企业劳动力资源的连接，当侨商企业选择回到家乡设立厂房，进行生产活动时，就会促进侨商企业内部原有的劳动力资源与当地劳动力资源的融合，在企业内部实现海内外企业劳动力之间的交流，这种企业内部多元化的思想文化氛围，使得侨商企业更加多元化和丰富化，更具有包容性，为“互联网+”转型升级营造文化氛围。

侨商企业的市场以对外贸易为主，面向国际市场，劳动和科学技术的交流、资本的使用，都以对外贸易为活动中枢，其他贸易又促进了对外贸易的发展，侨商拥有的海外背景，促进对外贸易。由于侨商企业大多面向国际市场，企业的视野更加开阔，所接触到的产业链更加复杂，接触到的技术也更

加先进，因此当侨商企业落后于产业链的发展时，企业有更好的警觉和资源以及有更大的紧迫性来进行互联网转型升级。

在作为信息共享的纽带方面，侨商企业既具有国际背景，又具有国内“基因”，是我国经济发展的重要推动力，也是我国其他企业了解世界发展以及经营管理经验的一个重要窗口。它可以为国内企业带来先进的管理经验、运营经验等，如不同文化背景下，产品信息的交流为侨商在本土产品升级转型过程中提供方向；国外先进的管理经验可以为企业转型升级中管理的升级提供借鉴。

侨商企业作为“一带一路”的践行者，打造“一带一路”建设的重要承接点，同时结合国家推出的各项政策，参与到“一带一路”沿线的交通运输、仓储物流和产业转移等项目建设；结合园区的建设，促进侨商之间或侨企与本土企业之间组成战略联盟，在海内外搭建较完备的产业链、技术链、市场链和信息链；发挥海外高层次人才创新园和海外留学人员创业园的作用，筹划建设侨胞经济文化试验区，在营商环境、创业创新、文化合作等方面先行先试，吸引“一带一路”沿线一流的华侨华人人才、科技、产业和资本回归。通过参与“一带一路”建设，侨商企业与产业链中的其他企业分工更加密切。资源、信息共享，从而为侨商企业互联网转型升级奠定了良好的基础。

3.3.2 困难与挑战

3.3.2.1 持续增长的经营成本造成升级转型障碍

在互联网新的信息技术的冲击下，不少侨商企业纷纷走上了转型升级的道路，然而侨商企业中很大一部分是传统产业模式、经济模式中成长、发展起来的传统劳动密集型产业，从成本端来看，这类企业的经营成本不仅包括劳动力成本还包括原材料成本、能源成本以及物流成本等，随着近几年来企业面临的外部环境不断恶化，劳动力价格、原材料价格、能源价格以及物流成本等都在不断上涨，这些因素综合导致侨资企业生产经营成本不断上升，是传统侨商企业不可忽视的门槛。要素禀赋和要素成本是影响产业发展方式和产业结构的重要因素。新常态下，中国经济整体进入了转型时期，而企业作为中国经济转型的微观主体，其转型升级也会受到要素价格变化的影响。

国家统计局《人力资源发展报告》中的数据显示，从 2015 年前后开始，体力劳动力市场每年减少 1000 万适龄人口，这一趋势或维持 10 年以上，累计减少的适龄人口将占当前人口数量的 1/10 左右，由此造成了劳动力成本的逐年上涨。此外，受限于生活成本的增加，各大城市仍在提高最低工资标准，截至 2017 年 10 月底，全国共有 17 个地区调整了最低工资标准，平均调增幅度 10.4%。随着国家社会保障体系的日益健全，国家出台了多项规定，要求企业不断增加企业员工的社会保障投入，特别是企业员工医疗保险、养老保险的正规化，更是加大了企业对员工劳务成本的投入。而且在互联网等新兴产业的冲击，劳动力正在从传统的行业向技术带动下的新的行业中转移，传统制造业、农业等第一、第二产业的劳动力向第三产业转移，以及部分产业升级逐渐成功，高端产业拉高了整体劳动力的附加值。

近些年在互联网及第三产业带动下的区域经济发展突飞猛进，许多经济区域的商铺以及写字楼不断上涨的租金等土地成本限制了传统侨商企业的扩大再生产。而传统侨资企业在土地成本方面往往还要考虑显性成本指标和隐性成本指标差异。显性成本指标主要包括园区位置、地产价格、服务配套、园区政策等，这些指标的高低直接影响其房源价格。隐性成本则包括在选址方面的人力成本、与园区相关的治安成本、配套设施成本、员工住行成本、物流运输渠道建设等成本。无论是显性成本，还是隐性成本都影响着侨资企业在厂房租赁或者园区建设方面的土地成本支出。

随着劳动力成本和土地成本等要素成本的增加，一方面阻碍了企业利润的增加，另一方面阻碍了企业扩大再生产。其中，企业利润的上升是企业发展的目标，而扩大再生产则是企业蓬勃发展的象征，是企业实现更多利润的途径。劳动力和土地等生产要素成本上升，使我国许多侨资企业的生产经营成本持续增加，这也将导致企业效益不断下滑，并且随着国内“互联网+”环境的变化，各种要素成本上升，特别是劳动力成本和土地使用成本上升。国内企业要想扩大再生产，就要花费更多的资金于劳动力雇用和土地租赁等要素成本上，甚至会出现投入要素成本与产出价值不对称的结果，这不仅不利于侨资企业扩大再生产，而且会打击他们扩大再生产的积极性。

总之，在侨商企业的人口红利逐渐消失、新的信息技术产业不断竞争的过程中，劳动力成本、土地租金逐渐升高的困境，导致了企业资金短缺的问题，在一定程度上限制了转型升级的持续动力。

3.3.2.2 融资困难限制了创新创业项目的开展

华侨华人创新创业的领军人才在创新创业过程中多是倚靠自身取得的专利和技术含量较高的项目，虽然当前全国各地区都有对科技创新人才、创业人才的扶持政策，但是实际上融资仍是制约华侨华人在创新创业中最大的问题。华侨华人领军人才创办的企业大多为中小型企业，规模小、无形资产比重大、固定资产比例不高，且信用记录无积累，普遍缺乏抵押品。

从中小型侨资企业贷款总的特点来看，其固定资产贷款少，流动资金贷款多，在贷款规模、贷款频率等方面不同于大型国有企业。许多中小型侨资企业本身资金不足，而且绝大多数为流动性资产，因此资金需求急迫。但因为其规模较小，所以自身对资金的需求量不是很大。除此之外，许多中小型侨资企业的经营环境具有易变性，导致企业对资金的需求也是一变再变。对银行来说，由于发放每一笔贷款的审批程序都一样，因此，对中小型侨资企业的贷款意味着银行要承担更高的交易费用。所以在交易费用上升的情况下，银行更倾向于向大企业贷款，这就造成了中小型侨资企业贷款困难的问题。

信用经济是市场经济的基本特征之一，良好的信用是企业的一笔无形资产。从经济交易的角度来看，良好的信用是经济顺利交易的基础，也是一个社会经济繁荣的前提。在我国目前社会整体信用意识较低，主体间信用观念淡薄，尤其是在金融领域内，信用缺失问题尤为严重。信贷市场上的企业恶意逃废银行债务、股票市场上的虚假信息和欺诈行为、保险市场上的骗保行为，屡见不鲜。对中小型侨资企业来说，由于成立的时间短，信用等级低，资信相对较差，取得抵押担保贷款就更加困难。且主流的金融机构还是以银行为主的传统金融机构，这些金融机构的风控机制非常严格，对于没有信用积累和现金流量支撑的中小型侨商企业给予的支持有限，且审批手续过于复杂。金融机构将金融资源过度地用于支持成熟的大型企业，而处于初创期的中小型侨商企业则几乎很难得到金融机构的金融资源支持。

国家政策系统与金融体系对于经济转型下中小型侨资企业需求变化反应明显相对滞后。正规金融体系对于中小型侨资企业的支持与其对国家整体经济所做出的贡献极端不匹配。部分商业银行对中小型企业信贷管理的要求高于对大型企业，特别是对不发达地区的信贷管理的条件更高。能符合这些条件、具有合格资信等级的中小企业为数很少，这实际上限制了基层银行支持中小企业发展的积极性。在侨资企业的信用担保方面，能够为企业信用担保体系的组织较少。同时，担保中心往往设在大中城市，县以下几乎未设，也使得企业寻求担保困难。许多中小型侨资企业资产存量小，拿不出有效资产担保。银行限于自身规避风险的要求，即使看到资质较好的、还贷有保证的中小型侨资企业，但由于没有足够的担保，也无法提供信贷支持。

中小型侨资企业获得的银行贷款期限较短，融资规模受限。资产规模及其质量决定经济主体抗御风险的能力，由此又会影响经济主体的社会融资能力。许多创新创业型侨资企业普遍规模较小，因此，通过借债融资的规模必然也受到限制。通常其融资只能用于填补流动资金的缺口。短期来看，中小企业可以通过其他途径缓解这个问题，但是中长期而言，随着经济规模的不断增加，经济活动的复杂性与不确定性的增强，中小型侨资企业融资困难这个问题如未获得根本性解决，将会严重制约侨资企业在本土的发展。

对于中小型侨资企业来说，在寻找风险投资中也遇到较大的阻碍。由于没有通畅的退出机制，所以即使面对高额的利益回报，一些风投机构也会因为较高的退出风险而却步，这对于许多缺乏资金的中小型企业来说无疑是陷入了两难的境地。一些风险投资公司甚至选择将风险资金放到证券市场的短期炒作或者申购新股上，或去二级市场炒作，风险资金很难进入真正需要资金支持的中小型企业。由此可见，中小型侨资企业的融资困难正成为困扰企业发展的关键问题。

3.3.2.3 技术创新能力不足降低了核心竞争力

我国侨商企业大多分布在制造行业、商业服务业等传统行业，很多传统侨商企业的经营核心是提高生产效率，采用大规模批量化的生产模式，以求降低单位产品的固定成本，技术创新能力较弱，传统企业产品往往处于价值链的低附加值端。而随着“互联网+”政策的提出以及信息技术的进步，仅停留在降低成本为主的规模化生产已无法满足消费者日益变化的消费诉求，并且随着行业竞争的日益激烈，产品及服务的创新诉求逐渐升级。

在当今经济结构转型升级的关键阶段，企业必须具备创新意识，抓住时代发展机遇，推动企业产品质的飞跃。创新是现代企业必备的特征，是迎接挑战逆袭的必经途径。对此企业应围绕企业发展现状，科学选择技术创新模式，确定市场要素配置，为企业技术创新做好全方位的保护。而企业的技术创新主要是指新产品、新工艺从研发到实践活动的总和，通常具有高风险性、开拓性等特点。企业持续发展必然要经历技术创新，而具备技术创新的企业，会不断提升市场竞争力，促使企业规模、实力提升，不断缩小与成熟企业的差距。

提高企业自主创新能力，不断强化企业在自主创新中的主体地位，是企业实现发展方式转型、增强发展后劲、提高核心竞争力的重要举措。当前是我国经济社会发展的关键时期，也是提升企业国际竞争力、建设创新型国家的攻坚时期。当前，我国经济总量、产业规模、企业数量已经较大，取得了很多世界第一，企业提升自主创新能力的势头较好，成效显著，在工业发展重点领域、关键环节拥有了一批具有自主知识产权的核心技术和产品。但总体来看，企业的原始创新、集成创新、引进消化吸收再创新能力仍然比较薄弱。与发达国家相比，企业自主创新仍然面临巨大挑战，在技术创新中的主体地位尚未真正确立，企业的创新能力亟待提高。

许多传统的企业缺乏长远发展意识以及战略规划、注重企业发展短期利益、创新意识不足、技术创新投入不到位是主要表现。由于技术创新的高风险性，导致现代企业大都规避技术创新。目前，我国支持技术创新的关键政策、制度不完善，知识产权保护氛围缺失，导致模仿现象频繁出现也是限制企业在技术创新方面投入的原因之一。造成企业技术创新能力不足的原因还有对技术或专利引进与再消化的问题。企业在引进与消化问题上严重失衡，尤其是中小企业，主要体现在以下几方面：首先，引进单项专业技术能力不足，引进技术核心性差。其次，没有足够资金支持技术引进消化、再开发，导致技术创新层次不高，技术优势不突出。再次，从社会层面来看，缺乏技术创新的社会经济环境。国家各区域的社会经济总体发展、生产力水平差异大，加之经济结构始终处于优化升级的阶段，缺乏稳定的创新氛围，导致企业技术创新起点低、发展缓慢。最后，社会中介服务机构作用不突出，对技术培训、技术开发等方面效果不理想，也会直接抑制企业技术创新发展的持续性。

侨资企业对技术创新能力的缺乏，会进一步降低企业产品的更新换代速度，无法即时满足消费者个性化的需求，而一个有竞争力的产品是企业良好发展的基础。许多传统企业在发展初期实行的基本是“用市场换技术”的企业发展战略，凭借低成本的要素供给和巨大的市场供给量，以完成原始资本的积累，而在互联网时代，一切则以消费者需求为中心，所以脱离需求的生产就会导致企业利润空间逐步萎缩。所以尽管很多传统企业正在向现代化管理企业迈进，但是在过去长时期的短缺经济和卖方市场条件下，供不应求的市场需求状况使得企业把主要的注意力放在扩大生产规模、增加产品数量上，导致部分企业往往把寻找有利的行业机会作为企业制定战略的基本依据，满足于低水平的生产贸易模式，继而忽视了技术创新对企业发展的重要性。尽管在工业化时代是先有产品研发，然后再有市场营销、渠道推广，产品标准化程度高，但是随着互联网时代的到来，消费者的需求变得更加独特化和个性化，这就使得如果传统企业一味地忽略消费者诉求，只是按照自己的模式进行生产，长久下去必定会导致企业无法在竞争中获得优势，从而失去原有的市场，最终导致企业危机。

很多传统企业研发费用逐年增加，但在其费用投入过程中还是受到以往费用投入的影响，传统企业会将大量的资金用于生产效率的提高，从而降低生产成本，在创新领域的投资仍是凤毛麟角。虽然生产成本的下降有利于企业当下的利润获得，但是考虑到企业长期的可持续发展，创新能力还是非常重要的影响要素。所以企业应当从核心竞争力角度关注企业在发展过程中的创新能力。因为企业的创新能力是其他竞争对手难以复制的，是能为最终消费者提供所需要价值的能力，具有适用性、价值性和难以模仿性。在互联网的冲击下，创新也是企业创造竞争优势的主要途径。许多传统侨商企业出现产业素质不高、缺乏核心技术、产品更新换代速度慢等问题，导致在市场中缺乏核心竞争力，随时面临着被市场淘汰的风险。

3.3.2.4 品牌建设与自主营销能力薄弱

网络互动的特性使消费者参与营销过程成为可能，互联网已经改变了传统的营销关系，用户的主导权更加突出，消费者参与的主动性和选择的主动性得到加强。消费者的品牌意识逐渐增强，对于侨商企业来说，营销过程中，在充分挖掘用户需求，保障营销效果的同时，打造一个良好的品牌形象是能够提高市场接受度并且在竞争中获取优势的重要途径。企业传统的广告模式和单向自上而下的营销模式投入高、收效低。互联网时代，营销环境已经向移动化、碎片化、场景化转变。对于传统侨商企业来说，制造业成本优势的弱化，导致侨资企业的发展、盈利状况受到影响，在面临激烈的国内外竞争中，做好品牌营销是企业长久发展之基。

目前在侨商企业的类型中，中小企业较为集中，有些企业的品牌意识起步晚，经验少，在进行品牌营销的过程中，有很多操作、认识上的误区，从而造成比较大的成本投入。而品牌作为企业一种重要的无形资产，对企业长期的发展有不可替代的价值。企业从品牌的开发、建立到推广，需要投入一定的人、财、物并形成各项费用，这就构成了品牌的经济价值。另外，产品在公众心目中的名气和声望，构成了品牌的无形价值。品牌价值的大小，取决于消费受众对品牌特征的看法和评价。因此，品牌是企业最重要的资产之一。对于中小型侨商企业而言，其受到本身经济实力薄弱、流动资金短缺，产品研究力量薄弱、产品科技含量低等问题的约束，他们将大部分精力放在利润的获取方面，建立品牌的意识薄弱。即使部分企业有意识为品牌进行宣传，也仅是停留在为产品做广告的基础营销层面，并没有在品牌和消费者之间建立有效的情感联系，其品牌关注度和认可度都落后于国际知名品牌或者国内的大型品牌，进一步阻碍了企业在市场中的进步与发展。相反地，正面的品牌建设也能实现更加有效的信息传播、创造更多的市场需求以及在需求市场中树立更加良好的形象，从而降低产品的宣传营销成本。

伴随着大数据时代的到来以及日益成熟、高度松散和流动的消费群体，其消费内容更加多元化、需求水平复杂化且购买行为也呈现出更理性化的趋势，一些侨商企业在这种消费需求变化的趋势下往往缺乏应对客户需求变化的营销能力。

许多侨资企业的营销方式仍在遵循传统的营销理念。传统的营销理念在某些方面呈现出粗放式走向。从消费者行为模式方面，到消费者接触管理方面，再到品牌的创意传播方面，过去的品牌营销理念都有不再适应“互联网+”时代的情况。传统营销有许多中间环节，流程冗长复杂，既费时费力，成本又高，信息技术的发展改变了信息的流通速度及呈现方式。现代的市场竞争是时间与速度的竞争。传统观念认为，企业的发展和持续盈利能力受市场开发和制造能力的约束。在知识经济时代的浪潮里，企业的发展和持续盈利能力主要受满足市场需求的时间和速度的制约，即确认顾客的需求、市场的机遇，并把它们转化为产品和服务组合的时间和速度。传统的营销过程是先开发概念产品，然后抽样，再试产品，最后推销产品。一旦市场需求突然改变，传统营销往往反应迟缓。并且许多侨商采取的传统营销模式特别强调目标市场，企图以当下的市场网络建设成本获得尽可能高的销售收入，但在营销实践中却受到了极大的挑战。传统的市场受区位条件和交通的约束，建立一个广泛的传统的市场营销网络需要很多成本。我国许多上公司筹集资金的重要用途之一，就是实现市场网络的大规模扩张，其耗资之大由此可见一斑。在正常情况下，降低企业平均成本的关键是增加销售额，企业增加销售的必然选择是差异化营销。然而，差异化营销导致运营成本增加。在现代市场，产品多元化和需求个性化正在激化，传统的产品制造模式为每个客户提供高成本的定制产品，因此拒绝了许多客户对定制产品的需求。

面对日益成熟、高度松散和流动的消费群体以及消费内容多元化、需求水平复杂化和购买行为理性化，传统侨商企业缺乏应对客户需求变化的营销能力。部分侨商企业原来的人工宣传、中间商供货模式不仅成本巨大，而且效益低，传统的产品营销中不关注与客户的长期合作关系。面对电子商务的冲击，很多企业也只是简单地将产品放到网上，并没有树立科学、整体的营销观念，不能做到深入、精准地研究消费者，真正让消费者成为企业营销活动的中心，更不用说利用包括大数据在内的互联网技术把市场细分微型化，并向每位消费者进行个体微型营销，从而提升企业的利润空间。网络互动的特性使消费者参与营销过程成为可能，互联网已经改变了传统的营销关系，用户的主导权更加突出，消费者参与的主动性和选择的主动性得到加强。企业在营销过程中要充分挖掘用户需求，保障营销效果。

总之，在互联网的冲击下，品牌建设落后与自主营销能力的薄弱是限制侨商企业转型升级发展的一大因素。

3.3.2.5 缺乏专业的互联网人才及技术支持

侨商企业在互联网的浪潮下，渴望从传统商务模式中获得转型发展，必不可少的就是专业的"互联网+"人才与技术支持。在"互联网+"驱动的智能化时代下，智能设备将会代替人来完成简单的劳动工作，在这种形势下人才的角色发生转变，由岗位上的劳动者变成具有一定知识水平的管理者。以智能制造行业为例，未来的工业机器人可以在智能工厂代替人在复杂环境下进行操作，工业机器人的使用融合了机械、物理、算法、数学等多个领域的知识，工业机器人也是在不断地更新与发展，必须由具备这些领域专业知识的人才完成研发设计。另外，工业机器人在投入使用之后，也需要定期进行维护与保养，维修人员也是具备工业机器人设计领域专业知识的人才，具备分析与解决问题的能力。所以在智能时代，几乎所有的岗位都需要具备相关专业知识的高素质、创新型人才，而不仅仅是知识简单的体力劳动者。但是随着对劳动力素质要求的提升，符合要求的劳动力数量也在不断减少。

在"互联网+"的热潮带动下，整个行业都出现了对高素质、复合型的互联网人才供不应求的状况。BOSS 直聘研究院 2018 年最新统计数据显示，2018 年旺季人才流入率最高的行业是互联网行业，平均薪资最高的也是互联网行业，为 1.08 万元；薪资增幅也为全行业最高，为 5.3%。但流入的人才依旧无法满足行业人才缺口，数据表明互联网行业再次进入人才最紧缺行业。高新技术类岗位由于对求职者技术能力及学历要求较高，人才存量十分有限，呈现严重紧缺状态。在人才最紧缺的前十个职位中，大数据、人工智能、算法类岗位占据半壁江山。全国技术/研发、产品岗位人才的平均薪资分别达到1.44万元和1.39万元，平均薪资增幅超过5%。从互联网到传统制造业以及其他各行业中，技术、产品人才的薪资优势越发明显。在“互联网+”政策提出后，全社会全产业都在向“互联网+”方向转型，由此造成了大量的互联网人才需求缺口。

由于企业人力资源缺乏，且职工素质参差不齐，整体专业水平低，人员流动问题仍普遍，高质量的人才短缺直接阻碍了技术创新。加之企业缺乏激励制度，导致高层次管理人才流失，进一步弱化了企业内部技术创新的能力，降低了技术创新的信心和动力，并且许多中小型的侨资企业在发展前期，对高级人才的需求量不大，所以大多数中小型企业都没有人才储备意识。当企业步入成长期时，管理事务的增多、分部的增设、管理范围化等要求的出现，使企业对高级人才的需求短时间内暴增，这时没有人才储备的企业就会面临人才相对不足的困境。

尤其是对于中小型侨资企业来说，“互联网+”时代人力成本不断攀升，中小微企业不再拥有劳动力成本优势，同时又缺乏精通大数据技术，理解互联网差异化价值创造和掌握网络营销的人才。对中小微企业来说，通过“互联网+”实现转型升级的难度系数大，简单的结合难以发挥互联网的优势。而高科技行业的人员流动性很大，因为技术人员的工作内容都相差无几，但许多中小型侨资企业在工作环境、文化氛围以及薪资待遇的提供方面都落后于本土或者外企的大型互联网公司。比如，大型企业在宽带设备建设方面，可以为员工提供专用光纤网络进行办公，而很多中小型的侨企只有10~20M的带宽，所以在高素质人才的招聘与留用方面面临非常严峻的挑战。即与很多大型的互联网公司相比，一些中小型侨资公司的优势并不明显，造成了中小型企业无法获得足够的高素质、综合型人才，而人才的缺乏致使企业在日常生产创新以及经营管理方面落后，继而削弱企业在市场中的竞争能力，如此往复，就会造成恶性循环，影响中小型侨资企业转型升级能力以及可持续发展能力。

在高素质的互联网人才培养方面，我国科研机构和高校的“互联网+”研究成果与新型互联网专业人才并不完全契合产业的实际要求。人才培养与市场需求严重脱节，产业成果无法及时转化为适合客户需要、适合市场需要的“互联网+”推动的产业转型，而是被封闭在科研高校机构内，这就导致了大量的技术创新资源被封闭在科研和高校机构内部，无法形成能够有效支撑“互联网+”推动产业转型的产学研体系，从而大大降低了技术创新资源的转化效率。

3.3.2.6 文化及政策法规差异带来的不适应症

侨商企业的创新企业人才在初创阶段大多对国内创业政策和投资环境比较陌生，其合法权益的保障可能会受到威胁。华侨华人在国外生活工作时间较长，当其选择回到本土进行创新创业就不可避免地要重新适应本土的市场环境，与国外相比，国内的市场条件、消费者需求，以及运作模式、创新创业模式、相关政策法规及业务流程等方面都会存在差异。因此，在制定企业发展战略、经营模式等方面需要比较长的适应和转型期。

除此之外，华侨华人在海外环境中长期生活与工作，会接受大量海外文化的理念，来自不同文化的熏陶在他们回归本土进行创新创业时，也会影响他们在当前文化环境中的表现。在同一文化里，沟通是管理过程中重要的环节，也是影响企业经营管理效率的重要因素，一个组织的沟通效果决定了组织管理效率，在企业的经营管理过程中，如果能做好组织沟通，会对促进企业绩效目标的实现起到事半功倍的效果。畅通而有效的组织沟通，有利于信息在组织内部的充分流动和共享，提高组织工作效率，增强民主管理，促进组织决策的科学性与合理性等。当企业出现有差异的文化理念，就会在一定程度上影响企业内部的沟通过程，使沟通变得复杂，这也会严重影响到组织内部沟通的有效性。并且这种沟通不仅体现在组织成员之间，还体现在对企业发展理念、具体策略制定等多个方面。

海外的华侨华人回到本土进行创新创业还将面临在不同环境中政治法律环境的差异。不同国家政府通过制定相关政策和法律对本土企业生产经营活动产生影响，政府作为国家经济中的参与者与规范者，会通过制定一系列的经济政策，从宏观层面上对经济发展方向进行干预，从而达到管理经济的目的。这些政策对华侨华人回到本土进行创新创业有着直接或者间接的影响。而长期在海外的经历会使华侨华人在企业经营时由于对本土政策的不熟悉而错失许多优惠，造成他们在创新创业或者企业经营过程中的障碍。比如，在不同国家或地区，税收政策会存在较大差异，企业缴税是企业支出的一个占比较大的项目，虽然缴税是企业的责任和义务，但过高的税赋也是许多企业的负担。而我国为了吸引更多的华侨华人回到本土创新创业，不同地方政府在对侨资企业的税赋方面可能会给予一定的政策优惠，或者通过其他的优惠性政策进行补偿鼓励，从而吸引更多的华侨华人在本土发展。但是由于他们长期在海外，对本土政策的接受和解读存在一定的延迟性或遗漏性，往往会导致他们错失许多与侨资企业在本土发展有关的优惠政策。

此外，对于传统产业创新的监管政策已经无法适应“互联网+”产业创新转型的新环境了，然而目前政府对于利用“互联网+”促进相关产业创新的监管是从各种渠道加以束缚和控制，以防止其发展侵犯到原有既得利益群体。但是这种政策束缚客观上会严重阻碍“互联网+”推动产业创新的进程。这表明以往传统的监管政策在制定与执行方面，并没有把握好统一性与差异性的关系，没有做到既不以灵活性损害原则性，又不以原则性束缚灵活性。从而使得许多侨资企业在统一的政策下，无法灵活地释放出侨资企业本身的活力。

除此之外，司法部门对涉侨经济纠纷案件的重视程度也有待提高，当前司法部门在处理流程方面存在申诉与执行困难的问题，并且解决处理周期较长、进度较慢、难度较大。从而造成侨商企业在遇到相关的纠纷案件时，无法及时得到解决，影响其正常的生产和经营进度，这种来自外部环境的挑战也会影响侨资企业在“互联网+”背景下转型升级的进程。

3.4 互联网下侨商企业转型升级的动力机制与实施路径

3.4.1 互联网推动侨商企业转型升级的动力机制

3.4.1.1 互联网思维带来的经营思想转变与转型升级动力

“互联网+”是以互联网为主的一整套信息技术在经济、社会生活各部门的扩散和应用过程，其本质是传统产业与互联网的深度融合。从企业层面来看是用互联网思维来重构企业的运营理念、组织架构和业务流程等，互联网思维和理念要融入企业的血液中。

互联网思维是在互联网、大数据、云计算等科技不断发展的背景下，对市场、对用户、对产品、对企业价值链乃至对整个商业生态进行重新审视的思考方式。

互联网思维改变了传统的营销模式。例如，利用免费的商品和服务吸引固定的粉丝群体，使用公司产品的可能不一定是公司的购买客户，产品自身的价值也并非企业的卖点，由产品产生的衍生价值，才是企业追求的利益目标。比如淘宝，一般在淘宝上开店是免费的，但是要想使自己网店真正脱颖而出，必须加大网络营销投入力度，这才是淘宝的利润增长点。

传统的营销时代，资本、资产是最大的优势资源，这也是侨商企业早年进入中国的主要优势。资本雄厚的企业可以利用资本的力量在传统营销体系中攻城略地，逐渐占领整个销售市场，而在互联网时代，一个鲜明的特点就是互联网营销思维的引入，尽管资本还会在营销过程中产生一定的影响，但已不能起到决定性作用。例如，小米、京东这些公司没有设施、资本的优势，但通过管理创新、营销创新，自己的产品被客户所认可，最终超越了众多传统行业的竞争对手。

3.4.1.2 本土企业的快速成长推动侨商企业向供应链上游转型

侨商企业发展的历史进程表明，一方面，侨商企业需要本土企业的合作。侨商企业通过与本土企业以资金、生产、贸易、人才等形式建立的互动合作，互联网的应用提升了企业链联合、扩展了双方的合作经营空间，帮助企业更有效配置资源，这有助于侨商企业获得在全球竞争中的区位优势；另一方面，侨商企业又帮助了作为竞争对手的本土企业的成长。侨商企业为本土企业带来生产理念、营销方式、售后服务、管理规范、企业文化等方面的知识传递。随着时间的推移，本土企业在学习及发展后，逐渐缩小与包括侨商企业在内的外资企业制造能力、简单产品设计方面的差距，也迫使侨商企业聚焦于供应链的上游——产品设计与研发。其中，互联网作为信息传播的工具，也发挥了重要的作用。互联网所构造的信息环境对侨商企业与本土企业互动关系发展的影响至关重要，互联网在中国的普及，缩小了中国本土企业与侨商企业的数字鸿沟，本土企业通过模仿学习、技术溢出、创新扩散、区位选择、企业集聚等方式的发展，推动了侨商企业的转型升级。

3.4.1.3 信息技术作为先进生产要素助力侨商企业转型升级

互联网时代信息技术以前所未有的速度在各产业间迅速转播，并作为先进生产要素推动相关产业的转型升级。

信息技术对传统制造业的影响体现在推动了互联网与制造业的融合，提升了制造业数字化、网络化、智能化水平，并且加强了制造产业上、中、下游之间的协作水平，发展了基于互联网的协同制造新模式。“互联网+”制造业的发展推动了智能制造、大规模个性化定制、工业互联网、网络化协同制造等新兴产业模式的发展创新，加速形成制造业网络化的生态系统。

互联网对传统批发零售业的影响体现在价值链、供应链、商业模式等多方面。企业的价值理念开始向以消费者为中心转移，商业模式及业务范围向个性化、多样化转变，通过信息数据的公开共享打破了供需双方的信息不对称，从传统的实体商贸模式向电子商务、移动商务、O2O 等模式转型，利用电子商务平台优化采购、分销体系，从而提升企业的经营效率。传统零售及批发行业更加注重通过信息技术建立与供应链条上下游节点之间的协作发展，从而通过整条供应链效率的提高，在价值链的各个阶段获得可持续的发展能力。

传统的服务业发展存在服务消费质量参差不齐、生产性服务业发展相对缓慢、公共服务供给效率相对低下等“瓶颈”问题。信息传播技术的发展打破了原有的信息传播方式，使得信息的即时性和互动性大大增强。通过跨企业、跨行业、跨国的信息共享能够得到合理有效的运用，从而推动商务服务业的转型升级。

3.4.1.4 物流全球化推动跨境电商发展与企业转型升级

菜鸟网络将加强海外物流体系建设，成立国际物流智能调度中心；京东力争在 2018 年底物流覆盖印度尼西亚所有城市；百世集团将加速布局美国、欧洲、东盟等国家和地区，并开通中俄电商跨境专线产品……我国物流体系全球化发展加速。“物流走到哪里，国货就卖到哪里。”海外物流体系的建设推动跨境电商出口贸易加速发展，有助于打破侨企代工贸易“中间商”角色，推动侨企全球化发展。

我国海外物流体系的发展已取得突破性进展。以菜鸟网络为例，菜鸟的海外仓库已经达到 110 个，海外部署存货仓有 22 个。随着物流体系的完善，运输效率也在提高，过去到西班牙的物流平均时间是 30 天，目前已经降至 15 天。此外，百世已开出“中俄跨境电商专线”，由乌鲁木齐到俄罗斯的包裹由原来的 20~35 天缩短至 8~15 天。

物流全球化推动跨境出口贸易加速发展。阿里巴巴数据显示，到 2017 年 4 月，速卖通的全球消费者累计超过 1 亿人，覆盖全球 224 个国家和地区，海外买家的增速不比淘宝慢。有人预计 2017 年，百世国际为中国跨境出口商家提供的出口物流服务收入同比增长 500%，另外，京东已经与超过 1000 家企业签订了“出海”意向书。

侨企直接面向海外消费者相比代工能够获得更多溢价。百世国际提供跨境物流服务的一家在华东生产小家电的企业，通过跨境电商向海外出售的产品价格是之前代工产品价格的 2.5 倍。

3.4.2 互联网下侨商企业转型升级的实现路径

3.4.2.1 技术驱动下的“互联网+”升级改造策略

(1) 转型升级背景与条件。

众多华侨华人创新企业拥有某一领域的先进技术或具有较强的科研、开发能力，从事的创新创业项目通常技术含量较高，而且能够及时跟踪世界高新技术和互联网技术的发展。与国际研发、技术机构以及产品市场具有深厚的关系，对国际最新科技动态、发展趋势具有敏锐的直觉，重视自主技术的研发投入，具有很强的自主创新意识和自主创新、自主研发能力；另外，在引进国际创新人才、创新思想、新的管理理念以及对新技术与新产品开发的投资、融资体制的渠道与经验等方面，相比同类内资企业具有自身独特的优势。以长三角一带的侨商企业为例，昆山塔米机器人有限公司主要从事智能技术，尤其是小型智能服务机器人及其物联网智能技术的行业应用。目前，已经申请十几项发明专利及软件注册权，并拥有多项自主知识产权。苏州博创同康生物工程有限公司的可修复、可替代人类组织与器官的再生型医用植入器械等自主研发的创新产品，国内外还未见相同产品。酷威微电子公司致力于开发基于 USB 3.0 的高清视频显示技术及系统，仅一年多时间就申请了高功能环形缓冲缓存系统、高功能环形缓冲缓存系统及其控制方法等各项发明专利。

部分侨商企业另辟蹊径，开启了依托国外高新技术和互联网技术在国外做研发，国内搞转化的发展模式。这些企业主要在摸清国内市场需求的基础上，借助海外互联网信息技术和新兴技术以及科研人才和设备等优势进行研发，在国内进行生产和销售，以尖端的技术产品迅速占领市场。例如，苏州澳昆智能机器人技术有限公司开发了 23 个系列产品，成为国内智能机器人的“领头羊”。在侨商企业的调研走访中，我们发现 72%的侨商企业认为技术是驱动企业升级转型的动力。

（2）转型升级的路径与实施重点。

1）通过技术驱动提升管理水平。

互联网技术对数据和信息的获取方式、信息处理效率、传递方式以及最终的商业决策有着重大的影响。充分利用互联网技术能有效提升企业的管理水平。

首先，互联网技术的应用已经改变了数据和信息的获取方式。在传统的以制造业为主的侨商企业中，企业信息数据的获取主要依赖人们的肉眼观察，手工计数或者使用仪器测量。然而在目前智能制造日益发展的条件下，侨商企业在已有的技术基础上，通过利用更多的新的设备全自动地获取需要的数据和信息。

其次，互联网技术提高了信息处理的效率。在互联网的背景下，借助计算机的高速处理能力，能够使得信息处理的速度大为加快，效率大为提高。然而，这对内部控制的影响也是双方面的。一方面，信息处理效率的提高有利于企业实施更复杂，更有效的控制措施和控制方法，提高内部控制的效果和效率；另一方面，借助高速的信息处理能力，企业员工或管理当局造假的能力也会有所提高。

再次，互联网技术改变了信息的传递方式。互联网技术打破了信息传递过程中时空的局限，改变了传统环境中使用报告、电话等的方式，利用无线电波、光缆等方式传递信息。通过企业的信息管理系统，企业领导能够实时监控企业的生产流程，库存信息，以及人员动态，足不出户就可以对遍布世界的跨国公司了如指掌。通过最新的协同办公系统，公司项目小组成员能够实时跟踪工作进展，及时参与协作，提供项目运作效率。

最后，大数据技术的应用能够显著提升商业决策质量。长期以来，企业的管理决策主要依靠管理者经验和知识储备。但是随着大数据的发展，企业可以充分利用数据挖掘技术来收集和处理大量的信息，过去被管理者所应用的直觉判断将会逐渐被精准的数据分析所代替。目前，企业可以在分析数据的基础上，基于实际情况对问题进行思考，结合管理者的工作经验，提高决策的准确性。

2）通过技术驱动实现生产智造。

在以互联网为代表的新一轮信息技术革命掀起的背景下，世界主要国家都在为抢占未来经济科技发展先机加快变革，改造升级。欧美制造业处于产业链高端环节，在“互联网+”时代拥有互联网技术发达优势，而我国制造业发展现状是大而不强，在工业 2.0 时代、工业 3.0 时代处于落后地位，没能获得发展先机与核心技术。无疑，工业 4.0 时代是我国抢占制造业发展制高点的平台，这对于侨商企业而言无疑是一个难得的机遇，侨商企业必须抓住工业 4.0 的机遇，借助互联网技术实现企业的转型和升级。在走访调研生产型侨商企业时发现，约有 36%的企业开始将互联网相关技术融入生产制造中，而且保持着逐年增长的态势。

目前，互联网技术的发展与应用，改变了传统意义上制造业的整个分工、生产与销售环节。“信息共享、网络协同、互联互通”等使得制造业整个环节都与网络互联互通，整个价值链也发生颠覆性改变。个性化定制不仅使客户获得了研发设计环节的主动权，还弱化了价值链后端销售环节，“制造生产”环节成为企业获取利润率最高的环节。被众多中国制造业企业奉为经典的“微笑曲线”，在“互联网+”时代已发生颠覆性改变，不再适用。“互联网+”时代，中国制造业转型升级必然告别“微笑曲线”，重新审视“武藏曲线”——一条与“微笑曲线”相反的拱形曲线，该曲线指出制造业利润最丰厚的地方正处于“生产制造”环节，研发设计与销售服务次之。

在当今时代背景下，要求侨商企业致力于向“微笑曲线”两端研发与销售攀升，希望通过高新技术实现我国制造业转型与升级。在互联网时代，企业的生产活动更多是以数据为驱动，而先进的技术设备是企业展开生产活动的基础。而大数据、云计算和人工智能等技术为侨商企业在原有的制造业物理系统的基础上，建设大数据和云计算中心，搭建智能化的企业平台，打造智能车间，为实现生产车间的信息化、互联网化、智能化提供了技术支持，使得侨商企业能够顺利实现制造工艺的改造升级，生产设备的互联互通，从而提高整个生产价值的效率，最终实现企业从劳动密集型的制造业向技术密集型的智造业的转变。

3）通过技术驱动提升营销绩效。

“互联网+”时代，消费者端数据量急剧增加。IBM 提出，大数据具有 5V 特点：Volume（大量）、Velocity（高速）、Variety（多样）、Value（低价值密度）、Veracity（真实性）。企业开始拥有大量的消费者数据，包括线上与线下数据。线上数据是指消费者在互联网中的各类活动轨迹数据；线下数据则收集消费者在现实场景下的活动数据。

基于数据驱动的智能商业时代已经到来。通过收集、加工和处理涉及消费者消费行为的大量信息，确定特定消费群体或个体的兴趣、消费习惯、消费倾向和消费需求，进而推断出相应消费群体或个体下一步的消费行为，然后以此为基础，对所识别出来的消费群体进行特定内容的定向营销，这与传统的不区分消费者对象特征的大规模营销手段相比，大大节省了营销成本，提高了营销效果，从而为企业带来更多的利润。

大数据营销的实施有赖于一系列技术基础条件。数据挖掘技术，主要是从数量庞大、随机、不完整的数据中使用特定算法抽取事先未知的、具有潜在价值的规则与信息，是交叉融合了模式识别、机器学习、可视化、数据库以及统计学、信息检索、高性能计算等多门技术的“集大成者”。目前，视频、音频等非结构化的数据处理已经取得较大进展。例如，科大讯飞的语音识别、百度 AI 自然语言处理系统等。云计算是一种按使用量付费的模式，这种模式提供可用的、便捷的、按需的网络访问，进入可配置的计算资源共享池（资源包括网络、服务器、存储、应用软件、服务），这些资源能够被快速提供，只需投入很少的管理工作，或与服务供应商进行很少的交互。云计算具有规模大、虚拟化、高可靠性、通用性、高可扩展性、按需服务和成本低廉的特点。它的出现也极大地降低了小企业部署信息系统的成本，为基于大数据的营销开辟了广阔的前景。

（3）典型案例：华钛三维——以技术为驱动的产业升级。

1）公司简介。

华钛三维，全称广州华钛三维材料制造有限公司，是广州市增城区根据自身发展的人才战略和经济发展战略而引进的第一个院士创业高新技术产业化项目，坐落于由国务院侨办和广州市增城开发区共建的华侨华人创业基地——侨梦苑梦工厂。它由“中国 MBA 十大精英人物”“广东省十大杰出职业经理人”朱献文携手澳大利亚技术科学与工程院院士吴鑫华教授联合创办，得到了广州市增城区政府基金南粤基金天使投资，并获政府创业领军团队资助。华钛三维与一流骨科专家共建了“广州华钛三维骨科研究院”，重点研发相关骨科手术工具和植入物（人工关节、创伤、肿瘤钛合金植入物），形成了“科工医”结合的产品研发平台。为推进 3D 打印医疗应用的发展，华钛三维骨科研究院为全国骨科医生提供公益支持，计划 3 年内免费提供科研用总价值达 1 亿元的建模服务，术前模型制作，3D 打印个性化钛合金植入物打印，以及联合申报国家、省、市科研项目等合作。

2）“华钛三维”转型升级的策略。

第一，立足现有技术基础，实现不同领域技术突破。在医学领域，3D 打印技术是根据患者的实际情况进行个性化定制，提高了内植入物与受区的匹配度，以符合解剖及生物力学的需求，满足不同运动习惯、性别、人种和职业的个性化需要。相关研究表明，在骨盆恶性肿瘤的切除与重建治疗中，通过对残留骨盆结构进行个体化半骨盆假体的设计，使得个体化假体完美匹配残留结构，能够实现患者术后最优化功能重建。华钛三维与南方医院脊柱骨外科联合世界顶级金属材料及 3D 打印科学家领导的增材制造研究中心从 2017 年 10 月开始筹备，进行了一个多月的个性化钛合金 3D 打印工艺研究，先后设计了 100 多个方案，制作了数十个植入物的术前模型进行研讨。2018 年 2 月 7 日，该公司成功实施世界第一例 3D 打印个性化“人工椎体/椎间盘一体化”植入手术，不仅保住了病人的脊椎，还保住了其日后的活动能力。这次手术的成功，标志着中国的 3D 打印植入生物技术在骨科医疗领域达到世界先进水平。

在航天领域，依托于澳大利亚莫纳什大学增材制造中心，华钛三维研发团队在 2015 年就打印出世界第一台 3D 打印制成的全尺寸飞机发动机；在 2016 年为中国商用飞机开发和制造了 29 个航空部件，并已应用于 6 架 C-919 客机上。2017 年 11 月底，吴鑫华院士的三峰科技团队、莫纳什增材制造中心和法国飞机发动机公司赛锋集团签订了商业合同，用3D打印技术批量生产飞机发动机构件。

第二，开发云端应用系统，建立线上技术交流平台。华钛三维与中南大学粉末冶金研究院联合研发3D打印碳纤维人工骨骼的同时，还开发了医疗个性化定制云端应用系统。整套系统将为广大医生创立应用3D打印技术的医工交流平台，配合广东省医师协会骨科技术培训工作委员会联手推广3D打印技术在医疗的应用，以造福大众。华钛三维集一流“科、工、医”专家于一体，开创了良性发展之路。

第三，打造技术共享中心，实现技术优势互补。2018年7月10日，华钛三维与雷尼绍公司合作的“华钛三维—雷尼绍骨科3D打印共享中心”在广州市增城经济开发区（国家级）侨梦苑梦工厂成立。这是全球领先的金属3D打印设备制造商——英国雷尼绍公司在世界上的第三个骨科3D打印中心。华钛三维一直专注于3D打印医疗应用领域，拥有世界一流的金属3D打印技术，雷尼绍公司影像产品、AW影像后处理工作站和金属3D打印设备与服务世界领先，双方的合作极大地提高了手术效率、降低了手术风险和医疗成本、改善了术后状况。除此之外，该中心集世界一流科学家，医学专家和骨科3D打印解决方案提供商的资源于一身，根据市场需求研发、生产符合患者需求的个性化产品。

3）案例小结。

华钛三维体现了侨商企业在技术上的优势，它在3D打印技术刚刚兴起时，就敏锐地捕捉到这一新技术的发展趋势，并立足于自身现有的科学技术，以技术为驱动，将3D打印技术根据患者的实际情况进行个性化定制，提高了内植入物与受区的匹配度，满足不同运动习惯、性别、人种和职业的个性化需要。同时，华钛三维建立了3D打印共享中心，以技术为驱动，实现由传统的研发制造向智能制造平台转变。华钛三维以技术为驱动的转型升级使得自身能够紧跟互联网时代潮流，根据市场研发需求，实现个性化研发，从而更好地满足顾客的需求。华钛三维公司是产业互联网发展的一个典型代表。事实上，传统产业通过借力大数据、云计算、智能终端以及网络优势，提升内部效率和对外服务能力，是其实现“互联网+”实现转型升级的重要路径之一。

3.4.2.2 市场引领下的“互联网+”商业模式转变策略

（1）转型升级背景与条件。

“互联网+”时代下，企业已经由传统的产品为导向转为以用户为导向，这就要求企业在进行战略制定、产品设计、品牌推广，以及商业模式的设计过程中都要格外重视顾客价值。并且，新产业革命的推进过程不是主导产业的更替，而是新商业形态和新商业模式的不断出现。互联网技术的使用促进制造业加速向服务领域拓展，不断提高客户服务在价值主张中的地位。企业为了实现价值主张的服务导向，必须贯彻顾客为中心的价值逻辑，重视挖掘市场长尾末端的边缘顾客群，同时深入理解顾客的工作需求，围绕使用价值及顾客感知开展价值创新。在价值内容方面，设计基于顾客需求的整合解决方案，全方位提升顾客体验。比如，红星美凯龙公司与腾讯合作推出 IMP 全球家居智慧营销平台，平台通过“潜客雷达”“超级导购”以及“云 Boss”三大工具刻画了用户画像和标签，实现生产和营销过程中的精准化，并且通过建立顾客社群，让用户本身来带动用户，极大地提升了用户的黏性，丰富了消费者体验。

除此之外，个性化定制也是互联网为制造企业带来的新的发展方向。互联网和智能制造技术的应用使企业的用户需求可直接转化为生产排单，开展以顾客为中心的个性化定制与按需生产，在有效满足顾客个性化需求的同时，解决制造业企业长期存在的产能和库存问题，有效实现动态产销平衡。市场引领下的商业模式的创新主要是进行顾客价值发现、价值传递以及价值获取路径的创新与重构。因此，以市场为导向，构建正确的顾客价值主张，清楚地了解市场需求是企业商业模式创新的首要任务及前提。侨商企业只有深入挖掘顾客需求，掌握市场的痛点，才能发现新的长尾，进而构建正确的顾客价值主张，才能以此为基础进行市场引领下的“互联网+”商业模式创新的其他环节的设计及架构的搭建。例如，台达电子从底层设备开始做起，研发了 SCARA 的工业机器人，这让台达电子在面对客户的个性化需求时，做到成本最低，而且未来系统升级效率更高。另一个例子是迈瑞医疗，它通过“极端的多品种小批量”的生产模式，不断扩大品类，满足顾客日益多样化的需求，在细分市场做到差异化创新。

以市场为引领，注重用户需求的开发和用户痛点的解决，让用户来驱动生产，将用户纳入研发、生产、销售的各个环节，创造新的利润增长点，最终实现商业模式的转变，是侨商企业转型升级的一大途径。在侨商企业的调研走访中，82%的侨商企业认为市场或消费者需求的变化导致必须顺应时代，进行升级转型。

（2）转型升级的路径与实施重点。

1）以市场为引领，打造用户参与的研发模式。

用户思维是互联网思维的核心，在产品规划设计中融入用户参与，就需要借力互联网，如 C2B 模式让用户参与到产品开发中来。

一直以来，由于生产者、消费者双方在交易过程中存在交流沟通障碍、时间空间障碍、金融支付障碍等，都使得生产者的产品不能完全达到消费者满意，定制产品的成本都很高。因此，为了达到生产过程的低成本，生产者和消费者都只能退而求其次放弃个性化，这就是以生产厂商为中心的产品种类少批量大的 B2C 模式。随着互联网技术的发展，产销双方的沟通变得更加快捷便利，成本也更低，物流快递通畅发达，金融支付手段多样快捷，解决了之前存在的沟通交流、时间空间、金融支付的问题，C2B 由此产生。

传统上，客户产生需求后，需要在多个市场寻找合适的厂商，进行价格谈判，耗时长、成本高、效率低。C2B 即消费者对企业（Customer to Business），改变了这一模式。C2B 模式的运作流程是：客户有了需求，要做的只是在 C2B 网站上发布信息时给定一个自身认为合理的可以承受的价格；C2B 网站就会找寻很多有资历有能力的商家来报价、竞标，消费者从中选择卖家来交易。商家参与报价竞标可以让消费者找到最合适的、性价比最高的卖家。

C2B 模式中，生产厂商的生产是依据消费者提出的需求，所以消费者依据自己的偏好率先提出需求，接下来生产厂商根据这些需求组织生产，能够在很大程度上避免生产过多带来的存货问题。消费者为了彰显个性化需求，常常根据自身偏好定制产品，或者主动参与产品创意设计、生产和定价，制造企业来进行定制化生产。C2B 是典型的消费者导向，在 C2B 模式中，同一个制造厂商的相同型号的产品定价唯一，也就是无论通过何种途径、何种渠道购买价格都是统一的，渠道销售过程是没有议价的。在原材料价格不断上涨的情况下，企业采用 C2B 模式，对于中小企业来说可以缩减成本，而且进入虚拟市场总体上扩大市场交易份额，推动企业转变结构。

2）以用户为中心，实现侨商企业向服务化、平台化的经营模式转变。

在新的产业革命浪潮下和全球产业链价值模式下，单一制造产品的利润越来越少，而服务在制造过程中所占的比重越来越大，在这个过程中，逐渐形成了制造和服务相融合的新的产业形态——服务型制造。相比于产品的日益同质化，服务则更能够实现差异化，并且更能够影响消费者的体验。产品只是为了实现消费者的某种需要，非常容易被其他产品所替代，而服务则更加不容易被替代。在互联网时代，企业转变原料采购、生产制造、销售货物的传统思维，树立服务化的思维，将企业从以提供产品为中心向以提供服务为中心转变，在这个过程中企业可以发现更多的机会，创造出更多的利益增长点，提升产品的附加价值，使企业更能够建立竞争优势。例如，明源软件公司由最初的销售房地产管理软件转变为房地产公司提供管理解决方案的公司；震旦集团由向企业销售打印复印机设备转变为提供办公解决方案的公司；方太集团由传统的销售厨具的企业转变为提供烹饪、美食高端健康文化生活圈的企业。

除了企业服务化的转变之外，企业还可以向平台化进行转变，通过整合产业链的上下游企业来打造平台，实现不同行业、不同企业以及顾客之间的连接，进而促成企业之间的跨界合作，创造企业新的增长点。侨商企业可以利用云制造的理念打造工业资源共享平台，云制造的核心理念是“制造即服务”，将巨大的社会资源联结在一起，为供应链中的其他企业以及产业互补的企业提供各种服务，实现服务和制造资源的开放协作和社会资源的共享。资源共享平台以开放接入模式，整合了研发设计、生产制造、仓储物流、经营销售等各个领域各个环节的资源，同时将这些资源转化为价值信息进而传递给平台中的合作企业，实现数据的共享、信息的良性交换，促进了产业生态圈各方供需的对接，优化了各方资源配置。并且企业可通过云计算、云存储、物联网的运用，融入顾客参与设计产品服务的流程中，增加制造业服务要素的投入和供给，加强制造业与服务业的深度融合，向研发、设计等价值链上游扩展，提高产品附加值，实现价值链中的价值增值。此外，借助大数据的统计分析，打造智能产品平台和渠道平台实现全生命周期的生态链延续。

3）以用户为导向，实现侨商企业营销模式转变。

侨商企业传统的营销模式是将产品生产之后，通过电视媒体、报纸媒体投放以及打折优惠来吸引消费者，从而进入消费者的视野，但是这种广告投放的方式需要大量的资金支持和专业的广告团队设计，绝大多数中小侨商企业只能望而却步。由于移动互联网的发展，用户行为发生了改变，消费者减少了对传统电视媒体的使用，取而代之的是手机媒体的使用（如优酷、爱奇艺等）。因此，许多传统的营销方式已经不再适用，同时也诞生了许多新的营销方式，如创意营销、意见领袖与网红营销、借势营销等。

创意营销是通过创意发掘产品或服务的个性，树立独树一帜的品牌形象，从而赢得口碑，获得销量的“法宝”。例如，中国最大的餐饮 O2O 平台之一饿了么，率先提出网上订餐概念，为线下餐厅提供一体化运营的解决方案。充分发挥信息技术优势，运用互联网思维，可以改变人们固有的习惯，创意引领产业的发展，实现市场的爆破性突破。

企业越来越重视意见领袖和网红营销。过去 10 年，传统媒体营销如电视、广播广告等对消费者的影响日渐式微，如今，消费者们更偏向于听取来自博客、社交媒体和网络评论的声音。网络的出现和传播改变了消费者的信息检索和购买行为，伴随社会化媒体的飞速发展，越来越多的消费者通过微博、微信、个人博客、短视频等各类社交网络平台追踪意见领袖和网络博主们发布的最新资讯并从中获得产品与品牌的信息。借助意见领袖或网红强大的社会影响以及庞大的粉丝群体，企业能够快速获取用户，创造品牌影响力。

借势营销也成为企业营销的重要手段。它是通过应用现代传媒技术，借助社会热点、名人等，对品牌、产品进行巧妙宣传，赋予其丰富的想象内涵或特定的品位和社会定位，以捕获消费者的注意力，迅速获取市场份额、实现资产快速增值的一种方式。在“互联网+”的时代背景下，市场竞争日益激烈，侨商面临更多的机遇与挑战。针对运营中存在的管理缺乏创新、营销手段单一与创收时间滞后等问题，企业应善于使用互联网，时刻关注互联网中的热点事件，通过利用热点事件的高谈论价值来制作合适的文案或者广告，提高品牌的曝光率，树立正面的品牌形象。不仅如此，企业还可以通过利用移动技术，制作突出品牌特色的创意广告，以生动活泼的方式增进消费者对品牌的理解，从而实现让创意引领产业，实行媒介融合与借势营销策略，实现企业的可持续性发展。

（3）典型案例：正大集团——以市场为驱动的企业升级。

1）正大集团简介。

正大集团由泰籍华人创办，在中国以外称作卜蜂集团。正大集团业务遍及20多个国家和地区，下属400多家公司，员工人数近20万人。正大集团在中国投资额近60亿美元，设立企业213家，遍及除青海、西藏以外的所有省、市、自治区，员工人数超过8万人，年销售额超过500亿元人民币。经过80多年的发展，正大集团形成了以农牧业、食品业、商业零售业为核心，制药、机车、房地产、国际贸易、金融、传媒等领域共同发展的业务格局。

2）正大集团“互联网+”转型的策略。

作为一家传统企业，正大集团在不断地进行转型升级。随着近年来互联网的发展，正大集团也通过互联网积极开展了以市场为主导的转型升级，具体表现为以下三个方面：

第一，面向市场，直击用户痛点。随着国人生活水平的提高，对于食品安全的关注也日渐提升。尤其是每年的3·15消费者权益保护日，一批有安全隐患的食品被曝光，引发各界热议。在此背景下，通过更加先进的互联网技术促成食品安全问题的有效解决，成为消费者的重大期盼。政府也已出台了相关的法规，鼓励电子商务企业利用自身平台建设信息化追溯系统，实现销售与追溯双重功能。

正大集团深刻理解了消费者这一需求，直击消费者痛点，运用互联网技术，与阿里健康合作引入“互联网+追溯”新模式，在每个鸡蛋的包装上贴上二维码，消费者通过扫描二维码即可获知鸡蛋的源头信息，既增加了消费者的互动需求，也解决了消费者对食品安全的担忧，极大地解决了消费者的痛点需求。消费者可通过扫码了解鸡舍的各种相关参数，扫除消费者对于食品安全的后顾之忧，有利于增加消费者的信任，而且提高消费者的评价，增加消费者购物的乐趣，提高消费者的体验。

第二，向平台化的转变。正大集团与阿里健康合作打造第三方追溯平台“码上放心”。通过搭建追溯平台，首次实现了对鸡蛋的源头追溯，同时实现了动态数据监测共享，不仅优化了企业内部追溯体系，还更多的将产品品质控制数据公开，为企业把握消费者购物动向提供了更加精准的数据。这一平台已在药品行业获得高度认可。据阿里健康透露，截至 2017 年，已经有超过 4500 家药品企业入驻“码上放心”平台，包括强生、康恩贝在内的药品生产企业近 1900 家。通过将不同行业企业聚集联合在“码上放心”这一平台，平台成立不久就吸引了一大批消费者。消费者的集聚为这些企业在发展过程中创造了新的利益增长点。

第三，转变营销方式，实现精准营销。正大集团利用追溯码作为纽带将食品企业和消费者联结起来，二维码成为新零售的一个重要通路。追溯码一边帮助消费者选择安全、优质的食品，另一边则帮助企业接触、精准运营和扩大会员用户。“码上放心”将进一步根据市场需求，开发各类新鲜有趣、“脑洞大开”的营销互动功能，如消费者扫码晋升会员，对企业经营和产品开发建言献策，并实实在在地获得各类奖励；企业根据每位会员不同的人物画像，量身定制各种活动，包括产品鉴别、复购、使用指导、使用反馈、会员优惠等活动。最终，让“码上放心”真正承担起企业品牌方与广大消费者两端沟通的桥梁作用。

3）案例小结。

正大集团正是立足食品安全这一现实，前瞻性地预测到消费者对安全食品的需求，始终以消费者为中心，不断倾听消费者的需求，最终得以准确地把握消费者的痛点，从而更好地满足市场的需求。同时正大集团把握住“互联网+”的潮流，与阿里健康实现跨界合作，打造一体化的平台，由之前的销售鸡蛋等农产品的经营模式转变为通过智能化平台为消费者提供食品安全保障的服务的经营模式，鸡蛋产地以及生产信息的追溯在很大程度上迎合了互联网时代信息透明化的特征，因此，正大集团的这一举措顺应了互联网下市场的发展趋势。不仅如此，正大集团还改变了传统的营销方式以及与顾客互动的方式，通过二维码与顾客建立连接，在消费者扫码的过程中，根据不同的用户画像实行不同的营销活动，让消费者在娱乐中接受营销信息，实现了营销策略上的升级。通过这些措施，正大集团通过市场路径得以转型升级。

3.4.2.3 品牌示范下的“互联网+”业务创新策略

(1) 转型升级背景与条件。

随着经济全球化的发展，消费者的品牌消费意识逐步增强。国内新品牌层出不穷，国外品牌不断打入中国市场，品牌已经成为企业市场竞争的有力武器。在激烈的市场竞争环境中，很多产品相互模仿毫无差异化，很快被市场淘汰。而具有差异化的产品在竞争中存在很大优势，而品牌能快速帮助企业形成竞争差异和优势，是其最珍贵的资产。在科技日新月异的时代，企业需要进行品牌管理与更新，若不及时更新自己的品牌形象，很容易导致品牌老化甚至死亡的发生。

互联网时代，越来越多的企业注重品牌管理和品牌年轻化建设，通过采用各种年轻化措施更新自己的品牌，获得更多消费者，尤其是年轻消费者。例如，在互联网环境下，利用网络传播渠道，许多网红品牌应运而生，如喜茶、鲍师傅等。许多传统品牌也通过媒体使品牌年轻化，如维达纸业通过赞助综艺、举办品牌活动，获取了一大批新粉丝，并使品牌形象在消费者心中更加年轻化。

互联网时代的到来，科技更新与发展加快，各种新媒体层出不穷，拓宽了企业的宣传渠道，让更多企业在品牌宣传方式上有更多选择，更容易将企业品牌文化宣传给大众消费者。但互联网的媒体运作思路不同于传统媒体的运作方法，导致一些企业比以前更难发声。互联网改变了媒体的核心竞争力，媒体环境巨变，品牌创新环境也发生着变化，传统的品牌创新思路不再适合新时代下的消费者。在商业模式不断变化的今天，侨商企业必须紧跟时代潮流，进行自主品牌建设，或重新进行品牌定位，或者采用新的品牌传播渠道进行品牌推广活动，在不断的调整变化中跟上时代的步伐，形成强有力的品牌资产，最终实现侨商企业的转型升级。

我国的制造业已经有了长足的发展，但在很长一段时间，我国制造业一直处于“微笑曲线”的底端，只是进行简单的来料加工（OEM），其利润空间非常微薄。所以想要实现企业在互联网时代的转型升级，必须要提高企业的研发能力，创建强大的品牌来提升制造企业产业链的附加值。在互联网背景下，信息交流更加便利，产品质量、价格更加透明，企业如果想要实现长期的发展，品牌化非常关键。经过走访调研，45%的侨商企业负责人认为领先企业的品牌示范作用使得其面临更大的竞争压力，促使企业加大“互联网+”转型升级的投入。

(2) 转型升级的路径与实施重点。

1) 创新品牌形象。

在“互联网+”的背景下，传统的品牌战略已经不能引起消费者的共鸣，同时，年轻的消费群体正在崛起，他们更加喜欢有趣的、流行和时尚的品牌元素，传统的品牌对于他们已经不再具有强烈的吸引力。所以在互联网背景下，侨商企业应该在品牌中更多地融入时尚流行、有趣的元素，并且随着消费的升级以及互联网中价格的透明化，传统成本领先的战略或许已经很难适应市场竞争，因为比起低价，在互联网时代消费者更加喜欢精致、个性化的时尚产品。调研的消费类侨商企业中，约有61%的相关企业已经大量使用各类社会化媒体进行品牌营销活动。

在互联网时代，品牌形象的创新可以从品牌定位、品牌包装、品牌代言人三个方面入手。

在品牌定位方面，品牌形象是消费者对品牌的直观感觉，为了使消费者对品牌有清晰的认知，品牌应该具有清晰和年轻化的定位。所以侨商企业可以延伸品牌产品线，在新的产品系列中融入新鲜的、年轻人喜欢的元素，充分激发品牌活力。尤其是对于一些知名的老品牌而言，品牌年轻化对于保持竞争优势至关重要。知名老品牌已经积累了一定品牌美誉度，将原有的商品升级和拓展，抓住更多年龄段的消费者，可以发挥出品牌的最大价值。

在品牌包装方面，品牌包装是对品牌形象最为直观的影响，消费者很大程度上是通过产品的包装来判断该品牌是否时尚、是否独特、是否符合自身的形象。同时产品包装也是品牌在进行品牌创新过程中最简单的方法，包装的改变能快速吸引消费者，注入时代元素、与时俱进的外包装让消费者感觉更加时尚。统一品牌“小茗同学”茶饮料，小茗同学夸张、搞怪、贱萌的表情，配上自黑幽默的文案，瓶身设置为大口径，色彩运用高饱和度的明艳色彩，塑造出具有鲜明个性特点的人物形象，符合“90后”追求个性、喜欢新奇的性格特征。

在品牌代言人方面，侨商企业可以根据自己的产品特征，采用更受年轻人喜欢的代言人来塑造品牌形象。例如，蒙牛乳业之前启用超级女声张含韵代言，后来更换为歌手五月天，近年来目标市场定位为15岁以下消费者，与少年偶像组合TFBOYS签约，组合中3名成员两名“00后”，全新品牌形象也立刻吸引了大批“00后”消费者。

2）创新品牌传播方式。

互联网时代，受众面对大量的信息，加之市场不断碎片化、媒介数量增多，品牌信息很难有效得到广泛告知。品牌采用多维的跨媒体组合策略，实现品牌的广泛告知和潜在消费者的深度卷入。品牌传播的方式也发生了很大的变化，由过去单一的电视广告、地铁路牌广告等形式，变得更加丰富、更加多元化，品牌传播的效率也更加快速。为了面对这些变化，侨商企业还可以利用先进的互联网技术、移动营销工具以及事件创意营销等媒体组合创新品牌的传播方式，使品牌获取更大的知名度。

在品牌的广告宣传中，除了单一的视觉线索的传递外，侨商企业还可以借助VR技术来实现产品多线索的展示以及三维立体的转变，将消费者对于品牌设计的视觉感知向触觉听觉转变。不仅如此，还可以通过大数据信息的获取，对目标用户行为偏好进行分析，挖掘并打造用户喜爱的品牌形象。

除了利用互联网技术之外，侨商在进行品牌传播时，还应采用多种媒介组合方式，打造“电视媒体+纸质媒体+地铁广告+移动平台”的品牌传播体系，增加品牌宣传的覆盖度。例如，东风日产在品牌年轻化过程中，对品牌接触点做有效的管理与分析，旨在打造出年轻的品牌形象。企业拍摄系列年轻化的品牌形象广告在网络投放，同时在受众面覆盖比较广的电视媒介投放，注重选择年轻受众比较多的浙江卫视、湖南卫视等频道；纸质传媒方面选择时尚杂志、汽车杂志，展现汽车形象平面广告；移动终端选择年轻人常用的App，如网易新闻、今日头条、腾讯视频、优酷等。企业通过分析品牌接触点后有针对性地对年轻消费者进行广告投放，使品牌信息在年轻人群体中获得充分的曝光，树立品牌在年轻消费者中的形象。

（3）典型案例：完美公司——以品牌建设为核心的升级之路。

1）公司简介。

完美公司，全称完美（中国）有限公司，成立于 1994 年 3 月，1998 年 8 月被国家对外贸易经济合作部、国家工商行政管理局、国家国内贸易局三个部门核准为采用店铺式经营，并雇用推销人员的合法转型企业，且成为首批仅有的 10 家转型企业之一。截至目前，完美国际机构达 6 家，在全国设立了 33 家分支机构，同时，开设了近 4000 家完美专卖店和服务网点，产品市场在中国香港和台湾地区以及泰国、印度尼西亚、马来西亚、新加坡和地区不断拓展。完美公司通过不断的品牌升级，加强品牌建设，使其品牌享誉国内外。

2）完美公司转型升级的品牌策略。

第一，品牌形象升级。在进一步推进品牌建设上做出了改变，产品包装、企业形象升级等方面做了很多优化“颜值”的举动，使得完美公司形象及系列产品变得更时尚、更年轻、更吸引消费者，并得到了市场的认可。2018 年 9 月 28 日，经过广东省质量技术监督局的严格筛选，评选出了多个具代表性和影响力的广东品牌。完美公司凭借 25 年品牌沉淀与口碑传承，荣获“我喜爱的最具颜值奖”，表明完美公司品牌形象升级得到政府和消费者的认可。

第二，以消费者为中心，精准品牌定位。完美日化产品品牌战略的升级，定位于全球天然高端芦荟日化品牌，致力提供从优质天然的个人洗护、口腔健康到家庭用品，全方位呵护消费者的健康。完美品牌的升级不仅是产品外观的创新性变革，完美公司还对完美日化产品理念进行了总结，并对产品线体系进行了清晰构建，全方位诠释了完美日化系列产品的战略升级。完美公司坚信只有绿色、品质、健康、简约的洗护产品，才是市场真正需要的好产品。完美产品之所以受市场青睐，正是因为以消费者为中心，一直致力于推出符合消费者期待的产品。

第三，加大研发力度，助力品牌升级。完美公司根据市场和消费者的需求，与高等学校、科研机构合作，研制出科技含量更高、品质更优秀的新产品，努力做到产品的内在质量与外在形象越来越“完美”。完美公司成立“完美生命科技研究院”，并与暨南大学合作建立“暨南大学—完美天然植物资源院士工作站”。“完美生命科技研究院”由完美公司出资建设，将致力于前沿基础研究，与国际一流的技术接轨，打造出国际一流的健康产品，履行“为消费者提供更优质、更安全的产品和完美的服务”承诺，为社会大众提供更多健康的选择。完美生命科技研究院为完美公司创建核心自主知识产权，占领健康食品研发技术高地，提升自主产品的国际竞争力，从科研技术、科研成果到产业化，真正实现科技引领未来。完美公司也通过打造全生命周期健康管理平台，为消费者提供了便捷有效的健康管理方式。

3）案例小结。

在“互联网+”的背景下，完美公司利用已有的品牌知名度，不断进行品牌建设升级，首先在产品包装和企业形象上做出改变，改变在消费者心目中的已有形象，使品牌更加年轻、更加时尚、更加符合消费者追求个性的需要，并做出了许多优化“颜值”的举动，让品牌更加符合互联网时代消费者的偏好。除了产品外观方面的变革之外，完美公司还重新设计清晰的产品线，从而满足不同消费者的需要。此外，完美公司通过与高校合作，加大品牌研发投入，提高品牌自身的科技含量及品牌的硬实力。

可以看出，完美公司并不满足和固守原有的品牌形象，而是开拓创新，积极适应互联网时代消费者对品牌的需求，在原有的品牌资产上，通过包装、产品线，以及与品牌科技含量相结合，重新焕发品牌的生机与活力，进而实现以品牌为驱动的全方位品牌转型升级。

3.4.2.4 政府引导下的"互联网+"创新创业策略

(1) 转型升级的背景与条件。

市场在资源配置的过程中会存在失灵现象,导致资源的浪费。例如,在公共服务方面,利润动机和利润规律可以影响市场机制的运行,会导致没有人能提供那些保证经济正常运行的基础性服务,因此,政府必须在这个方面进行"补位",承担起这个责任。政府除了提供企业在互联网转型过程中应提供的制度支撑之外,也要提供一些最基本的服务,以此推动一些建设时间相对较长、利润空间比较小、资本投入比较大的产业的发展。为保证产业转型升级的顺利进行,政府有必要在企业或者个人不愿进行较为长期的投资且自身财力没有那么雄厚的时候,补充一些资金。政府的适时、适当干预会增强市场的活力,有助于产业转型升级的顺利进行;能够为产业营造一种相对公平竞争的环境,避免垄断现象的出现;可以通过制定政策,发挥政策的杠杆作用,促进侨商企业转型升级的实现。

在侨商企业产业转型升级中,市场起决定性作用,但是由于市场本身存在的固有缺陷,产业在转型升级中必然会受到市场失灵的影响。因此,在互联网时代,政府必须要发挥其调节市场经济运行的作用,保证经济平稳健康地运行,避免经济运行发生剧烈的波动,推动产业顺利转型升级。政府通过发挥税收的杠杆作用来确保社会整体的供需不会失衡,通过制定货币政策以调节货币的发行量和存款利率,通过相应的财政政策来调整政府的支出,综合使用这些手段来保证经济平稳、健康、有序的发展,最终实现产业结构优化的目标。

政府是自主创新的重要发起者,在创新体系中扮演着重要的角色。由于企业的资源有限,而要想推动一项技术的创新需要大量的投入,这使得大量侨商企业不愿意参与这一项具有风险且性价比不高的活动。尤其是在一个创新性产品推出后很容易被快速模仿的情况下,侨商企业就更不愿意轻易投入创新。所以,政府对创新型侨商企业的鼓励与扶持就显得尤为重要。同时,在创新的过程中,政府发挥着重要的指挥和协调作用。政府可以为创新提供制度保障，可以通过协调高校、科研院所等创新型主体与企业的有机结合，为企业营造良好的创新环境，推动科学技术创新的蓬勃发展。

与此同时，政府作为公共政策的主导者和公共产品的提供者，通过制定政策、设定门槛、完善服务对区域内侨商企业产业升级进行管理，它的参与程度直接关系到侨商发展速度的快慢。虽然普遍认为侨商集聚是一种“自发组织系统”，侨商企业是产业集群升级的主体，但侨商企业的产业集聚不等同于产业升级，产业升级应包含政府职能的转变、城市空间布局规划、公共基础设施的建设等诸多内容，政府的支持和推动实际上构成了侨商企业转型发展的政府环境。在侨商企业的发展过程中，政府扮演的角色至关重要，事关侨商企业的崛起或衰退的快慢，起着加速器的作用。因此，加快区域侨商企业的转型升级，提高区域整体竞争实力，不仅需要发挥市场对资源配置的基础作用，而且需要政策引导、环境催化的作用，发挥政府作用是侨商企业升级发展的重要路径。

随着近年来互联网和新兴技术的发展，侨商企业在投资方向上开始逐渐偏向于新兴产业，侨商会等商会、协会更成为联结和沟通这些新型侨资企业与传统模式侨资企业的重要桥梁和平台，对于促进新型侨资企业与传统侨资企业协同互补、实现侨资企业商业模式转变具有十分重大的现实意义。一方面，新型侨资企业以及华侨华人专业人士创业领域，主要集中在电子信息、无线通信、生物医药、互联网与电子商务物流、环保与资源再生等新技术行业，具有人才与技术的优势，正是传统侨资企业在转型升级中所需要的生产要素；另一方面，传统侨资企业经过多年的经营，积累了丰富的管理和市场经验，具有雄厚的资金实力与丰富的政策资源，也正是新型侨资企业所缺乏的。通过侨商会等商会、协会组织的沟通和联结，新型侨资企业及华侨华人创业团队与传统侨资企业可以相互协同、相互合作，实现要素的强强搭配与整合优势，促进侨资企业转型升级。

除此之外，东南沿海的侨商企业也在市场的推动下开始了以传统制造业为基础的企业升级改造步伐。以深圳的侨商企业为例，在深圳经济对外开放初期，深圳侨资企业主要依靠“三来一补”模式，企业设立、融资也主要为海外华侨华人同胞直接投资、合作办企的形式；随着近年来国内相关政策、金融等经济大环境的变化，深圳侨资企业逐步转向以侨资企业为主，包括多方合资、多方合作、外商投资股份制等多种形式并存的投资模式。深圳侨资企业虽然仍以从事传统加工制造业的企业为主，但近年来向高新技术产业和现代服务业转型的趋势也日益凸显。随着内地与香港和澳门地区合作的推进，尤其是中央政府与香港特区政府签署《内地与香港关于建立更紧密经贸关系的安排》与澳门特区政府签署《内地与澳门关于建立更紧密经贸关系的安排》，以及新一代华侨华人的成长，深圳侨资企业以港澳为立足基点，不断吸收港澳地区企业的先进技术和管理经验，掀起创业、创新热潮，在金融、文化、电子商务与物流、信息与互联网等新兴领域，具有高科技和现代服务业特点的侨资企业不断设立和发展。企业咨询、教育服务、电子物流、会计师事务所、法律事务所等从事现代服务业的侨资企业也依靠着互联网信息技术迅猛发展。调研走访中发现，79%的侨商企业负责人认为受政府政策的推动，公司逐步加大了“互联网+”的转型升级。

（2）转型升级的路径与实施重点。

1）做好侨商企业转型升级的顶层设计，引导转型升级的示范效应。

做好宏观管理和社会经济发展规划是政府的主要职能，促进侨商企业的转型和升级必须发挥政府的宏观管理职能。政府在侨商企业转型升级的过程中应首先做好侨商企业转型的统筹规划，进行侨商企业产业园区的规划设计，引导侨商企业在产业上实现更加科学合理的集聚，从而实现侨商企业的长远发展，同时使得城市规划更加合理。政府应该以未来为导向，立足于城市和侨商企业长远发展，协调各行业之间的发展，设置侨商产业园区，将侨商产业在空间上聚集在一起，缩短产业链上下游之间的沟通链条，从而更加高效生产。并且在侨商企业聚集园区附近，可以引导科研机构、互联网企业聚集，实现产学研一体化的战略布局。

另外，政府可通过建立转型升级的示范企业，为侨商企业提供经验。对于已经实现“互联网+”转型成功的企业，可以主动邀请企业介绍转型经验，并且鼓励已经实现“互联网+”转型的企业与尚未实现“互联网+”转型升级的企业进行合作。同时鼓励大企业积极试点制造业数字化与智能化，打造以大企业为主导，小企业协同跟进的转型格局。加大力度建设制造业互联网转型升级的示范区，建设一批示范性互联网融合的商业新模式，通过与企业共同探索转型经验，从而为其他中小企业提供转型升级的借鉴，推动制造业与互联网融合走在世界的前列。

2）通过提供制度支持为侨商企业转型升级提供良好的制度环境。

在政策方面，完善的配套政策对于产业转型升级具有重要的推动作用。政府要充分认识到产业转型升级的必然趋势，从而确定长远性的转型升级战略，制定具体的产业转型升级政策、发展规划等，不断强化政策支持，充分发挥政策的杠杆作用。要利用政策良好的导向和激励作用，制定一系列与产业转型升级相关的具体政策举措，进一步扶持企业技术创新和产品研发等；要加强对现有政策资源的系统梳理整合力度，对扶持重点、扶持方式进行相应的调整，进一步统筹财力，集中优势资源力量，加大对经济转型升级中的关键环节、重要节点的政策扶持力度，打造“政策洼地”。

在侨商企业的发展过程中，政府应进一步制定公平竞争审查制度，推进“五证合一、一照一码”登记制度改革，加快建设企业信用信息系统，建立并公布“三项收费目录清单”（涉企经营服务收费、进出口环节经营服务收费、行政审批前置服务收费），印发负面清单草案，增强知识产权服务和侵权执法力度，努力营造公平竞争、宽松有序的市场环境，激发侨商企参业与“互联网+”的活力。

除此之外，公共政策的各种问题往往是处于相互联系中，解决问题的政策也纵横交错构成网络结构，因此政策问题的解决就有赖于“政策配套”。过去往往以优惠政策来弥补市场环境的不完善，只有进一步规范政策配套，才能吸引更多侨商投资发展。进一步完善政策配套措施，使政策内容更加具体、执行更加规范。例如，科学规范战略新兴产业的准入和保护机制，鼓励市场商业模式创新等，以此支持侨资企业的转型升级和创新发展。

3）通过提供公共设施和服务为侨商企业转型升级提供良好的设施环境。

一是建好创业创新平台，增强支撑作用。政府支持侨商企业创新创业共享平台建设，大力建设类似于“侨梦苑”的创新产业聚集区，这有利于打造海外侨胞创新创业的高端专业平台和全链条，最大限度地发挥侨资侨智创新优势，推动侨商企业转型升级、二次创业。在创新创业方面，光靠个别侨商企业“单打独斗”显然“势单力薄”，许多侨商企业特别是中小企业难以长期有效维持创新创业能力。因此，共建共享良好的创新创业平台，正是侨商企业进一步转型发展需要依靠的重要支撑。建议政府加大力度支持侨商企业创新创业共享平台建设，引导企业创新创业发展。

二是梳理国家政策，提供企业辅导。侨商中小企业信息不灵，地方政府应及时了解、梳理国家政策和有关扶持项目，对接相关企业，辅导企业上报、获得国家产业基金和项目扶持政策；实施一栋楼办公、一站式服务辅导，提高政府部门服务效率和服务力度。同时，各级政府应注重后期服务，侨商一旦有互联网转型升级需求，配套服务要迅速跟进，积极兑现承诺，确保侨商企业顺利转型。同时落实对侨商企业产业融合升级的专业性辅导，改善技术创新环境，加强知识产权保护力度，提高侨企创新的积极性。尤其近年来，海外留学人才回国创业增加，大量研发专利应用到企业实践中，通过相关制度、政策的保护，使得仿制品难以以低价优势威胁研发型的侨商企业，不仅保护了市场秩序，而且提高了侨商企业技术创新的积极性。

三是优化环境，创造有利于企业转型升级的配套体系。服务环境对侨商企业互联网转型升级过程中的作用日益凸显，侨商企业作为一种特殊的企业群体，对我国经济发展非常重要，是我国实现经济全球化中的重要一环，在转型升级过程中应该被特殊对待，享受到特殊的优惠政策。这就要求政府树立良好的侨商企业服务意识，加强对产业转型升级的认识和领导，强化对产业转型升级的保障和支持。各级政府要打造优质完善的服务体系就要认识到，产业转型升级不是单单一个政府部门的事情，而是涉及多个政府部门。虽然各部门对产业转型升级的管理环节不同，但整个产业的顺畅运行却需要各管理部门的共同协调和服务，否则，无论哪个部门出现了问题，都会给转型升级带来负面影响。各部门要对产业转型升级发展的环节做到心中有数，要明了自己的管理职责，在自己的管理环节上不但要做好服务，还要为企业提供上下游环节服务的信息，做好与其他管理部门的协调。各管理部门要齐抓共管，为推动转型升级工作，不断提高服务水平，为转型升级建立一个便捷的、高效的、完善的服务体系。

（3）典型案例：广州增城侨梦苑——以政府为导向的创新创业之路。

1）广州增城侨梦苑简介。

广州增城侨梦苑于2015年12月22日成立，位于广州国家级增城经济技术开发区，是由国务院侨务办公室和广州市政府共同打造的国家级侨商产业聚集区和海归人才、海外高端人才聚集区，为高层次人才归国创业发展提供项目对接、签约落地、创业培训、政策支持、人才支援、市场开拓、融资保障等全链条服务的高端创新创业平台。目前，已有10个世界华商大会的对接项目入驻广州侨梦苑，包括澳大利亚智能机器人项目、易宝科技“互联网+”孵化器等。

2）广州增城侨梦苑的创新创业策略。

第一，政策支持，以资引智育智。广州侨梦苑重点在于发展创新创业“双创”项目，所以政府给予了关于创新创业方面优惠政策，如园区内设立百亿级“南粤基金”，重点支持科技创新、产业发展和城市更新；为高新技术企业人才设立专项基金等。

与此同时，高层次人才是“侨梦苑”发展的核心资源和关键动力，“侨梦苑”顺势启动了“1+5”系列政策措施，打造海外高层次人才集聚区。“1”为《广州增城经济技术开发区关于加快推进“侨梦苑”建设的实施意见》，“5”为涵盖“侨智计划”“一带一路”创新桥、创新驿站、国际众创空间等方面的配套政策文件，其决心和力度前所未有，加速人才与创新资源集聚。

积极引进高端科研团队入驻“侨梦苑”，并给予最高1亿元团队专项资金。设立10亿元“华侨创新创业引导基金”。携手资产管理规模已达100亿元人民币的南粤基金合力推动“侨梦苑”建设，重点支持华侨华人实现“三创”（创新、创业、创客）。高层次华侨华人带技术、带项目、带资金在增城开发区“侨梦苑”创办企业，其项目经评审，符合条件的可给予最高500万元的创业资助，并提供最高500平方米的工作场所，半年至三年内免收场租。

高层次华侨华人在本区购置住房、其创办项目在 3 年内实现产业化且 3 年内累计营业收入达 5000 万元以上的，经认定可一次性给予最高 100 万元的购房补贴。

第二，依托互联网技术，打造国际共创空间。广州增城侨梦苑重点发展移动互联网、电子商务、新一代网络通信、高端软件、物联网、云计算、大数据等领域，依托富士康等龙头项目，推进上下游产业链招商，积极建设省级大数据产业园，科学布局大数据产业链，目标是到 2020 年，新一代信息技术产业规模达 1000 亿元。

除此之外，“侨梦苑”还与阿里巴巴联手，打造阿里云 O2O 国际众创空间，让路演、对接和沙龙永不落幕。线上，借力“互联网+”，投融资双方路演在线直播、视频点播，打造功能强大的“侨梦苑”移动创投学院 App。线下，吸纳华侨华人创新创业项目入孵培育、加速成长。目前，易宝支付联手广州南粤基金管理有限公司在“侨梦苑”平台建设华侨华人“互联网+”孵化器，聚焦孵化“互联网+传统行业”，深挖汽配、服装等行业的线下资源优势，培育及孵化一批新时代下互联网化的创新企业及企业家。

第三，构建特色服务平台。广州增城侨梦苑构建了三大特色服务平台。其一，构筑集国内企业“走出去”、国际资源“引进来”于一体的双向互动创新创业服务桥梁，中德创新桥、中澳创新桥、中英创新桥、中以创新桥已全面启动；其二，打造国际高端技术研究及成果转化平台，构建完善的创业孵化支撑体系，举办“侨创会”“侨交会”系列峰会，打造“侨梦苑”中小创新型企业的“侨创板”；其三，国家知识产权投融资服务试点，国家知识产权法院设立服务窗口，中国最大知识产权网络平台“汇桔网”和暨南大学知识产权学院共同提供知识产权采集代理、托管孵化、评估交易、维权投诉等一站式服务。

第四，硬件、软件两手抓，不断改善和提高营商环境。在“大众创业、万众创新”的时代风潮和“互联网+”的发展趋势下，越来越多的创业者以各种姿态投入创业浪潮中，其中不乏华侨华人和高精尖“海归”。“营商环境就是生产力”，对于创业者而言，高质量的服务和具备完善功能的创业生态圈十分重要。这意味着，是否拥有整体宽松的政策环境、优质的服务、高素质人才、成功企业的榜样，以及是否有更多价格低廉的创新载体支撑创业者涌入等，都成为一个地区能否吸引优质创业人才、资本、技术等创新创业要素集聚的判断标准。而相较于国内创业者来说，海外华侨华人并不熟悉中国的发展环境，回国创新创业面临较大的困难，单枪匹马较难成功。

为此，“侨梦苑”不仅在硬件条件上进行升级改造，创造宜居宜业的生活环境，如完善交通路网、绿化工程等建设，建设“侨梦苑”人才公寓及成长中心，加快供水、供电、排污、通信等基础设施建设等；还在提升软环境上下足功夫，充分利用增城国家级经济技术开发区战略发展平台、大力实施华侨华人创新人才引进、孵化器和创新创业园建设、金融服务支持、公共服务补贴等政策支持，吸引华侨华人回国创业。

3）案例小结。

在政府政策的引导下，依托广东优质华侨华人资源、珠三角发达城市群黄金走廊区位及基础产业发达等优势建立起来的“侨梦苑”，除了打造成为侨胞实现创业梦想的战略高地，为侨胞在祖国发展提供广阔舞台，还担负为侨服务、促侨发展的职责。与此同时，“侨梦苑”的建设对于加快增城乃至广州经济转型升级，推动广州先进制造业基地和战略性新兴产业基地的建设，提升核心竞争力都将产生深远影响。因此，广州增城侨梦苑体现了政府通过政策引导促进企业实现产业的转型和升级。

3.5　促进侨商企业转型升级的策略措施

3.5.1　用“互联网+”思维服务于侨商企业转型发展

“互联网+”技术的出现不仅实现了社会生产的变革，而且改变了人们的思维方式、消费心理以及消费行为。“互联网+”思维是互联网技术发展状态下的一种战略新思维。这种互联网思维需要服务于广东侨商企业的各级领导和有关部门人员积极更新观念，引进或培养“互联网+”思维人才，做好侨商企业转型升级服务工作。

3.5.1.1 更新“互联网+”思维的服务观念

思路决定出路。“互联网+”的内涵具有启迪性和导向性，引起了社会各界的广泛关注和深层思考。我国目前正经历着由“世界工厂”向发展内需市场的转型阶段，宏观经济发生着结构性的调整，传统产业面临巨大的挑战。

广东侨商企业在当前互联网变革的大潮里也同样面临转型的压力。作为管理和服务的政府和行业领导也不能在这一转型的形势下“独善其身”，必须正视互联网带给各行各业以及政府的机遇和威胁。互联网经济的一个特点就在于将产品思维转变为服务思维，因此广东省政府自身首先转变传统的思维方式，将“互联网+”的思维方式应用在政府的服务中，并且更新政府和相关管理部门的领导观念，掌握“互联网+”思维的核心内容，从而在广东侨商企业利用互联网思维改造传统的经营管理中做好服务工作。

3.5.1.2 规划“互联网+”思维的服务升级

互联网思维下要引导和促进广东侨商企业升级首先要做好规划。规划先行、分步实施，是侨商企业升级发展的基本路径。规划应包含做好广东侨商企业“互联网+”思维升级，特别是管理服务的政府相关部门人员的“互联网+”思维升级。以大数据技术为支撑，公众可以随时掌握行政信息，了解政策走向，提升政府事务的透明度，切实提升行政监督效率。在企业“互联网+”升级发展规划方面，包含了企业从与消费者接触的环节开始，不断吸收消费者的意见改进产品设计和服务，通过与相关企业建立稳定合理的供应链结构，实现企业产供销产业链的优化，降低企业运营成本，促进企业发展。在服务侨商企业的实践中，领导干部的“互联网+”思维升级应走在企业之前，从而能引领和服务于侨商企业转型升级。

3.5.1.3 建立适应“互联网+”的服务体系

传统企业在“互联网+”时代的竞争压力中，并不能独善其身。政府和行业协会的管理服务者更不能置身事外，必须建立起同“互联网+”相适应的政府和行业管理体系。在“互联网+”的背景下，特别是政府要根据新时代的信息传递和侨商企业转型发展的需求创新行政管理方式，建立适应“互联网+”

的服务体系，通过建立服务性政府、互动性政府、公开性政府与智能型政府来为侨商企业提供优质服务，打造政治清明、公开透明、办事高效的政府形象。

3.5.2 健全互联网融资体系，创新金融机制

中小侨商企业的组织和经营特征决定了其融资需求具有灵活性、小规模、高频率和信息传递成本高等不同于大侨商企业的一些特殊性，小微企业由于自身经营风险较高、融资难和融资贵是世界各国普遍面临的难题。就我国具体情况而言，银行业缺乏开展较高风险小微业务的动力和能力，而且向小微投放信贷带来的高不良率也使得银行对待小微业务更加审慎，这就导致了侨商企业融资难和融资贵的问题。中小侨商融资难的问题主要表现在两个方面：一个是商业银行贷款门槛高。这主要源于中小侨商企业资金实力弱，财务制度不健全，银行为了规避风险，提高贷款门槛；二是中小侨商企业融资服务体系不完善。担保体制不完善，资信评估体系不健全，造成中小侨商企业融资渠道单一等。而互联网金融能够很好地解决这一问题。作为一种全新的金融模式，互联网金融从一开始便自带互联网“基因”，互联网金融具有改善信息不对称性、降低交易成本、优化资源配置、减弱市场风险，从而缓解中小企业融资难的作用。相对于传统融资方式，互联网金融融资的门槛更低、效率更高、成本更低，这对于具有短、小、急特点的小微企业融资来说具有重要的意义。与传统金融相比，互联网金融的最大优势在于渠道的拓展，互联网金融通过金融服务效率的提高和规模最大化，使金融服务的相关成本大幅减少。

3.5.2.1 充分发挥互联网金融优势，缓解企业融资压力

侨商企业应该转变融资思维，转变传统的到银行抵押贷款的融资方式，树立对互联网金融科学的认识，采用互联网金融的融资方式，更加快速地解决企业在转型过程中融资难的问题，从而盘活企业资金，维持企业运转。同时，侨商企业在通过互联网金融进行贷款时，应该查明互联网金融平台的信用资质，以及贷款的条款，避免法律纠纷。

互联网时代，互联网金融迅速发展，政府应发挥互联网金融对于侨商企业发展的不可替代的作用。侨商企业的转型也对互联网金融的发展有着重要的作用，所以互联网金融和侨商企业的共同发展是一个共赢的局面。政府应该支持互联网金融的发展，给予其政策优惠，并鼓励侨商企业与互联网金融相互合作，开拓新的融资渠道，缓解侨商企业融资难的困境。政府及金融监管等部门利用媒体、网络等多种渠道，采取多种方式开展互联网金融知识的普及宣传活动，介绍互联网金融提供小微企业融资的全新模式，提高金融参与者的风险防范意识及自我保护意识，鼓励小微企业通过互联网渠道筹措资金。同时，政府应该规范互联网金融的发展，建立互联网金融的相关法规和政策，营造健康的融资环境。

3.5.2.2 创新金融机制，发挥银行的主体作用

首先，大型银行在我国金融体系中占据主导地位。在对中小侨商企业的服务过程中，第一，要调整服务方式和服务理念，对中小侨商企业不能简单地复制大企业的服务模式，要针对中小侨商企业的融资特点，量体裁衣、因地制宜，开发适应不同地区、不同行业、不同层次中小企业需要的金融产品。同时加快金融服务的创新，成立专门为侨商企业服务的部门，完善对中小企业的结算服务，简化程序，提供便捷的结算渠道，加快资金清算，加强窗体顶端、窗体底端理财服务，帮助中小企业管好、用好资金，培养中小侨商企业良好的信用习惯和信用政绩记录，提升侨商企业的信用等级。第二，大型银行要不断更新风险理念和管理手段，减少中小侨商企业融资障碍，支持中小企业贷款，与时俱进，健全考核机制，通过各种灵活多样的管理手段充分调动各级信贷人员发放中小侨商企业贷款的积极性。第三，进一步完善内部机构设置，为侨商企业配备专业信贷人员，提高信贷服务效率。为强化中小侨商企业贷款管理，大型银行应设立专门的中小企业信贷部门或岗位，给予政策倾斜，建立有效的激励和监督机制。同时加强信贷人员的业务技能培训，培养信贷人员的金融知识、产业知识、政策。把握对市场的研判能力，提高信贷人员综合素质，优化中小侨商企业信贷业务流程，缩短贷款时间，提高审批效率。第四，积极探索银企合作途径，最终实现银企双赢。大型银行要

帮助中小侨商企业开展金融、财务知识普及，正确引导中小企业树立信用意识，加强内部管理和创新，规范财务行为，提高自我约束力，增强中小侨商企业融资的融资能力，同时利用商业银行信息灵通的优势，帮助中小侨商企业了解市场信息、加强管理和开拓市场，全面提升中小企业的经营管理水平和盈利能力。

其次，发挥中小银行在侨商融资方面的主体责任，这也是中小银行的优势所在，中小银行具有更强的地域特色，资本较少，资金有限，不具备服务大型侨商企业的能力，但对于中小型侨商企业而言，无疑具有更加突出的优势。中小银行熟悉所在区域经济发展的特点，熟悉所在地区产业发展的特点，所以能够根据地域特色来制定业务流程和风险管控措施，以及制定更加具有当地特色的抵押贷款形式。从而实现侨商企业与银行之间的共同发展，构成完整的融资体系。但是中小银行不能复制大型银行的模式，追求跨区域的发展，而应该立足于服务特定区域，对一些特定行业进行更加精心的分析，为当地企业提供更具针对性的服务，把支持小企业做成“大事业”。

最后，政府应积极搭建银企合作平台，推动筹办中国侨商银行，进一步融汇侨商资本，加大对侨商在国内投资兴业的支持力度，构建为侨商服务的金融服务体系，为广大侨胞和港澳台胞参与“一带一路”建设提供金融资本支持。通过政府与侨商银行股东完成构建，争取各方的政策支持，畅通融资渠道，增强对侨商企业的金融服务。

3.5.2.3　完善法律和监管体系，为侨商企业提供法律保障

在侨商企业转型升级的过程中，最大的阻碍就是法律制度的不完善，导致企业陷入法律诉讼纠纷。在“互联网+”的背景下，传统的法律条文可能已经不适用新的情境，所以需要政府与有关部门及时更新法律条文，完善相关的法律体系，并通过使用大数据、云计算等技术完善监管体系，使得侨商企业在转型升级的过程中有法可依，并且拥有适合的法律来维护企业的正当权益。

同时，政府应该精简机构，转变政府职能，设置专门为侨商企业服务的机构，高效地处理侨商企业在转型中遇到的诉讼案件，为侨商企业的转型升

级提供安全可靠的法律环境。最后，政府要完善知识产权保护制度，在制造业转型的过程中，企业经常遇到的就是知识产权制度的不完善，导致企业所开发的技术或者品牌被其他企业盗用或者抢先注册，所以政府应该严厉打击，加倍处罚侵权行为，保护科技创新人员的积极性。

法律法规的完善，可以从以下两方面入手：一是制定侨商企业信用方面的法律法规。尽快完善相关的法律法规，政府部门主要以提供税收优惠、财政补贴、贷款援助、融资环境等方式给予法律法规上的完善支持。在税收优惠方面，国家为侨商企业“互联网+”转型升级提供优惠的税收政策，如降低税率、税收减免、提高固定资产折旧等优惠条件以鼓励侨商企业的转型升级，同时对于未成功实现转型升级的企业也应该给予相应的税收优惠政策，减轻中小侨商企业的经济负担。在高端人才的引进过程中，政府可以减半高端人才的个人所得税的税率，提高高端人才的待遇。在财政补贴方面，政府通过鼓励侨商企业吸纳就业、促进侨商企业科技进步和鼓励中小企业出口等方式给予财政援助；设置侨商发展转型资金，围绕侨商企业重点工程和重大装备产业链“瓶颈”，满足制造业智能化转型、基础能力提升和绿色升级方面的重大需求，促进基础发展与产业应用良性互动。在贷款援助方面，政府帮助中小企业获得贷款的方式有贷款担保、贷款贴息、政府直接的优惠贷款等。建立市场条件下的政策性融资渠道，进一步改善社会集资方式要广开资金来源，积极鼓励设立中小侨商企业创业投资基金和发展投资基金。专门用于中小企业的创建、发展和扶持；资助中小企业新产品开发技术创新、人员培训和开拓市场。允许和鼓励公司制中小企业进行股权融资。在融资环境方面，设立信用担保机构，提高信用担保机构的准入门槛，对退出制度加以规范，制定出明确的准则规范信用担保机构的行业定位及职能。并对中小企业信用担保资金进行统一管理，明确担保资金的范围及期限。完善侨商企业信用评价方面的立法及监督侨商企业信用评价机构法律法规的实施，正确引导信用评级公司的健康发展。

二是加强执法力度，增强法律对失信行为的约束力。建立健全执法监督体系，推动执法重心下移，完善常态化监管机制，加强事中、事后监管，开展专项整治、重点监督检查和经常性督导检查，严厉打击社会违法行为，为侨商企业转型升级提供良好的环境。建立健全监督执法责任制和责任追究制。加强侨商法律执法队伍建设。强化监督执法能力建设，完善监管信息系统，推进信息披露和公开，提高监督执法效率。建立健全行业诚信体系和失信联合惩戒机制。我国监管部门缺乏政府相应的支持，监管设施设备严重缺乏，这也是造成安全水平低下的一个原因。因此政府依靠科技手段，突出监管的实效性，以较低的成本完成调查。对不同程度的失信行为，采取不同程度的惩罚措施，让企业趋向选择守信，增强法律对失信行为的约束力。完善中介机构信用评级制度和市场准入制度，约束信用评级机构的行为，建立统一的信用评级制度，使信用评级机构对企业信用做出合法、真实、可靠的信用等级评价。

3.5.2.4 制定有利于侨商企业转型升级的融资优惠政策

目前融资优惠政策在鼓励侨商企业方面存在明显的不足，如现行的融资优惠政策针对性不强，扶持力度不够，而且门槛较高，最终能够享受到融资优惠的企业不多，或者只是大型企业能够享受得到，对于中小侨商企业来说只是空中楼阁。

因此，有必要加大有利于促进侨商企业转型升级的融资优惠政策。可以从以下几个方面入手：一是完善侨商企业融资政策，进一步落实普惠金融政策，加大再贴现对侨商企业的支持力度；二是进一步完善债券发行机制，实施侨商企业债券融资支持工具，采取出售信用风险缓释凭证、提供信用增进服务等多种方式，支持经营正常、面临暂时流动性紧张的民营企业合理债券融资需求。探索实施民营企业股权融资支持工具，鼓励设立市场化运作的专项基金开展民营企业兼并收购或财务投资；三是支持利用资本市场直接融资。加快中小企业首发上市进度，为主业突出、规范运作的中小企业上市提供便利；四是减轻侨商企业融资负担，降低融资成本。投资倾斜政策，采取直接投资和财政补贴方式，用于特殊中小侨商企业的发展，并充分利用投融资政策的导向功能，通过投融资方向、渠道、成本等方面的控制，着力改善侨商企业的结构；五是建立分类监管考核机制。研究放宽侨商企业贷款享受风险资本优惠权重的单户额度限制，进一步释放商业银行的经济资本。

3.5.3 加大侨商企业技术创新支持力度

技术创新是指侨商企业应用创新的知识和新技术、新工艺，采用新的生产方式和经营管理模式，提高产品质量，开发生产新的产品，提供新的服务，占据市场并实现市场价值。侨商企业的技术创新一方面可以使得企业建立成本优势，通过技术创新，或是降低生产过程的耗费，或是获取更低廉的原料来源，或是开辟更为合理的销售渠道，以此降低产品制造成本，占有较大的市场份额，从而掌握产品销售价格的主动权，把大多数竞争对手逐出共同的市场。另一方面是差异化竞争，即通过创造与众不同的产品来博得消费者的青睐，吸引消费者购买，从而取得市场竞争优势。要真正实现技术创新，需要引导侨商企业提高创新意识，加大先进生产技术的引进与消化吸收力度、加强自主研发能力，推进企业由技术引进到技术创新，实现跨界创新。与此同时，传统的侨商企业大多停留在最原始的来料加工阶段，利润空间微薄，在企业最初进行转型升级时，为了紧跟行业的发展趋势，侨商企业可以从国外引进已经发展成熟的产品技术、产品专利等。这可以节约企业的研发成本，缩短追赶头部企业的时间周期，为企业进行新时代的转型升级提供空间。企业在购买技术专利后，可以通过研究其技术，提高自身研发的能力，从而改进生产线，提高企业的研发能力，最后实现侨商企业的成功转型。具体的做法主要有以下几种。

3.5.3.1 引导企业提高创新意识，确立企业创新主体地位

在互联网时代，随着互联网技术在制造业中的广泛运用，侨商企业的转型升级离不开技术创新。加强技术创新是改善产品结构和提高产品附加值，是中小侨商企业转型升级的根本途径，也是提高企业竞争力的根本出路。

创新不仅成本高、回收期长，而且存在很大的不确定性，对技术投入的未来预期很难把握，在现有一些项目能够使资本快速增值的前提下，有些企业不愿意在创新方面进行投入。部分有见地的侨商企业领导虽然意识到自主创新的重要，但由于整个创新链条和创新环境尚未形成，往往孤掌难鸣，步

履艰难。而一些中小侨商企业在转型升级的过程中往往具有规模小、抗风险能力差、管理落后等特点，同时，中小侨商企业因受资金、技术和高退出成本的限制，不易通过发展新兴产业进行技术上的彻底改造，而只能在原有资产存量的基础上进行技术创新。

因而，要建立以侨商企业为主体的创新体系，政府必须采取多种措施帮助侨商企业领导者树立危机意识，增强紧迫感，切实从“要我创新”向“我要创新”转变。

另外，确立侨商企业的创新主体地位，是提高侨商企业创新积极性的重要措施。为此，应加大制定相关的科技规划，充分体现侨商企业和市场的科技需求，建立以侨商企业为核心，产学研紧密合作的机制，支持和引导侨商企业成为技术创新活动的主体。支持侨商企业组建各种形式的战略联盟，在关键领域形成具有自主知识产权的核心专利和技术标准。在投资、金融、消费和政府采购政策等方面都应当有利于企业的自主创新。大力扶持科技型中小侨商企业的创新活动，通过基金支持、创业投资、贷款贴息、税收优惠等方式，支持其创新活动。不断完善侨商企业孵化的软环境建设，重点办好高新技术创业服务中心、大学科技园等各类侨商企业“孵化器”。

3.5.3.2 加大先进生产技术的引进与消化吸收力度

引进、吸收、再创新是后发国家进行技术创新的重要模式，这一模式已经被日韩等国的经济发展所证实是十分有效的模式。引进、吸收、再创新的技术创新模式关键环节是：选择引进适宜本国本地企业特点的先进技术，学习掌握引进技术的核心内容，在引进技术基础上进行自主改进创新。侨商企业必须从资金投入到人力资源的配置全面加强技术引进后的消化吸收，掌握引进技术中的关键技术。在掌握原有引进技术的基础上，侨商企业通过工艺改进、产品功能提升，进而实现工艺创新、产品创新，最终实现技术创新。

具体而言，首先，在技术引进过程中，应该选择适应侨商企业快速应用同时又对配套技术的发展具备带动效应的先进技术。这种技术一方面既可以迅速提高侨商企业的技术能力，又为侨商企业进行技术创新提供了发展基础。其次，引进技术仅仅是技术引进的第一步，完整的技术引进是包括引进、消化、吸收的全过程，在这一过程中消化、吸收的投入远大于技术的引进。同时，注重将科研机构的科研成果实际转化应用，有效地帮助侨商企业引进技术。这项工作要与"互联网+"创新人才素质的建设相关联，通过创建高素质的人才队伍，有效衔接科研机构和院校与"互联网+"产业创新成果的转化，真正做到研有所用，需有所研。

此外，应支持企业积极参与国际标准制定。面对国际社会日益增多的私营标准，特别是市场化的私营标准，仅仅依靠政府部门难以解决，应当根据实际情况放开私营标准的开发和推广。应积极支持各类行业协会和侨商企业将参与国际标准的制定融入自身管理和发展战略，进一步加快"走出去"的步伐。鼓励侨商企业积极参与国际技术标准的咨询、评议工作，主动发起、参与制定国内技术法规、标准，积极支持侨商企业参与甚至提出制定国际标准，开展认证工作。一方面，应以促进可持续发展为目标，鼓励国内侨商行业协会和企业根据实际需要，开发适合中国国情又能有效促进可持续发展的私营标准；另一方面，应注重私营标准的科学性和规范性，注重与 WTO 规则的一致性，并积极与国际标准比照和对接。通过加强科技攻关，提高科技水平，打破国外壁垒，提升侨商企业全球化运作的技术能力。

3.5.3.3 加强自主研发能力，推进企业由技术引进到技术创新

我国大多数侨商企业靠模仿起家，也靠模仿生存，侨商企业一开始做坚定的技术模仿者，产品的开发和营销成本都很低，所以能够很快在市场站稳脚跟，符合经济学中的"后发优势"原理。但中小企业简单模仿而不去创新存在很大风险，一方面，任何技术和产品都是有生命周期的，而且中小侨商企业通常靠简单的几种产品和技术起家，技术和产品单一。另一方面，一种产品和技术很容易被重复模仿。所以很多中小企业一旦新产品、新技术开发能力不足，很快便会随着产品和技术生命周期的结束而终结。

但要注意的是，模仿其实并不妨碍侨商企业的突破性思维，关键要做的是在模仿的基础上消化吸收，不断地进行技术和产品的改造、改进，改进积累到一定程度，很自然地就产生突破性创造和发明。这就是成长型中小侨商企业技术演进的路径依赖，这种路径建立的基础是适时转变一味模仿的模式，

开展自主创新，摆脱产品生命周期和技术简单的局限，构建自己的核心竞争力。

互联网时代下，侨商企业要实现创新驱动的转型升级，就必须要掌握核心技术，研发具有自主知识产权的技术。因此，侨商企业在转型升级的过程中，企业应当加大对自主创新的重视，大力弘扬以技术创新为核心的企业文化，营造企业创新的氛围，重视项目的申报对科技带动的作用，注重为研发的技术申请专利保护，加大研发投入，奖励在技术研发过程中具有卓越贡献的人才，从而不断提高企业的研发能力和产品的质量。例如，山东迈克自动化装备股份有限公司，该公司根据最近几年工业机器人数量需求增加这一发展机遇，大力研发 365 度全旋转智能输送机器人，从而使这种机器人在市场上一度热销。在 2012 年，其营业收入就达到 2 亿元，并且在之后的几年里保持稳定的收入增长。又如，山东省宝来利来生物工程股份有限公司完成了 300 余项科研成果，研发肽菌素，该种物质能够代替动植物抗生素，是一项重大突破。该公司的总人数只有 600 人，销售收入却达到了 5 亿元。再如，沂源慧科助剂股份有限公司，自主研发了四种塑料稳定剂，该企业拥有 27 项专利，其生产的 PVC 微发泡板材的工艺品质达到了国际标准水平，产品畅销欧美等国家和地区。

3.5.3.4 推动跨界合作创新，实现侨商企业从制造到智造的转变

与互联网技术企业合作。在以大数据和互联网技术为基础的智能互联时代，侨商企业的智能互联网化是一种大趋势。侨商企业应加紧与软件信息服务企业、网络通信、电子信息制造、云计算、大数据、人工智能等企业进行合作，引进智能化技术、3D 打印技术、机器人等，建立企业的大数据和云计算中心，打造人与机器、机器与机器相互连通的智能生产车间，实现智能制造、网络制造、柔性制造的变革，使大规模个性化生产制造成为可能，实现从机械产品到智能产品、从智能产品到智能互联产品的从提供产品到提供服务的转变，不断提高产品全生命周期的开放式创新水平和基于产品的服务化水平，并不断拓展行业边界，重构制造资源组合，优化产业的生态系统。

侨商企业除了与高新技术企业进行合作创新之外，还应该积极与高校进

行合作，实现“产学研一体化”。这种创新模式一般都是以侨商企业为主体，与研究所、高等教育学校强强联合的创新战略模式，这种模式可以扬长避短，充分考虑了企业缺少的资源，利用合作者的资源，实现侨商企业与合作者之间的优势互补，以一种更低的成本和更高的效率实施技术创新的发展战略，侨商企业与合作者的合作形式主要有合作开发、全面合作和共建实体等方面。为了达到资源之间的优化配置中小型侨商企业实施合作创新应该挑选适合企业自身技术特点的合作者。另外，在合作的过程中，为了保证合作的愉快和工作的顺利进行，需要签订一份具有法律效力的合作协议，明确双方的责任和利益，建立比较完善的监督和保障体系，保证合作目标的顺利实现。

3.5.4 加强创新人才引进与培养机制

3.5.4.1 发挥市场在人才建设中的决定性作用

在侨商企业转型升级的过程中，市场机制在人才资源配置中的决定性作用，主要体现在以下方面：首先，侨商企业根据自身在转型过程中企业对人才的需要，在市场中发布各种招揽人才的“信号”，相关的人才在市场机制的作用下最终实现与侨商企业匹配，从而市场起到了调节人才供给与需求的基本矛盾、整合人才资源、调整人才结构、平衡人才需求、协调人才培养和教育结构，实现人才培养结构优化的作用。其次，通过人才与市场的双向选择，把人才配置到社会需要而又有利于人才发挥作用的地区、领域、岗位上去，改变了人才跟着“行政命令”走的硬性管理模式，形成了人才围绕市场转的流动局面。最后，通过市场配置人才资源，可增强人才的竞争意识，形成能者上、庸者下的良好氛围和优秀人才脱颖而出的环境，实现人才在使用和培养方面的良性循环，促进“开放、流动、竞争、协调”的人才资源开发机制的建立。

合理配置互联网人才资源是我国侨商企业人才工作面临的重大问题，是关系到侨商企业未来发展的一项战略任务。随着互联网在市场经济中的日益发展，使得市场在侨商人才资源配置中的作用日益重要，但总体来看，侨商人才资源并未得到很好的配置，仍然存在人才结构不合理、区域分配不均衡、整体落后于智能制造业的状况。解决这个问题的根本出路就在于，充分发挥市场在人才配置上的决定性作用，释放市场配置资源的活力与效率，使得人才根据社会经济发展的需要，合理流动、合理使用，为侨商企业的发展服务。可从以下三个方面入手：首先，充分遵循市场经济运行规律，按照政事、政企、政社分开原则，把该放的权力放下去，该分的权力分出去，该转的权力转出去，让市场在互联网人才资源配置上起决定性作用，让侨商企业在人才进管出上有更大自主权，让互联网人才在创新创造活动中有更宽松的环境。从而发挥市场机制作用的体系性、匹配性。其次，建立反映人才价值的工资机制。在其他条件相同的情况下，工资的涨落反映人才供求关系和竞争关系的平衡与否，起着人才流动调节器的作用。最后，在工作机制上，市场机制应成为引进外国顶尖互联网人才的主要方式。以往我国引进外国专家工作实行计划审批制度。在新形势下，必须进行制度改革和政策创新：在宏观机制上，要将引智工作放到侨商市场经济体制的环境中来考察，重新定位国家在引进国外智力中的角色；在微观机制上，要使侨商企业和各种组织认识到引进外国专家工作的重要性，引导建立符合国际惯例的游戏规则和有效发挥外国专家作用的用人机制；在运行机制上，要发挥市场机制在配置外国专家中的决定性作用，提高侨商企业等单位引进外国专家的需求和积极性。

3.5.4.2 制定高端人才引进的补贴政策与措施

在互联网时代，侨商企业需要不断地创新发展才能在残酷的市场竞争中立于不败之地，而侨商企业的创新发展离不开高端人才。现实中我国各个地方经济发展不平衡，甚至在北上广深这些经济发达的地区，人才的政策也存在不平衡，相较于北上深，广州的高端人才的引进力度略显不足，尤其表现在对于创新人才的引进资金奖励力度较弱，如深圳 2010 年推出的海外高层次人才引入的“孔雀计划”，被纳入该计划的人才可享受 80 万~150 万元的奖励补贴，浦东新区的“百人计划”提供 50 万元奖励以及 50 万元的安家补贴，北京的海外人才聚集工程给予 100 万元的奖励，而广州百名高端外国专家引进项目对引进的专家最高补贴只有 20 万元。

随着互联网的发展，侨商企业的转型升级在很大程度上是从以前的劳动密集型的企业转为技术驱动型的智能制造业，这使得侨商企业对互联网人才的需求发生转变，然而市场中互联网高端人才的供给远远少于市场需求，在互联网时代，国家和企业之间的竞争日益激烈，并且侨商企业在互联网转型升级的过程中对高端人才更加依赖，为应对激烈的国家之间以及城市间人才战略竞争，不少省市都加大了政策吸引力度实现高端人才的引进，这使得各地方都出现了人才抢夺的现象。因此只有更积极、更开放、更有竞争力的人才优惠政策，才能满足人才全方面的需求。

为此政府应该提高政策的补贴力度，加大对高端人才的吸引。设立海外留学人才回国的优惠政策，并且设立猎头机构，吸引国外顶尖的高端人才，并针对个人自身的需求来定制配套的优惠政策。针对不同地区的当地特色，以及当地侨商企业在人才方面的需求，因地制宜地制定高端人才吸引政策，如现金奖励或者税收优惠政策等。

3.5.4.3 建立丰富多样的人才激励机制

政府或者企业在人才引进时往往需要花费大量的资金，在人才引进之后，应推出合适的人才激励，最大化地发挥人才的价值，使得侨商企业能够充分利用人才实现互联网转型升级。

一是完善科技成果转化激励政策。政府应该全面保障和落实高等院校、科研院所科技成果使用、处置和收益管理自主权。并且将科技成果以技术转让或许可方式实施转化所得净收入，其研发团队可按比例取得获得的收入，改进科研项目经费管理方式，在项目经费总额内，将直接费用中多数科目预算调剂权下放给项目承担单位，对劳务费不设比例限制。实行哲学社会科学研究成果后期资助和事后奖励机制，建立充分体现人才智力贡献的经费管理机制。

二是加强创新成果和知识产权保护。制定关于加快知识产权保护的实施意见，完善人才创新创业知识产权扶持政策，加强高层次人才引进使用中的知识产权鉴定，防控知识产权风险，支持开展知识产权质押融资，建立市场化风险补偿机制。实施知识产权维权援助，缩短专利权审查、侵权处理周期。在侨商企业转型的过程中，企业经常遇到的就是知识产权制度的不完善，导致企业所开发的技术或者品牌被其他企业盗用或者抢先注册，所以政府应该严厉打击，加倍处罚侵权行为，保护科技创新人员的积极性，优化创新的社会环境。

三是改革人才薪酬和股权激励的办法。制定侨商企业高层次人才以及紧缺人才收入分配激励机制，可以提高工资与创新成果的联系，根据技术要素贡献进行分配。同时还可以实施股份激励政策，增加高层次人才在公司中的持股比例，建立人才的责任机制，最终发挥人才的创新能力。

四是完善人才多元投入机制。坚持人才投资优先保障，完善政府、企业、社会多元化人才投入机制。保持各地方人才发展专项资金合理增长，引导各地方设立人才发展专项资金，鼓励高校按总支出、企业按销售额的一定比例设立人才发展资金，并将其与科技项目申报、人才培养支持、优秀企业评比等挂钩。在实施重大工程和重大科目时，同步配套相应的人才开发和培训经费，发挥政府资金的引导和撬动作用。鼓励金融机构对符合条件的高层次人才创业，最大限度地放宽条件、降低门槛，并给予融资支持。

3.5.4.4 建立科学完备的人才评估体系

人才评价是人才发展体制机制的重要组成部分，是人力资源开发管理和使用的前提。在人才评估方面，我国的人才评价机制仍然存在分类评价不足、评价标准单一、评价手段趋同、评价的社会化程度不高等突出问题。针对这些问题，要重塑评估体系，重建人才评定指标，打造社会化的评估体系。人才引进评估指标体系需充分考虑企业的现实需要，要与产业、行业、学科、领域等紧密结合，不同类型的人才按照不同的分层分类评价标准。

在人才分层上，强化目标导向，对于国际高端的“潜力股”人才要建立较好的引进评估体系和机制，重视对潜力高端人才的创新力以及行业的冲击力的考察，通过科学合理的考察，将“潜力股”人才在引进的初期分为不同的层次，在引入之后，通过人才在侨商企业中的表现或者在社会中的创新表现以及研究能力，对人才进行二次评估，对人才进行重新评估和分层，从而更加精准地引入人才，发挥人才创新能力的最大效用，并且通过这种人才分层的方式来实现与侨商企业需求之间的匹配，为不同需求的企业引入不同层次的人才，从而最大限度地减少人才引进过程中的浪费。

在人才分类上，突出重点，如根据人才所从事的领域来进行人才分类，可以将人才分为基础研发类、应用开发类、经营管理类、社会公益类等几大类高端人才，再根据每一类人才最关键的特征，在每一大类人才中进行进一步的分类，如应用开发类可以分为计算机系统开发以及移动软件开发两类。通过不断的细分，将人才不断地进行细化，从而更能够识别出哪类人才是企业目前最急需的，哪类人才是需要长期培养的，哪类人才是技术性比较强的，等等。通过人才的细分，企业可以引进更加精准的人才，降低企业人才培养的成本；通过人才的细分，政府或者企业可以建立与人才特性更为契合的评估指标体系，如应用开发类要侧重于从产学研结合、新产品新技术创新、成果实际应用等方面进行综合评价；社会公益类侧重于对社会的影响以及对企业的公益事业的效果的评估。

要根据人才的类型设定不同的评价标准和评价角度。在“互联网+”时代，与传统的制造业的人才评估指标有所不同，互联网企业更加注重人才评价的灵活性，并且更加注重工作绩效。比如，在传统的制造企业中，企业更多的是考察员工学历、经验、工龄、工时，而在互联网企业中更多看重的是绩效创新。所以侨商企业在转型升级的过程中，需要重新定义各家企业各项考核指标在考核中的比重，将企业考核的重点更多地从表面形式中转到实际的绩效中。并且可以在专家库的构建方面开展持续的研究和跟踪，并建立评价责任制度且将员工的成长性作为考核指标，不仅关心员工当前的技能和业绩，而且要从时间的角度来衡量员工的成长性。除此之外，在人才评估的角度方面，需要弱化侨商企业中领导的作用，受传统组织金字塔结构的影响，人才评估体系很容易受到上级领导的主观影响，为了避免这一现象，需要明确人才评估的标准，建立科学的人才评估体系，并严格按照组织规则进行测评。参与评价的各个主体权责明确，提高各评价主体责任感与积极主动性。同时，对以评价方法、评价工具、评价程序、评价监督为内涵的评估方式进行持续的探索，对申报、评审、公示等环节制定规范操作细则，保证整个流程易于操作和执行。

3.5.4.5 加强专业技术人才的选用机制建设

专业技术人才是企业第一资源，是侨商企业转型升级、实现可持续发展目标的主要保障。侨商企业在转型升级的过程中，顶尖的专业技术人才发挥着重要的作用，同时顶尖的专业技术人才也成为企业急需的人才。因此侨商企业必须着力解决专业技术人才队伍管理与企业大发展的要求不相适应的问题，进一步完善、创新、改革，加强专业技术人才的选用，使他们在企业转型升级的过程中发挥巨大的作用。

首先，应统筹规划，形成结构合理的专业技术人才队伍，要根据侨商企业在转型升级过程中的专业技术人才状况，制定专业技术人员发展规划，科学谋划高、中、初分布的结构布局，善于利用各年龄层次的优点，做好工作的互补，有计划、有步骤地提高他们的专业技术能力。利用高校毕业生招聘、社会公开招聘等多种形式，引进企业急需、有实践经验、技术能力强的人才，建立企业重点专业和经营管理人才库，通过多种有效措施，不断提高企业专业技术人才队伍整体的素质能力水平。

其次，侨商企业可以建立及完善专业技术人才的职位序列，根据企业的特点，因需设岗，拉开层级结构优化动态管理的原则设置技术职位等级序列。在核心业务和主干专业内先进行试点，大型侨商企业可以设置公司级首席专家、资深高级专家，企业级首席专家、高级专家，厂级首席专家、专家，主任师、主管师、责任师等不同层级的专业技术序列。逐步建立起覆盖企业的专业技术职务等级制，拓展专业技术人才的成长空间，激发员工不断进取。

最后，在互联网的时代下，人才的评估标准发生了很大的改变，侨商企业应该改进专业技术职称评审，实行评聘分开、量化评审、动态管理取消职称与薪酬、待遇的挂钩关系，纠正单纯依靠学历、资历等作为申报评审基本条件的做法。简化评审的程序，加大个人业绩考核的比重引导专业技术人才立足岗位，多做贡献。同时还应该完善评审标准，引入素质能力测评办法，进行量化评价。

3.5.4.6 加强人才保障措施，解决人才的后顾之忧

在人才选择城市时，除了经济发展水平之外，人才更为看重社会保障、

创新氛围、政府治理水平等软环境。政府或者侨商企业在引进人才时都不应只停留在人才引进的环节，还应该注重人才培养、人才流动、人才激励、人才保障等环节。对于引进的人才，需要完善创新人才的保障机制，完善对境外人才落户居留、子女入学、医疗保障等特定生活提供的保障，尤其是住房、子女教育等问题。

一是切实解决人才落户的问题。为了不让优秀人才流失，优秀人才可以实现先落户后就业。对于属于重点引进范围的高层次紧缺人才，不受编制、进人计划与专业技术职务岗位结构比例限制，还可获得一定数额的生活补贴。并推出各类高层次人才的随迁父母、配偶、子女，准予在市区落户的绿色通道，使高端人才实现快速落户，同时妥善解决高端人才的配偶就业，子女入学等问题。

二是提高人才待遇。探索建立用人单位、县财政投入、社会扶持的人才待遇保障机制和增长机制，提高高层次人才引进的经费保障能力，特别要加快推进高端人才安居工程建设，财政、国土资源等部门在符合相关土地政策的基础上，建设专门的人才公寓，切实解决人才落户时的住房问题。认真落实、不断提高高层次人才配偶就业、子女就学、休假旅游等政策待遇，及时为引进人才办理入编入岗、工资社保、档案管理等相关工作，解决高层次人才的婚姻问题。

三是健全和完善社会保障体系。政府应该健全和完善以基本养老、失业、医疗保险为主要内容，覆盖全社会，对各类企业和劳动者统一政策、统一标准、统一管理、统一调剂使用基金的社会保障制度。满足高端人才因年老、失业、患病等原因暂时或永久丧失劳动能力时的生活和医疗需求，逐步形成独立于用人单位之外的较为完善的社会保障体系，使人才在多变的市场环境中得到基本的保障。建立稳定、多层次筹集的社会保险制度。

四是应简化政府流程，提高人才服务效率。政府实行人才引进手续限时办理，建立由政府人事部门牵头，科技、教育、公安、财政、外办、劳动等部门配合的一站式审批、“一条龙”服务的人才引进窗口，搭建专业化的人才服务平台。注重高端人才的特殊需求，大力发展高端服务业。为高层次的科技人才提供“一站式”服务平台，开通人才服务热线，把涉及高层次人才的落户、子女教育、配偶就业、劳动保障等相关职能部门的服务内容集中在一起，为高层次人才提供便捷高效的“一条龙”服务。

五是加强有利于人才成长的社会环境建设。良好的学术氛围和创新创业环境是高层次人才实现自身价值的基础，也是吸引和留住人才的重要条件。应完善相关的法律法规，打造良好的法治环境和自由宽松的文化环境。实施创新驱动战略，奖励创新型企业和个人，在社会中营造创新的氛围，激励人才创造性的发挥。大力推进政、产、学、研高层次、多渠道有机结合，营造鼓励创新创业的社会文化环境。只有这样，才能切实改善创新创业环境，营造知识信息的流动和集聚环境，完善人才市场机制和实现人才资源的优化配置，把人才强国战略落到实处。

4 广东省侨商企业社会责任发展状况评价

4.1 广东省侨商企业社会责任总体履行情况

党的十九大报告提出了新时代中国特色社会主义的新论断，对中国社会主要矛盾也做了新判断。新时代要求中国企业在优化资源配置、产品服务创新、保护生态环境、提高生产效率、构建和谐劳动关系、投身精准扶贫等方面发挥更加积极的作用，这表明中国企业社会责任的发展已经迎来新的历史时期。企业社会责任是跟社会的经济发展相联系的，是历史发展的产物。当人们不再满足于基本的衣食住行需要，而是对所处的环境提出了更高的要求，不愿意承受因为经济发展而被污染的空气和水资源，不愿意在不安全和不健康的条件下工作，于是对企业提出了更多更高更新的责任要求。这也是为什么企业社会责任首先在西方发达国家产生并形成共识。如今中国社会也恰好开始进入这个阶段，企业社会责任信息正受到前所未有的关注。

2018 年 12 月 26 日，全国工商联在北京召开十二届二次执委会议，会上首次发布《中国民营企业社会责任报告 2018》蓝皮书和《中国民营企业社会责任优秀案例 2018》。蓝皮书指出，在履行经济责任方面，中国民营企业近年来加强创新驱动，对标高质量发展；在法律责任方面，民营企业已成为中国政府税收的重要来源；在履行环境保护责任方面，党的十八大以来，民营企业环境保护意识普遍增强，此外，党的十八届四中全会审议并通过了《中共中央关于全面推进依法治国若干重大问题的决定》，指出要“加强企业社会责任立法”，表明政府对企业履行社会责任的重视与推动日渐加强。

2017 年 9 月，中共中央、国务院印发《关于营造企业家健康成长环境 弘扬优秀企业家精神更好发挥企业家作用的意见》，企业家精神的激发和建设得到的进一步的重视。

侨商企业发展是中国改革开放40年以来中国经济社会发展的重要组成部分。多年来，广大爱国华侨华人怀着巨大的爱国热忱回国投资兴业，在海内外形成了重要的华商群体，为我国基础设施与现代化经济体系的建设，乃至社会主义市场经济体制的完善，均做出了巨大贡献，尤其在社会责任方面的贡献备受关注。改革开放以来，中国吸收的外国直接投资（FDI）60%以上来自广大侨商及港澳同胞。在我国的公益慈善事业中，50%的捐赠来自华侨华人，可以说，企业社会责任问题一直伴随着侨商。广东省是中国最大的侨乡，无论海外华侨数量还是侨商投资企业，均居全国首位。在这一背景下，以广东省侨商企业为研究对象，对侨商企业的社会责任发展状况进行评价，具有十分重要的理论价值与现实意义。其理论价值在于：有助于丰富“乡土情结”通过企业文化来影响企业行为的相关理论，明确其影响机制与路径。其现实意义在于：通过对广东省侨商企业的社会责任发展状况进行评价，有助于促进侨商企业更好地履行社会责任，推进新时期经济与社会全面发展；对广东省侨商企业的社会发展、责任发展特征及趋势进行归纳总结，有助于侨务政策决策者制定相应政策，引导侨商企业行为。

4.1.1 侨商的乡土情结与社会责任：内涵与理论

4.1.1.1 乡土情结与企业社会责任的内涵

“独在异乡为异客，每逢佳节倍思亲。”乡土情结是对家乡故土深深的眷恋、归属感和文化认同感，是一种典型的非正式制度。在已有文献中，大多数对乡土情结的研究都是与文学相关的，将乡土情结放入经济领域与个体和企业的决策行为结合的研究文献并不算多。关于乡土情结的体现和影响，一些学者采用个人经历与家庭环境度量乡土情结，发现乡土情结对个人的经济与财务行为产生深刻影响。而Talhelm等（2014）发现种植水稻的地区集体主义倾向更强。乡土情结是人类独特的情感，尤其在中国，落叶归根的观念根深蒂固，影响深远。陈婉婷和罗牧原（2015）提到中国人的信仰体系虽然是多元化的，但并不是杂乱无章的。靳贝贝（2016）探究了董事长背景特征与内部控制缺陷治理；王卫星和张佳佳（2018）选取中小板300家企业为样本，分析企业管理者的背景特征对信用风险产生的影响；另有部分研究者基于文化价值观视角，探究了管理者对企业的影响，辛杰和吴创（2015）从五个维度探究了企业家文化价值观对企业社会责任的影响，发现企业家精神在企业家文化价值观与企业文化以及高管团队行为整合的影响过程中发挥一定程度的调节作用。靳小翠（2017）的研究发现了企业文化对公司社会责任活动的影响。温孝卿（2018）对178家企业进行了问卷调查，研究发现，企业文化中的员工参与、价值认同和环境因素对企业社会责任表现总体有显著正面影响。

张海钟和姜永志（2010）认为大多数企业家以血缘、地缘为本，与其他的信仰相比，血缘和地缘具有特殊重要性和优先选择性。而老乡作为中国文化中的一种特有心理现象，会促使更加积极的情感卷入和趋同倾向。张平等（2012）就中央政治局委员的籍贯和工作经历对其辖区投资建设的影响进行研究，实证结果表明中央官员对其籍贯省份的经济增长具有显著的促进作用；王海和许冠南（2017）研究发现，本地官员会有提高辖区内企业补贴的倾向，并且会致力于推动辖区内企业的技术发展；胡珺、宋献中和王红建（2017）也通过实证分析发现，高管的家乡认同会促进企业进行更多的环境投资。基于高阶理论、战略领导理论、社会契约理论、企业公民理论以及合法性理论，当企业管理者存在乡土情结，其对家乡文化的认同感和对家乡的反哺之情，会对管理者的个人行为和决策产生影响，进而会作用于企业的战略导向中，更多地关注到相关利益者的利益，使企业在经营过程中遵循更高的道德标准，形成社会责任意识，维护企业合法且持续性发展。华侨作为一个特殊的群体，漂洋过海到异国他乡，更容易引发心中的思乡之情，因此可以推测，华侨的乡土情结会表现得更加强烈。在柯灵所著的《乡土情结》中就提到，无论什么原因离开祖国的人，一定会有深深的乡土情结，不会因为时间和空间上的隔绝和距离而淡去；民族向心力总会引发他们的爱国思乡的情感并化为具体的行动。朱建安等（2015）认为海外华人深受儒家文化的影响，与西方公民社会的思想吻合，儒家文化承认经济人的工具理性，但从不把个人财富作为终极目标，而是作为一种方便法门贡献社会。乡土情结的基本特征是稳定的，基于中国浓厚的“熟人社会”文化以及普遍存在的乡土情结，这种情感对侨商企业的社会责任履行发挥着重要的推动作用。

企业社会责任（Corporate Social Responsibility，CSR）是指企业在创造利润、对股东和员工承担法律责任的同时，还要承担对消费者、社区和环境的责任，企业的社会责任要求企业必须超越把利润作为唯一目标的传统理念，强调要在生产过程中对人的价值的关注，强调对环境、消费者和对社会的贡献。根据社会契约理论构建企业社会责任履行机制，利益相关者与企业缔结具有法律强制性的显性契约和具有道德伦理性的隐性契约，企业通过履行社会责任完成契约。

随着我国社会主义市场经济的不断发展和完善，我国经济建设取得了举世瞩目的成就，企业在获得自身发展的同时也逐步融入经济全球化竞争的潮流。企业社会责任在今天不但成为全球公认的时代现象，而且已经成为衡量企业国际竞争力的重要标准。在这一国际发展背景下，我国企业社会责任履行是适应国际化发展趋势、贯彻落实科学发展观的体现，同时，也是适应我国社会主义市场经济发展需要、满足社会经济发展和企业自身不断进步的要求。

20 世纪 90 年代以来，经济全球化的浪潮推动“企业社会责任”运动的发展，使其成为跨国公司和各国企业竞相追捧的国际潮流。作为一种全球共同倡导的话题，企业社会责任是经济社会不断发展和时代进步的产物，也是经济全球化发展进程中国际竞争日益加剧的结果。特别是 2000 年 7 月联合国正式实施“全球契约”计划以来，目前已有 130 多个国家的 8000 多家企业和机构加入这一计划，这使得联合国全球契约成为世界上最大的企业社会责任倡议组织。中国石油化工公司、中国远洋运输总公司等跨国企业也加入其中。自联合国倡导全球跨国公司积极履行社会责任以来，世界范围的企业社会责任实践获得空前发展，并且已经成为衡量企业核心竞争力的重要标准。随着 2010 年 9 月由 99 个国家参与制定的企业责任国际标准 ISO 26000 的颁布，宣告了社会责任全球标准的正式诞生，企业社会责任也因之由初始的一种企业经营理念发展跃升为社会责任国际标准。这不仅表明社会责任越来越受到国际社会的重视，在世界已得到了越来越广泛的认同和支持，而且标志着企业之间的竞争已从以 ISO 9000 为标准的质量竞争阶段、以 ISO 14000 为标准的环境竞争阶段向全面责任竞争阶段的转化，企业承担社会责任对企业竞争力构建的影响日益凸显，而且，随着全球化的不断深入，企业社会责任的履行对于企业全球化运营的成功也将发挥越来越重要的作用。无论是政府、企业还是社会公众，都越来越深刻地认识到：企业在创造利润、发展自身经济的同时，除了对企业内部成员承担责任外，还要对外承担一定的社会责任，如对周边环境、所在社区居民与促进社会和谐和可持续发展等方面所担负的责任。这些企业社会责任既包括遵守基本的法律和商业竞争的规则，也包括遵守保护消费者、生态环境和参与社会公益事业等道德方面的规则。一家积极承担并切实履行社会责任的企业，同时也是对其自身前途、命运负责任的企业。企业在履行社会责任的同时，实际上也是树立自身良好形象、打造自身品牌和提高企业声誉的过程。从这个意义上来说，企业社会责任承担已经不只是政府和社会公众对企业提出的外在要求，同时它也是企业为了能够在社会上获得长远的生存和发展，提高自身竞争力和综合实力而赢得社会认同与尊重的重要方式。概括而言，企业社会责任不仅是企业基于外在压力履行的行为，而且已转化成为企业为了获得自身更好发展的内在需求，符合企业自身成长的客观规律。

企业社会责任作为一个与社会密切相关的问题，单纯依靠政府的推动是远远不够的，企业社会责任承担很大程度上反映的是企业与社会的互动关系。因而，企业社会责任的实现在很大程度上还需要广大社会公众、社会团体及媒体等各方面的推动和参与。我国很多事件被公众了解和知悉，都是媒体报道的作用。从国外经验来看，非政府组织、行业协会和社会中介组织等在企业社会责任履行过程中的监督作用都非常关键。

企业的双重属性是企业承担社会责任的关键因素。要正确认识企业与社会的关系，企业既是一个经济性组织，又是一个社会性组织，是社会大家庭的重要组成部分。企业的运行总是以一定的社会需求为起点、以一定的社会环境为依托、以一定的社会公众支持为基础的。企业与社会本来就应该是相互依存、互为动力、同步发展的。对社会不负责任的企业，迟早要被社会抛弃；与社会一体发展的企业，才能永葆活力、基业长青。企业的经济性与社会性双重属性，强调企业“经济人”和“社会人”角色的统一。企业在社会上不但是盈利主体，以“经济人”的角色出现，同时企业也是作为“企业公民”存在的，还应当成为“社会人”，并将“经济人”与“社会人”的角色实现有机的结合和统一。

依法经营是企业承担社会责任的内在要求。企业必须依法经营，必须遵守劳动法、产品质量法、消费者权益保护法、税法、环境法等；如果损害企业员工合法权益，提供劣质产品，损害消费者合法权益，偷税、漏税、抗税、骗税，以及破坏环境等，既是违反经营的表现，也严重违反企业的社会责任。企业在社会上生存和发展的基本前提就是要遵纪守法，只有依法经营，成为一个合法的企业公民，履行了低限度的社会责任，才会得到社会的认可和接受。如果存在生产假冒伪劣产品，损害其他利益相关主体利益的行为，就会受到法律的严厉制裁，同时也会受到社会公众在道德方面的谴责。

积极创造利润是企业承担社会责任的物质保障。企业积极创造利润，能够为企业承担社会责任提供充分的物质条件；如果企业经营不善、连年亏损，则无力对社会承担应尽的责任。有人认为，企业的职能就是创造利润，把企业做大做强就是对社会负大的责任。应该说，这种看法有一定道理，但有片面性。企业社会责任虽然不否定对企业利润的追求，也不是要否定企业的盈利性，但企业社会责任是强调对传统的股东利润大化的修正和补充，绝不是把企业做大做强就算负责任，还应当包括其他方面社会责任的履行。在企业社会责任的倡导者看来，企业与股东利润的实现和社会利益共赢两方面的企业目标是不可偏废的，任何一个目标的扩大化都将会受到另外一个目标的制约。因此，企业利润目标的追求与社会目标的追求经常处于相互影响、相互制约之中，有时甚至会产生冲突和矛盾。二者在相互制约的条件下要求实现各自目标的相对最大化，便在企业整体目标上达到一种相对均衡的状态。

企业承担社会责任是企业经营的一项重要目标。除了一些特殊类型的企业以外，企业都应该树立双重责任目标：一是要对股东承担责任，要以股东的盈利作为企业经营的一项重要目标；二是要对社会承担责任，即要以增进利益相关者如企业员工、消费者、债权人、中小竞争者、社会弱者、当地社区等的利益，以及社会公共利益作为企业经营的一项重要目标，二者不可偏废。因而，要求企业承担社会责任并非意味着要企业必须放弃其对企业经济利益的追求，也不意味着对企业社会责任的承担就会影响企业的盈利能力。社会责任要求企业在可以选择和衡量的范围内对企业的经济利益和社会效益之间进行成本的权衡。

为了更好地揭示企业社会责任这一概念的内涵和本质属性，可以给企业社会责任下这样一个定义：企业社会责任，是指企业在依法经营、积极创造利润，对股东承担责任的同时，应承担的增进利益相关者利益和社会公共利益的责任。很显然，这个定义的优势在于：企业社会责任既强调企业和股东经营和利益的增加，也不否认其他社会责任主体利益的存在，强调各主体之间利益的动态平衡关系的处理，主旨在于以企业的多元价值目标来代替传统的一元企业和股东利润最大化的目标。

“民营企业”是我国经济体制改革中具有中国特色的概念。我国大部分民营企业处于生存和初步发展期，但也应当承担与其社会影响相称的社会责任。这种社会责任的履行既包括一般意义上的社会责任，还应当承担有“中国特色”的反映其独特性特征的社会责任。随着中国经济的迅速崛起，民营企业已经成为企业履行社会责任的重要力量，而民营企业的重要主体之一便是侨商企业。

4.1.1.2 相关理论

（1）利益相关者理论。

利益相关者管理理论是指企业的经营管理者为综合平衡各个利益相关者的利益要求而进行的管理活动。与传统的股东至上主义相比较，该理论认为任何一家公司的发展都离不开各利益相关者的投入或参与，企业追求的是利益相关者的整体利益，而不仅仅是某些主体的利益。因此，利益相关者管理理论强调，企业不仅要为股东争取更多的利益，还要服务社会，利益相关者理论清楚地界定了企业社会责任的对象及相关责任，为社会责任履行指明了努力方向和目标，并为衡量企业践行社会责任状况提供了一个分析平台和可操作性方法，为社会上其他利益相关者负责。

企业是利益相关者的企业，利益相关者分担了一定的企业经营风险，或是为企业的经营活动付出了代价，因而都应该拥有企业的某种索取权。企业的经营行为不能仅仅服从股东价值最大化目标，还应该以所有利益相关者的利益最大化为目标。并且，企业价值的来源是通过为利益相关者创造价值，即只有获得经济效益和社会效益，企业才能实现可持续发展。利益相关者承受企业行为的影响，既是企业社会责任表现预期的源泉也是企业社会责任行为的接受者，利益相关者根据他们的预期、利益和承受程度对企业社会行为及其对利益相关者和企业所处环境的影响进行评估，并根据评估结果做出响应和采取行动。利益相关者理论可以回答企业应该为谁承担责任的问题，明确了企业社会责任的定义，找到了衡量企业社会责任的方法，为企业社会责任研究提供了理论基础。

（2）高阶理论和战略领导理论。

Hambrick 在其著名的文章 *Upper Echelons*：*The Organization as a Reflection of its Top Managers* 中提出了高阶理论，为领导理论研究提供了一个全新的视角和基础性的理论框架。该理论认为在不确定性的内外部环境下，有限理性的高层管理者在接受信息、处理信息的过程中受到高阶特征的作用，从而形成战略选择上的决策，最终影响组织的整体绩效。研究者强调高阶主管的从业经验、价值观念、个性以及认知特质等因素对于组织战略制定、运营成效和组织整体绩效的影响作用。

战略领导理论诞生于传统领导理论研究转型背景之下，随着经济全球化和文化多元化的发展，组织所面临的内外部环境更加不确定，竞争压力也日趋增大，企业面对越来越多来自内外部环境的新挑战。商业模式多元化、流程 IT 化、信息实时化，如何在这瞬息万变的竞争环境中保持组织的活力和竞争力，如何在原有的组织体系中寻求新的增长点和创新点，这些问题成为摆在领导者面前亟待解决的挑战性问题。

高阶理论的提出者 Hambrick 和 Mason 认为，管理者做战略决策的过程是基于感知的，由一系列的先后步骤所组成："首先，一个管理者甚至整个高管团队不可能观察到组织及其环境的所有方面，决策者的视野是受限制的，这明显影响了最终感知；其次，管理者的感知由于选择性感知的存在而造成仅有一部分信息进入视野之内；最后，感知所选择的信息会被一个人的认知基础和价值观过滤而解释，管理者对其情景的最终感知和他们的价值一起构成了决策选择的基础。"由此可见，高层管理者的认知基础和价值观会对企业决策产生影响，进而影响企业的社会责任行为。

（3）社会契约理论。

社会契约理论由著名的英国启蒙思想家霍布斯（Thomas Hobbes，1588—1679）首先提出的，他 1651 年在其著作《利维坦》（*Leviathan*）中对社会契约进行了阐述。他认为人在自然状态下的平等是社会契约的前提条件，企业是以个人、组织、机构之间的契约为基础形成的一系列协议构成，这些契约不断地演化，可以使所有相关个人、机构、组织生活在和平中，并且形成能维护和平的政府。20 世纪 80 年代，以美国管理学家 Thomas Donaldson 为代表的当代社会契约理论提出了一种更广泛的、超出法律的社会契约观，认为企业的行为应该符合社会规范和期望，企业有责任为使社会收益最大化而运作。1989 年，Donaldson 将社会契约模式运用到全球范围，为全球企业的责任确定一个底线。1995 年，提出了综合社会契约（企业与其利益相关者之间所遵循的所有契约形式的总称）理论，强调企业必须对利益相关者的利益诉求做出反应，否则将会影响企业的长久生存和持续发展。由此可见，社会契约理论是对社会责任的概念的一种支撑，社会契约是企业承担社会责任的依据，为企业社会责任践行提供了理论基础。

企业社会契约理论认为，企业和社会之间存在某种社会契约，即企业与社会各种利益集团之间有一系列自愿同意并相互受益的社会契约，履行与这些利益集团的合同义务就是企业的责任。企业社会契约的核心内容是基于企业伦理的企业社会责任。随着经济社会的发展和思想意识的变化，企业不再仅仅对股东负有责任，作为一个社会主体，企业即成立之时起，便应当自然而然地承担着对社会公众、政府以及内部员工的责任和承诺。由于企业面对的对象是多方面的，因此企业的社会契约也是多元化的，其基本内容主要包括内部社会契约与外部社会契约。企业内部社会契约是企业对内部员工及管理者的责任和保证，包括企业对员工的人身安全保证、自由保证和尊严保证等。企业社会契约要求企业解决各种歧视现象，要做到一切机会真正向所有员工开放，公平解决收益分配问题，所有员工无论地位高低在人格上一律平等。企业外部社会契约是企业对社会公众、其他企业以及社会管理者政府的责任和保证，如对其他企业的诚信保证，对公众产品和服务质量保证、信息发布准确保证，对政府的按期缴税保证等。

4.1.2 广东省侨资企业社会责任总体评价

4.1.2.1 广东省侨资企业和非侨资企业的社会责任对比分析

企业社会责任履行情况一直备受关注，改革开放40年来为中国经济做出巨大贡献的侨商企业，在社会责任方面的贡献也备受关注。华侨作为一个特殊的群体，漂洋过海到异国他乡，更容易引发心中的乡土之情，乡土情结的基本特征是稳定的，基于中国浓厚的“熟人社会”文化以及普遍存在的乡土情结，这种情感对侨资企业的社会责任履行可能会发挥着重要的推动作用。华侨按华侨华人的祖籍划分，广东籍占54%，福建籍占25%，海南籍占6%，其他省、市、自治区共占15%。因此，本书以广东省的侨商投资企业作为研究对象。研究目的在于结合岭南文化与侨乡文化特征，根据利益相关者理论、战略领导理论、社会契约理论、企业公民理论、可持续发展理论和合法性理论，评价广东省侨资企业的社会责任履行情况，衡量企业实质控制人的乡土情结，探究广东省侨商的乡土情结与侨资企业社会责任之间的关系，并且为促进侨资企业承担社会责任提供相关措施。

考察侨商企业的社会责任履行情况，首先需要将其与非侨商企业之间进行对比分析，才更有利于将侨商企业的企业特点体现出来。参照宋建波（2010）、沈洪涛（2011）等的研究，以社会责任贡献率来衡量企业为社会或公众创造的价值和社会责任的履行情况，社会责任贡献率的计算主要是用来自现金流量表中的支付的各项税费、收到的税费返还、支付给职工及为职工支付的现金、分配股利、利润或偿付利息支付的现金四项指标与利润表中的捐赠和赞助支出等指标，再除以企业的平均总资产得到社会责任贡献率的相对水平。为保证数据的可比性，我们以广东省上市公司来比较侨商企业和非侨商企业社会责任履行的差异，从 CSMAR 数据库中收集整理了 2016—2018 年广东省的上市公司数据，结合实际控制人的股权性质和手动收集的实际控制人的国籍资料，将上市公司划分为侨商企业和非侨商企业。将社会责任得分数据、实际控制人信息数据以及有关财务数据合并，在删掉缺失年份的数据后，总共得到包括 186 家非侨商企业和 46 家侨商企业的 428 个样本观测值。

由表 4-1 可知，广东省的上市公司以非侨商企业为主体，而侨商企业的数量仅占到了 19.83%，二者的企业数量相差较多。由企业的 CRS 均值对比发现，侨商企业的 CSR 均值比非侨商企业的 CSR 均值高，说明广东省侨商企业社会责任履行从总体上超过非侨商企业，下节将进一步分析这种差异是否是源于侨商企业的乡土情结。在构成 CSR 评分的分项指标中发现，“支付给职工及为职工支付的现金”以及“捐赠和赞助”这两个指标的比例，侨商企业均大于非侨商企业，说明侨商企业对员工和社会公众的责任履行更好，向社会公众展示了侨商企业良好的社会形象。从表 4-2 的结果可发现，在根据排前十位 CSR 公司的情况下，侨商企业占了 4 家，说明尽管侨商企业数量远少于非侨商企业，但侨商企业社会责任表现突出的企业占比远高于非侨商企业，进一步说明侨商企业具有突出的社会责任履行意识，不应忽视其对社会所发挥的积极作用，它们也是促进经济增长、创造就业、维护社会稳定秩序的重要组成部分，应该加强对侨商企业的宣传，引导它们更好地履行社会责任。

表 4-1 侨商企业与非侨商企业 CSR 整体对比 单位：万元

	非侨商企业（186 家）	各项目占比（%）	侨商企业（46 家）	各项目占比（%）
支付的各项税费	360637.21	0.0510	1908100.00	0.0419
收到的税费返还	71345.37	0.0101	480959.12	0.0106

续表

	非侨商企业（186家）	各项目占比（%）	侨商企业（46家）	各项目占比（%）
分配股利、利润或偿付利息支付的现金	162070.62	0.0229	1680100.75	0.0369
支付给职工及为职工支付的现金	775063.82	0.1097	4999300.00	0.1099
捐赠和赞助	2750.10	0.0004	14747.86	0.0003
平均总资产	7067903.285		45490800	
CSR	0.17		0.18	

表4-2　广东省公司CSR排名前十的分布情况

类型	企业数量（家）	CRS	比例（%）
非侨商企业	6	0.475	0.483
侨商企业	4	0.509	0.517
合计	10	0.984	1.000

根据本书的研究目的，为进一步分析侨商企业和非侨商企业在社会责任履行上的差异，从而为乡土情结对社会责任履行的研究奠定基础，本书进一步采用了实证检验的方式。

对于侨商企业与社会责任的关系检验构建模型如下：

$$CSR_{i,t}=\partial_0+\partial_1 QSQY_{i,t}+\partial_2 Control_{i,t}+\varepsilon_{1i,t} \tag{4-1}$$

变量解释如表4-3所示。

表4-3　变量定义

变量性质	变量名称	变量符号	解释
被解释变量	社会责任贡献率	CSR	企业社会责任相对水平，等于（支付的各项税费-收到的税费返还+分配股利、利润或偿付利息支付的现金+支付给职工及为职工支付的现金+捐赠+赞助支出）÷平均总资产
解释变量	侨商企业	QSQY	如果上市公司为侨资企业则赋值为1，否则赋值为0

续表

变量性质	变量名称	变量符号	解释
控制变量	公司规模	SIZE	年末总资产的自然对数
	财务杠杆	LEV	资产负债率
	盈利能力	ROA	总资产收益率
	成长性	GROWTH	营业收入增长率

实证检验结果如表4-4，结果显示是否侨商企业对社会责任的履行存在显著的影响。自变量QSQY在10%的显著性水平下显著，其系数为0.021且符号为正，说明如果企业为上市的侨商企业，则其社会责任贡献率平均提高2.1%。由此可见，广东省的侨商企业的乡土情结确实发挥着正向的激励作用，在保障自身良性发展的前提下，怀抱着赤子之心，用企业的实际行动回归社会，主动承担起自身的社会责任。

表4-4 乡土情结对社会责任的影响

	被解释变量：CSR
QSQY	0.021 (1.66)
LEV	0.023 (0.67)
ROA	0.270 (3.55)
GROWTH	0.044 (2.34)
SIZE	0.005 (0.92)
CONS	0.277 (2.33)
N	428
adj. R. sq	0.056

数据来源：笔者自行回归计算得到。

4.1.2.2 广东省侨商企业社会责任评价

本研究共收集广东省53家侨商企业的相关数据，其中包括上市侨商企业38家、非上市侨商企业15家，以社会责任贡献率来衡量企业为社会或公众创造的价值，结合现金流量表衡量企业的社会责任相对水平。

企业社会责任相对水平=（支付的各项税费-收到的税费返还+分配股利、利润或偿付利息支付的现金+支付给职工以及为职工支付的现金+捐赠+赞助支出）÷平均总资产

（4-2）

对广东省侨商企业的社会责任履行情况进行统计分析，根据公式（4-2）对数据完整的47家侨商企业社会责任履行情况进行打分，统计结果如表4-5所示。

表4-5 广东省侨商企业社会责任排名

股票代码	公司名称	公司注册地	社会责任评分	排名
—	广福建材（蕉岭）精化	广东省梅州市	0.3050	1
—	广东艾科技术	广东省佛山市	0.2646	2
—	科玛生物	广东省广州市	0.2485	3
002763	汇洁股份	广东省深圳市	0.2319	4
300622	博士眼镜	广东省深圳市	0.2215	5
—	惠威科技	广东省珠海市	0.2200	6
—	鹤山雅图仕印刷	广东省江门市	0.2086	7
—	广东山湖电器	广东省佛山市	0.1623	8
002923	润都股份	广东省珠海市	0.1574	9
603808	歌力思	广东省深圳市	0.1286	10
002898	赛隆药业	广东省珠海市	0.1282	11
002870	香山股份	广东省中山市	0.1178	12
300615	欣天科技	广东省深圳市	0.1177	13
002841	视源股份	广东省广州市	0.1107	14
—	谦信化工	广东省江门市	0.0941	15
300599	雄塑科技	广东省佛山市	0.0919	16
300625	三雄极光	广东省广州市	0.0900	17
300668	杰恩设计	广东省深圳市	0.0892	18
002735	王子新材	广东省深圳市	0.0802	19

续表

股票代码	公司名称	公司注册地	社会责任评分	排名
300576	容大感光	广东省深圳市	0.0724	20
603038	华立股份	广东省东莞市	0.0704	21
300720	海川智能	广东省佛山市	0.0681	22
300199	翰宇药业	广东省深圳市	0.0668	23
002823	凯中精密	广东省深圳市	0.0640	24
002886	沃特股份	广东省深圳市	0.0634	25
002809	红墙股份	广东省惠州市	0.0621	26
300591	万里马	广东省东莞市	0.0604	27
002811	亚泰国际	广东省深圳市	0.0598	28
300601	康泰生物	广东省深圳市	0.0597	29
002888	惠威科技	广东省广州市	0.0565	30
300448	浩云科技	广东省广州市	0.0557	31
300043	星辉娱乐	广东省汕头市	0.0541	32
300570	太辰光	广东省深圳市	0.0462	33
603861	白云电器	广东省广州市	0.0449	34
—	盛世传媒	广东省广州市	0.0440	35
300629	新劲刚	广东省佛山市	0.0395	36
300238	冠昊生物	广东省广州市	0.0392	37
002792	通宇通讯	广东省中山市	0.0389	38
603336	宏辉果蔬	广东省汕头市	0.0366	39
300606	金太阳	广东省东莞市	0.0364	40
300136	信维通信	广东省深圳市	0.0335	41
002656	摩登大道	广东省广州市	0.0297	42
300053	欧比特	广东省珠海市	0.0280	43
002616	长青集团	广东省中山市	0.0278	44
—	顺城拍卖	广东省清远市	0.0135	45
300052	中青宝	广东省深圳市	0.0093	46
000893	东凌国际	广东省广州市	0.0076	47

由表 4-5 可知，在 47 家公司中，CSR 排前八位的公司和排名后八位的公司差距很大，CSR 排名位于中部的公司差距相对减少很多。说明所选择的侨

商企业社会责任履行的程度存在较大差异，各企业的社会责任履行的目标和战略规划各不相同。在 CSR 排名前十的公司中发现，非上市侨商企业数量比例占到 50%，而且排名明显比已上市的侨商企业高，CSR 贡献率的累积值达到 57.22%。课题进一步的研究表明，非上市侨商企业大多数都是实际控制人先侨居海外后回国创业，而上市侨商企业则相反，因此非上市侨商企业的实际控制人更具有乡土情结，这是二者差异的重要原因。

4.1.3 广东省侨商企业社会责任履行的分类评价

4.1.3.1 广东省侨商企业社会责任履行的地域分布

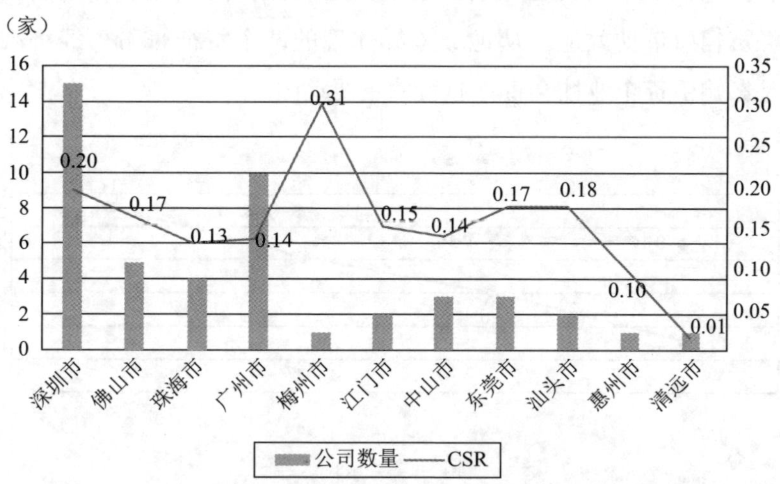

图 4-1 不同公司注册地侨商企业的 CSR 值

图 4-1 为侨商企业在不同注册地的分布以及社会责任得分值的情况。由图 4-1 可知，广州、深圳、佛山、东莞这四大城市的侨商企业的 CSR 值是位于前列的，除了广州外，其余三大城市的经济发展水平本身就是在全省名列前茅的，侨商企业能较好地利用当地的政策红利、完善的基础设施、高科技发展水平、丰厚的人才储备等优势，企业在自身发展的同时能较好地履行企业社会责任。但值得注意的是，广州和珠海这两个城市的 CSR 值相对其良好的经济发展水平、优越的地理位置以及丰富的资金流动等优点其实是偏低的，

说明企业社会责任的履行还不够重视。进一步，惠州、清远等城市的CSR值是更低的，这一问题存在的原因可能和当地经济发展水平偏低、企业自身履行社会责任意识不强等有关。

由图4-2可知，尽管侨乡城市数量只占到了约25%的比例，但位于侨乡城市的企业CSR值与非侨乡城市的企业CSR值差距不大，与全体城市的CSR值也相差不多，说明位于侨乡的侨商企业能够更好地承担社会责任，这不仅体现了侨商企业回馈社会的初衷，还说明文化确实可能成为影响企业社会责任履行的重要原因。而且在三大城市中可以发现，佛山的CSR值是排第一位的，相同点是它和江门、中山都具有丰厚的历史基础，它的突出优势在于紧邻广州和深圳，不仅是交通等基础设施的便利性，而且能较好地利用广州和深圳的经济辐射带动效应。从地域差异体现的两个特征来看，经济因素和文化因素是影响侨资企业社会责任履行的重要动因。

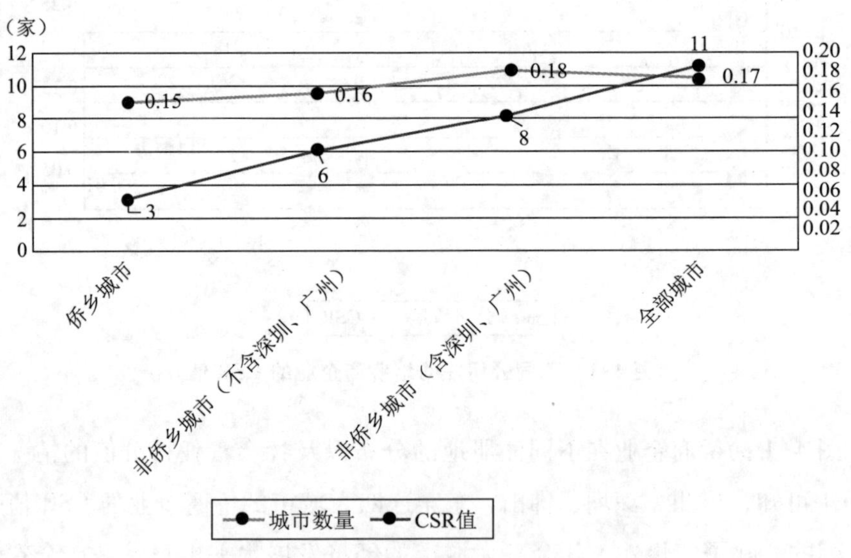

图4-2 侨乡城市与非侨乡城市侨企CSR值

4.1.3.2 广东省侨商企业社会责任履行的行业分布

表4-6为侨商企业在各行业的社会责任履行情况，表4-7为行业细分后

的社会责任履行情况。总体来说，各行业的侨商企业在履行社会责任方面对职工的关注最多，“支付给职工及为职工支付的现金”项目对社会责任贡献值的比例基本超过50%，在对政府、投资者、股东以及社区方面的侧重均有不同。在45家公司所分布的六大行业里，侨商企业多分布在制造业，占据高达77.78%的比例，制造业的社会责任贡献值0.175与总体行业均值0.176基本持平，其中在税费方面表现尤为突出，在社会责任贡献值里约占比29%，对当地政府的税收工作支持较大。而且，纺织服装、服饰业以及计算机、通信和其他电子设备制造业在制造行业里的社会责任贡献值是名列前茅的，这可能和这两个行业特点有关，纺织服装和服饰业偏向于劳动密集型产业，计算机、通信和其他电子设备制造业偏向于资本技术密集型产业，都需要给予职工较多的关注和重视，而且产量高、产值大，盈利水平较高，在税收上的贡献也相对偏多。在批发和零售业、科学研究和技术服务业上，企业社会责任贡献值分别高居第一位、第二位，说明这两个行业的企业社会责任意识较强。在建筑和信息技术服务行业上，其社会责任贡献值差距不大，也比较接近整体行业均值，但在“分配股利、利润或偿付利息支付的现金”项目上占比较大，体现了该行业对股东、投资者、债权人利益的重视。租赁和商务服务业里的侨商企业的社会责任贡献值远低于行业均值，需要加强改善社会责任履行工作。

表4-6　侨商企业履行社会责任的行业概况

单位：万元

行业大类 / 项目	制造业（35）	建筑业（2）	批发和零售业（1）	信息传输、软件和信息技术服务业（3）	租赁和商务服务业（1）	科学研究和技术服务业（3）
支付的各项税费	840786.50	30858.00	14700.00	68350.00	177.31	6369.66
收到的税费返还	168173.07	1066.00	0	16060.00	0	29.36
分配股利、利润或者偿付利息支付的现金	448173.61	20094.00	3400.00	59880.00	0	6580.50

续表

项目 \ 行业大类	制造业（35）	建筑业（2）	批发和零售业（1）	信息传输、软件和信息技术服务业（3）	租赁和商务服务业（1）	科学研究和技术服务业（3）
支付给职工及为职工支付的现金	1784894.20	56605.00	25000.00	283800.00	87.77	28540.12
捐赠和赞助	3938.37	51.30	3.06	13.80	0.30	2.52
平均总资产	16666915.46	743110.00	96800.00	2269900.00	4105.82	95987.99
CSR	0.175	0.143	0.445	0.174	0.065	0.432

注：括号内的数字代表本行业的企业数量。

表 4-7 细分行业的社会责任履行情况

行业大类	行业小类	CSR
制造业	纺织服装、服饰业	0.275
	化学原料及化学制品制造业	0.116
	医药制造业	0.119
	电气机械及器材制造业	0.141
	计算机、通信和其他电子设备制造业	0.157
建筑业	建筑装饰和其他建筑业	0.143
批发和零售业	零售业	0.445
信息传输、软件和信息技术服务业	软件和信息技术服务业	0.174
租赁和商业服务业	商务服务业	0.065
科学研究和技术服务业	专业技术服务业	0.432

4.1.4 乡土情结对企业社会责任的影响：实证检验

4.1.4.1 研究假设

乡土情结，即对家乡和故土所抱有的一种浓浓的深情，最大表现就是思归。海外华侨华人在传承中华文化方面，尽管有代际和地域的差异，但是中华文化的核心，即根植于中华民族体内深层次的精神却被长期保留下来。这种精神支撑他们在当地的生存和发展，同时升华为一种民族感情，一种延绵不绝的文化情结。正是这种文化情结，使他们关注祖国或故乡的发展，尤其关注中国的经济实力和国际地位，愿意帮助乃至直接参与中国的各项建设，从而更多的华侨华人回国投资，建立侨资企业，回到乡土，为家乡做出更多的贡献。自古以来，中国人对家乡有着浓厚的感情。中国人的乡土情结是非常典型的，“乡土情结”伦理蕴含的核心价值是爱故土，即对故乡的土地、山水等自然要素的感恩、热爱和保护。当侨商投资办厂时，他们需要按照中国的有关经济与法律制度经营企业，企业发展走上正轨时，其按时缴纳税款、支付职工工资、进行股利分红等，他们其实已经履行了企业的社会责任，较好地保护了当地政府、劳动者、投资者的合法利益。

侨商企业实际控制人的背景具有特殊性，这种特殊性表现之一就是乡土情结，从而考察这种乡土情结是否会对侨商企业社会责任的履行产生显著的影响。基于此，乡土情结可以从两个方面进行衡量：第一，侨商企业的公司注册地位于侨乡；第二，侨商企业实际控制人的籍贯和公司注册地是一致的。因此提出假设：在控制其他条件不变的情况下，侨商企业的乡土情结有助于企业社会责任的履行。

4.1.4.2 数据来源

研究样本的财务数据来源于 CSMAR 数据库，同时以 CSMAR 数据库披露的实际控制人简介及个人特征为基础，笔者手工收集和整理了 2016—2017 年实际控制人籍贯等数据。将社会责任数据、实际控制人信息数据以及有关财务数据合并，在删掉缺失年份的数据后，总共得到 39 家侨商企业的数据。

4.1.4.3 变量定义

(1) 因变量。

本研究的因变量为社会责任贡献率，参照宋建波（2010）、沈洪涛（2011）等的研究，以社会责任贡献率来衡量企业为社会或公众创造的价值，结合现金流量表衡量企业的社会责任相对水平。社会责任贡献率的得分越高，说明企业的社会责任履行得越好。

（2）自变量。

本研究采用乡土情结作为自变量。乡土情结用两个自变量进行衡量。如果侨商企业的公司注册地位于侨乡（广东省佛山市、江门市、中山市），则赋值为1，否则赋值为0，用变量符号QSQY1来表示。如果侨商企业的公司注册地位于实际控制人的籍贯地，则赋值为1，否则赋值为0，用变量符号QSQY2来表示。

（3）控制变量。

根据前人对社会责任的影响因素的研究，主要选取公司的财务杠杆、盈利能力、发展能力、公司规模等作为控制变量。变量解释如表4-8所示。

表4-8 变量解释

变量性质	变量名称	变量符号	解释
被解释变量	社会责任贡献率	CSR	企业社会责任相对水平，等于（支付的各项税费-收到的税费返还+分配股利、利润或偿付利息支付的现金+支付给职工以及为职工支付的现金+捐赠+赞助支出）÷平均总资产
解释变量	乡土情结	QSQY1	侨商企业的公司注册地位于侨乡，则赋值为1，否则赋值为0
		QSQY2	侨商企业的公司注册地位于实际控制人的籍贯地，则赋值为1，否则赋值为0
控制变量	公司规模	SIZE	年末总资产的自然对数
	财务杠杆	LEV	资产负债率
	盈利能力	ROA	总资产收益率
	成长性	GROWTH	营业收入增长率

4.1.4.4 模型构建与应用

关于乡土情结与社会责任关系的检验，构建模型如公式（4-3）所示：

$$CSR_{i,t}=\partial_0+\partial_1 QSQY_{i,t}+\partial_2 Control_{i,t}+\varepsilon_{1i,t} \tag{4-3}$$

对模型中QSQY的系数∂_1进行显著性检验，检验结果如表4-9所示。由表4-9可以看出，自变量乡土情结对因变量社会责任存在显著的影响。自变量QSQY1在5%的显著性水平上显著，且系数0.047为正，即如果侨商企业的注册地位于侨乡，则侨商企业的社会责任贡献率平均提高 4.47%。自变量 QSQY2 在 5%的显著性水平上显著，且系数 0.025 为正，即如果侨商企业的注册地位于企业实际控制人的籍贯地，则侨商企业的社会责任贡献率平均提高 2.5%。以上结果表明，乡土情结确实对侨商企业的社会责任的履行情况有影响，且存在促进作用。

表 4-9 显著性检验结果

	(1)	(2)
	CSR	CSR
QSQY1	0.047 (2.24)	
QSQY2		0.025 (2.84)
LEV		0.01 (0.33)
ROA		0.14 (1.36)
GROWTH		(0.01) (-0.48)
SIZE		(0.01) (-1.48)
CONS	0.070 (7.00)	0.320 (1.75)
N	69.00	69.00
adj. R. sq	0.07	0.27

数据来源：笔者自行回归计算得到。

4.1.5 乡土情结对企业社会责任的影响：问卷分析

侨商企业在我国改革开放 40 年的经济建设中起到了巨大的经济推动作用，在互联网全球化的时代背景下，在我国“一带一路”大战略引领下，侨商企业仍将继续发挥在经济建设中的重要推动作用。同时，在我国产业结构升级转型的大背景下，侨商企业也迎来了新的发展机遇。为调查侨商企业近年来社会责任履行情况，以问卷调查形式进行了考察（见表 4-10）。根据回收的问卷结果，选择 17 家非上市侨商企业进行研究，从以下方面进行有关分析：

第一，社会责任履行情况。企业社会责任的履行主要表现在积极参与公益慈善活动、以顾客为导向生产和服务、重视和保障员工合法权益、保质保量完成订单、承担起经济责任以及努力做好环境保护工作。大部分侨商企业都做到了前四项工作，但是对环境保护这项工作，40%左右的企业都存在不同程度的环保漏洞。中国把“保护环境”作为基本国策，现在党和国家不断强调“绿水青山就是金山银山”，所以在华的侨商企业应该增强其环保意识，避免阻碍自身的发展。

第二，侨商企业拥有社会资本情况。大部分企业会与当地政府有良性的互动与沟通，与同行企业也能做到及时沟通、信息共享以及参与行业或者商业协会，丰富了侨商企业自身的社交网络。

第三，实际控制人乡土情结表现情况。表 4-10 为 15 家侨商企业乡土情结表现情况，结合表 4-11，可以看到超过 60%以上的侨商企业实质控制人存在不同程度的乡土情结，这体现了侨商企业的“思归”之心。乡土情结对于侨商企业的社会资本储备是非常重要的，一是有利于当地政府良好关系的建立；二是有助于获得“同乡同根”投资者的信任；三是与中国国内的企业进行友好的协商对话和合作。而且，乡土情结对侨商企业社会责任的履行具有重大意义，不可忽视“乡土情结”这一文化因素。

表 4-10 侨商企业社会责任与社会资本调查问卷

公司名称		
社会责任履行情况调查（请在是或否相应栏处打“√”）	是	否
公益慈善		
1. 向慈善机构、公益活动捐赠		
2. 举办或合办过慈善、公益活动		
3. 鼓励员工积极参加公益慈善活动		
4. 参加公益组织或协会		
5. 提倡公益精神、参与公益宣传		
顾客导向		
1. 不做虚假广告，信息公开		
2. 提供清楚而准确的产品信息，并进行标注		

续表

公司名称		
3. 获得 ISO 9001 质量认证体系		
把顾客满意度作为企业绩效指标之一		
提供通畅便利的渠道接受并处理顾客投诉		
员工层面		
1. 是否重视员工培训且不断加大投入力度		
2. 企业是否有工会		
3. 员工是否有三险（养老、医疗、工伤）		
4. 给员工发放慰问金或慰问品，提供合理带薪休假		
5. 提升员工安全意识，进行生产安全检查		
经济责任		
1. 为促进国家与地方经济发展做贡献		
2. 明确提出了创造社会财富的目标		
3. 高效率地为社会提供有价值的产品与服务		
4. 制定促进地方就业的相关政策		
5. 拥有研发机构及研发人员，开展创新活动		
环境保护		
1. 设有专门的环境保护部门		
2. 获得 ISO 14000 认证		
3. 主动定期公布企业的环境信息		
4. 为达到环保标准而进行额外投资		
5. 积极开发节能环保产品、使用节能设备		
企业拥有社会资本情况调查（请在是或否相应栏处打“√”）	是	否
纵向关系		
1. 企业董事长或总经理是否担任人大代表、政协委员或政府顾问		
2. 就涉及企业的问题与当地政府对话或讨论		
3. 企业董事长或总经理以前是否在政府部门工作过		
4. 政府督导有利于企业提升和发展		

续表

公司名称		
横向联系		
1. 企业董事长和总经理以前在不同行业的其他公司工作过		
2. 存在企业间互相借贷		
3. 与同行业企业积极沟通、信息共享		
社会网络		
1. 是否参加过行业或商业协会		
2. 能从银行或非银行金融机构贷款		
3. 能从朋友和亲戚处借钱		
乡土情结		
1. 实际控制人是否参加过“同乡会”或“家乡联谊”活动		
2. 与家乡人见面时，实际控制人是否经常使用“家乡方言”		
3. 实际控制人回国创办企业是否考虑过将注册地放在“家乡”		
4. 在日常生活中，实际控制人是否保留较多的“家乡习俗”		

表 4-11 侨商企业乡土情结评价情况

公司名称	乡土情结 1	乡土情结 2	乡土情结 3	乡土情结 4	CSR
惠州光弘科技	√	√	×	×	—
深圳华侨医院	√	√	√	√	—
佛山金葵子植物营养	√	√	√	√	—
江门澳新食品	×	×	×	×	—
江门鹤山北丰	×	×	×	×	—
梅州广福建材精化	√	√	√	√	0.3050
佛山艾科技术	—	—	—	—	0.2646
珠海惠威科技	—	—	—	—	0.2200
江门鹤山雅图仕印刷	√	×	√	√	0.2086

续表

公司名称	乡土情结 1	乡土情结 2	乡土情结 3	乡土情结 4	CSR
佛山山湖电器	√	√	√	√	0.1623
江门谦信化工	—	—	—	—	0.0941
广州盛世传媒	√	√	×	×	0.0440
清远顺城拍卖	√	×	√	×	0.0135
广州科玛生物科技	√	√	√	√	0.0074
江门亚太森博纸业	√	√	×	×	—

注：乡土情结 1：实际控制人是否参加过“同乡会”或“家乡联谊”活动；乡土情结 2：与家乡人见面时，实际控制人是否经常使用“家乡方言”；乡土情结 3：实际控制人回国创办企业是否考虑过将注册地放在“家乡”；乡土情结 4：在日常生活中，实际控制人是否保留较多的“家乡习俗”。

4.2 广东省侨商企业社会责任履行的典型案例

为进一步研究侨企实质控制人的“乡土情结”与企业社会责任履行情况之间的关系，在传统污染大户：造纸业、印刷业、服装业和化妆品 4 个行业中，选择 4 家具有代表性的企业进行详细研究。主要从企业的股东责任、员工责任、供应商、客户和消费者权益责任以及社会责任等方面进行分析，并结合相关事例深入研究。

4.2.1 亚太森博（广东）纸业有限公司社会责任评价

4.2.1.1 亚太森博简介

亚太森博（广东）纸业有限公司成立于 2002 年，是新加坡金鹰集团旗下亚太森博集团全资公司，主要从事文化用纸的生产和销售，年产 90 万～100 万吨高档文化用纸，是中国华南地区最大的高档文化纸生产商之一。

新加坡金鹰国际集团（RGEI）创立于 1967 年，现已发展成一家重要的跨国工业集团。总资产达 80 亿美元，员工约 5 万多人，旗下企业和公司遍及新加坡、印度尼西亚、中国内地和中国香港以及菲律宾、马来西亚和巴西。新加坡金鹰国际集团业务发展卓尔不凡。集团最初从事为石油和天然气工业服务的建筑施工和基础设施的建设，如今发展到以资源为基础的多种产业。集团现在经营制浆厂和造纸厂、纤维素纤维与特种浆厂、棕榈油提炼厂及精炼厂、发电厂、化工厂以及气田、煤矿，同时也从事港口、道路、商用楼和住宅等基建工程的建设。集团恪守以世界一流设备生产世界一流产品的准则，一如既往地致力于实现可持续发展，使股东、合资伙伴、员工和其他利益相关者都分享到集团的丰硕成果，并且对亚太地区的经济和社会发展做出应有的贡献。新加坡金鹰国际集团兼备三种资源，即丰富的自然资源、先进的技术资源和优秀的人才资源。

第一，自然资源。首先是土地资源，集团以直接拥有或与他人合资经营的方式，享有2000多万亩人造再生森林和300万亩农业种植园特许领地。在印度尼西亚、巴西拥有并经营着世界规模最大的速生丰产林基地，已形成一整套完善的速生林栽培、种植和管理体系，主要栽种用于制浆的桉树、相思树和适合本地生长的其他树种，而农业种植园则主要用于培育棕榈树。

第二，技术资源。采取行之有效的方法，采用先进的技术和发明创造，并将其付诸实施，成为公司长期发展的基石。公司始终不渝地在全球范围内建立战略合作联盟，与国际合作伙伴携手并进。

第三，人才资源。公司借鉴和运用来自世界各地专业人士的专业技能和实际经验，外籍员工将他们的技能和经验传授给本地员工，本地员工再用学到的知识在亚太地区内的各个国家扩展新的人才资源储备。

集团多元化发展，使其实现可持续发展；确保下属企业在所参与的市场竞争中有卓越表现；为各相关利益方争取最高回报的同时，也为本地和区域的社会和经济发展做出贡献；以高新技术、产业知识、优质资产、完备网络以及人力资源为基础创造价值是新加坡金鹰国际集团及旗下众多公司和分支机构肩负的共同使命。新加坡金鹰国际集团认为作为一家资源型企业，要实现企业可持续发展，就必须创造一个有益于当地社区发展的商业和生态环境，公司不但公开承诺保护自己管辖内的自然和社会资源，还在数十年的实践中切实履行、大胆尝试，摸索出了一条适合自己企业的可持续发展之路。利民、利国、利业是公司40年持续经营坚持的原则。

亚太森博（广东）纸业有限公司地处江门新会银洲湖纸业基地，面朝入海口，背靠珠江三角洲发达的陆路交通，毗邻广州、珠海及港澳机场。海、陆、空交通网完善，区位优势突出（图 4-3 为公司正门图片）。公司从欧洲引进先进的造纸设备，纸机产纸速度每分钟达到 1800 米，是世界最快的纸机之一。纸机配置有 DCS 和 QCS 在线检测系统，确保产品品质稳定。采用德国产全自动切纸机，从原纸上机裁切到令包装、堆叠、箱打包、成品码放栈板，再到 PE 膜防护捆绑，整个过程实现全自动化操作。公司投资 1500 万元建立中央实验室，是目前造纸行业检测设备配置最齐全、最先进的专业实验室之一，为产品质量的可靠性保驾护航。生产工厂配套有码头、原水处理厂、污水处理厂，为高效平稳生产提供稳定的保障。公司配有交通运输车队，转运车、叉车、集装箱正面吊等构成强大的交通服务团队，确保来料顺畅和交货及时。公司会聚了世界各地高端管理人才和国内造纸行业顶尖的生产和技术团队，为企业高效稳定运营提供强有力的支持。

图 4-3 亚太森博（广东）纸业有限公司

集团“百旺”品牌高档复印纸经过 30 多年的努力，已获得了全球客户的认可，目前行销全球 70 多个国家和地区，成为全球办公室最受欢迎的办公用纸，亚太森博高档复印纸连年雄踞中国市场占有率第一的位置。20 世纪 90 年代，“科技、环保、国际化”的“百旺”品牌办公用纸被引入国内市场，为应对客户对高速大批量打印及更高性价比产品的需求，陆续增加推出了包括“高品乐”“至冠”“百顺”“印爽”“亮丽”“全通”“雅文”“战斗金刚”“拷贝可乐”“一品绿”等品牌的文化办公用纸。同时为满足印刷出版用户对高档文化印刷用纸的需求，“百旺”“品旺”等品牌的高档双胶纸也同期推出，迅速占据了高档印刷用纸的市场地位。未来，集团计划把新会工厂打造成一个产品种类多样化、配套功能齐全的纸业生产基地，用“科技、环保、国际化”的产品，为世界多彩生活再添浓重一笔。

4.2.1.2 员工责任

亚太森博是一家极其重视人才、培养人才的公司，而且有着系统性的培养机制。总公司金鹰集团在2018年启动阿波罗计划，旨在全球范围内进行人才识别、人才轮换、人才培养。加大人才培育力度，特别是中层人员的内部提拔，以满足集团快速发展的人才需求，不让任何一名员工掉队。厘清关键岗位并对每个关键岗位至少培养2名继任者。建立“Fibre Group”，对集团下各业务集团进行充分整合，形成人才识别、轮换、培训一体化体系。为了践行社会主义核心价值观，根据公司业务的需求，回顾未来发展计划，公司对人才的培养提出新的要求。

亚太森博（广东）推出了相应的轮岗计划，并支援了印度尼西亚、马来西亚、中国江西等兄弟公司的建设。

印度尼西亚。公司委派了5名机械、电气专业的基层员工到印度尼西亚进行轮换工作。他们拥有丰富的一线基层实操经验，熟悉机械设备的运行。他们利用自身的技术支援了印度尼西亚的公司，同时也收获了语言技能和国外公司的管理及技术经验。项目部调动了3名在纸机、机械、管道方面富有经验的工程师到印度尼西亚PAK参与年产值25万吨的项目建设。

中国江西。亚太森博（广东）原项目的70人团队，在项目建设期间一直都非常重视人才培养，现项目团队的大部分员工调动到江西九江项目，已经完成了SJJ二期16万吨工程建设，现在投入到SCN一期25万吨的建设中，该项目共有四期。

马来西亚。调动1名管理层人员到马来西亚担任22万吨新闻纸厂的项目总经理，该管理人员从亚太森博（广东）的一名生产经理做到运行副总，然后到现在担任国外纸厂的总经理。这是公司人才培养的杰出代表，公司培养出来的人才不仅造福了中国的造纸产业，还支援了马来西亚的造纸产业。

这些培养出来的国际化造纸人才，给相应的国家、地区、人文带来了利好的影响。同时为中国的造纸事业“走出去、引进来”创造了条件。公司在国际化人才培养上不遗余力，这些人才不仅支撑了公司的业务发展还为社会提供了优秀的复合人才。这恰恰是践行社会主义核心价值观的表现。亚太森博（广东）在努力培养人才的同时，也为社会做出了不可忽视的贡献。

公司除了轮岗计划还十分重视人才的内部培养，培养出一批熟知行业、专业敬业的职业经理人。公司完善的培训体系全方位保障员工的成长进步，如公司每年选派管理人员到复旦大学参加 MDP（Management Development Program）培训，此为金鹰集团与复旦大学管理学院合作组织的管理发展课程，为管理人员的发展保驾护航，使员工与公司同步发展。

不仅公司对员工负责，员工对公司也是尽职尽责，每名员工都具有主人翁精神。有的员工充分利用业余休息时间，积极学习本岗位知识技能，不断提高自己分析问题和解决问题的能力。还有的员工工作中对自己严格要求，不放过工作中任何细小的问题，即使是生病也坚持工作，严格把控每一个环节，保证产品最终的合格。可以说，生产阶段每一个需求的实现，每一个环节的完成，每一个岗位上的操作，到最终产品的产出，都凝结了员工的心血。员工们对公司的无私奉献恰恰也反映出对公司的信任和满意，只有公司在所有方面都做到了“员工满意”，才会形成如此良好的“主人翁”工作氛围。

4.2.1.3　供应商、客户和消费者权益责任

亚太森博（广东）（以下简称亚太）十分重视与供应商、客户和消费者之间的事业伙伴关系，针对客户的高品质要求，公司一直持续改善，力求做到尽善尽美，努力做到超过事业伙伴的预期。例如，为确保做到 500 张/令纸，通过增加人员替补、点数次数和复查等方式叠加作业，确保准确率；为提高产品堆叠质量以及提高装载量，为客户节省运输成本，经过两年多不断试验、计算后，改善堆叠方式；为了 A5 人工包装纸箱上的喷码更清晰，方便产品信息追踪查询，纸箱工艺由“油墨盖章”提升为“激光喷码”等。

J 公司是业内一家对品质有着高标准要求的企业。2018 年 5 月，J 公司团队到亚太一线生产车间参观，参观后对公司的产品提出了更高层次的要求。了解到客户的需求后，公司团队没有一刻懈怠，以生产为主导，联合各部门，

对方案进行多次现场讨论，攻克技术难关，最终取得一系列的改善成果。如在 A5 产品纸箱工艺上由“油墨盖章”提升为“激光喷码”、优化栈板堆叠方式，以及人工包装增设激光辅助实现准确定位等。2018 年 6 月，J 公司再次回访时，见证了亚太的努力以及改善成果，被亚太所做出的努力以及精益求精、不懈追求的精神而感动，当场取消了第 3 次的来访计划，并表示对亚太的管理和产品质量非常有信心。随后还寄来感谢信，表达了对亚太生产工作的高度认可，希望与亚太长期深度合作，并将所有产品交给亚太生产。

对于每天生产超过 100 万包（20 万箱）的复印纸，单凭人工肉眼检查，难以避免品质问题。虽然混货情况在其他工厂也有发生，但亚太并没有抱着随大溜的态度，而是想办法改善，杜绝混货现象，从而赢得客户的认可。经过多次会议讨论，集思广益，决定用智能 AI 识别系统检测代替人工检测，从根本上杜绝了防混货现象的出现。以生产部为主联合各部门加班加点通力合作。通过半年的设备开发、信息收集、测试数据对比等，总计投入 55 万元费用，最终开发出纸箱智能 AI 识别检测系统。量身定做的新检测设备，犹如在生产线上装了智能的鹰眼，成功杜绝了错误的纸箱进入生产设备，进一步提升了产品质量。自 2016 年该系统上线以来，没有再发生一起混货投诉，大大提升了客户对亚太的满意度和信任度，提升交易效果及效率。在随后客户参观考察过程中，对投入的智能 AI 识别检测系统给予了高度认可。

为了培养浆纸销售的专业人才，为客户提供增值服务，增加客户的专业知识，亚太森博于 2017 年 8 月成立纸张学院，是一所以纸浆、印刷为教授重点的专业性学院。学院以 3~4 天的培训课程为一期，每年定期举办，自成功举办第一届活动以来，备受学员好评。培训课程主要围绕纸张和印刷两大主题，内容包括：浆纸市场最新资讯、纸张的制造流程及工艺、纸张的特性及技术指标、常见印刷用纸分类、文化用纸常见的主要印刷方法、胶印常见问题的原因及简单的排除方法等。为此，市场部邀请了亚太森博各领域的精英来担任培训讲师，制订了详尽的培训计划，确保各学员能学到既专业而又实用的浆纸相关知识。

在一次发货过程中，亚太的仓库人员发现客户提供的集装箱底板已经损坏。按照装箱标准，这样的柜子如果装货，是有一定运输危险的，装货时叉车驶入集装箱，有进一步损坏集装箱的风险，同时货物也有被损坏的可能。虽然集装箱不是亚太的，亚太可以选择不装箱，但是为了帮助客户，亚太主动进行修复。最后，亚太还提醒客户在卸货时要注意，避免叉车压上再次塌陷。亚太时时刻刻为客户着想，这点也让客户深受感动。

从 2015 年下半年开始，亚太发往湖南的订单越来越多。但是，客户的存储能力并没有随货量的增加而增加，经常发生货物送到客户处但无法进仓的现象，产生大量押车费用。亚太尝试寻找解决方案：要求客户多租仓库，提升仓储能力，但由于成本问题，客户不同意新租仓库；与销售协调生产，试图做到每月均衡发货，进而让客户按时收货。但纸机排产问题，不能实现；物流部协调物流公司，尝试增加在途运输时间，做到均衡到货。但工厂集中在中下旬发货，这个办法也行不通。最后亚太决定引进汽铁联运解决客户收货难题。原来的汽运方式，从亚太工厂到客户要经过 2 天时间，而汽铁联运方式，是先采用汽运从亚太工厂到广州场站经过 1 天，再采用铁运从广州场站到长沙场站经过 5 天，再转到自有仓经过 1 天，在自有仓短存 7 天后转到客户处。据统计，2017 年汽铁联运与汽运比较，平均节约 100 元/吨，亚太共节约 74 万元，为客户节约 296 万元；2018 年上半年，亚太节约 17 万元，为客户节约 210 万元，真正做到客户满意，实现共赢。

2017 年 9 月物流部突然接到销售电话，厦门 VIP 客户临时加单。需紧急送 1 个集装箱复印纸过去。由于这位客户是厦门市政府办公用品的供应商，如果不能按时到货，不仅会影响客户与政府部门的合同，而且对政府将要举行的重要会议有重大影响。厦门订单一般都是海运，时间很紧急。为了不耽误客户与政府部门的合作，物流部迅速召开简短会议，部署应对策略。会议要求先以此紧急订单为当日首要工作重心。当天恰好有海运前往福建的订单，物流仓库迅速安排装货，把货物送至码头。但是，到了当日下午两点多，物流部收到信息，海运路线上发生撞船意外，当天无法再执行海运工作。物流部立刻进行重新部署，时间十分紧迫，集装箱必须早上六点之前进入厦门市区，否则早上六点到晚上十点这段时间，外来车辆是禁止进入内岛区的。物流部同时向三家物流公司发出订单调配车辆进行陆运。另外，物流部通知司机把货物从码头拉到工厂。下午四点多，终于找到配车。物流部将车牌号码录入车辆系统白名单。车辆到门岗报道直接放行，仓库马上安排发货。物流经理和仓库经理现场指挥装货，完成装车已到下午六点多。仓库人员立刻指挥司机进行盖雨布准备顺利出厂。为保证货物能够顺利到达，物流部叮嘱物流公司，要求司机连夜兼程赶至厦门。最终，次日早上五点十分集装箱进入内岛区，六点到达客户处，八点客户上班开始卸货，九点卸货完成。这个事件可以体现出亚太森博对于客户是极其重视和负责的。

亚太森博从2016年起组建招投标专业团队，通过带头发起投标、制作招投标指南、实地/电话指导、现场培训等方式，帮助下游客户学习并转化为合格的政府采购协议供货商。中央政府采购是全国采购规模最大、覆盖范围最广的政府采购项目，2017年底，亚太森博合作品牌协议供货商已达59家，京外地区协议供货商约40家；截至2018年6月30日，亚太森博协议供货商数量上升至122家，其中京外地区95家，协议供货量也实现了350%的同比增长。亚太森博复印纸产品在中央政府采购占有率超过53%。政府采购及招标业务的有力实施，既为客户解决了业务转型的困难，也为其实现了业务增长、服务增值，双方达成了共赢。此新进业务项目给下游客户带来了业绩增长，2017年实现了6147吨，2018年上半年已突破万吨。

在量化评价亚太森博（广东）供应商、客户和消费者权益责任方面，企业的研发创新能力是维系客户及消费者关系的基础，只有产品不断推陈出新，才能适应多变的市场需求。而企业只有拥有良好的发展前景，才可以保障与事业伙伴的长久合作，实现共赢。基于数据可获得性、可靠性、准确性及合理性原则，选取2015—2018年的营业收入增长率、本期所获专利数和研发支出增长率为评价指标进行评价，结果如表4-12和表4-13所示。

表 4-12 亚太森博（广东）营业收入增长率与行业均值差值

项目	2015 年	2016 年	2017 年	2018 年
营业收入（万元）	208349. 59	230152. 39	421912. 00	578900. 00
营业收入增长率	—	10. 46%	83. 32%	37. 21%
行业均值（万元）	494176. 94	559630. 25	728040. 51	794188. 09
行业增长率	—	13. 24%	30. 09%	9. 09%
差值（万元）	—	-2. 78%	53. 23%	28. 12%

表 4-13 亚太森博（广东）研发支出增长率与行业均值差值

项目	2015 年	2016 年	2017 年	2018 年
研发支出（万元）	7029. 57	7207. 46	13901. 77	19655. 00
研发支出增长率	—	2. 53%	92. 88%	41. 38%
本期获得专利数（项）	2	1	4	2
行业均值（万元）	13761. 38	14637. 79	19998. 53	21163. 48
行业增长率	—	6. 37%	36. 62%	5. 83%
差值（万元）	—	-3. 84%	56. 26%	35. 56%

从表 4-12 和表 4-13 中可以看出，在营业收入增长方面，亚太森博（广东）和行业营业收入在这 4 年都呈增长趋势，且增长率的变化趋势也相同，说明亚太的经营状况与市场环境相吻合。虽然亚太的营业收入一直低于行业均值，但它的营业收入增长率水平一直高于行业均值，基于此，本研究认为亚太在未来 5 年内营业收入将赶超行业均值。在研发投入方面，亚太每年均增加研发投入且在 2018 年已接近行业均值，每年都成功申请专利，说明亚太的研发能力很强且公司注重研发。综上所述，亚太森博（广东）具有良好的发展前景，研发创新能力强，在供应商、客户和消费者权益责任方面表现良好。

4.2.1.4 社会责任

（1）环保责任。

新加坡金鹰国际集团主席陈江和是一名可持续发展的倡导者，在同样属于发展中国家的印度尼西亚，陈江和是最早提出可持续发展理念的企业家。在中国，他也继续倡导“可持续发展”。此前，在印度尼西亚林木资源的开发上，金鹰采取了边伐边种的可持续林业管理方法，每采伐一棵树就种植一棵苗。此外，亚太资源还自创并推行了“镶嵌式”种植模式，即在自己特许开发的授让土地上保留至少20%的土地，用来保护生物多样性及种植园地貌的生态与社会价值。在镶嵌式种植理念的引导下，种植园被设计成一个融合纤维种植园、森林保护区及当地社区的联合体，这样既保护了周边的生态，提高老百姓的经济收入，还可以有效地降低非法砍伐和火耕。这一计划也被亚洲管理协会（Asian Institute of Management）企业社会责任中心评选为2005年度亚洲企业社会责任大奖环境类亚军。

很多理念并不是天生的，而是不断成长的。关于“保护动物重要还是人吃饭重要”的问题，通过金鹰这些年的发展，陈江和也找到了现今的答案，就是各方要一起合作。只有企业解决了当地的贫困问题，环境也才真正得到保护。如果不能解决贫困问题，那么就算今天保护了树，明天也还会有因贫困而砍树的情况。在陈江和眼中，企业首先要以人为本，让老百姓生活好起来；其次企业要节省地利用资源；最后就是回馈社会。只有环境、资源、人都和谐了，企业才会有持续的发展。“然而一些企业急功近利，想以最低的投资成本，在最短时间获得最高的收益，因而出现了很多的污染问题。”所谓环境污染，就是在运转一个生产线时，把原料、产品等通过大气等排放掉，这些都是资源浪费。如果设计合理方案，将这些通过大气等排放掉的原料进行回收，如此一来，原料不但没有损失，成本也降低了。不过要想使环保效益达到最大化，还需要大规模。陈江和认为双赢的路线才是可持续发展路线。在印度尼西亚，陈江和还通过与环保组织的合作来共同推进企业的环保，履行企业的社会责任。而在中国的发展中，他们也会倾听环保组织的建议，不断改进。

陈江和的环保可持续发展理念深入旗下每一家公司，受其影响，亚太森博（广东）纸业有限公司坚持以严格的环保标准为基础，努力践行可持续发展。公司环保投入超过4亿元，从欧洲引进环保设备，处理污水水质指标远优于国内外标准，先后通过了ISO 14001环境管理体系、ISO 9001质量管理体系、OHSAS 18001职业健康和安全管理体系认证，获得了国际上林业和林产工业方面最权威和最具影响的 PEFC 森林产销监管链证书，是中国第一批获得 CFCC 和 PEFC 联合认证的企业。

亚太森博在环境保护方面，坚持节能减排，保护环境，引领绿色制浆造纸，为建设资源节约型、环境友好型的社会做出贡献，努力成为世界制浆造纸行业受人尊敬的领导者。中国造纸工业“十二五”在节能减排方面制定了约束性指标，实现吨浆纸平均综合能耗比“十一五”末降低 18%，平均取水量降低 18%，全行业化学需氧量排放总量下降 10%；生物质能源比例占全行业能源消费的 20%。公司将为实现这一目标做出自己的贡献。亚太森博积极推进环境管理体系和森林产销监管链的认证，致力于系统的环境管理和负责任的采购、生产和销售。亚太森博山东公司和广东公司均获得 ISO 质量、环境和职业健康管理体系认证。2012 年，广东公司获得了 PEFC 森林产销监管链的认证。亚太森博在环保方面进行了大量投入，旨在用最好的工艺、最先进的设备，做到节能减排，循环经济，把企业运营对环境的影响降到最低。亚太森博山东公司已完成一期、二期项目投资 150 亿元，环保投入达 39 亿元，占总投资的近 26%。亚太森博广东公司一期投资 50 亿元，环保投入 3.9 亿元，占总投资的 7.8%；通过环境管理、环保投入和可持续改善管理，亚太森博在“节能、降耗、减污、增效”方面取得显著效果。亚太森博山东公司的各项消耗、排放指标完全优于国家及山东省有关标准，多数指标还优于欧美、日本标准，成为产业升级、技术进步的领军企业，带领浆纸行业走向清洁生产。同时亚太森博还重视在学生中培养环保意识和责任，开展“环保大赛”等活动。

对于废水的处理及排放，亚太森博（广东）纸业有限公司配套建设污水处理站 1 座，设计处理规模为 30000 m^3/d，污水实际日均处理量约为 15000 m^3/d，生产废水和生活污水经过收集后，通过水泵排入污水处理站，经物化沉淀+A/O 生物氧化+二级沉淀处理后，排入银洲湖。废水处理流程如图 4-4 所示。

生活污水
盐酸
生活污水集水井
化水车间废水锅炉煤泥水
盐酸
应急池
N、P营养池(尿素和磷酸三钠)
生产污水
格栅
生产污水集水池
泵
斜网
快慢反应池
初沉池
调节池/事故池
冷却塔
一期缺氧池
二期缺氧池
浆料回收
带式压滤机
泵
浆池
PAC、PAM
污泥
浮渣池
工艺清水
清水池
板框压滤机
泵
调质池
污泥浓缩池
污泥回渣
一期 二沉池
一期 生化池
二期 二沉池
二期 生化池
深度处理高效滤池
巴氏计量槽(在线监控)
达标排放
废水管路
污水管路
药剂管路
滤液管路
浮渣管路

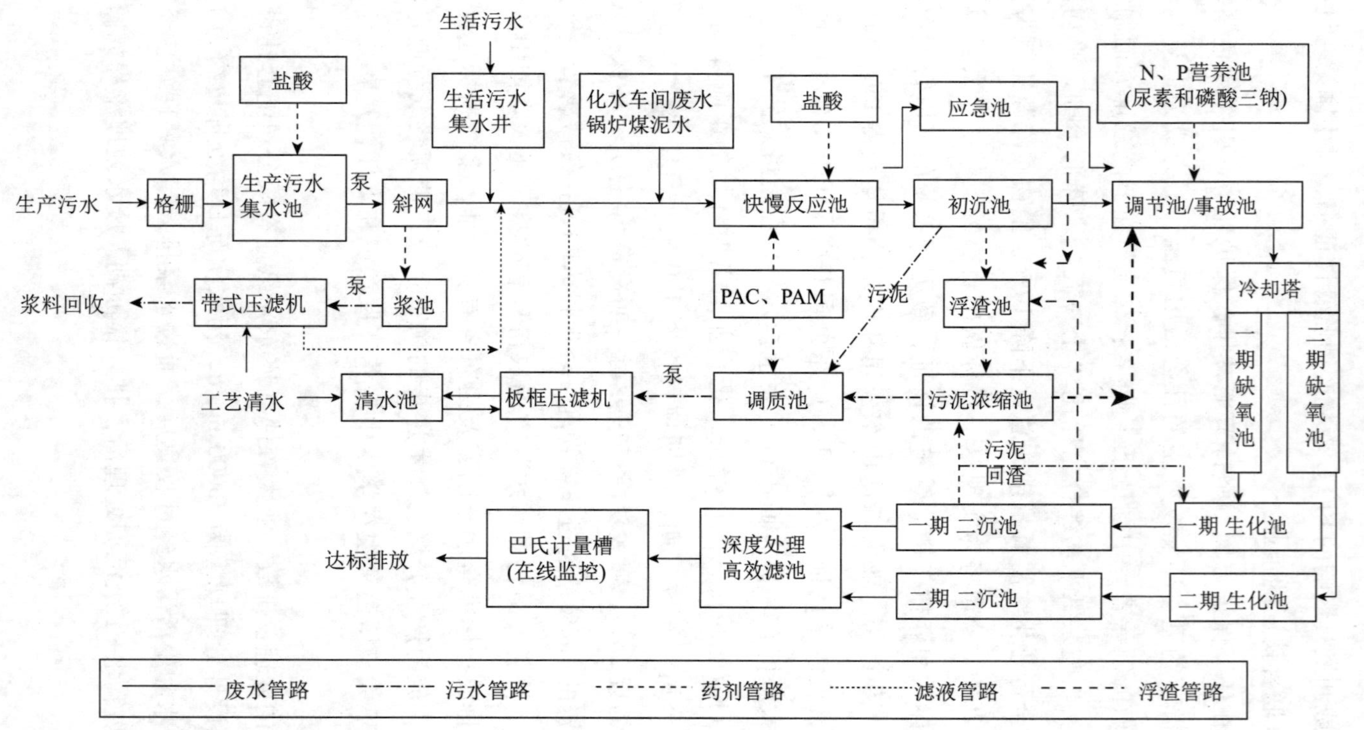

图4-4 废水处理流程

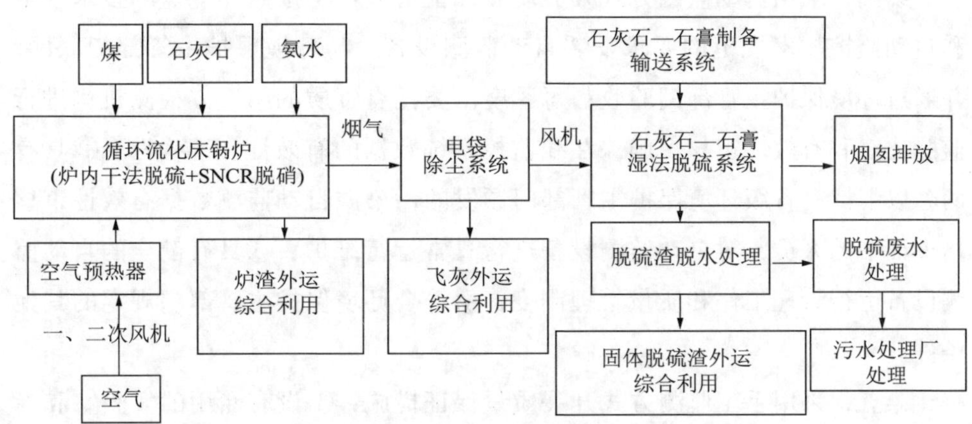

图 4-5　废气处理流程

对于烟气的处理及排放，亚太森博（广东）纸业有限公司配置 410 t/h 燃煤循环流化床锅炉 2 台（一备一用），每台锅炉各配置一套烟气治理设施。每套设施设计最大烟气处理量 454800 m^3/h。锅炉烟气采用炉内脱硫+SNCR 脱硝+静电布袋除尘+石灰石-石膏湿法脱硫的治理工艺，处理后烟气二氧化硫和氮氧化物排放浓度分别在 100 mg/m^3 以下，烟尘排放浓度在 20 mg/m^3 以下，烟气通过 180 米高烟囱进行达标排放。烟囱中配置有烟气在线监测设施，实时检测烟气量和各指标排放浓度。锅炉和治理设施运行中产生的粉煤灰、炉渣和脱硫石膏外卖给建材公司用于建材原材料，废气处理流程如图 4-5 所示。

在监测质量保证措施方面，为了保证自测数据的质量可靠，亚太森博制定了与环境监测相关的管理制度，对监测仪器、监测人员进行了规范的管理。且满足如下要求：

第一，监测过程严格按各项污染物监测方法和其他有关技术规范进行。

第二，监测所用计量仪器均经过计量部门检验合格并在有效期内使用。

第三，水样采集不少于 10%的平行样品；实验室分析过程加不少于 10%的平行样品；对可以得到标准样品或质量控制样品的项目，在分析的同时做 10%质控样品分析；对无标准样品或质控样品的项目，且可进行加标回收测试的，在分析的同时做 10%加标回收样品分析。

第四，采用自动监测方式开展质量保证措施：①按照环境监测技术规范和自动监控技术规范的要求安装自动监测设备，与环境保护主管部门联网，并通过环境保护主管部门验收；每季度由委托有资质的第三方检测机构进行监测比对和有效性审核，确保在线监控系统数据的有效性和准确性；②具有两名以上持有省级环境保护主管部门颁发的污染源自动监测数据有效性审核培训证书的人员，对自动监测设备进行日常运行维护；③具有健全的自动监测设备运行管理工作和质量管理制度；由符合环境保护主管部门规定的其他条件。

第五，采用手工监测方式开展质量保证措施：①设有专用的实验室和专职监测人员；②具有与监测本单位排放污染物相适应的采样、分析等专业设备、设施；③具有健全的环境监测工作和质量管理制度；④符合环境保护主管部门规定的其他条件。

第六，采用委托监测方式开展质量保证措施：选用委托经省级环境保护主管部门认定的社会检测机构或环境保护主管部门所属环境监测机构进行监测。

（2）公益慈善。

亚太森博深知，公司的生产活动可能给周边的社区和环境带来负面影响，但其坚信通过努力其一定能最大限度地减少这些负面影响，并为社区发展做出贡献。在社区发展方面，亚太森博坚持“教育、社区发展、扶贫救灾”的原则，目标是建立和谐社区。在社区捐建学校，为学生设立奖助学金，为优秀教师颁发奖励，通过直接捐赠或提供教学设备来加强社区学校的师资力量。

亚太森博把自己看作所在社区一个重要的组成部分。亚太森博致力于在发展业务的同时，带动并促进当地社会经济的发展，促进当地就业，造福社区百姓，这也是亚太森博“利民、利国、利业”经营理念的具体体现。亚太森博建立了社区走访制度，加强与周边社区的沟通。每月请社区代表到公司或公司员工进入社区进行座谈交流，了解社区需求，加强合作。根据社区的需求，制定社区发展项目。山东和广东公司都进行了社区参与和发展项目。

在社区发展上，亚太森博注重社区能力建设，提供经济援助和相关的技能培训，鼓励当地居民自主创业。集团根据工厂周边社区的实际需求，延伸产业链，大力扶持社区居民建立各类中小加工企业，使周边社区每年能从亚太产业链中创造可观产值，缓解当地就业压力。为帮助当地社区改善生活条件，集团出资兴建社区基础设施，如道路、供水供电设施。此外，还为社区提供医疗服务。

2018 年 3 月，亚太森博（广东）纸业有限公司联手新会区农林局、新会区旅游局、圭峰管委会、会城街道办事处、小鸟天堂国家湿地公园管理处、新会小鸟天堂旅游有限公司共同承办了以“爱鸟护鸟共响应，绿色环保齐参加”为主题的广东新会小鸟天堂国家湿地公园管理处揭牌仪式暨小鸟天堂第四届全国爱鸟周活动。来自江门地区的中小学生和家长、爱鸟护鸟志愿者等 300 余人参加了启动仪式，他们欣赏景区人鸟和谐共处美丽画卷的同时，共同学习爱鸟护鸟知识。亚太森博（广东）纸业有限公司不仅在活动前期为主办方提供支持及协助，而且在整个活动期间，都活跃着亚太森博（广东）志愿者们欢快的身影，除了一系列的科普宣传、创意涂鸦、寄语心愿墙、趣味飞行棋等活动外，整个活动最引人注目的就是亚太志愿者负责的“小小造纸家”的活动，活动中，志愿者向在场的游客介绍了简单的造纸工艺流程，并向参与造纸小游戏的“小小造纸家”耐心讲解了造纸小游戏的操作流程，参与者纷纷感叹原来造纸一点都不简单，碎纸、磨浆、压榨等一步都不能少，之后还能加上自己喜欢的图案，最后通过太阳能的“烘干”，一张自己造的纸就诞生了，通过自己的努力，了解一种新的工艺流程，并能变废为宝，将废纸造成一张全新的纸张，这是一项有意义的活动（活动照片如图 4-6 所示）。

图 4-6　爱鸟周活动

2018 年 6 月，亚太森博（广东）组织员工进行一年一度的无偿献血活动（活动现场如图 4-7 所示），此次献血活动公司共有近 60 名员工积极参与，自愿为社会奉献自己的一份爱心，人数之多、参与部门之广堪称历年之最，可见亚太森博（广东）员工对于公益的热情之高。献血的队伍中，既有长期坚持献血的爱心奉献者，也有第一次参加献血的新面孔；有一线运营工作人员，也有后勤行政管理人员；他们有人是从繁忙的工作中赶来，有人是才下夜班来不及洗漱匆忙赶来，更有人适逢轮休专程从家中赶来参加本次无偿献血活动。往年，公司同人都是先在公司集中，后再前往献血点献血。2018 年因为亚太森博（广东）献血者人数众多，更得益于公司一直与周边社区、机构良好互动所建立的和谐关系，新会区双水镇卫生院特别安排献血车到公司现场配合献血工作开展，以减少员工往返途中所花费的时间，更大大地调动了员工参与的积极性。从填表登记、测量血压到抽血化验，排队献血，全部工作开展得有条不紊，活动现场秩序井然，每名献血员工的脸上都洋溢着快乐的笑容，切身感受到了爱心奉献带来的温暖与幸福。在一片轻松而愉快的氛围中，大家完成了无偿献血这一光荣之举。可见，一家企业的公益慈善文化影响着企业的每一名员工。亚太森博（广东）已连续多年组织无偿献血，在全公司员工的通力合作下，这项工作有序开展，员工们表示，希望能尽自己的一小份力量，在关键时刻能够帮助到其他人，希望更多的人加入无偿献血队伍，把这份爱延续传承下去，用我们的微薄光亮照亮、温暖更多需要救助和帮助的人。身教胜于言传，这份正能量也在潜移默化中影响着周边的同事，献血队伍人数逐年上升，在公司内部的热度有增无减。

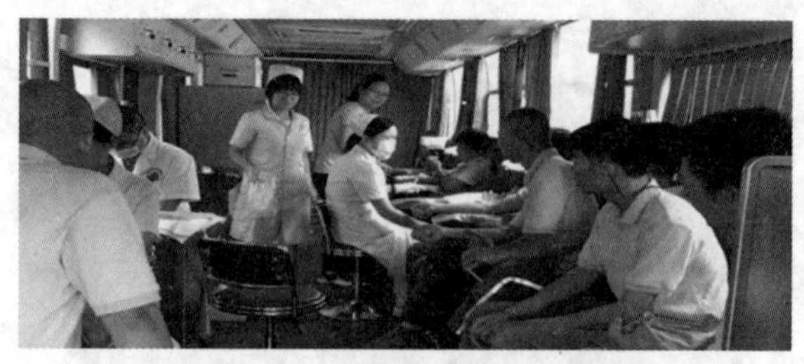

图 4-7　亚太森博员工无偿献血

“热血重铸生命，再现人间真情”，无偿献血既是一项社会公益活动，也是一项社会责任，倡导无偿献血既是拯救生命的需要，也是社会文明和进步的体现。亚太森博（广东）勇于承担社会责任，从未忘记对社会应尽的责任和义务，热心公益事业，积极参与无偿献血活动，体现了亚太森博（广东）员工高度的社会责任感。

2018 新会双水扶贫济困慈善筹款晚会上亚太森博（广东）纸业第一时间捐出 5 万元善款。“单一的力量虽然有限，但点点爱心汇聚成河，形成风尚，可以滋润每个人的心田。有钱出钱，有力出力，亚太森博（广东）为善不甘人后，希望能以此带动更多力量关注社区慈善事业”。总经理洪庆隆作为公司代表出席了当晚的慈善筹款活动。除了慈善拍卖仪式外，还进行了现场捐款、支票捐赠，亚太森博（广东）纸业公关副总何焕新代表公司进行捐赠及接受感谢状。

针对低保、五保、纯低收入户和重点优抚对象，每到春节、中秋、重阳等节庆日，亚太森博（广东）纸业有限公司都会联合双水镇民政部门组织各式各样的慰问活动，给他们带来社会关爱，至今已经 16 个年头；从 2010 年开始，每年都对沙路村和双水镇的学子们进行资助，直到他们大学毕业为止。在他们毕业后，适合公司用工条件的，优先录用；16 年来，亚太森博（广东）在发展的同时不忘带动周边经济发展，以实际行动履行社会责任。先后为梁华济学校添置教学设备、建立“亚太森博悦读角”、出资将沙路市场修葺一新、为村里修建道路、出资 150 万元修建沙路幼儿园等，亚太森博（广东）这个名字江门市群众都耳熟能详，这不仅因为是家门口的造纸旗舰，更因为乐善好施的慈善企业形象深入民心，对周边社区的发展可谓不遗余力。

4.2.1.5 实际控制人的乡土情结对社会责任履行的影响

新加坡金鹰国际集团主席陈江和，出生在印度尼西亚，祖籍福建莆田，是中国侨商会常务副会长。陈江和主席是一名著名的华商，热心于公益事业，2008 年陈江和被授予“中华慈善奖——最具爱心慈善捐赠个人”荣誉称号。2018 年 9 月 10 日，获得民政部第十届“中华慈善奖”。早年的创业经历让陈江和懂得干什么事都不能怕吃苦，同时，也让他有了“根”的意识。

陈江和主席曾说，虽然一直在海外打拼，但他还是中国人。中国人的命运与祖国的发展息息相关，只有祖国强大了，中国人自己才能挺起腰杆来做事。对于自己和中国、居住国的关系，陈江和先生曾经有一个非常形象的比喻：中国是自己的“生父”，血脉相连，源远流长；居住国是自己的“养父”，帮助自己学习成长，没齿难忘。

早在 2003 年 4 月，由港澳同胞、台湾同胞和海外华侨华人捐资共建北京奥运场馆的方案还未最终确定时，北京市侨务办公室就收到了从海外汇来的 150 万美元。这笔捐款就来自新加坡，来自陈江和先生。这是国家游泳中心收到的第一笔汇款，陈江和先生也因此成为北京 2008 年奥运会国家游泳中心第一位大笔捐资者。他还曾向北京市侨办领导表示：对于全球华人捐建奥运场馆的金额不要设最低捐赠额，捐款不在多少，每一分钱都表达了同胞心系祖国、支持奥运的深情厚意。在之后的 5 年里，陈江和支持北京奥运会的脚步没有停下，他先后累计捐资 500 万美元支持“水立方”建设。不仅如此，他对场馆的建设也非常关心，几年中，偕同家人多次参观建设中的“水立方”。作为一位海外华人，陈江和先生有着自己对北京奥运的理解：过去国力弱，我们被扣上“东亚病夫”的帽子，随着新中国一步步地发展，尤其是在改革开放之后，我们在经济、文化、体育等各方面都大踏步向前，国力空前增强。能够获得奥运会的主办权，是一种荣耀，更是世界对中国发展的肯定和认可。在谈到奥运会对北京乃至中国发展的影响时，陈先生语重心长地说：“中国需要这样一个契机，向世界呈现一个走在民族复兴道路上的大国形象，传递中国和谐与友谊的声音，展示中国人的精神风貌。作为中华儿女，海外华人无论身处何方，心中都有一种厚重的民族情结，对祖（籍）国的兴衰荣辱感同身受。”

陈江和先生先后为祖国做出许多贡献：1993 年 1 月，捐赠 388 万元人民币，支持福建省莆田第一医院惠妹门诊楼建设；1996 年 6 月，捐赠 200 万元人民币，支持江苏省淮阴 25 所农村小学翻建；2001 年 7 月，捐赠 50 万元人民币，支持江苏省侨务进修学校建设；2002 年 10 月，捐赠 300 万元人民币，支持福建省莆田第一医院惠妹外科医技大楼建设；2003 年 4 月，为支持北京

2008 奥运会，捐赠 300 万美元，作为奥运会比赛场馆的建设费用，是海外华人、港澳侨同胞中第一个为奥运捐资的个人；2003 年 5 月，为抗击非典，向中国卫生部捐赠 2000 万元人民币，向江苏省捐赠 500 万元人民币，向广东省捐赠 500 万元人民币，这是中国在抗“非典”疫情中收到的最大的一笔来自海外华侨华人的捐款；2004 年 3 月，在中国华侨经济文化基金会设“陈金荣文教基金”，其中，陈金荣文教专项基金 1000 万元人民币，用于在中西部地区兴办教育及助学。受中国华侨经济文化基金会监管的捐赠项目如下：2001 年 9 月，支持江苏省苏州大学陈金荣生命科学基础实验室 200 万元人民币；2001 年 9 月，支持江苏省苏州大学陈金荣生命科学青年英才奖励基金，800 万元人民币；2002 年 6 月，支持福建省莆田学院金荣综合楼建设 1000 万元人民币；向美国麻省理工学院的管理学院捐赠 100 万美元，作为资助清华大学、复旦大学、岭南大学的学者参加高级管理培训课程项目；2002 年 12 月，支持江西省井冈山文化广场建设 80 万元人民币；2003 年 3 月，支持福建省莆田濠浦小学金荣教学楼建设 88 万元人民币；2004 年 3 月，在西部地区捐建 5 所“陈金荣侨心小学”，共计 100 万元人民币；2004 年 7 月，为纪念邓小平同志 100 周年诞辰，向四川省广安中学捐赠 450 万元人民币作为该校“陈金荣图书馆”建设资金；2004 年 11 月，为弘扬妈祖文化、促进海内外文化交流，向“中华妈祖文化交流协会”捐赠 500 万元人民币；2005 年 6 月，为支持侨联倡导的“侨心工程”，在西藏、陕西等贫困地区捐建 15 所“陈金荣侨心小学”，共计 300 万元人民币，他是一次性捐建“侨心小学”最多的海外华人；2005 年 11 月，为支持西部大开发，向“温暖工程”首批捐赠 500 万元人民币，用于定向资助陕西省的职教扶贫工程；2005 年 11 月，为弘扬中国文化，支持华文教育事业，向中国华文教育基金会捐赠 300 万元人民币；2005 年 11 月，为支持江苏省慈善事业，向江苏慈善总会创始基金捐建 500 万元人民币；2006 年 4 月，为扶助江苏省内品学兼优的贫困大学生完成学业，向江苏省海外交流协会捐款 100 万元人民币，设立教育基金；捐资 134 万元人民币支持“侨心工程”，扶助 10 所学校的侨心工程项目，捐建 3 所“侨心小学”；2006 年 5 月，积极推进 NGO 和 ZF 合作的村级扶贫规划试点项目，向中国扶贫基金会捐资 65.8 万元人民币用于支持中国 NGO 组织能力建设；2006 年 8 月，广州梅州地区遭受台风袭击，集团向梅州灾区捐赠 80 万元人民币用于灾区重建工作；2006 年 9 月，向福建林业系统捐赠救灾款 200 万元人民币，扶助宁德、漳州、龙岩市农民灾后创建“平安家园、绿色家园、存富家园”工程；2006 年 12 月，为传承中华民族民间文化，推动海峡两岸艺术交流，捐赠 3000 万元人民币建设厦门小白鹭艺术中心；2007 年 1 月，为弘扬佛教文化，促进海内外文化交流，捐赠 500 万元人民币支持连云港海清寺大雄宝殿重建工作；为支持北京 2008 年奥运会，捐资 200 万美元用于奥运比赛场馆的建设；2007 年 9 月，为支持江苏教育事业发展，向南通海外教育基金会捐赠 30 万元人民币；为响应中国侨商企业协会“抗雪救灾，温暖行动”，捐赠 1000 万元人民币，其面向湖南、广东、江西、江苏四省。2008 年 1 月，为汶川地震灾区分三次捐款共计 1100 多万元人民币，累计捐赠额为 14865.8 万元人民币，600 万美元；莆田人论坛（社区）合计 19610.8 万元人民币；四川雅安芦山强烈地震，造成重大人员伤亡和财产损失。灾情牵动着海外侨胞的心，新加坡金鹰集团主席陈江和先生在第一时间表示，将通过国务院侨办“侨爱工程”向灾区捐赠 2000 万元人民币，用于抗震救灾。从这些贡献中更可以看出，陈江和先生有着很深的乡土情结，他认为“根”才是最重要的，努力为祖国做贡献。

4.2.1.6 案例小结

在拥有浓厚乡土情结的陈江和先生的领导下，亚太森博（广东）一直坚持高品质生产，高品质服务，对员工负责，对客户负责和对社会负责的理念。在员工责任方面，亚太森博极其重视人才，对于人才的培养有着系统性的培养机制；在事业伙伴方面，公司一直持续改善，务求做到尽善尽美，努力做到超过事业伙伴的预期；在社会责任方面，公司一贯坚持保护环境，为客户创造价值，实现利民、利国、利业的理念，不仅企业要继续践行这一理念，而且将这一理念通过各种渠道传扬出去，使更多人具有环保意识，不忘初心，砥砺前行，亚太森博致力于在发展业务的同时，带动并促进当地社会经济的发展，促进当地就业，造福社区百姓，这也是“利民、利国、利业”经营理念的具体体现。

4.2.2 鹤山雅图仕印刷有限公司社会责任评价

4.2.2.1 鹤山雅图仕简介

广东第一大江是一条名为西江的江水，在西江江畔的鹤山，有着好大一片黄蓝相间的建筑群，这就是中国知名印刷企业之一——鹤山雅图仕印刷有限公司（以下简称雅图仕）。鹤山雅图仕印刷有限公司不仅是国内的知名印刷企业，还是亚洲较大的印刷企业之一。雅图仕现拥有员工超过 1.8 万余人，占地面积 1000 亩地，累计投资额超过 18 亿元人民币。2010 年，其出口产值总额高达 24 亿元人民币。近年来，雅图仕荣获“全国百家明星侨资企业”“全国诚信印刷企业”“中国优秀企业公民”等殊荣，并成功建立“全国包装印刷标准化科研与技术推广基地”和“广东省印刷新材料及新技术工程技术研究开发中心”。

鹤山雅图仕印刷有限公司是一家港商独资企业，创办于 1991 年，经过多年的稳健经营，已发展成为全球较大的提供一条龙服务解决方案的印刷厂之一（图 4-8 和图 4-9 是 1992 年以及现在的雅图仕面貌，可以看出雅图仕发展之快）。与其他企业不大相同，雅图仕是一家“专业”而又“专心”的企业，它生产的产品以精装书、儿童益智书、立体书、文具用品、贺卡、包装用品以及纸盒等为主，远销欧洲、美洲、澳大利亚等世界各地。更重要的是，这些产品百分之百出口，十几年没有一分动摇。雅图仕一开始从中国香港地区过来，当时接的外单比较多，有一个好的基础。另外，欧美市场的生产成本很高，而且会逐年升高，而雅图仕的生产成本相对低，技术更新又很快，可以和国际接轨。因此雅图仕的境外订单增加得很快。正因为这几个因素叠加在一起，接外单就成了最适合雅图仕的发展之路。

图 4-8　1992 年的雅图仕　　　图 4-9　现在的雅图仕

多年来在发展海外市场方面，雅图仕总结出了自己的经验：首先，设立海外办事处。这样一方面可以更直接地和国外客户沟通，令公司与客户之间在接洽、接单、生产、交付等环节上更加顺畅；另一方面，亦有助于了解和把握消费者的喜好和文化，进而帮助客户进行准确的市场定位，令产品迎合消费者的需求。其次，为客户提供全方位解决问题的方案，并通过技术、创意、成本控制、流程优化等途径生产出质量好、外观吸引人、价格适宜且交货又及时的产品。最后，诚信守法经营，完善企业内部管理，并严格遵守国际标准及国家法律法规以符合客户行为守则评审的要求。对于企业的经营，雅图仕不仅重视管理模式及产品质量，还把诚信作为自己最重要的经营准则。

4.2.2.2　员工责任

“天地万物，唯人为贵”，这是中国哲学的人本思想，主要强调人贵于物。在雅图仕，“人”被认为是企业存在的基本元素，也是最大财富。雅图仕奉行人性化管理，追求个人与企业的互动、双向、全面、可持续发展，倡导尊重人、关心人、信任人、激励人的管理法则，无论对待职工、客户和合作伙伴，还是社区民众，都以关心、尊重、平等、理解的态度出发，从此构建幸福和谐的企业人文环境。在一般人看来中国企业之所以能在国际市场上打拼出一片天地，低廉的劳动力成本是一个重要因素。然而随着经济发展，劳动力成本不断增加成为一个必然的趋势，董事长冯广源先生认为劳动力成本在增加这是个事实，但是，他们的水平也在不断提高，只要企业能够培训员工，多给员工一些机会去发展，他们的效率、他们所能为企业创造的效益就会不断地提高。劳动力整体素质的提高比成本提高还要快。这同样是一种崭新的理念，雅图仕秉承“以人为本，持续成长”的价值观，坚持“以德为本，唯才是用”的用人理念，注重诚信、敬业、创造性及团队合作精神；贯彻“工作中培养，培养中提升”的培训理念，推行工作扩大化及丰富化，进行岗位轮换、培养多面手；力求“知人善用，用人所长”，以达至持续成长，共同进步。从系统化试用期管理到在职培训、E-learning 网络培训学院、读“100 本好书”活动，到高等学历教育及相关人才拓展计划，再到“利奥明星汇聚”等各种表彰计划，雅图仕致力于全方位地关注每一位职工的成长与发展。

为推动行业的发展，雅图仕联合武汉大学成功举办数届全国高校创意设计大赛，为业内发现并培养出诸多人才。在人才的培养方面，雅图仕可谓不遗余力，主要有以下几方面措施：

第一，联合办学。从 2000 年起，雅图仕先后与四川南充职业技术学院、江门五邑大学、武汉大学、北京印刷学院等建立校企合作关系。与职业学校、大学共同培育适合企业需要的各类人才如印刷技术人员、营业人员等。校企合作，重要在“互动”二字，利用企业的丰富资源为学校服务，利用学校的丰富资源为企业服务。一个本科生毕业了，他虽然有一定的知识和技能，但不一定了解雅图仕的企业文化，进入企业实习后，他可以了解企业的价值观；而员工去学校学习，也会宣传雅图仕的企业文化，这样才能做到企业与学校之间的互动双赢。

第二，自主培养。公司设立了人力资源及培训部，每年开设大量各类型的培训课程提升员工的工作技能。

第三，外部培养。公司鼓励并资助有潜质的员工参加外部培训课程。例如，资助员工报读武汉大学印刷工程专科、本科学历等。

冯广源先生认为，企业花大力气培养出来的人才如果离开企业，对企业而言并非是得不偿失。只要该人才还在业内从事与印刷相关的工作，对于整个印刷业就是一种帮助。虽然对于企业而言，会有一定程度上的损失。但若因如此，就不对人才进行培训，无疑是因噎废食。注重人才，不仅仅是培训人才。雅图仕同样注重凝聚职工的工作动力，创造“公平、公正、公开”的工作环境，一方面积极推行“平衡计分卡”制度使报酬与绩效挂钩，确保待遇公平；另一方面针对产品质量、工业安全等方面成立专门委员会，让更多的同事参与管理。雅图仕今天的成绩，是由雅图仕所有员工共同创造的，其中人才的贡献最大。不同类型的专业人才，如管理人才、技术人才为企业提升管理，创新技术、增强竞争力起到了举足轻重的作用。展望未来的发展，亦是更多地依赖于人才源源不断的培育。

作为具有鸿鹄之志的印刷巨人，雅图仕聚集了来自五湖四海的青年才俊，一直以来，雅图仕持续扩大企业规模、改善职工工作生活条件，以此营建一个富足、和睦、团结的大家庭。重视员工劳动安全。公司一直十分重视职工生命安全，为此，公司通过组织心理健康培训、EAP（员工心理援助项目）、消防演习、专业消防队伍等多种方式，保障职工生命安全。2014 年，公司聘请专业的高级心理咨询师成立心灵驿站，关爱员工的心理健康，促进员工工作生活双平衡。雅图仕以“让所有员工安居乐业”为目标愿景，引领着近两万名永不停步的利奥人，走向未来。雅图仕重视人才，培养人才，也爱护人才。在这里，每一名员工在事业上都有着更多的发展机会，在生活上也能幸福安乐。雅图仕投入巨资连片开发建设了服务于员工的生活小区——绿荫花园（见图 4-10），一座座环境优美的住宿小区堪比商业地产项目；可同时容纳万人就餐的超级饭堂，提供各种口味的饭菜满足员工需求；公司内部生活配套设施齐全，在这些宿舍附近不但有食堂、超市、银行，还有邮局和中国电信，不必出雅图仕社区大门便可解决生活上的一切需求。除此之外，公司还建立了设备完善的医疗室，对职工因病就医实行诊费全免，药费只收 30% 的政策。2001 年公司还组建了一支素质过硬、技术合格的专业消防队伍，现有消防员 20 名，配有消防车 3 台，全自动报警系统 1 套等硬件设施，成为鹤山市所有企业中第一家拥有自身专职消防队的企业，2006 年，耗资 800 万元兴建雅图仕消防综合大楼，进一步保障员工的安全。

图 4-10　绿荫花园

为丰富员工的业余生活，公司还建有运动场、图书室、电脑学习娱乐室、乒乓球室、溜冰场、职工俱乐部等。近年来，公司更是大力开展各种文娱体育活动，大大丰富了职工的业余文化生活。例如，一年一度的“利奥杯”运动会、大型“欢乐嘉年华”活动、文化艺术节等，令广大利奥人在文化熏陶、竞技比赛、情感交流中释放激情、放飞梦想，尽情展现青春的魅力和风采。所有员工都是公司的财富，都是雅图仕这个大家庭的子女。公司有责任保证每一个职工开心、生活愉快、身心健康。产品创新、人才、企业文化这些因素对于一家企业的发展缺一不可。人才可谓发展企业的起点，有了人才，并想方设法留住人才，就可以衍生出优秀的管理体系和企业文化；而有了优秀企业文化作为基础，就会保障生产出有创意的产品进而保证公司的产品能够占据更大的市场份额，从市场中吸引到更多的优秀人才，三者相辅相成不可分离。正是在这些因素的影响下，西江畔的这条卧龙方能腾空而起。

在量化评价雅图仕员工责任方面，基于数据可获得性、可靠性、准确性及合理性原则，选取 2015—2018 年的职工工资增长率为评价指标，进行评价，结果如表 4-14 所示。从表中可以看出，雅图仕为员工支出的成本每年都在增加，且在 2018 年大幅增加。

表 4-14 员工工资变化情况

项目	2015 年	2016 年	2017 年	2018 年
员工工资（万元）	69005	70360	70597	77188
工资增长率	—	1.96%	0.34%	9.34%

4.2.2.3 供应商、客户和消费者权益责任

在雅图仕，上至总裁下至生产员工，都被要求以敬业、守法的精神对待公司客户、供货商、政府、公众以赢得客户的信赖。当自身有了诚信，就会慢慢建立起良好的品牌信誉，更会吸引有信誉、有品牌的客户与企业合作，共同建立起合作伙伴关系。面对国外的竞争对手，雅图仕最明显的优势在于综合经营成本较低，而对于国内的印刷企业雅图仕的优势则在于具有 20 多年的海外市场运作经验（雅图仕所属总公司——香港利奥纸品印刷集团已成立 24 年），以及具有丰富的海外市场开发经验和优秀的人才。面对愈加激烈的竞争局面，冯广源先生并不在意，他认为有竞争对手是一件好事，只有竞争对手的存在，才能促使自己不断地提高发展。在这些对手面前，雅图仕要通过持续创造优势去维护自己在国际市场上的竞争优势。比如，开拓市场、设立更多的海外办事处、构建节约型企业、创新生产技术等。“专业”和“专心”只是一种经营模式，是雅图仕寻求最适合自己发展道路的结果。也正是这种经营模式，造就了今日的雅图仕，使其成为一条印刷业内的巨龙。但是，这种经营模式并非一成不变，目前雅图仕在海外发达国家的市场已经比较稳定。因此，下一步的措施就是开拓具有发展潜力国家的新兴市场。而国内市场的开拓亦是其中一个重点，在国内市场，雅图仕将以包装为主，现已在上海设立一家设计办事处，之后有计划向长三角、环渤海区域发展，也考虑在北京开展一些业务。但是，主要还是以接国际订单为主。

什么是印刷，每一个搞印刷的人想必都有自己的一番见解。冯广源先生认为印刷行业是一种服务行业。服务于人，以人为本。更准确地说它是服务于人类的思想需求。在现代社会，人类对信息最为渴求。因此他更愿意把印刷行业称为“印刷通讯行业”。这里的“通”指的是沟通，与市场沟通，与客户沟通。而“讯”指的则是资讯。“通讯”的意思，就是沟通信息。这一

点也恰恰迎合了印刷行业的期望——透过印刷媒体来增强人与人之间的沟通。了解了这一点我们回过头再来看利奥集团多年以来的奋斗目标——成为世界印刷通信行业的领导者，会发现这不仅是一句单纯的口号，其中蕴含了更深刻的含义：将印刷与通信联系在一起表现出雅图仕在以印刷为主营业务的战略中在世界文化传播、信息传达、沟通交流领域所扮演的一种传媒者的角色。而“领导者”一词则表明了一种从不跟随、只做先驱的信念。

“其质甚真，其中有信”，上乘的品质意味着货真价实，当中蕴含着最宝贵的财富——诚信。卓越的品质是雅图仕孜孜追求的目标，亦是成功发展的关键因素。所谓品质，不仅包括产品范畴，还包括服务范畴，雅图仕强调为客户提供优质的产品和超出期望的服务，这是对客户及消费者最实在的负责。雅图仕拥有前沿的印前技术和设备，包括先进的色彩管理系统，扫描仪、CTF、CTP、数字打稿和印刷打稿设备，还拥有一批 2 色到 8 色的印刷机台和自动丝印机及半自动丝印机，无论是产品质量还是数量，都得到很好的保障。同时，凭借充足的过胶机和 UV 机以及最新的过胶与上漆等技术，可以对产品进行各种效果的后加工。此外，雅阁仕还拥有高速的糊盒机、精装生产线、骑马钉机和无线装订机等，可以一次性完成折叠、排序、上线和装订的全过程，这也是履行客户及消费者权益责任的基础。雅图仕的产品类型涵盖平装书、精装书、儿童益智书、立体书、文具用品、贺卡、包装用品、礼盒、纸袋、游戏套装、相簿、拼图等。雅图仕一直秉持“从开始就重视质量”的文化，致力实施严谨的质量保证流程，有效的制程 QC 制度涵盖了所有厂房的生产程序，并推行自检来加强质量保证。另外，雅图仕设有终端检验中心，经客户认可后，代表客户对每一批外发的产品执行全检验，包括功能、运输及环境等测试，确保产品的最终品质。

雅图仕拥有先进的生产技术和强大的生产能力，能为世界各地客户提供专业的纸制产品印前制作、生产印制以及印后加工一站式服务，同时也能满足客户不同的要求，提供多元化的产品生产。雅图仕有超过 1.8 万名接受过专业培训的熟练员工以及研发人员，能为客户提供更加快捷的服务和优质的产品，并不断超越客户的期望，为客户创造价值。在一站式解决方案上，雅图仕配备有生产工程科（PE）和创新科技研发部（NTD）负责支持客户开发需求。同时还设立了品质管理科（QM）来了解所有产品的技术现状，以更好地监控来料质量和输出产品的质量；并设立最终检测中心（FIC）保证抵达工厂和离厂的原料及产品始终保持最优质量。雅图仕十分重视与合作伙伴、客户、供应商等事业伙伴之间的关系。在满足客户需要的同时，还会将生产发现的问题反映给客户并提供需要改进的建议。除此之外，雅图仕也在努力将先进合理的经营管理理念向合作伙伴推广、分享，形成长期稳固的伙伴关系。

对供应商的责任主要关注应付账款周转率，而企业的研发创新能力是维系客户及消费者关系的基础，只有产品不断推陈出新，才能适应多变的市场需求。基于数据可获得性、可靠性、准确性及合理性原则，选取 2015—2018 年的应付账款周转率、营业收入增长率、研发支出增长率为评价指标，进行评价，结果如表 4-15、表 4-16 和表 4-17 所示。

表 4-15　应付账款周转率变化情况

项目	2015 年	2016 年	2017 年	2018 年
销售成本（万元）	213746.23	222496.73	224813.46	261909.89
应付账款（万元）	28561.74	41654.98	46663.12	77317.79
应付账款周转率（%）	7.48	5.34	4.82	3.39
行业应付账款周转率（%）	3.22	3.32	3.22	4.49
差额（%）	4.26	2.02	1.60	-1.11

表 4-16　营业收入增长率变化情况

项目	2015 年	2016 年	2017 年	2018 年
营业收入（万元）	244225.38	259375.51	267278.17	305764.69
营业收入增长率	—	6.20%	3.05%	14.40%
行业营业收入（万元）	97287.74	110235.26	114775.06	133379.96
行业营业收入增长率	—	13.31%	4.12%	16.21%
差额	—	-7.11%	-1.07%	-1.81%

表 4-17　研发支出变化情况

项目	2015 年	2016 年	2017 年	2018 年
研发支出（万元）	6955.00	8373.10	9283.70	9159.10
研发支出增长率	—	20.39%	10.88%	-1.34%
行业研发支出（万元）	4083.86	5182.03	5105.61	5613.20
行业研发支出增长率	—	26.89%	-1.47%	9.94%
差额	——	-6.50%	12.35%	-11.28%

从表 4-15、表 4-16、表 4-17 中可以看出，雅图仕的应付账款周转率和行业应付账款周转率的总体趋势相反，行业应付账款周转率逐年上升而雅仕图的应付账款周转率逐年下降而且在 2018 年低于行业均值，雅仕图在对供应商的责任方面有待加强；在营业收入增长方面，雅图仕和行业营业收入在这 4 年都呈增长趋势，虽然雅图仕营业收入增长率低于行业营业收入增长率，但雅图仕的营业收入远大于行业均值，而且 2017 年和 2018 年营业收入增长率已经接近行业增长率，证明雅图仕的营业收入总体情况良好；在研发支出方面，雅图仕研发支出增长率虽然呈下降趋势，但研发支出总额一直高于行业均值。综上所述，雅图仕在客户和消费者权益责任方面表现良好。

4.2.2.4　社会责任

（1）环保责任。

雅图仕推崇“善用资源，爱护环境”的价值观，以“认知环保责任，营造美好未来”为环保方针，以“绿色和谐”为环保目标，大力倡导环境保护，先后投入巨资，致力于环境危险的有效控制，并积极开展各种环境保护和生态林建设活动，如兴建污水处理厂及节能减排设备、身体力行地参与国家推行的清洁生产项目、投资开发农林产业、群策群力创建“零废料工厂”、倡导全员参加“绿色和谐、你我同行”环保签名活动等。雅图仕心系家园，爱厂爱国，努力达致与自然环境之间的和谐共处。

雅图仕是一家极为重视“高新技术”的企业。十几年来，它设立了创新科技研发部，成功申办江门市工程技术研究开发中心并与北京印刷学院合作研发印刷技术项目等。2006 年 5 月，又荣获了“广东省高新技术企业”称号。这些创新为企业的发展做出了重要的贡献。冯广源先生认为这些创新项目是一个结果，重要的是为了研发而做的工作。这些工作中，标准无疑是排在第一位的。“没有规矩，不成方圆。”在国内很多企业对标准还不是很看重的时候，雅图仕早已领先一步，把标准作为基础，在这个基础上再去搞创新。雅图仕的创新科技研发部专职负责生产技术标准的制定与推广应用以及负责生产技术的研究、开发和创新。而雅图仕注重发展的高新技术正是印刷技术与工艺的标准化。很多企业也注重搞创新，却又觉得标准化不重要，结果研发的方向错了，完全是浪费人力、物力。雅图仕已获得多项认证，包括 ISO 9001：2000 国际品质管理体系认证、BS7799：2002 信息安全管理体系认证等多张证书，每一张证书都相当于一只指南针，指引着雅图仕在国际市场上发展的方向。在落实环保责任方面公司早几年就已经取得了 ISO 14001 国际环境管理体系认证，确保工业废水排放达到国家一级标准，有效地保护了当地的环境。为达到环保要求，公司曾先后投资超过 1000 万元人民币用于兴建 3 座废水处理站，在其中一座废水处理站附近，可以看到一座假山和一个修建很精致的水池，水池里几尾小鱼快活地游来游去。原来这个水池里的水是经过最后处理的废水，而里面的小鱼则是为了检验废水处理情况的。能将环保执行到如此程度，怎能不让人叹服。在环保和质保的基础上生产出来的创新产品，一定还要符合市场甚至要做到超越市场期望的服务，为做到这一点雅图仕从帮助客户拓展商机出发，深入了解消费者的品位和追求，设计生产出符合时代潮流的印刷工艺产品，赢得了用户的信赖。

（2）公益责任。

“心系家园，尽忠社群”，这是雅图仕重要的价值观之一。作为社会的一员，雅图仕以实际行动回馈社会，自觉履行“优秀企业公民”所应承担的社会责任。多年来在捐资助学、修建大桥、扶贫济困、慈善捐款等方面做出了积极的努力和贡献。据不完全统计，雅图仕用于慈善公益事业方面的直接捐赠已经超过 4500 万元人民币。

关注社会、回报社会一直以来都被视为雅图仕最重要的经营理念之一，也是雅图仕的企业文化之一。有国才有家，在雅图仕的五大使命中其中一条就是肩负企业社会责任。公司在发展自身的同时，与社会保持紧密联系并主动承担社会责任。例如，创造就业、落实环保责任、支持公益事业等，在为社会发展做出了积极的贡献同时也树立了良好的企业形象。肩负社会责任首先是严格遵守海关、工商、税务、环保、安监、新闻出版方面的法律法规，积极履行企业职责做到诚信守法经营。在公益事业方面雅图仕多年来积极参与地方教育、医疗、基础设施，慈善事业建设等，把承担社会责任作为企业经营理念。由此可见，雅图仕经营的目标不仅在于自身盈利及发展，而且希望力所能及地为社会和谐进步贡献自己的一份力量。与企业所在地同发展、共进步。企业主动承担社会责任，可以更容易被社会、政府、公众及员工认可，更有利于企业长远发展。

冯广源先生的父亲冯学洪先生1979年从香港经商回乡，当时家乡教育状况并不好，于是冯学洪先生出资建立了龙溪小学，就在离雅图仕不到两千米的地方。当时他只是想为家乡尽一分心力并没有其他想法。十多年后冯广源先生在这里经营雅图仕，雅图仕公司的管理层很多都曾经在龙溪小学就读过，他们都还记得冯学洪先生当年建立龙溪小学的事情，并且表明在这里工作有着踏实感和归属感。同时，冯广源先生自己也有着一连串的头衔，他是雅图仕的董事长，也是鹤山市政协常委、江门市印刷商会会长、鹤山市印刷商会会长、鹤山工商联合会会长、江门海关社会监督委员、江门市出入境检验检疫执法监督委员等。这些职务正是冯先生投身于社会事业的证明。冯先生积极参与社会事务。热心回馈社会的善举亦得到了地方政府和社会的肯定，先后被授予江门市荣誉市民及鹤山市荣誉市民称号。十几年来雅图仕不断完善自我，攀越了一个又一个高峰。但是以冯广源先生为代表的雅图仕人并不会因此而满足，他们正以满腔的热情继续前进。

用青春的力量，扬起希望的风帆，用真诚的爱心，托起明天的太阳。“以人为本”一直是雅图仕的核心管理理念。历年来，公司在发展壮大的同时，主动履行社会责任，积极回馈社会，热心支持社会公益事业。2019年1月2日，公司董事长助理、党委书记招伟宁先生代表鹤山雅图仕印刷有限公司参加古劳中学奖教金以及助学金捐赠仪式。古劳中学领导对雅图仕公司多年来热心支持地方教育事业发展，造福桑梓的善行义举致以崇高的敬意，感谢公司持续十多年来以实际行动支持及促进古劳中学教育事业提质发展。招书记代表鹤山雅图仕印刷有限公司对古劳中学荣获同类镇级学校中考总分“十九连冠”的优异成绩表示热烈祝贺，并向古劳中学捐赠奖教金支票及向 5 名家境困难、品学兼优的学生派发助学基金，勉励受助学生们“磨难才是成长中最宝贵的财富，要时刻充满信心和希望，用感恩的心向社会传递正能量”。1 月 18 日，鹤山雅图仕印刷有限公司董事长冯广源先生以及鹤山市工商联党组书记李东霞等一众领导开展利奥雅图仕 2019 新春博爱送温暖活动，先后来到鹤城、古劳两镇慰问市内 55 户贫困家庭以及古劳村委 696 名 60 岁以上老人，并派发慰问金和慰问品。冯广源董事长来到龙溪小学探望古劳的乡亲父老，并邀请鹤山市委常委、市委统战部部长叶永雄一同出席。一开场，冯先生以熟练的古劳话走进群众，祝愿乡亲们在新的一年红红火火、身体健康。冯先生亲切的态度、风趣的语言，让现场笑声不断。2019 年是利奥雅图仕新春送温暖活动持续举办的第 14 个年头，冯广源董事长表示，他牢记家父心愿，每年代表父亲冯学洪先生探望家乡的乡亲父老，更为鹤山、古劳的发展添砖加瓦。

4.2.2.5 实际控制人的乡土情结对社会责任履行影响

雅图仕是由香港实业家冯学洪先生投资兴办，而冯学洪先生祖籍正是在鹤山古劳镇。1939 年，他辗转至香港谋生，后经营钻石酒家成为香港著名的实业家。但是，冯老先生对家乡却一直念念不忘，在鹤山投资建厂恰恰满足了他想为家乡做一些实事的多年心愿。1991 年，冯学洪与其子冯广源开始了在鹤山经营的历程。他们选址也颇为特别，为了不占用农田，冯氏父子特别选择了西江江畔的低洼沼泽地，填沙筑堤，兴建厂房，为江堤的巩固也做出了不小的贡献。而鹤山虽然不如深圳等地经济发达，却也自有优势：首先，它邻近广州市中心，且为珠三角的物流枢纽，水陆运输方便；其次，当地领导、群众对雅图仕的发展大力支持，占有“人和”的优势。刚刚投产的雅图仕公司不过 100 多人，十几年来雅图仕一步一步地向前发展，不疾不缓，稳步前行。经过 15 年的稳健经营，雅图仕已成为亚洲较大的印刷企业之一。同时，雅图仕印刷有限公司的兴建，还解决了不少当地人民的生计，大大带动了家乡经济的发展。冯广源先生家在香港但是他大部分时间都在鹤山工作，从雅图仕出去不远就是冯家的祖屋。

冯学洪老先生是香港钻石酒家的创始人，也是利奥集团荣誉主席。作为有名的实业家和慈善家，冯老先生对家乡的感情深厚，非但在鹤山市兴办了雅图仕印刷有限公司，还曾先后捐资兴建了鹤山职业技术高级中学印刷大楼、龙溪学校、鹤山敬老院、鹤华中学雅图仕大桥、鹤山市人民医院、五邑大学鹤山楼等。由于他对家乡做出的贡献，他被授予鹤山市、江门市荣誉市民。这样一位德高望重的父亲给冯广源的人生带来了极大的影响。在冯广源大学毕业后，向父亲提出今后想做印刷时，父亲给了他有力的支持，冯老先生认为做生意能不能赚到钱并不重要，最重要的是在做生意时，要讲究诚信，这是做生意时最主要的本钱，这个本钱不是钱可以买到的。在遵守国家的法律法规的基础上，对国家讲诚信，对员工讲诚信，对客户讲诚信。“诚信”的信念一脉相承，由冯父至冯广源。冯广源先生当年并非印刷专业出身，在大学期间，他学习的是建筑设计专业，后来也曾协助父亲做过几年酒店管理工作，冯广源先生说，正因为自己学的是建筑设计，后来才会选择印刷。冯广源先生喜爱建筑中的建筑设计，也喜欢摄影，对颜色、技巧都非常重视，而这几个因素加在一起就是印刷，他认为印刷可以发挥他的专长。面对这个挑战大，变化也大的行业，很多人退缩了，冯先生却很兴奋。他说印刷行业最大的特点就是变化大，几年前有用的东西，现在就可能没用了。这就需要不断创新，而他喜欢挑战创新。自称已经“沉迷”于印刷行业的冯广源先生，在今后的岁月，还将沿着这条路，继续坚定地走下去，为家乡做出更大的贡献。

4.2.2.6 案例小结

雅图仕印刷有限公司在实际控制人冯广源“乡土情结”的影响下，以德为本，唯才是用，以客为先，客户至上，创意研发，精益生产，慈善公益，心系社群，使得雅图仕成为越来越优秀的企业，为家乡做出更大贡献。对员工，雅图仕建立了“企业爱职工、职工爱企业”这种稳定和谐的劳资关系，形成了雅图仕特有的企业文化，促进企业的健康发展；对客户，雅图仕完善企业内部管理，保证产品质量，已申请国内外专利60多项，利用强大的创新技术实现成本降低，保障客户权益，提高效益的价值转化，坚持信誉至上，严格遵守国际标准及国家法律法规，以符合客户行为守则评审的要求；对社会，雅图仕以“绿色和谐”为环保目标，大力倡导环境保护，先后投入巨资，致力于环境危害的有效控制，并积极开展各种环境保护和生态林建设活动；多年来在捐资助学、修建大桥、扶贫济困、慈善捐款等方面做出了积极的努力和贡献，用于慈善公益事业方面的直接捐赠已经超过4500万元人民币。

4.2.3 深圳歌力思服饰股份有限公司社会责任评价

4.2.3.1 深圳歌力思服饰股份有限公司简介

深圳歌力思服饰股份有限公司创立于1995年，是香港歌力思国际发展有限公司在中国的合资企业。注册资金1.2亿元，国际知名的投资基金——美国凯雷投资1.5亿元，总部设在中国深圳市，地址位于深圳市中心的福田区天安数码城。公司愿景为：短期内成为中国服装行业的主导品牌，长期目标成为世界知名的服装品牌。公司使命是通过自己的努力，使公司的消费者身心愉悦。歌力思服饰有限公司以其执着的追求和不懈的努力，致力于为高品位的各界人士提供优质服务。是一家集开发、设计、生产销售、服务为一体的现代化服装企业，为深圳服装行业协会理事单位，公司现有资产数亿元，拥有1万平方米的自有写字楼和4万多平方米的生产基地。公司立足深圳，面向世界，产品40%外销，并在国内各大中城市设有300多家专卖店，公司注重风格与个性的完美设计，旗下会聚了一大批中外一流服装设计师和各方面的专业人才，国际著名设计大师Jean-Paul Knott（YSL）做设计指导，香港名模ROSEMERRY为女装的形象代言人，凭借匠心独具的创意、精巧的设计、先进的工艺和流畅的剪裁；秉承公司一贯的设计理念，舍弃繁复与浮夸，选择简洁与典雅的设计，不断为广大客户提供高品质、高品位的服务。歌力思公司创立的“歌力思”品牌女装畅销全国，深受广大白领女士的喜爱，2011年年销售10亿元人民币，纳税近8000万元，近年来，歌力思荣获“2009年中国纺织服装行业年度精锐榜”十大服装品牌、“最具优雅女性风范奖”“卓越品牌奖”“中国十大女装品牌”“深圳福田区第三届区长质量奖”“全国优秀外商投资企业”“深圳市工业500强企业”“福田区纳税百强企业”等殊荣，歌力思成为中国女装品牌中的佼佼者。时任广东省委书记汪洋、深圳市委书记王荣、市长许勤等亲自带队到公司考察，对歌力思服饰对时尚产业的贡献提出肯定，并勉励公司继续产业升级，走向世界。

歌力思服饰多年来以它特有的设计风格和精湛的制作工艺而著称。“质量就是生命”，歌力思在服装设计经典理念的基础上，根据国际流行趋势的发展，充分研究中国人的人体工学结构，设计完成每一款服装的板型；保证了人体各部独有的弯曲比例，使每一个人的穿着感觉绝对的舒适，在制作工艺和生产管理上引进了国际先进的服装生产精细工艺和配套的国际化管理模式，将每一套西装的生产过程细分为360多个工艺点，保证影响产品质量和外形效果的每一个细节都得到严格控制。公司斥巨资从德国、意大利、日本等国引进了国际顶尖的服装生产设备，设置了严格的面料和成品检测系统、完善的质量监督和客户跟踪服务系统。根据面料的不同特性选择优质的大厂辅料与之相匹配，使生产出的每一件服装从外观效果到内在品质都完美无瑕。

深圳歌力思服饰股份有限公司旗下主品牌为中国高级时装品牌ELLASSAY（歌力思）。品牌自1996年创立至今，一直沿袭“时尚优雅”的设计风格。歌力思以25~40岁中高收入、讲究优雅、时尚、品位、成熟的都市中产阶级女性为目标顾客，为自信独立，聪颖智慧的都市女性塑造传统与现代结合的优雅形象。歌力思自2004年至今，聘请YSL（圣罗兰）12年产品研发总监、国际服装设计大师Jean-Paul Knott先生作为设计顾问；2013年和2014年连续两年在纽约时装周主会场林肯中心举办时装秀，广受赞誉后，品牌于2016年和2017年再度连续两年受邀米兰时装周。纽约到米兰，歌力思不断衍生出可比肩世界却自有独特韵味的高级时装，以无国界的时尚触觉向世界诠释“Come From China”的中国优雅，每一个足迹都满载品牌融入世界的时装美学。

歌力思在2009年与全球私人股权投资公司凯雷投资集团（The Carlyle Group）正式宣布成立战略联盟。2015年4月22日歌力思正式在上海证券交易所挂牌上市，代码为603808，同时也是在证券交易所进行时装大秀的中国品牌。集团上市后，歌力思不断进行全球优质品牌资源的并购整合，更具国际化的视野和思维，布局集团未来发展，与国际时尚进行无时差对话。2015年收购欧洲高端女装品牌 Laurèl，拥有 Laurèl 在中国大陆地区独立设计权和生产权。原属德国三大奢侈品牌之一 ESCADA 旗下的品牌 Laurèl，品牌时装覆盖世界各地 30 多个国家，全球有 1000 多家销售点。

2016 年，歌力思迎来 20 年发展新阶段，品牌在量变的积累中实现了质的飞跃。同年 11 月 2 日在北京太庙正殿，歌力思携集团旗下 ELLASSAY 以及并购品牌 Laurèl、Ed Hardy、IRO 4 个品牌集体亮相。Ed Hardy 于 2004 年在美国成立，目前在美洲、欧洲、亚洲和中东都已开设专卖店、渠道分布广，在好莱坞是火热的潮流品牌，备受国际一线明星钟爱；国际超模和时尚博主 Kate Moss、Gigi Hadid、Aimee Song 等都是法国时尚品牌 IRO 的忠实粉丝。该品牌年销售收入大致为 6000 万欧元，店铺遍布包括巴黎、纽约、伦敦、罗马等全球多个首都城市；歌力思将旗下品牌集合做整体秀场展示，在展现各品牌新一季时装作品的同时，也立体、清晰地描绘出歌力思的时尚逻辑和时装帝国的版图构建。在太庙正殿六百年历史上并未出现过时装秀的瞩目下，歌力思面向世界展示一个中国时尚集团的成长风貌。

2017 年收购美国设计师品牌 Vivienne Tam，拥有品牌中国大陆所有权。Vivienne Tam 于 1994 年在美国纽约创立，设计师 Vivienne Tam 被美国《福布斯》杂志选为“二十五位美籍华人翘楚”之一。Vvivienne Tam 品牌沉淀于博大精深的中国文化，融合中国元素与国际流行元素，品牌的时装作品已被美国纽约大都会博物馆及英国伦敦维多利亚和阿尔伯特博物馆永久收藏。未来，歌力思将持续推动集团国际化的配置和资源整合，拓展歌力思中国高级时装集团的“版图”。不断延伸和扩大其国内和国际的影响力，融合国际资源，以国际化视野来向中国消费者展现自己的世界观，带来真正属于中国创造的国际时尚。

深圳歌力思服饰股份有限公司按照证监会 2012 年行业分类标准，属于 C18 纺织服装、服饰业，目前该行业已有 36 家上市公司；歌力思资产总额为

35.66 亿元，营业收入 20.53 亿元，以净资产收益率 16.92%位列行业第四；根据和讯网披露的总社会责任评分，歌力思在 2017 年获得 34.71 分，位于侨商企业（实际控制人获得境外居留权）第二位。和讯网上市公司社会责任报告专业评测体系从股东责任，员工责任，供应商、客户和消费者权益责任，环境责任和社会责任五项考察，根据年度报告披露，由于案例公司“歌力思”不属于环境保护部门公布的重点排污单位的公司及其重要子公司的环保情况说明，所以进行调整后，将从股东责任，员工责任，供应商、客户和消费者权益责任和社会责任四个方面对歌力思的社会责任履行进行评价。

4.2.3.2　股东责任

深圳歌力思服饰股份有限公司 2019 年 1 月发布公告称，公司拟以 196.02 万元回购 17.23 万股公司股份。公告显示，歌力思拟以 11.38 元的价格进行股票回购，回购金额为 196.02 万元，回购数量为 17.23 万股，约占目前公司总股本的 0.05%。从公司股本来看，本次拟回购的 17.23 万股股份予以注销后，公司总股本将较现有股本 3.37 亿股有所下降。从股价来看，歌力思最新收盘价为 15.52 元（以 2019 年 1 月 18 日计），回购价格为 11.38 元，较最新收盘价的溢价为-26.68%。公司股价近三个月上涨 2.37%。从回购历史来看，歌力思自 2015 年 4 月 22 日上市以来共回购过 3 次，回购数量合计 1006.28 万股。回购价格与公告日收盘价的溢价在-48.07%~22.81%。歌力思此前于 2018 年 9 月 11 日发布回购预案，拟以自由资金回购股份，总额在 5000 万~2 亿元，价格不超过 21 元/股。截至 2018 年 12 月 3 日，歌力思累计以 1821 万资金回购 112.99 万股，均价 16.12 元。近期的连续几次回购，彰显了公司对于未来发展前景的信心，对于自身价值的高度认可。

财报显示，歌力思 2017 年营业收入达 20.53 亿元，同比增长 81.35%；扣非后归属于母公司所有人的净利润 3.02 亿元，同比增长 61.86%。2018 年前三季度，公司实现营业收入 17.36 亿元，同比增长 25.87%，归属于母公司所有人的净利润 2.68 亿元，同比增长 32.65%，收入和利润持续维持高增长。受新品牌带动，歌力思整体服装业务保持高增长，突破了近 5 年的发展“瓶颈”。观察来看，歌力思业绩的快速发展一方面来源于收购品牌扩大收入规模，另一方面也来源于自身经营能力的不断加强。歌力思内生增长强劲，2015—2017 年内生增长平均增速为 12.58%。公司业绩稳健，内生增长与外延扩张协同发展，对于新品牌的培育在 2017 年开始初见成效，2017 年开始内生增长进一步提速，达到 28%。目前，歌力思新品牌仍处于快速发展期，随着渠道、营销活动的进一步开展，新品牌营收占比会进一步增加，内部良性发展，成为歌力思新的业绩支撑。

而从品牌表现来看，歌力思主品牌瞄准中高端女装市场，20 多年发展逐渐趋于成熟。主品牌 ELLASSAY 定位高端女装市场，历经多年发展，品牌拥有稳定的客户群体，市场知名度较高，发展逐渐稳定。为寻找新的增长点，公司从 2014 年开始采取多品牌战略，不断并购引进新品牌，降低对主品牌依赖。而子品牌快速成长，为歌力思的发展注入新动力，特别是其收购的品牌市场表现格外强劲。2017 年，IRO 营收占比 19%，Ed Hardy 以 21%的营收占比实现全年 79%的增速，Laurèl 更是取得 230%的增长。受新品牌带动，公司整体服装业务获得 76%的高增速，突破了近 5 年的增速天花板。2018 年以来，IRO 与 Ed Hardy 两个子品牌收入之和超过主品牌 ELLASSAY，收入占比不断提升。2018 年前三季度 Ed Hardy 累计收入达到 3.79 亿元，在高基数的销售额下，品牌依旧保持双位数增长，成为歌力思新的业绩引擎。目前歌力思共收购了 4 个品牌：Laurèl、Ed Hardy、IRO、Vivienne Tam，并于 2018 年 8 月合资经营比利时品牌 Jean-Paul Knott，逐渐形成了一个覆盖面广、结构稳固、定位互补的品牌矩阵，未来预计还将有新品牌加入。公司进行一系列品牌并购，以求在新的市场寻求增长点的同时，强化新品牌和现有品牌的协同效应，抵御市场变化风险，对公司的发展起到“1+1>2”的作用。2013—2015 年歌力思仅有自有品牌 ELLASSAY，营业收入增长保持稳健，三年平均增速为 11.86%。2015 年后公司开启并购进程，整体收入增速显著提升，于 2017 年达到近几年来的高峰 81.35%。伴随更多新品牌的加入，子品牌对公司营业收入贡献度加大，2018 年三季度，子品牌收入占比达到 50.39%，超过主品牌 ELLASSAY。

歌力思自开启并购之路以来，步入发展新车道，迅速实现收入提速，销售规模扩张，市场影响力提高。公司已经通过多个品牌的实践证实了自身的运营能力，能够将品牌转亏为盈，并且快速融入中国市场。在下一阶段，公司新品牌逐渐度过培育期，将进入发展正轨，成为新的稳定盈利增长点，发展潜力强劲。公司外延并购搭建的多品牌运营模式，将通过品牌规模化和内部协同效应实现业绩的进一步提速。歌力思未来两年的业绩增长将主要受益于多品牌协同效应下，各品牌营业收入的快速增长。随着渠道渗透加强和同店收入提高，主品牌歌力思营收将继续保持稳定增长；同时公司将加快对副品牌的布局，未来进入高速增长阶段。而从盈利能力方面来看，由于歌力思定位的中高端女装市场，利润率高于女装行业整体水平，且随着歌力思多品牌矩阵的成熟，多品牌协同效应日益显现。

在量化评价歌力思股东责任方面，将股东责任分为五个维度进行评价：盈利、偿债、回报、信息披露和创新，其中歌力思的盈利能力如表 4-18 所示，歌力思的盈利能力优秀，虽然 2016 年受宏观经济环境对服装业的冲击，业绩有所回落，但是各项评价指标均高于行业均值，与行业中各家公司相比，过去三年歌力思在为股东盈利的责任履行方面表现良好。

表 4-18　歌力思盈利指标与行业均值差值

年份	净资产收益率（%）	总资产收益率（%）	主营业务利润率（%）	成本费用利润率（%）	每股收益（元）	每股未分配利润（元）
2015	0.04	0.06	0.29	0.27	0.47	0.86
2016	0.03	0.04	0.15	0.22	0.45	0.72
2017	0.08	0.05	0.16	0.22	0.61	0.77

歌力思的偿债能力在 2015 年上市后一年各项短期偿债能力指标变化较大，主要是因为歌力思上市后业绩得到进一步发展，商业信用得到增强，其应付账款、预收账款的增幅比应收账款、预付账款的增幅更大，同时因为业务发展需要、短期借款增加，导致了歌力思的短期偿债能力低于行业均值，但其股东权益比率、资产负债率与行业均值差距较小，总体偿债能力居于行业中等水平，如表 4-19 所示。

表 4-19 歌力思偿债指标与行业均值差值

年份	速动比率（%）	流动比率（%）	现金比率（%）	股东权益比率（%）	资产负债率
2015	1.49	1.14	1.85	0.25	-0.16
2016	-0.77	-1.24	-0.48	0.12	-0.03
2017	-0.65	-0.91	-0.3	0.09	-0.01

在对股东的回报方面，如表 4-20 所示，歌力思的股息率略低于行业均值，但是歌力思的分红总额逐年上升，分红占比可分配利润达到招股说明书要求——历年高于 30%，在 2016 年更是高达 70%的分红占可分配利润比。以股息率衡量歌力思对股东的回报，责任履行略低于行业平均水平，但是公司依据自身发展，在逐年改善股东回报的表现。在信息披露方面，根据 2017 年 7 月 18 日《歌力思关于最近五年被证券监管部门和交易所采取监管措施及整改情况的公告》所示，歌力思自上市以来不存在被证券监管部门和交易所采取监管措施或处罚的情况。

表 4-20 歌力思股息率与行业均值差额及分红情况

项目	2015 年	2016 年	2017 年
歌力思股息率（%）	0.53	0.83	1.13
行业均值（股息率）（%）	0.59	0.99	1.56
股息率与行业均值差额（%）	-0.06	-0.16	-0.43
分红总额（万元）	4306.87	6901.72	8762.08
分红占可分配利润比（%）	30	78	30

在创新方面，如表 4-21 所示，歌力思的研发投入逐年增多，平均每年的研发强度达到 3.8%以上，研发人员数量占比公司员工总额达到 7.89%以上。同时，歌力思与北京服装学院、深圳大学、天津工业大学等院校开展校企合作，改善研发人员结构和优化研发体系。除了技术研发，歌力思在管理创新方面也进行了积极的尝试，利用全方位多媒体、微电影和服装秀等方式进行品牌渠道推广，2015 年在“多渠道创新营销方式”和“多元销售渠道模式创新”方面获得政府补助，同时也获得财政局 2016 年应用及创新企业国际化行业重大项目资助。

表 4-21　歌力思研发投入及研发人员数量变化情况

项目	2015 年	2016 年	2017 年
研发投入（万元）	3347.49	4172.23	8236.86
研发人员数量（人）	137	279	194

4.2.3.3　员工责任

企业最核心的竞争力常常是看不见的蕴藏着知识的制度，内化于员工的创新能力、学习能力，长期形成的机制、文化、领导具有的全球视野和高超的驾驭能力。歌力思是一家年轻的公司，公司总部 200 多人中，硕士文凭占到 15%，大学本科占到 50%。各种技能的数量技术人员素质普遍高于同行。公司倡导学习型文化，建立学习型组织，歌力思学院每周一次的学习，公司内部的图书馆和 OA 学习系统，无不潜移默化地提升着员工积极向上的学习精神。公司的企业文化是“诚信、务实、卓越和快乐”积极向上的团队合作精神，公司上下以完成任务为荣。

在员工责任的评价方面主要关注歌力思的员工人均收入、员工发展两个方面。如表 4-22 所示，2015 年歌力思的职工人均工资低于行业平均水平，至 2017 年歌力思职工人均工资已经反超了行业人均薪酬水平的 57%。此外，歌力思按照上市公司相关规定设置企业工会，为员工购置养老、医疗、工伤保险，设定了限制性股票激励计划；公开媒体未曾报道歌力思有员工薪酬拖欠纠纷。在员工发展培训方面，歌力思成立了“歌力思学院”，通过内训和外训的学习型组织，定期进行员工培训，保障员工个人发展；进行了“小分队管理”的创新管理模式，激励员工发展。

表 4-22　员工人均收入变化情况

单位：元

项目	2015 年	2016 年	2017 年
歌力思	9146.26	16682.18	22088.77
行业均值	12028.97	12506.68	14185.45
差额	−2882.71	4175.50	7903.32

4.2.3.4 供应商、客户和消费者权益责任

对供应商的责任主要关注应付账款周转率，如表 4-23 所示，歌力思的应付账款周转率和行业应付账款周转率的趋势相反，行业应付账款周转率逐年上升而歌力思的应付账款周转率逐年下降且与行业均值的差距越来越大，歌力思在对供应商的责任方面有待加强。

表 4-23 应付账款周转率变化情况

单位：次

项目	2015 年	2016 年	2017 年
歌力思	6.89	5.27	4.85
行业均值	6.46	6.51	7.45
差额	0.43	-1.24	-2.60

对客户和消费者权益责任主要关注产品质量是否遵循顾客导向，歌力思在 2014 年披露公司已经通过了 ISO 9001：2008 质量管理体系审核认证，并且在各个环节制定质量控制：针对原材料制定了《面（辅料）管理规定》；针对具体服装的生产流程分别制定了专项《生产工艺单》和《生产说明书》；针对成品制定了《成品检验制度》；针对库存品制定了《库存管理规定》。

4.2.3.5 社会责任

实际控制人夏国新认为歌力思是时装行业，时装行业是与各种艺术相关的，艺术对于品牌来说至关重要，艺术对每个人的生活都会有巨大的影响，也会带来更高的价值，因此艺术的重要性也就决定了艺术家的重要性、艺术人才的重要性。社会上，实际上很多有艺术天赋的人缺少艺术平台；同样地，也有很多的青少年或者儿童，他们本身具有某些艺术方面的特质和天赋，但是因为没有机会进一步学习，埋没了天赋，所以歌力思希望通过哥尼斯艺术基金，资助有天赋的艺术家或者是有天赋的青少年、儿童，让他们有机会去更好地深造、学习，让他们的天赋能够为社会创造价值。

艺术基金首期投入了 300 万元，歌力思将每年拿出公司的一部分收入，持续地投入这个艺术基金，将它做成一件长期的事情。这个艺术基金主要的

方向还是资助有艺术天分的人或者是跟艺术相关的一些活动、赞助一些关于艺术的公益事业。实际上作为服装品牌来说，歌力思更能深刻地感受到艺术对品牌的重要性，歌力思每年都会接触很多与相关艺术领域，如服装设计、平面设计、空间设计、橱窗设计、包装设计、形象设计，每年歌力思都会做发布会，涉及舞台、音乐、灯光、音响、化妆、造型，类似各种各样的设计，歌力思深知这种设计本身的价值，也深知这种人才的重要性。

歌力思艺术基金主要是针对中国的，其准备考虑在艺术院校或其他学校里资助一些具有天赋、表现优秀的某些专业的学生，由公司资助这些学生去国外艺术名校学习，费用包括他们的学费、杂费还有交通费，一名学生预计可能要 30 万元。对于怎样去发现支援对象，歌力思现在有一个初步的设想，如由学校的老师和校长推荐；或者是通过评选；或者是学生参加过艺术活动获得过荣誉，等等。歌力思会从多方面考虑这个问题，但是目前来说还没有一个真正明确的成熟的办法，歌力思觉得这个过程需要不断地探索，实际上找到真正有天赋的艺术人才、有艺术潜质的学生也是不容易的。

歌力思艺术基金主要还是想资助与艺术相关的事情，未来也可能会成立一些针对其他领域的基金，但歌力思对艺术基金会源源不断地进行投入。

社会责任评价主要是贡献价值和公益慈善两个维度的评价。如表 4-24 所示，2016 年歌力思因确认了大额递延所得税费用，导致所得税费用较低；2015 年和 2017 年歌力思的所得税占利润总额比略高于行业均值，积极承担了纳税责任，至今连续多年获得“深圳市福田区纳税百强企业”荣誉称号。在公益慈善方面，歌力思历年都有对外捐赠，在 2017 年有高达 792 万元的公益基金捐赠。歌力思 2011 年成立了深圳市慈善会—歌力思艺术公益基金，已经累计投入 1000 万元，同时推行“免费午餐”“爱心义卖”“梦想中心”等公益项目，获得“2014 年度最佳责任品牌奖”和“2015 年公益创新奖”。

表 4-24 所得税占利润总额的比例

项目	2015 年	2016 年	2017 年
歌力思	25.79%	17.18%	25.84%
行业均值	23.92%	24.21%	22.30%
差额	1.87%	-7.03%	3.54%

综上所述，歌力思在履行股东责任的盈利、信息披露和创新方面表现突出，在回报和偿债方面稍低于行业平均水平；在履行员工责任方面，保障员工的基本权利，积极为员工打造发展平台；在履行供应商责任方面表现落后于行业水平；而在客户和消费者责任方面，保障了产品质量和构建质量监控体系，符合顾客需求；在社会责任履行方面表现良好，在履行纳税责任和开展公益活动方面积极响应号召。

4.2.3.6 实际控制人的乡土情结对社会责任履行影响

歌力思的实际控制人为夏国新，现任公司董事长、总经理、设计研发中心总监；拥有中国香港居民身份证和冈比亚共和国永久居留权。夏国新就读于天津纺织工学院的产品设计专业，紧接着攻读服装专业硕士；其在学习过程中萌生了创立一个屹立世界的中国时装品牌的想法，于 20 世纪 90 年代初期到深圳蛇口创立了歌力思；2011 年当选深圳经济特区 30 年行业领军人物，2012 年当选中国纺织年度创新人物。根据高阶理论、战略领导理论和社会契约理论，实际控制人的价值观和认识将通过其对企业的决策影响企业社会责任的履行。新时代“乡土情结”是一种家国情怀，对本土文化的认同热爱和对国家建设奉献的精神，推动企业社会责任的履行。本文选取夏国新的公开演讲、歌力思的管理层分析和公开媒体报道中对本土文化和事业发展的理念对企业社会责任履行的影响，印证上述推测。

“独乐乐不如众乐乐”“同天下之利者得天下”，歌力思以分享践行对股东的责任。夏国新认识到有舍才有得，众人拾柴火焰高，作为一个想成为国际知名品牌的中国品牌，歌力思需要与事业合伙人分享其发展成果、赢得各方信任。由此可见，夏国新的“分享”理念使歌力思在股东责任的盈利和回报方面表现良好，在企业稳重发展的同时，股东责任得到践行。此外，夏国新的“乡土情结”还体现在对歌力思的技术创新方面：中国时装品牌要具备中国特色。技术创新的中国特色体现在服饰设计、板型改造和市场营销三个方面。歌力思在国际化进程中把中国品牌推广至国际，同时也收购了国际品牌进行改造，改造创新国际品牌，融合中国元素的设计美感，中西合璧的设计创新为其赢得新客户的市场；除了设计，产品板型也需要根据中国人的身材进行改造以免“水土不服”；在市场营销方面，更是需要贴合中国市场的发展，大数据、云计算、3D 打印等新技术在中国市场的推广使歌力思的市场营销渠道也面临着创新的需求，新零售的打造也迫使时装行业在改变。实际控制人对于中国本土市场和品牌国际化的认识使歌力思重视技术创新，连年获得多项创新奖项进而推动了歌力思在企业社会责任创新维度的责任履行。除了创新受到市场的挑战，人才的发展也受到市场的挑战，迭代快速的时代也要求员工在培训学习方面跟上时代的脚步，所以歌力思也开展了“歌力思学院”计划，重视对员工的培训发展。

衣食住行衣为首，以“工匠精神”履行对消费者的责任。正如《民生主义》所言，衣食住行是中国百姓所关注的生活需要，衣食住行“衣”为首，在中国，服装业处于发展阶段，随着中国经济进入新阶段，人民生活水平的提高使消费者对于时装品牌的需求和要求得到进一步的发展。党的十九大报告指出，未来社会的主要矛盾是人们日益增长的美好生活的需要和不平衡不充分的发展之间的矛盾。夏国新认识到精益求精、品质优选将是未来顾客的消费趋势，而其认识要求歌力思在发展的道路上精心耕耘。因此，歌力思不仅在产品创新设计方面贴合中国特色，在质量管理方面还建立了良好的质量管理体系，保证了产品从设计到成品均能得到质量控制，更好地服务于消费者。

打造国际一流的中国品牌，为促进中国时装业发展履行社会责任。无论是对股东的分享、对员工的培养、对产品的创新、对消费者的精心服务，都是根植于歌力思本身的基因——打造中国高级时装品牌；这也是夏国新创立歌力思的初衷。世界时尚之都在巴黎，中国文化博大精深，但是在改革开放之初，却未能在世界知名时尚品牌之林获得一席之地。歌力思致力跨界进行艺术公益活动、推动文化艺术交流；通过艺术公益，在进行品牌推广的同时培养更多的年轻艺术家为中国时尚事业贡献力量。

4.2.3.7 案例小结

歌力思在实际控制人夏国新“乡土情结”的影响下，致力于成为国际一流的中国品牌，中西合璧创新产品并积极与股东分享发展成果，鼓励员工学习永不止步，紧跟消费升级步伐，为消费者提供精心服务，开展艺术公益践行企业社会责任。虽然歌力思在股东责任、消费者责任、员工责任及社会责任方面受到实际控制人价值观的积极影响，但是在供应商责任和环保责任和社会责任信息披露方面依然有待加强。“共享”不仅是与股东分享成果，还是和供应商分享成长的途径之一，歌力思的应付账款周转率与行业均值的差距逐年加大，在得到发展的同时也可以加强供应链建设，让利于供应商，求得双方均衡双赢。此外，作为制造业中的服饰制造业，虽然歌力思目前尚不受环保部门的重点监控，但是在生态文明发展的要求下，企业绿色发展势不可当，尤其是服饰从生产、销售到消费和二次消费的过程，可以进行绿色改造对环境治理做出贡献。同时，社会责任的履行很重要而信息披露让社会合理评价企业社会责任履行也很重要，歌力思在发展成为国际一流品牌的道路上，编制社会责任报告、规范和创新企业社会责任的信息披露，在企业发展建设的道路上增添助力。

4.2.4 广州科玛生物科技股份有限公司

4.2.4.1 科玛股份简介

广州科玛生物科技股份有限公司（科玛股份），成立于 2011 年 1 月，前身是已经有 20 多年历史的护肤化妆品生产企业，是集研究开发、生产制造与服务于一体的现代化护肤化妆品制造企业，是国内美妆行业 OEM/ODM/OBM 的知名和领先企业，是护肤化妆品国际供应商。

科玛股份的主营业务是化妆品的研发、生产和销售，为客户提供专业的化妆品代工生产服务，目前的代工方式以 OEM 和 ODM 模式为主。公司拥有丰富的配方储备库、数十项专利、雄厚的研发实力，以及成熟的代工运作经验、品牌策划定制能力，构成公司的核心竞争力。通过在竞争中实现产品和服务差异化的发展战略，其加工产品出口额占60%，服务客户涵盖了国内和海外的百货商场、连锁零售、美容专业线、电子网络销售等各种渠道业态，拥有一批优质和知名的品牌客户，如屈臣氏、万宁、英国玛莎、Hello Kitty、瓷肌、爱婴岛等。公司目前的盈利模式是以提供产品代工生产和品牌定制策划服务，赚取加工服务费（采取成本加成定价方式）为主营业务收入。科玛股份于2016年在新三板挂牌上市（股票名称：科玛股份，股票代码：839326），企业地处广州空港经济区，位于广州市花都区花山镇启源大道。根据2015年全国中小企业股份转让系统公司制定的《挂牌公司管理型行业分类指引》，科玛股份属于C26——化学原料与化学制品制造业，该行业目前有562家上市公司；根据《挂牌公司管理型行业分类指引》，公司所属行业为化妆品制造业（代码为C2682）；根据《挂牌公司投资型行业分类指引》，公司所属行业为个人用品行业（代码为141211）。在新三板与科玛股份同属于化妆品代加工商的挂牌公司共有9家。

科玛股份的实际控制人为谭广诺夫妇，谭广诺及其妻子分别持有广州科玛生物科技股份有限公司的股份比例为49.25%、46.46%。谭广诺为中国籍公民，祖籍广州花都。2006年谭广诺赴加拿大下海，拥有加拿大、美国永久居留权，但最后他还是带着浓浓的乡思，回到了广州花都投资创业，创办了科玛股份公司，在此期间他本人荣获了“中国化妆品风云人物奖”。

按照和讯网中上市公司社会责任报告专业评测体系，主要有以下五个考察角度：股东责任，员工责任，供应商、客户和消费者权益责任，环境责任和社会责任。根据广州市环保局公布2018年广州市重点排污单位名录，由于科玛股份公司不属于环境保护部门公布的重点排污单位的公司及其重要子公司的环保情况说明，所以本文将评测体系进行调整，将主要从股东责任，员工责任，供应商、客户和消费者权益责任和社会责任四个方面对科玛股份公司的社会责任履行进行考察和评价。

4.2.4.2 股东责任

股东责任分为五个维度进行评价：盈利、偿债、回报、信息披露和创新。在盈利能力方面，本研究选择净资产收益率、总资产收益率、主营业务利润率、成本费用利润率、每股收益和每股未分配利润 6 个指标来衡量，具体结果如表 4-25 所示，可以看出科玛股份的盈利能力整体趋势向好。2016 年受宏观经济环境对化妆品行业的冲击，公司业绩有所回落，但是各项盈利能力指标的下降都在可控范围内。

表 4-25 科玛股份盈利能力指标

年份	净资产收益率（%）	总资产收益率（%）	主营业务利润率（%）	成本费用利润率（%）	每股收益（元）	每股未分配利润（元）
2015	9.80	5.16	5.85	5.61	0.21	0.02
2016	6.84	4.67	3.61	5.41	0.07	0.06
2017	10.20	5.80	2.82	7.72	0.12	0.17

为了进一步衡量科玛股份盈利能力水平，将科玛股份盈利能力指标与行业均值进行对比，结果如表 4-26 所示，虽然科玛股份各项盈利指标与行业均值有一定差距，但是作为 2016 年在新三板上市的公司，在化妆品行业整体环境疲软的压力下，公司仍然加大自主研发和创新的投入，以差异化的产品撬动市场，开拓海外市场和国内较大型客户，实现股东利益最大化。科玛股份的盈利能力依旧呈现上升趋势，其中每股收益从 2016 年的 0.37 元上升到 2017 年的 0.14 元，增长了 74.11%，在 2017 年的各项盈利指标已经几乎与行业平均持平，可见科玛股份的盈利潜力较大，在股东盈利责任履行方面表现呈现逐步改善的趋势。

表 4-26 科玛股份盈利能力指标与行业均值差额

年份	净资产收益率（%）	总资产收益率（%）	主营业务利润率（%）	成本费用利润率（%）	每股收益（元）	每股未分配利润（元）
2015	−19.34	−7.64	−5.88	−5.59	−0.61	−0.24
2016	−13.32	−7.43	−7.26	−6.67	−0.37	−0.50
2017	−1.97	−1.25	−4.49	−0.60	−0.14	−0.34

将科玛股份偿债能力指标与行业均值进行对比，结果如表 4-27 所示。除了资产负债率指标，科玛股份偿债能力的各项指标都与行业水平持平，偿债能力的各项指标保持平稳向好趋势。资产负债率上升幅度较大，原因是企业在 2016 年向银行举债 5 年期的长期借款 2500 万元用于花山小镇项目、金港城项目及厂房的建设支出。科玛股份上市后，商业信用显著提升，根据业务发展需要，进行多渠道融资，相应增加了应付账款、预收账款、短期借款，与此同时也加强了短期往来款项的管理，使得各项短期偿债指标保持平稳向好趋势。因此，在偿债方面的责任，科玛股份也表现得良好，处于行业中等水平。

表 4-27 科玛股份偿债能力指标与行业均值差额

单位：%

年份	速动比率	流动比率	现金比率	股东权益比率	资产负债率
2015	1.31	2.35	−0.03	0.32	−0.32
2016	1.41	1.21	1.51	−0.04	0.04
2017	−0.18	0.04	−0.20	0.10	0.13

科玛股份公司拥有 19 项发明专利、6 项实用新型专利、10 项外观专利。另外，还有 10 项发明专利正在实审阶段。2016 年获国家“高新技术企业”和“科技创新小巨人企业”认定，获评“最具投资潜力企业”。科玛股份公司积极开展校企合作，2016 年 3 月，公司与中山大学签约，共建产学研基地、联合实验室、大学生实习基地，与中山大学生命科学学院教授、博士生导师苏薇薇率领的团队进行产学研深度合作。科玛股份的研发投入和研发人员情况如表 4-28 所示，可以看出科玛股份的研发投入和研发人员逐年增加，平均

每年研发强度达到9%以上，研发人员数量占公司员工总人数达到17%以上。

表4-28 科玛股份研发支出及研发人员数量

项目	2015年	2016年	2017年
研发支出（万元）	362.01	364.19	589.85
研发人员数量（人）	15	19	31

在信息披露方面，科玛股份按照企业会计准则的规定编制财务报表，使其实现公允反映，并设计、执行和维护必要的内部控制，以使财务报表不存在由于舞弊或错误导致的重大错报；信息披露及时，保障股东的利益不受损害，自上市以来不存在被证券监管部门和交易所采取监管措施或处罚的情况。

4.2.4.3 员工责任

科玛股份公司根据相关规定设立了工会，为员工购置了养老保险、医疗保险、工伤保险等五险一金，建立了科学合理的绩效考核体系和股权激励制度。科玛股份秉持“以人为本”的精神和宗旨，视员工和人才为公司之根本，是公司生存和发展的基本保证和后续动力。调查问卷的结果显示，科玛股份公司重视员工培训且在不断加大投入力度，如为科玛股份管理层团队举办“高效团队建设与执行力”的公益培训等；在安全方面，注重提升员工安全意识，进行生产安全检查；对员工的关爱有加，给员工发放慰问金或慰问品，提供合理带薪休假；常年组织员工举办生日会、年度体育运动会、户外拓展、旅游休假烧烤聚餐等形式多样、丰富多彩的文娱活动，丰富了员工的生活，促进员工身心健康。在访谈中，谭广诺海外数年的经历，及与外国企业多年的接触，让他看到外国企业对员工的关怀，对环境的重视和对以人为本理念的贯彻使他深受影响。他对企业员工提出的要求都会尽量满足，从来没有和员工发生过法律纠纷，公开媒体也未曾报道过科玛股份公司有关员工薪酬拖欠的纠纷。在实际控制人谭广诺设计创美金谷产业园时，每一栋楼都安装了欧美式消防门，成本虽高但是设计更加人性化，目的是使员工和客户在突发事件发生时能顺利逃生。

在员工责任方面可以分别从以下三个维度来进行评价：员工绩效、安全和对员工的关爱。在员工绩效方面选用职工人均收入和员工培训两种指标来衡量，具体结果如表 4-29 所示。

表 4-29　科玛股份员工人均收入与行业均值差额

单位：万元

项目	2015 年	2016 年	2017 年
职工人均收入	3.56	6.99	9.49
行业均值	5.64	6.60	8.13
差值	-2.08	0.39	1.36

从表 4-29 可以看出，科玛股份公司的职工人均收入在 2015—2017 年逐年递增，特别在 2016 年新三板上市后，职工年人均收入达到 69914.17 元，超过行业平均值；在 2017 年职工年人均收入达到 94853.10 元，超过行业平均职工收入的 17%。

4.2.4.4　供应商、客户和消费者权益责任

科玛股份公司基本价值观为“创新、匠心、诚信、服务、激情”。谭广诺在访谈中也谈到，他认为诚信是企业的立足之本，无论是对顾客还是供应商都应如此。科玛股份公司的主营业务是为客户提供专业的化妆品代工生产服务。科玛股份对客户的服务优势在于：

第一，对消费者进行不定期的调查，分析消费者消费心理，同时对服务过的品牌公司建立联合调查组，发现、总结销售过程中出现的实际问题，并着手解决。

第二，定期对国内外品牌进行市场营销、产品开发、媒介推广策略的普遍性调查，挖掘市场契机，针对合作服务品牌进行针对性的竞品调查，制定适合品牌发展、突围的产品形象及营销推广策略参考。

第三，为客户品牌提供包装设计、形象设计、视觉推广、品牌文化、产品策略、价格策略、渠道策略、媒介策略。

科玛股份的现代化生产基地占地 2 万多平方米、拥有 3 万平方米按照国际化妆品行业 GMP 标准建设的现代化工厂，通过 ISO 9001：2008 质量管理体系认

证、ISO 22716-2007 化妆品良好操作规范体系认证以及国际 GMPC 认证。

科玛企业以优秀的企业文化与现代企业管理制度，领先的技术研发与系统质量管理能力，先后为英国玛莎（Marks&Spencer）、中国香港万宁、中国香港 SASA、瓷肌、海王星辰、乐蜂网、梦芭莎、迪士尼、淮杰、爱婴岛、Hello Kitty 等国（境）内外知名品牌服务。科玛股份公司在 2013 年获得“优质服务供应商”的荣誉称号，作为爱婴岛长期的合作伙伴，科玛股份公司在 2017 年荣获爱婴岛（华南最大母婴连锁机构）“最佳供应商”殊荣；此外，还荣获了韩国美容产业协会颁发的“大中华卓越企业”功勋章。综上所述，科玛股份在履行供应商、客户和消费者权益责任的方面起到了模范作用。

对供应商的责任主要关注应付账款周转率，表 4-30 是科玛股份应付账款周转率与行业均值差额情况表。从表 4-30 中可以看出，2016 年和 2017 年科玛股份应付账款周转率都高于行业平均值，表明企业公司占用供应商货款低，具有更快还清上游企业货款的能力，也体现出科玛股份对供应商的责任强。

表 4-30　科玛股份应付账款周转率与行业均值差额　　单位：%

项目	2015 年	2016 年	2017 年
应付账款周转率	3. 75	14. 39	10. 46
行业均值	7. 69	9. 86	7. 19
差额	-3. 94	4. 53	3. 27

4. 2. 4. 5　社会责任

（1）环保责任。

衡量环保责任主要有以下五个指标：环保意识、环境管理体系认证、环保投入金额、排污种类数以及节约能源种类数。从访谈中了解到谭广诺具有较强的环保意识，他认为企业在经营过程应该做到取之有道，保护环境，减少污染也是对企业最基本的要求。如果企业连环保都做不好，那么它的生存是没有价值和意义的。由于科玛股份公司不属于环境保护部门公布的重点排污单位的公司，所以在其他四个方面没有做出太大的努力，表现不突出。但是作为化学原料与化学制品制造业，仅仅拥有环保意识还是不够的。科玛股份公司可以在环保方面加大投入，减少废料污染。

（2）纳税贡献。

纳税贡献价值可采用当期纳税总额和企业税负总负担率的指标来进行衡量。如表 4-31 所示，科玛股份纳税总额总体上是增加的，从 2015 年的 36 万元到后两年纳税金额均达到 70 万元以上，其税负总负担率（当期纳税总额/当期营业收入）的趋势与纳税总额的保持一致，企业积极承担了纳税责任。

表 4-31 科玛股份当期纳税总额和税负总负担率

项目	2015 年	2016 年	2017 年
当期纳税总额（万元）	35.94	77.37	70.6
企业税负总负担率（%）	1.03	1.70	1.28

（3）公益慈善。

在公益慈善方面，科玛股份把“成为受人尊敬、有社会责任感”作为公司发展的根本目标，公司和员工始终一贯把回馈社会、履行公司的社会责任作为自己应尽的义务，长期以来持续不断地积极参与扶贫、济困、敬老、赈灾捐款、赞助、义务植树等社会公益活动。尤其每年老人节，自公司成立以来一直都坚持给予企业所在地的花山镇洛场村的老人节日慰问（现金和礼品）。2016 年，公司还参与了广东省扶贫基金会对贫困地区的扶贫项目，捐赠 3 万元给广东省扶贫基金会，用于贫困乡村基础建设。“科玛股份”积极参加公益组织或协会，曾多次举办或合办慈善、公益活动，向慈善机构、公益活动捐赠，谭广诺也常鼓励员工积极参加公益慈善活动，提倡公益精神、参与公益宣传。“科玛股份”荣获广东狮子会粤亮服务队（依照国家相关法律注册成立的公益慈善服务组织）“慈善蕴大爱粤亮善者”称号；于 2016 年 7 月，获得广东省扶贫基金会荣誉证书。

综上所述，科玛股份在履行股东责任的偿债、信息披露和创新方面表现突出，在回报和盈利方面稍低于行业平均水平，但其盈利能力也表现出持续改善的趋势；在履行员工责任方面，关爱员工，为员工创造提供良好的生活工作环境，保障员工的基本权利，积极为员工打造发展平台；在履行供应商责任方面表现较好，整体高于行业水平；而在客户和消费者责任方面，企业以顾客需求为导向，严格保障了产品质量和构建质量监控体系，获得客户一致好评；在社会责任履行方面表现良好，积极履行纳税责任，踊跃参与和开展公益活动，回馈社会。

4.2.4.6 实际控制人的乡土情结对社会责任履行影响

科玛股份公司的实际控制人谭广诺是土生土长的广州花都人，他自己也表示，广州文化中兼容开放、不排外、敢于冒险开拓的精神对他具有一定的影响。在访谈时他回忆起往事，不禁感慨当年下海是很需要勇气的。谭广诺先生毕业于西南政法学院法律专业，1985 年 8 月至 1991 年 9 月，就职于广州经济技术开发区管委会，任职员。他当时认为国家需要更多的企业经营者，便辞去政府官员的职位，开始涉入商界，远赴加拿大经商。后来回到家乡工作，在广州花都区创办了科玛股份公司，在访谈中问及归国后在花都创业的原因，谭广诺强调他对花都有种特殊的情感，他只想回到家乡创业。在访谈中还了解到，谭广诺会参加同乡会或家乡联谊活动，与家乡人见面时，经常使用家乡方言，在日常生活中，也保留较多的家乡习俗。乡土情结对谭广诺的影响颇深，谭广诺对故土怀有深厚的感情并在实际行动中表现出了他的反哺之义。其中，谭广诺策划投资的花山小镇项目和创美金谷项目就是很好的例子。

第一，花山小镇。谭广诺先生第一次到洛场村是在 2013 年，当时他的新工厂在洛场村（花山小镇处）200 米外建成，每天经过洛场村看到华侨碉楼古建筑的村落，让他觉得这个地方极具历史文化和风土人情特色。当他得知这些华侨所建的碉楼已空置多年后，他开始筹划把碉楼青砖屋等古建筑老房子承租下来，对古建筑进行保育活化，于是开始漫长的碉楼活化改造工程。当时很多人并不看好该项目，认为运营花山小镇项目需要花费大量的时间和精力，且在短时间内看不到理想效益。而谭广诺表示选择做这个项目，更多的是出于一种对古建筑的情怀，“这里很宁静，这里的古建筑有我们这代人的记忆。”项目启动后，谭广诺开始逐户找碉楼房屋主人洽谈承租事宜，仅是承租这一项就花了将近两年时间，耗费了很多精力和时间。有些碉楼的主人在海外，为表诚意，谭广诺甚至飞往洛杉矶和房屋主人洽谈。在改造模式方面，花山小镇项目摒弃了传统大拆大建的老方式，更注重环保和原始生态，碉楼和百年民居也按照原有的自然布局和生态环境规划进行改造，连路边布满青苔的围墙也完整地维持原态。在改造时，政府打算拆掉一座属于违建的旧房子，但是谭广诺认为只要是以前的古建筑，就应该尽量把它保留下来。随后他与政府进行洽谈，宁愿自己掏钱将房子租下来进行维护，并找到合适的商家入驻，同时还请房东的子女在店里当兼职，以更好地维护建筑。

谭广诺先生表示，如果这些房子不能形成产业，则是没有生命力的，文化才是核心。在招商方面，花山小镇也是有规划的，只引进文化艺术方面的或是创意型的商户。避免雷同的商户进驻，即便是引进餐厅也避免口味品种类型上的重复，以免造成同类之间竞争，体现出花山小镇的品质追求和优势。花山小镇引进具有创意创新意识的企业机构，引入社会资金、有实力的文化经营企业对碉楼以及旧房屋进行适度的文化创意开发，引进了许多如工业设计，平面设计、包装设计等企业，让文化创意产业企业在这里聚集起来。谭广诺对每个入驻的商家都很负责任，项目中每个环节都要求精益求精，他的目的只是让这些入驻的商家能好好保护和维持这些历史建筑（图 4-11、图 4-12、图 4-13 和图 4-14 为选取的花山小镇场景）。

图 4-11 花山小镇（一）

图 4-12 花山小镇（二）

目前，花山小镇吸引了 31 家文化创意机构入驻，包括红酒咖啡文化、设计、太极文化、陶艺、影视、书画院、民宿等，各类业态陆续前来投资。这些进驻企业都是经过精挑细选的。在“花都杯”2017 年广东省文化创意设计大赛优秀作品展上，花山小镇进驻商户的三个设计品牌均入选参赛。谭广诺先生表示花山小镇仍然需要不断升级，实现良性循环。2018 年花山小镇与广东培正学院开展了校企合作，建立了“校企产学研协同育人实践合作基地”，与广东培正学院艺术设计系进行紧密联系，不断为小镇输入优秀的文创作品。

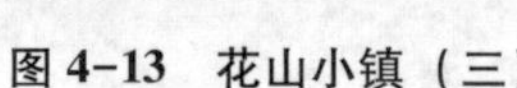

图 4-13 花山小镇（三）

图 4-14 花山小镇（四）

经过 5 年的打造，小镇焕然一新，不仅环境得到改善，还为村民提供了就业机会。不少村民在花山小镇负责看管店铺、做保洁工作；此外，村民还通过出租以前弃置的旧房屋提高了经济收入，以前几间房间租金才三四百元，现在一间能收租 2000 元。谭广诺认为解决农村问题，就是在解决中国的基本问题，但做这些需要情怀和坚守。是谭广诺的家国情怀和对家乡的反哺之心在推动他去尽心尽力地保护这些碉楼群及其背后的深厚文化，为村子的发展贡献自己的一份力量。洛场村通过发展文化产业，一方面可以促进经济发展转型升级，另一方面文化产业获得的效益也会投资到村子的公共事业建设，取得一定的社会效益；同时花山小镇也是个很好的传统文化教育基地。洛场村始建于清朝乾隆年间，是广州著名的侨乡，从咸丰年间开始就有村民漂洋过海出国谋生，现有海外侨胞5000多人，是现居村民人数的两倍，有着浓郁的侨乡文化和风土人情。洛场村现存保留有碉楼45座和200多栋青砖屋，碉楼大多建于民国初期（20世纪20年代），由侨居美国的洛场村侨胞回乡兴建。碉楼形制各异，形态庄稳，装饰华美，造型各具特色。拥有欧美式的外形，建筑物的细节却是中式的纹饰图案，融中国传统乡村建筑文化与西方建筑元素于一体，内部布局装修与陈设以中式为主，兼具居住与防卫功能。形成了鲜明的广府碉楼特色，表现出特有的艺术魅力，凸显出特定时代特定地域多文化碰撞交会而成的历史文化。

经过5年的旧村落改造发展，这个“空心村”被逐步打造成华侨文旅特色小镇——花山小镇。将华侨文化和碉楼文化相融合，同时又集创意、旅游、休闲文化为一体，充分凸显了小镇地域文化的特色，使农村闲置土地资源盘活，历史建筑得到更好的保护，传统文化也得到更好的传承，一举多得。花山小镇的成功改造得到了社会上不少的赞赏和肯定。洛场村先后获评为“珠三角最美乡村”“广州市文明示范村”；花山小镇的相关改造案例被记入《广州蓝皮书——广州文化创意产业发展报告（2015）》（广州文化产业最权威的报告和资料汇编）中，央媒刊物《小康》杂志于2017年1月中旬号刊载了题为《花山特色小镇——从“空心村”到文创小镇的嬗变》的文章；中国侨联、广州市人大、政协领导等都曾先后到访花山小镇进行考察调研，并充分肯定了花山小镇在保护开发侨乡碉楼古建筑，融合文化创意与旅游休闲的创新做法。

第二，创美金谷。创美金谷（IBC）国际商品跨境电商产业园是由科玛生物科技股份有限公司全资建设的，由广州美谷产业孵化器有限公司建设打造和运营的美妆产业园，占地2.6万平方米，建筑面积5.7万平方米，历经近三年建设已全部建筑封顶，计划在2019年10月全面建成并正式运营。

创美金谷在区位上具有一定的优势，地处广州空港经济区，位于广州市花都区金谷产业园区，距离广州白云国际机场以北 10 千米，距离高速公路金谷出入口 2 千米，交通便利。科玛股份公司计划将创美金谷产业园打造为美妆产业的资源整合共享平台，以化妆品技术研发、设计策划为核心，整合产业资源和供应链，集化妆品技术研发创新、外观设计、原料及包材开发、品牌、行业展览展示、技术成果转化输出、商贸服务等于一体，为美妆创新发展提供大数据支持和智能化应用，成为化妆品产业孵化器和加速器。“创美金谷”源于美妆，但不止于美妆，它同时被定位为价值创新产业园区，是国际商品展示体验、销售交易及品牌直播基地。创美金谷主要的运营服务有国际文化经贸交流中心、当代艺术馆、世界美酒美食展示体验街区、进口商品展示体验场馆、众创空间（包括研发、设计包装、品牌营销、新零售）、孵化器、美妆产业服务平台，是一个多功能文化经贸产业园区，也是一个永不落幕的国际文化经贸博览会。

科玛股份公司秉承的价值理念为“共赢、共担、共享、共荣”，谭广诺亲自设计的创美金谷产业园中也体现着企业的理念：共享，利他。比如，创美金谷是由六栋 4~6 层的主体建筑组成错落有致的环形建筑群园区，融合了极简纯粹的“荷兰风格派”的建筑外观风格，其中每栋楼都不是独立的，相邻的两栋楼是没有隔阂的、彼此相连相通的。在这里，创美金谷将聚集国际商品供应商、采购商、贸易企业、跨境电商、物流货运等企业机构，整合配置全球优质货源精品，引进和汇聚“一带一路”主要国家的特色优势产品及世界知名商品，经营有欧洲馆、北美馆、南美馆、日韩馆、澳新馆、东南亚馆等国家和地区的优质特色商品场馆及品牌区，为世界各国商贸企业进入中国市场搭建平台，促进国内更加优化的市场供给。谭广诺强调这个设计理念同时也契合了“一带一路”的精神，即把各国具有特色优势的产品聚集于此，共同分享。而“利他”精神在细节上也处处有体现。谭广诺设计创美金谷产业园时，每一栋楼都安置了欧美式消防门，成本虽高但是设计更加人性化，也更加方便快捷，目的是使员工和客户在突发事件发生时，能顺利逃生；地下车库的设计建造也丝毫不马虎，在数日大雨过后也没有发生浸水的情况，地面依旧干燥；创美金谷园区内的楼层都不高，虽然会增加建造成本，但是可以更加方便交流；而玻璃电梯的设计主要是为了便于人们在园区内快速找到每栋楼的电梯所在位置，在游览中保证良好的体验感。创美金谷园区配套设施齐全，设计细节人性化。很多工作谭广诺都亲力亲为，力求做得细致，让顾客满意。

在访谈中谭广诺也反复强调了诚信是最基本的，要以诚心对待顾客。他表示绝不会让假冒伪劣商品进入创美金谷产业园，首先要在源头杜绝隐患，园区中入驻的商户一定要保证他们提供的商品是正品；只有领事馆背书的商品，他才会介绍给顾客。在选择入驻商家时，谭广诺也有他自己的一套标准——相互认可对方的文化是必要条件，一心只想盈利的商家是不能入驻的，创美金谷产业园想要的是诚心把自己国家最新优质的产品带来一起分享，把赚钱放在第二位的商家。这也是谭广诺创建创美金谷产业园的初心。谭广诺认为仅发展美妆产业是不够的，这只是在经营企业、获取利润，他想做一些更有意义的事情。比如，汇聚来自各国本土生产的优质商品，让人们较为轻松便利地体验、购买到有保障的商品，构建一个 B2B、B2C 的优质平台。谭广诺还提到广州是千年商都，也是粤港澳大湾区的中心城市之一，作为广州人，希望能为广州的进步、粤港澳大湾区的建设、“一带一路”的发展，做好自己力所能及的事情，发挥自己的作用。

创美金谷产业园不仅可以促进国际间的商贸交流，还承担着推动文化发展的作用。创美金谷产业园内会定期举办主题文化活动周、对接会、品鉴会、品牌发布会、论坛研讨会等交流活动。人们在创美金谷产业园可以体验到各国独特和风格迥异的文化特点，包括饮食文化、历史和音乐绘画艺术等方面。谭广诺认为只有把经贸，各国的文化、艺术乃至历史之间的融合做好，商贸才能稳定发展。因为商贸并不是简单的批发市场交易，同时它也是文化交流、文化认可的过程。谭广诺期望将创美金谷打造成未来的当代艺术中心、国际经贸交流中心，此外他还特意在创美金谷对接了会议功能。他认为广州琶洲的展览功能和会议中心的会议功能都是优秀的典范，但可惜这两者没能很好地对接起来，都是独立存在的。因此，谭广诺准备将创美金谷的展览功能和会议功能进行对接集合。创美金谷产业园内的商务配套设施包括会议大厅、宴会大厅、15 个不同规模类型的多功能会议室等；另外，园区中央有 8500 平方米的文化娱乐广场可以举办嘉年华活动，可谓集多功能于一体。谭广诺表示只有将这些跨界融合做好，才能支撑这个项目长远发展。虽然创美金谷项目带有公益性质，但毋庸置疑它的生存是前提，只有生存下来，才能做得更好，做更多的公益事业，而这些需要用经贸带来的收益作为支撑。

谭广诺的华侨身份也推动了科玛股份公司对社会责任的履行。根据广东省政府网的数据统计，广东有 2000 多万海外侨胞，占全国的 2/3；而按华侨华人的祖籍划分，广东籍就占了 54%。花都是广州著名的侨乡，谭广诺表示自己生于侨乡又作为侨商，团结海外华侨责无旁贷。他非常希望自己能“做好民间的外交”，也算是为更好地推进“一带一路”打好基础。谭广诺认为首先要“把华侨的心抓回来”，让华侨对中国、对自己的家乡产生归属感和认同感，建立感情联系，这一点至关重要，因为这将对“一带一路”的发展起到链接性的作用。在谭广诺的规划中，创美金谷产业中心可以先与世界各地的华侨同胞进行合作，与他们成立商会从而建立紧密联系，形成团结一致的集体；接着利用创美金谷产业中心这个国际平台，和海外的商会进行紧密的合作，选择性地挑选马来西亚、巴西等华侨分布较多的国家和地区的优质特色商品来分享，帮助他们促成商业交易的顺利完成，帮助他们的公司在外国扎根、壮大发展，并加强与中国之间的贸易往来，充分发挥华侨的纽带作用，连接世界，推动“一带一路”的发展。

创美金谷产业中心作为中国美妆时尚产业首个创新服务平台，为美妆行业创新提供一站式服务，引领美妆行业产业升级。它在实现创新并提供了不少就业机会的同时，还发挥着创业交流合作平台的作用。2018 年 5 月 4 日青年节当天，广州市花都区海外青年联谊会与广州美谷产业孵化器有限公司就“共建青年创业中心”举行了签约仪式，由花都区委常委、统战部部长李波同志授牌，广州美谷产业孵化器有限公司签约并接受了“海青会—创美金谷青创中心”牌匾。由广州美谷产业孵化器有限公司主力打造的创美金谷是美妆时尚产业创新平台，“海青会—创美金谷青创中心”的成立将成为一个创业交流合作的平台，加强和增进海内外花都籍青年的联系交流，凝聚青年才俊的智慧，开启花都创业创新事业的新局面。同年7月，谭广诺作为创美金谷创始人参加了花都区青年创意创新创业教育研讨会，为创美金谷产业园美妆全产业链基地做了演讲介绍，并与广东培正学院签订了“建立战略合作伙伴关系共同建设校企协同育人基地合作协议书”。双方将建立紧密型的战略合作伙伴关系，在“校企协同育人基地”的建设方面进行全面、长期和富有成效的合作，促进和提升大学生创业体验、创业实战的效果，共同在国内开创一个创业教育与校企互动合作的典型范例和示范基地。创美金谷项目具有一定的公益性质，不仅能助力于中国美妆行业的转型升级，延伸出创新创业交流平台的功能，还能起到积极推动文化发展、促进国际间商贸交流的作用。谭广诺也衷心期望创美金谷产业中心的建设能有利于推动“一带一路”的进程，为各国文化经贸交流提供一个良好的机会和平台，力争成为粤港澳大湾区、“一带一路”的国际商贸中心，促进各国友好关系的发展，达到利国利民的效果。

上述两个具体事例进一步印证了实际控制人谭广诺的“乡土情结”推动了科玛股份的社会责任履行。具体而言，他将个人的理想与家乡的建设发展相互结合，既为家乡创造了社会财富，同时也实现了自己的人生价值，“乡土情结”就这样推动了侨商返乡投资建设。在股东责任方面，在公司稳健发展的同时勇于创新，创建跨境电商产业园，积极探索转型升级之路，以顺应时代潮流的发展，谋求更广阔的成长空间。以“用户至上”的服务精神履行对客户、消费者的责任，认识到品质为本、精益求精、注重体验感将是未来顾客的消费趋势，对花山小镇和创美金谷的入驻商家及其商品质量严格把关，在源头保证质量，在消费过程中给予客户良好体验，融合特色文化在细节处用心，以“工匠精神”打造企业品牌。以“共享，利他”精神履行对社会的责任；在公益慈善方面，两个项目的建设都增加了当地就业机会，促进创新创业经验分享交流，带动当地经济增长；在环保方面，拥有良好的环保意识，在规划花山小镇时注重环境保护和保留原始生态，致力改善家乡的生态环境和人们的生活环境；在文化发展方面，文化认同感促使谭广诺投资花山小镇，保护碉楼等历史建筑和传承侨乡历史文化，积极促进文化交流和进步；在经济建设方面，出于侨商和侨乡人的双重身份带来的责任感，谭广诺利用创美金谷平台，充分发挥华侨的纽带作用，推动国际间商贸交流，致力于为广州的建设、粤港澳大湾区的发展、“一带一路”的推进贡献自己的一份力量。

4.2.4.7 案例小结

按照和讯网中上市公司社会责任报告专业评测体系，定量分析发现侨资企业科玛股份社会责任履行情况良好；接着根据对花山小镇和创美金谷两个项目的具体分析，进一步印证了实际控制人谭广诺的“乡土情结”推动了科玛股份的社会责任履行。具体而言，科玛股份在对客户、供应商、社会责任方面表现突出，但在环保与股东回报方面仍需加强。科玛股份作为化学原料与化学制品制造业的企业，应该积极投入环保建设，加大化学废水废料的治理投资，完善排污处理系统，防止废料二次污染，努力做保护环境的模范企业。总体来说，谭广诺将个人的理想与家乡的建设发展相互结合，既为家乡创造了社会财富，也实现了自己的人生价值，“乡土情结”就这样推动了侨商返乡投资建设。在乡土情结的影响下，文化认同、家乡认同以及谭广诺侨商和侨乡人的双重身份带来的责任感使谭广诺在整个企业经营过程中，更加注重社会责任的履行，注重相关利益者的整体利益，主动回馈社会，积极投身家乡、祖国的建设，而非单纯地追求利润最大化。

4.3 结论与建议

4.3.1 小结

经济因素与文化因素是促使侨商投资企业履行社会责任的两大关键因素。从地域统计数据来看，履行社会责任较好的侨商企业，要么是处于广东省内经济发达的地区，要么是处于传统侨乡地区。这说明企业较好地履行社会责任需要具备一定的经济基础，而企业文化对企业履行社会责任也产生了重要影响。在侨乡注册的侨商企业履行了更高的社会责任，说明侨乡文化对侨商企业影响深远，体现在其履行社会责任的具体行为上。

企业社会责任的履行主要表现在积极参与公益慈善活动、以顾客为导向生产和服务、重视和保障员工合法权益、保质保量完成订单、承担起经济责任以及努力做好环境保护工作。大部分侨商企业都做到了前四项工作，但是对环境保护这项工作，40%左右的企业都存在不同程度的环保漏洞。中国把“保护环境”作为基本国策，现在党和国家不断强调“绿水青山就是金山银山”，所以在华的侨商企业应该增强其环保意识，避免阻碍自身的发展。参与调研的侨商企业普遍反映，环保压力较大，主要因为环保成本较为刚性，企业营收难以覆盖环保成本支出，这表明侨商企业面临迫切的转型升级要求，也反映环保政策在执行过程中过于刚性，缺乏相应的配套措施。

乡土情结对侨商企业履行社会责任发挥了极为重要的作用。根据问卷调查的结果，60%以上的侨商企业存在不同程度上的乡土情结，当企业管理者存在乡土情结，其对家乡文化的认同感和对家乡的反哺之情会对管理者的个人行为和决策产生影响，进而会作用于企业的战略导向中，更多地关注到家乡的利益，使企业在经营过程中遵循更高的道德标准，形成较强的社会责任意识。华侨作为一个特殊的群体，漂洋过海到异国他乡，更容易引发心中的思乡之情，华侨的乡土情结更为强烈。对于侨商企业而言，企业社会责任主要靠具有社会责任意识的侨胞实际控制人来推动，侨胞的精神特质指引着企业的发展，在推动企业社会责任履行的过程中占据举足轻重的地位。研究发现，侨商企业实际控制人的华侨身份有助于企业履行社会责任，实际控制人将个人的理想与家乡的建设发展相互结合，既为家乡创造了社会财富，也实现了自己的人生价值，这些怀有乡土情结的企业实际控制人推动着侨商企业的社会责任履行。

4.3.2　促进侨商企业履行社会责任的相关建议

（1）通过税收、信贷与营商环境的各项配套措施建设，促进侨商企业转型升级。

企业首先要生存，才能更好地履行社会责任，为相关利益者创造更多价值，回馈社会。然而，侨商企业的投资领域却主要集中在传统行业，中国在传统行业中对环保治理的升级，令很多侨商企业生产成本大幅上升，这样导致企业在履行社会责任时难以较好地履行对社会环境的责任。本项目在调研中发现，较早进行转型升级的企业，其生产成本受环保政策的影响相对较小，从而其在环境责任领域表现较好。

笔者在调研中发现，侨商投资企业投资领域集中在造纸、印刷、服装、化工等传统领域，由于生产技术水平不高，没有享受高新技术企业的税收优惠；几乎没有侨商企业利用绿色金融等低息贷款模式降低企业的利息费用。本课题参与调研的大多数侨商企业均表示，理解中国政府"保护环境"的基本国策，也确有意愿促进家乡成为"绿水青山"，然而政策的执行却存在较大的刚性，体现在配套措施欠缺，如大多数企业赞同"煤改气"作为一项必要的环保政策，但是在很多地区却存在天然气供应商单一，缺乏竞争导致成本过高的问题。即使一直在环境保护领域做得不错的企业，面临"煤改气"时生产成本都不堪重负，希望通过改善供应商结构，打破地区垄断，降低天然气成本。

建议地方政府帮助侨商企业获得转型升级中的各项优惠政策，通过广泛宣传税收与信贷政策，使侨商企业明白能够在转型升级中获得哪些优惠政策，同时改善地方营商环境，引入多个天然气供应商，降低企业的环境成本。建议各级侨务政策部门，在推进"侨梦苑"建设中，与地方政府协商税收、信贷和能源供应配套措施，使"侨梦苑"不仅仅是挂一个牌子，而是能实质性地推动侨商企业转型升级，通过生产技术的提高降低环境成本，更好地履行社会责任。

（2）加大"侨乡"文化建设。

处于侨乡的侨商企业更好地履行了社会责任，说明侨乡文化对侨商企业履行社会责任发挥了重要作用。本项目在调研过程中发现，作为传统侨乡的江门，其侨商投资企业协会在广东省侨商投资企业协会尚未成立时，已经自发成立，当地侨乡文化盛行，有名的"开平碉楼"对侨乡文化的传承起到了重要的宣传作用。本项目选取的重要案例企业科玛股份，实际控制人谭广诺本身是传统侨乡花都人，他在花都侨乡洛场村华侨碉楼古建筑的基础上建设了“花山小镇”，将该村历史上的华侨名人以博物馆的形式进行宣传。该村本地常住人口2572人，海外华侨有4900多人，许多美国和加拿大华侨偕后代来参观时，看到保存完好的故居，不禁热泪盈眶。但是对于在新三板上市的企业来说，类似“花山小镇”这样的项目，因为要考虑旧址保护和维护，确实难以为企业带来利润。笔者建议，政府出资对广东省内各大侨乡进行旧址保护与恢复工作，通过对建筑物、华侨名人的宣传，使得侨乡文化得以传承，影响侨商的下一代，使其记住自己的“根”。

（3）进一步发挥侨商投资企业协会和侨商联合会的功能。

服务侨商、贡献社会是中国各级侨商投资企业协会和侨商联合会秉承的办会宗旨。侨商组织可以广泛团结海内外广大侨商和留学归国创业人员，是侨商与政府沟通的桥梁，能充分反映侨商需求，维护会员的合法权益；帮助推动侨商企业走创新发展之路，努力通过技术改造实现转型升级；引导侨商企业参与支持社会公益和侨联事业，为中华民族的伟大复兴做出应有的贡献。侨商拥有共同的文化情感基础，积极参与地区侨商组织，更容易形成凝聚力，能更好地团结各方力量；在一个良好的团体组织氛围内，相互帮助，相互带动，群策群力，履行社会责任的积极性也会提高。同时，侨亦是桥，在侨商组织的引导下，侨商企业能更有效也更充分地发挥联系海外与内地的桥梁纽带作用，最大限度地体现侨界人才荟萃、智力密集、联系广泛的独特优势，为促进国家经济建设贡献力量，为推动社会进步献计出力。由于侨商的乡土情结推动了企业社会责任履行，侨乡所在地的企业具有更好的社会责任履行基础，因此应积极发挥侨商组织的功能，推动更多的侨商企业加入，并通过宣传工作，引导其更好地履行社会责任。本项目的研究表明，非上市的侨商企业更好地履行了社会责任，在很大程度上是因为本项目选取的调研企业均来自广东省侨商投资企业协会，对侨商身份的认同感促使乡土情结发挥其推动社会责任履行的作用，而上市侨企却大多未加入当地的侨商组织，将它们纳入进来，有助于其实际控制人及其下一代“乡土情结”的形成。

（4）侨商企业应将社会责任融入企业营运管理，并进行充分的社会责任信息披露。

笔者选取的4家处于重污染行业进行深度访谈的典型案例研究表明，尽管这4家企业处于污染较高的行业，但均较好地履行了社会责任。4家企业实际控制人具有较强的乡土情结，对企业社会责任充分重视，将其融入企业营运管理的各个环节，并进行了较好的社会责任信息披露。侨资企业生产经营与管理是企业的基本活动，只有将社会责任融入企业的生产经营与管理中，才能确保企业长久健康地发展。同时，将社会责任融入生产经营与管理中，产生实际效益，才能够真正深入大众，获得社会大众支持和共同认可。将社会责任融入企业的生产经营与管理中，一是要发挥企业社会责任观念的规范功能，形成员工的自我约束力，从而规范员工的业务和技术行为，提高生产经营的质量。二是在精神价值取向的深层次上调动员工的力量，激发员工的主观能动性，进而激发员工的创造力，促进企业技术和管理的创新。总之，社会责任观念通过作用于企业生产经营管理活动而最终作用于企业核心竞争力。侨商企业要制定正确的经营战略，只有战略定位准确，才能顺应时代发展的潮流，抓住机遇，加快发展。侨商企业要通过履行社会责任，树立良好的企业信誉和形象。企业的信誉和形象作为一笔无形资产，可以促进侨商企业经营更加成功，从容应对多变的市场环境和国家政策。

企业披露社会责任报告的目的是使企业的利益相关者增加一种信息获取渠道，便于他们更加清楚、全面地了解企业的非财务信息，从而帮助企业所有的利益相关者针对该企业做出较为合理的决策。对于重视社会责任履行，对消费者、员工和股东等负责的企业，消费者、投资者等相关利益者可以通过自己对该企业的选择来带动企业的发展；同样，对社会责任履行水平较低的企业，相关利益者也可以“用脚投票”来表达自己对该企业的态度。企业从事社会责任活动，这种行为要让相关利益主体知晓，相关责任受益对象才会做出对企业有利的举动，从而使得企业受益。如果企业和相关利益主体之间存在信息不对称，社会责任的价值创造就难以实现。因此，实现社会责任价值驱动的关键在于设计有效的社会责任沟通机制。企业应当不断提升社会责任报告披露的规范性和完整性，加强与相关利益主体的沟通，采用合理有效的社会责任披露方式，提高沟通效率，使得企业履行社会责任尽可能取得积极正向的效益，从而继续推动企业履行社会责任。有效、充分地进行社会责任的信息披露，无论是企业本身还是其相关利益者都能从中受益。

参考文献

[1] 陈丙先，林江琪．新世纪以来的广西侨资研究［J］．广西社会科学，2017（5）：21-25.

[2] 陈嘉．福建省侨资企业转型发展的政府服务研究［D］．福州：福建农林大学，2014.

[3] 崔晨，柳弘．香港、台湾、东南亚华人企业集团的海外事业扩展［J］．南洋资料译丛，2005（4）：71-81.

[4] 古国耀，朱权荪．海外华商对华投资的演变及前景展望［J］．东南亚研究，2002（4）：57-60.

[5] 海外华商投资珠三角经济区的现状、问题及对策分析［M］//华侨华人研究报告（2014）［M］．北京：社会科学文献出版社，2014.

[6] 黄幼茹．TPP 的国际投资与产业区位效应［D］．泉州：华侨大学，2015.

[7] 康海华．马来西亚华人农业跨国公司对外直接投资研究［J］．东南亚纵横，2010（5）：27-32.

[8] 康荣平，柯银斌．贸易先导型华人跨国公司初探［J］．经济界，2008（4）：69-75.

[9] 林联华．美国华商发展概况、投资特点及未来展望［J］．东南亚纵横，2011（6）：92-95.

[10] 林勇．东南亚华人企业集团的重构及其跨国投资［J］．东南亚研究，2001（6）：45-48.

[11] 林勇．东南亚华人企业集团在华投资的趋势分析［J］．福建省社会主义学院学报，2002（1）：14-17.

[12] 林勇．东南亚华人企业跨国投资的原因和动机分析［J］．亚太经济，2001（1）：77-79.

[13] 欧志雄．建国前中国共产党引进侨资的思想与实践［J］．东南亚研究，2005（3）：76-79.

[14] 齐军力．关于进一步改善侨资企业发展环境的思考［J］．全国流通经济，2017（7）：23-24.

[15] 唐礼智．东南亚华人企业集团对华直接投资的区位选择与产业特征［J］．世界地理研究，2004（1）：35-40.

[16] 唐礼智．东南亚华人企业集团对香港直接投资研究［J］．泉州师范学院学报，2003（2）：69-74.

[17] 王勤．东南亚华人企业集团的兴起及其海外投资［J］．亚太经济，1994（5）：57-61.

[18] 王勤．东南亚华人企业集团海外投资格局的调整［J］．东南亚纵横，2000（S2）：112-114.

[19] 王勤．东南亚华商在港企业的重组与调整［J］．亚太经济，2000（6）：30-32.

[20] 衣长军，许小树．台商投资大陆区位与产业分布研究［J］．福建论坛（人文社会科学版），2013（4）：157-163.

[21] 张焕萍，李斌斌．华侨华人与中华文化传播研究综述——基于近三十年《华侨华人历史研究》刊载文章的分析［J］．全球传媒学刊，2017，4（1）：117-130.

[22] 张焕萍．中国华侨历史学会七届三次理事会议暨华侨华人与改革开放 40 周年学术研讨会召开［J］．华侨华人历史研究，2018（3）：93.

[23] 张秀明，密素敏．国际移民的最新发展及其特点——兼析国际移民与华侨华人的概念［J］．华侨华人历史研究，2014（3）：1-10.

[24] 赵健．改革开放 40 年中国侨务政策的回顾［J］．华侨华人历史研究，2018（4）：14-22.

[25] 郑义绚．华侨华人资本对华投资对中国经济发展的作用［D］．北京：对外经济贸易大学，2006.

[26] Talhelm X.，Zhang S.，Oishi C.，et al. Large-scale psychological differences within China explained by rice versus wheat agriculture［J］. Science，2014，344（6184）：603-621.

[27] 陈婉婷，罗牧原．传统宗教信仰与企业家社会责任的关系研究——基于福建民营企业家的调查［J］．民族研究，2015（1）：140-148.

[28] 靳贝贝，宋彩红．董事长背景特征与内部控制缺陷治理效果研究［J］．齐鲁珠坛，2016（2）：33-36.

[29] 王卫星，张佳佳．管理者背景特征对中小企业信用风险的影响研究［J］．南京审计大学学报，2018，15（3）：33-44.

[30] 辛杰，吴创．企业家文化价值观对企业社会责任的影响机制研究［J］．中南财经政法大学学报，2015，（1）：105-115.

[31] 靳小翠. 企业文化会影响企业社会责任吗? ——来自中国沪市上市公司的经验证据[J]. 会计研究, 2017 (2): 56-62.

[32] 温孝卿, 赵春妮. 基于企业文化维度的企业社会责任表现的实证 [J]. 统计与决策, 2018, 34 (9): 185-188.

[33] 张海钟, 姜永志. 和谐社会建设视野的中国区域文化心理差异研究 [J]. 理论研究, 2010 (3): 19.

[34] 张平, 国昌, 罗知. 中央官员来源与地方经济增长 [J]. 经济学, 2012 (2): 613-634.

[35] 王海, 许冠南. 政策协同、官员更替与企业创新——来自战略性新兴产业政策文本的经验证据 [J]. 财经问题研究, 2017 (1): 45-48.

[36] 胡珺, 宋献中, 王红建. 非正式制度、家乡认同与企业环境治理 [J]. 管理世界, 2017 (3): 76-94.

[37] 朱建安, 陈凌. 传统文化、制度转型与家族企业成长——第十届创业与家族企业国际研讨会侧记 [J]. 管理世界, 2015 (6): 164-167.

[38] 沈洪涛, 王立彦, 万拓. 社会责任报告及鉴证能否传递有效信号? ——基于企业声誉理论的分析 [J]. 审计研究, 2011 (4): 87-93.

[39] 宋建波. 企业社会责任的公司治理因素研究 [J]. 财经问题研究, 2010 (5): 23-29.